기술, 선전, 정치, 혁명

기술, 선전, 정치, 혁명

ⓒ 이상민 - 2022

2022년 4월 11일 초판 1쇄

지은이　이상민
펴낸이　안정민
펴낸곳　도서출판 고북이
편　집　방윤미
교　정　김지섭
디자인　한영애

등　록　제 25100-2018-000033호
주　소　서울시 은평구 녹번동 131-122 202호
전　화　070-8777-1447
E-mail　slow.steady.gobook@gmail.com

ISBN　979-11-970958-4-9 94100
　　　　979-11-970958-3-2 94100(세트)

On Technology, Propaganda, Politics, and Revolution

The Gobooki Publisher, Seoul
Printed in Korea

책 값은 뒤표지에 있습니다.
펴낸이의 허락 없이 이 책의 전체나 부분을 어떤 수단으로도 이용할 수 없습니다.

자크 엘륄 읽기 시리즈 1

기술, 선전, 정치, 혁명

이상민 지음

목 차

추천사
  기술의 발전은 우리를 더 자유롭게 할 것인가? 장수영　6
  자크 엘륄의 사상을 일관성 있게 정리한 참고서 손화철　10

서문
  기술은 인간의 모든 문제를 해결해 줄 수 있는가? 박동열　12

책을 시작하며　　　　　　　　　　　　　　　　22

일러두기　　　　　　　　　　　　　　　　　　25

제1부 기술 체계와 기술 담론
  1장 들어가는 말　　　　　　　　　　　　　29
  2장 기술 현상과 현대 기술　　　　　　　　32
  3장 기술 체계　　　　　　　　　　　　　　57
  4장 기술적 진보　　　　　　　　　　　　　84
  5장 기술 담론　　　　　　　　　　　　　　113
  6장 현대 기술 사회에서의 쟁점　　　　　　147
  7장 엘륄의 기술 사상　　　　　　　　　　188
  8장 나오는 말　　　　　　　　　　　　　　200

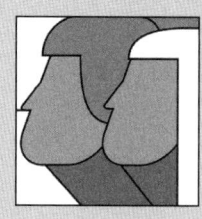

제2부 현대 기술 사회에서의 선전과 정치

    1장 들어가는 말   207

    2장 선전에 대한 분석   209

    3장 선전의 영향과 폐해   230

    4장 정치적 무능과 정치적 환상   247

    5장 나오는 말   263

제3부 현대 기술 사회에서의 새로운 혁명

    1장 들어가는 말   269

    2장 혁명과 반란   272

    3장 프롤레타리아와 '필요한 혁명'   287

    4장 인격주의 운동과 혁명적 기독교   313

    5장 나오는 말   330

책을 마무리하며   334

주(註)   337

참고 문헌   358

자크 엘륄 저서 목록   364

찾아보기   372

자크 엘륄 연보   415

추천사

기술의 발전은 우리를 더 자유롭게 할 것인가?

장수영 포항공과대학교 교수

"제가 주문을 걸고 있다고 생각하세요? 아마 그런지 모릅니다. 하지만 동화에서 보는 바와 같이 주문은 마법을 걸기 위해서 뿐만 아니라 마법을 깨기 위해서도 필요했다는 것을 기억해야 합니다." -C.S. 루이스, 『영광의 무게』에서

한국 그리스도인에게 자크 엘륄은 『세상 속의 그리스도인』이라든가 『하나님이냐 돈이냐』 등 주로 기독교 영성을 다룬 책의 저자로 알려져 있지만, 사실 엘륄은 기술에 대한 그의 독특한 사회학적 담론으로 더욱 널리 알려져 있다. 하지만 기술에 대한 엘륄의 사회학적 담론은 난해하다는 평을 듣는데, 한국이 지닌 현대기술에 대한 독특한 경험 때문에 그 난해함은 한국 독자에게는 더욱 가중된다.

한국인은 현대기술을 매우 특별한 맥락에서 경험하였다. 한국인에게 기술은 절대빈곤에서 탈출하여 산업근대화를 이루고 선진국의 반열에 오르기까지 한국 경제의 효율성 향상을 지속적으로 가능하게 한 고마운 친구 같은 존재이다. 그렇기에, 기술은 자율적이며 그 때문에 인간의 자율성이 침해되고 있다거나 기술이 인간을 배반했

으므로 인간은 기술이 형성한 체계에 대해 혁명 또는 반란을 일으켜야 한다는 엘륄의 주장은 한국인에게 더욱 생경하고 받아들이기 어려울 수밖에 없다. 하지만 바로 엘륄의 그런 주장은 한국 독자에게 낯선 만큼 더욱 소중한 가르침이 될 수 있다.

돌아보면, 한국인이 경험한 기술 현상에서는 절대빈곤에서의 탈출과 같은 필요가 먼저 있었다. 그리고 그런 필요를 채우려는 목표에 맞추어 산업은 물론 사회 각 분야에서 다양한 기술을 이용한 효율성 향상이 도모되었다는 생각을 갖기에 충분한 경험을 한 것도 사실이다. 하지만 이제는 좀 더 자세히 살펴보아야 한다. 엘륄이 주장하는 것처럼, 어쩌면 우리에게도 이미 우리가 경험한 기술 현상에는 목적과 수단의 선후가 뒤바뀌어 있는지도 모른다.

이런 때에, 이 책의 저자가 한국의 일반 독자에게 엘륄의 사상을 알기 쉽게 소개하여 그의 사상을 체계적으로 이해하는데 길잡이 역할을 하는 것을 목표로 '자크 엘륄 읽기' 시리즈를 이 책으로 시작하는 것은 매우 시의적절하다. 특히, 성경적 세계관으로 기술을 바라보고 그 안에서 타락의 영향을 찾아내어 구속의 방향을 모색하려는 그리스도인에게 이 책은 더없이 친절한 안내자가 될 것이라 확신한다.

주말이 되면, 교통체증을 감수하며 300만 대의 차량이 프랑스 파리를 탈출하여 지중해를 향한다. 이런 모습에서 우리는 자동차 산업이 기술을 통해 성취한 높은 생산 효율 덕분에 보다 많은 사람이 차량을 소유하게 되었으며 이에 따라 더 많은 사람이 더 많은 자유를 누리고 있다고 생각할 수 있다. 하지만 엘륄은 그런 생각에 동의하지 않는다. 더 많은 사람이 진정 더 자유로워졌다면, 어떻게 수백만의 사람이 같은 날에 같은 목적지를 향해 이동하려 하게 되었는지에 의

문을 제기한다. 기술의 발전은 과연 우리를 더 자유롭게 할 것인가?

편향적인 낙관에만 기울어 기술 현상을 인식하는 사람들도 엘륄의 사상을 접하면서 성서의 예언자들의 예언에서 듣는 것과 같은 준엄한 경고의 메시지를 듣게 된다. 선전, 정치 그리고 혁명과 반란이라는 흐름으로 기술 현상을 읽어 내는 엘륄의 탁월함은 새벽을 깨우는 신선한 교회당 종소리처럼 우리를 깨워 새로운 길을 떠나는 모험을 감행하도록 독려한다. 때로는 해학적으로, 때로는 엄정한 톤으로 우리의 생각을 뿌리로부터 흔들어 아무 생각 없이 기술이 주는 안락함에 취해 잠들어 있던 우리의 지성은 엘륄의 경고를 듣고 화들짝 깨어나 그의 사상에 귀를 기울이게 될 것이다.

조금은 난해하지만, 엘륄의 생각을 이해하고 그의 주장에 설득되는 순간, 우리는 마치 마법의 주문을 듣고 자신이 그동안 물에 젖어 있었음을 처음 알아차리는 물고기와 같은 상황에 처하게 될 것이다. 동화 속 마법에 걸린 주인공이 그 마법을 깨는 주문을 듣고 깨어나 자신이 처한 현실을 알아차리게 되듯, 엘륄의 생각에서 우리는 우리의 삶을 촘촘하게 구성하던 기술을 새롭게 발견하며 놀라게 될 것이다. 이 한 권의 책에서 그런 즐거움을 모두 만끽할 수 있다면 그보다 더 신나는 일이 또 있을까?

추천사

자크 엘륄의 사상을 일관성 있게 정리한 참고서

손화철 한동대학교 교수

 이상민 박사님은 충실하고 끈기 있는 엘륄 연구자이다. 이 박사님은 자크 엘륄의 사상에 대한 이런저런 해석을 시도하기 전에 그의 사상을 제대로 이해해야 한다는 우직한 마음으로 그의 저작을 공부해 왔다. 또 내가 아는 한 엘륄의 삶에 대해서 우리나라의 어떤 학자보다 더 많은 정보를 알고 있다. 이제까지는 엘륄의 저작을 차근차근 읽고 번역하는 데 많은 공을 들였지만, 이 책에서는 서로 연관된 저작을 묶어 일목요연하게 정리하였다.
 엘륄의 글은 통찰력이 있고 강력하지만 그리 친절하지는 않다. 그렇다 보니 그의 저작을 읽는 것이 쉽지 않을 뿐 아니라, 여러 저작에 흩어져 있는 그의 사상을 일관성 있게 정리하기 어렵다. 이 책은 바로 그런 역할을 하기에 좋은 참고서이다. 이 책의 특징은 20세기 중반에 서술된 엘륄의 사상을 설명하면서 21세기의 사례들을 중간중간 넣어서 이해를 돕는다는 것이다. 앞으로 이런 책을 시리즈로 출간할 예정인 것 같아 더욱 기대가 된다.
 엘륄의 영향을 많이 받은 사람으로서 특별히 의미 있게 생각하는 것은, 과거에는 엘륄의 신학적 통찰에 주로 주목하던 우리나라의 독자들이 최근에는 그의 사회학적 연구, 그 중에서도 현대 기술 사회에 대한 연구에 관심을 갖기 시작했다는 점이다. 이상민 박사님은 엘륄의 기술 관련 저작 중 『기술 체계 Le Système technicien』를 번역해서 이런 흐름에 공헌했고, 이 책도 엘륄의 기술철학과 사회학적 연구에 집중하고 있다.

　엘륄의 '기술' la technique 개념은 우리의 일상 언어에서보다 조금 더 큰 외연을 갖기 때문에, 기술에 대한 논의가 선전이나 정치, 심지어 혁명에까지 연결되는 것은 자연스럽다. 이 책을 통해 엘륄의 통찰이 우리 시대를 포착하는 순간을 더 많은 사람이 실감할 수 있으면 좋겠다.

서문

기술은 인간의 모든 문제를 해결해 줄 수 있는가?

박동열 서울대학교 교수/한국자크엘륄협회 회장

'인공지능'Artificial Intelligence 개념은 1950년대 "기계가 생각을 할 수 있을까?"라는 앨런 튜링 Alan Turing의 질문에서 시작된다. 그런 '인공지능' 개념은 근본적으로 인간의 지능이 컴퓨터에 의해 실현될 것을 전제로 한 것이다. 그런데, 기술의 급속한 발전과 더불어, 사람들은 인공지능이 인간의 지능을 능가할 것이고, 세상의 주인인 인간의 역할을 기계가 급속히 대체할 것이라는 인공지능의 꿈을 쏟아내고 있다. 물론 그러한 기술 환경은 모두 컴퓨터 기술의 발전 덕분이다. 사실, 컴퓨터 기술은 단순히 물체를 다루는 힘과 관련된 기술이 아니라 기호를 조작하여 정보를 처리하는 새로운 유형의 기술이라는 점에서 특이하다. 그런데 정보를 처리한다는 것은 일련의 정보를 토대로 의사결정을 하는 과정을 말한다. 예를 들어, 교실에서 시험 문항을 출제하는 일, 회사에서 다음에 출시할 상품의 형태를 결정하는 일, 앞으로의 주식 추세를 예측하는 일 등이 모두 일종의 정보처리에 해당한다.

지금까지 그러한 정보처리는 인간 지성의 고유한 영역에 속한 것이었다. 왜냐하면 기계는 그 속성상 물질의 생산, 이동, 변형, 파괴 등의 일을 처리할 수 있지만 '판단'을 내릴 수 없기 때문이다. 그럼에도 컴퓨터 기술은 '판단'을 결과로 내놓을 수 있다는 점에서 과거 기술과 차원을 달리한다. 이처럼 기계에 판단력이 결합되면, 기계는 자신의 임무를 수행하는 과정에서 상황에 따라 자신의 작업 형태를 변화시키는 능력을 발휘한다. 그리고 기계는 미리 지정된 한 가지 작업을 하는 것이 아니라, 상황에 따라 다양한 기능을 해낸다. 그래서 기계가 "생각하는" 지능을 가지고 있는 것처럼 보이는 것이다.

한편, 컴퓨터 기술은 정보처리, 즉 기호체계의 전환 기능을 통해서 다양한 현대 기술을 서로 연결함으로써 세계를 완전히 새로운 모습으로 만들어간다. 즉, 컴퓨터는 기술과 기술을 결합할 뿐만 아니라 기술과 사람을 서로 연결하는 기술적 도구이기 때문에, 과거의 기술과 그 맥락을 전혀 달리한다. 예컨대, 컴퓨터가 보편화되기 이전의 각 영역에서 발전한 기술들은 서로 독립적이었고, 사람과 제도가 기술을 통제했다. 그리고 시공간적으로 제약된 과거 기술들은 체계를 이루지 못하였다. 하지만 컴퓨터를 통한 정보통신기술은 끊임없이 정보를 주고받게 함으로써 기술들의 결합을 점점 확대하고 있다. 그리고 그러한 과정을 통해 현대 기술들은 점차 거대한 하나의 체계로 나아가고 있다.

즉, 거시적 시각에서 철도, 우편, 항공, 교육, 도시, 군사 등과 같은 기술들은 컴퓨터를 통해 진보와 혁신을 위해 서로 긴밀하게 결합하여 하나의 거대한 '기술 체계'로 발전한다. 그리고 작게는 컴퓨터, 윈도우, 초고속 인터넷 기술들로 구성된 '웹 플랫폼' 기술에서도 기술들의 결합이 출현했고, '모바일' 기술의 경우도 스마트폰, 모바일OS, 4G LTE 기술들로 이루어졌다. 오늘날 메타버스 기술 역시, AR/VR 디바이스, 클라우드 OS, WiFi나 5G와 같은 초고속 무선 인터넷 기술들이 결합되어 하나의 체계를 형성하고 있다. 이처럼 거대 영역에서부터 협의(狹義) 영역까지, 컴퓨터로 대표되는 정보처리기술과 커뮤니케이션기술은 현대 기술들을 하나의 기술 체계로 통합하는 데에 핵심적 역할을 하고 있다.

최근 마이크로소프트의 투자를 받은 '오픈 AI'Open AI가 파라미터parameter를 1750억 개를 갖춘 초거대 인공지능 GPT-3를 발표했고, 이 GPT-3는 사람이 쓴 글과 비슷한 수준의 글을 써서 큰 화제를 몰고 왔다. 사실 GPT-3에서 쓰는 알고리즘 자체는 나온 지가 꽤 오래되었으나, 이번에 GPT-3가 확실히 보여준 것은, 그동안 상상하지 못한 스케일과 엄청나게 많은 양의 데이터로 인공지능을 훈련시킬 때 어떻게 되는가였다. 그리고 진화하고 있는 인공지능 기술이 다양한 사회 현실의 문제를 해결하고 생산성을 높이는 데에 큰 역할을 할 것이라는 기대감을 사람들에게 심어준 것이다. 그러한 사회적 기대에 부응하여, 정부는 대통령 주재로 전 부처가 참여하여 '인공지능 국가전략'을 발표하였는데, 이는 산업과 사회와 삶 전반에 걸친 패러다임 변화, 기술경쟁력 확보, 인공지능 생태계 구축 등을 위해 국가가 대규모 재정을 투입하고, 제도와 규제혁신 등을 과감히 추진한다는 내용이었다.

특히, 교육부, 시·도교육청, 공공기관은 인공지능이 교육 현장에서 매우 중요한 요소가 될 것으로 예상하고, 인공지능의 교육적 활용 가능성을 구체적으로 모색하는 각종 사업과 메타버스 교육환경 구축에 과감한 투자를 추진하고 있다. 예를 들어, 교육부는 사범대학의 석사과정에 '인공지능 융합교육학과'를 설립하여 교사들에게 인공지능 관련 재교육을 하기 시작했고, 각 대학은 인공지능 연구센터, 인공지능 기술의 이해와 교육적 활용을 위한 교과목 개발, 인공지능 교육을 위한 교육공간 구축, 미래교육혁신센터 등을 설립하였다. 또한 '교육기술 기업'Edu-Tech 영역에서도 인공지능을 활용한 교육적 효과를 최대로 끌어올려 기업이윤과 생산성을 극대화하고자 다양한 장비와 기술을 개발하고 있다. 바야흐로 4차산업혁명시대의 주역으로 등장한 인공지능은 이제 인간 생활의 모든 영역을 포괄하는 하나의 힘으로 등장하기 시작했고, 이 기술은 이제 하나의 새롭고 특수한 기술 환경이 되기 시작했다.

지난 20년 동안 모바일 기기의 확산과 더불어 인터넷 등 디지털 미디어를 통해 우리 사회는 탈(脫)대중화, 탈(脫)대중매체화 시대로 진입하였다. 특히, '알파고'의 충격 이후, 한국 사회는 급속히 인공지능과 메타버스를 시대의 화두로 등장시켰다. 그러나 정작 사람들은 사회가 그런 새로운 기술에 어떠한 역할을 부여할지, 이 새로운 기술은 사회를 어떻게 바꾸어갈지, 이 새로운 기술을 어떠한 기술과 연결할지에 대한 분명한 청사진을 제시하지 못하고 있다. 그런 상황에서, 각종 아이디어로 무장한 화려한 실험과 주저 없는 재원 투자의 이면에는, 다만 현 상황에서 뒤처지면 안 된다는 조급함과 염려가 깔려 있다고 볼 수 있다.

그렇기에, 오직 기술 경쟁에서 뒤처지면 죽는다는 절박감이 정부, 기업, 학교 등 모든 사회 주체들에 스며들어 있는 것처럼 보인다. 아마도 가장 절박한 주체는 자신의 이윤을 확대해야만 하는 기업일 것이다. 학교도 마찬가지이다. 모든 교육환경이 뉴미디어에 의하여 지배되고, 학교가 '미디어 식민지화' 혹은 '미디어화' 됨에 따라, 학교도 미래 시대에 맞게 새롭게 변화되어야 한다는 절박한 요구에 직면하게 된 것이다. 이러한 절박한 심정이 오늘날 기술이 인간의 모든 문제를 해결해 줄 것이라는 기술 담론의 허세(虛勢)를 만들어 내고 있다.

그런데, 그런 허세는 대중매체와 온갖 선전체제를 통해 만들어진다. 사실, 우리는 그동안 정부가 바뀌고 신기술이 등장할 때마다, 정보통신기술 ICT, 창조경제, 녹색성장, 4차산업혁명, 지능정보화사회, 인공지능, 메타버스 등 다양한 신개념을 학습한 바 있다. 그때마다 무언가 새로운 일들이 벌어질 것과 같은 장밋빛 청사진이 펼쳐지고, 정부와 공공기관과 민간 기업 등 다양한 곳에서 여러 형태로 많은 사업과 투자가 일어났으며, 각종 선전매체는 이 용어들을 화두(話頭)로 삼아 거대 담론을 전파하곤 했다. 참으로 선전체제가 전방위적으로 때마다 작동된 것이다. 하지만, 언론과 사람들이 떠들어 대는 장광설과 다르게, 기술은 현실을 변화시키고 있으며, 기술의 미래에 대해서는 누구도 예단하기가 어렵다. 말하자면, 인공지능 기술은 이제야 우리 사회에서 그 실체를 인식할 수 있게 되었다.

어느 누가 메타버스란 정확히 이것이라고 말할 수 있을 것인가? 인공지능 기술의 미래와 관련하여 우리는 여전히 유토피아와 디스토피아를 오가면서 다양한 가정만을 제시하는 것이 아닌가? 대부분의 시설과 장비와 기술은 유행처럼 그저 왔다가 사그라져 버리고 말지 않는가? '인공지능' 혹은 '메타버스'와 같은 은유적 신조어를 둘러싸고 사회의 다양한 주체는 자신들의 정치적, 경제적, 사회·문화적 헤게모니 장악을 위해 불확실한 경쟁을 치열하게 하고 있지 않는가? 물론 여기에서 '선전'은 경쟁의 강력한 추진력이다. 선전 활동이 강하면 강할수록, 즉 기대에 찬 언어 표현을 동원하면 할수록, 선전의 핵심에는 여러 이해 집단이 지금 막 도래한 기술, 아직 도래하지 않은 기술, 누구도 여전히 무엇인지 확실히 보일 수 없는 불확실한 기술을 둘러싸고 경쟁하는 권력 획득을 위한 의지가 강하게 자리 잡고 있는 것이다.

한편, 모든 분야에 적용된 현대 기술은 기계 영역에만 적용되는 것도 아니고, 또 인간의 생산 활동만을 떠맡는 것도 아니다. 오늘날 기술은 인간 활동의 총체를 떠맡고 있다. 그래서 가장 좋은 수단을 추구하면서 절대적으로 가장 효율적인 방법을 추구하는 기술은, 이제 인간 앞에 놓여 있지 않고 인간 속에 통합되어 있다. 그래서 기술의 발전은 개인의 선전 욕구에 부응하여 선전을 성공하게 만든다. 말하자면, 피선전자는 선전에 의해 영향을 받고 조종당하지만, 피선전자는 그것을 의식하지 못하고 선전에 동조하게 된다는 것이다.

그러한 선전체제가 가장 필요한 영역은 무엇보다 대중의 정치 참여를 견인해야만 하는 정치 영역이다. 특히 대중의 압력과 여론을 벗어나서는 통치할 수 없기에, 현대국가는 선전을 통해 대중을 움직이고 설득하여 소위 '국민의 뜻'을 유발하게 만든다. 그런 과정을 통해 국가는 결과적으로 강화되었다. 이렇게 강화된 국가권력은 점차 인간의 모든 문제를 정치의 영역으로 흡수하여, 개인 문제조차도 국가의 수중에 넣어버렸다. 그 결과, 오늘날 '정치적인 것'이 탁월한 가치가 되고, '정치적인 것'을 기준으로 다른 가치들이 정립되어 버렸다.

그런데, 우리가 염두에 두어야 하는 사실은 정치란 기술 정신으로 말미암아 가장 효율적인 선택을 할 수밖에 없다는 것이다. 그리고 그런 효율적인 선택을 위해 정치인은 자신보다 역량이 뛰어난 정치 기술전문가에게 정치를 위임하고 있다는 사실이다. 국민과 여론에 보이지 않는 기술전문가들이 끊임없이 정치적 선택을 견인하고 있다는 것이다. 따라서 정치인들이 혁신 의지를 말하지만, 실제로 그들이 할 수 있는 혁신의 여지는 크지 않다. 이제 과거와 달리 정치인이 정치적 선택을 주도한다는 것은 환상에 지나지 않는다. 수많은 위원회와 공청회와 행정절차들은 정치인이 변혁을 위한 정치를 한다는 환상을 주는 도구에 불과하다.

심지어 오늘날 과연 대의 민주주의와 보통선거를 통해 실제로 시민이 정치에 참여할 수 있는가라는 의심도 강하게 든다. 시민들이 선거를 하고 정당에 가입하며 시민단체에 참여하여 정치를 바꾼다고는 하지만, 정당과 시민단체는 권력의 실체가 아니라 순응 행위를 만들어 내는 기구이지 않은가라는 무기력감마저도 든다. 그런데, 사람들이 정치에 대해 갖는 지독한 환상은, 모든 문제가 정치적이며 그 문제 해결의 유일한 방법이 정치라는 확신이다. 물론 정치가 행정 문제, 도시 관리 문제, 경제 문제를 부분적으로 해결한다고 하지만, 이 문제들은 선과 악의 문제, 진실과 정의 문제, 삶의 의미 문제, 인간의 책임 문제와 깊이 연관되어 있다. 하지만 정치는 그런 문제들에 대해 어떤 답도 내놓을 수 없다.

물론, 그런 주장이 정치적 무관심을 의미하지도 않고, 정치 행위에 참여하지 말자는 것을 의미하지도 않는다. 단지 이는 진정한 정치 회복을 위해 정치적 환상에서 벗어야만 하고, 당파적 운동을 거부해야만 하며, 국가의 힘과 기술적 성장과 군사적 경쟁에 저항하는 '시민'으로 깨어있어야만 한다는 것을 말하고자 함이다. 사실 그것이 현대 기술 사회에서 필요한 진정한 혁명이다. 그런 혁명은 대대로 내려온 반란에서 출발하여 그 충격으로 새로운 정치, 경제적 구조를 향해 나아가는 혁명과는 다르다. 또 그런 혁명은 제3세계의 민중의 자각에 따라 반란에서 출발하여 사회구조를 바꾸는 혁명과도 다르다. 그런 혁명은 사회적, 정치적, 경제적 구조의 문제보다 더 깊은 문제, 즉 기술적 맹목성, 소비사회, 풍요 사회, 기술화와 국가주의화에 맞서는 우리 문명에서 반드시 필요한 혁명이다. 아마도 하나님의 형상인 사람의 인격을 회복하는 일이 이 혁명의 핵심에 놓여 있을 것이다.

이 책은 자크 엘륄이 다룬 주제 중 '기술', '선전', '정치', '혁명'과 관련된 쟁점들과 하위 논의들을 예수 그리스도의 '주(主)됨'과 기독교의 혁명성을 토대로 상세히 서술하고 있다. 특히, 이 책은 저자 특유의 성실함과 꼼꼼함을 토대로 엘륄의 사상을 일목요연하게 체계적으로 정리하고 있다. 급류가 흘러가듯이 많은 내용을 한꺼번에 토해내는 엘륄의 글쓰기 방식 때문에 일반 독자가 엘륄의 사상을 전체적으로 조망하기가 어려운 것은 사실이다. 이 책은 독자가 그런 엘륄의 사상에 다가가는데 좋은 길잡이 역할을 할 것이다. 간혹 비약이 심한 어려운 사고가 담긴 엘륄의 저서들을 번역할 때 생겨날 수밖에 없는 역자들의 오류 때문에 연결되기 어려운 그의 주장들을 일목요연하게 정리해주었다는 점, 그리고 상세한 문헌 인용 표시를 했다는 점은 엘륄의 사상에 관심을 가진 연구자나 독자에게 적지 않은 도움을 줄 것으로 확신한다.

한편, 자크 엘륄은 살아생전보다 오히려 사후에 상대적으로 더 인정받고 평가되고 있다. 그런데, 그 이유는 아마도 기술 발전에서 야기된 현시대의 심각한 위기, 곧 '코로나19', 전 세계적 금융위기, 환경파괴, 온실가스 증가, 이상 기후, 핵발전소 사고, 유전자 변형 식품, 동물 복제, 인간 복제 등 이러한 위기와 위험에 직면하여, 사람들이 그 해결책을 제시하는 사상가에 대한 목마름에서 기인한 것이다.

말하자면, 기술을 중심축으로 하는 엘륄의 사상이 위기 해결의 실마리 또는 돌파구가 되지 않을까라는 기대감 때문이다. 그런 맥락에서, 이 책은 그동안 부분적으로 생각의 틀을 찢고 나온 이해되지 않은 인식의 못들을 안으로 박아 넣는 망치 역할을 훌륭히 해주리라고 생각한다.

책을 시작하며

　자크 엘륄 Jacques Ellul(1912~1994)은 프랑스의 법률학자, 역사학자, 사회학자, 개신교 신학자입니다. 그는 20세기의 기술 문명을 비판한 사상가로 주로 알려져 있습니다. 하지만 가톨릭이 지배적인 프랑스에서 개신교도로서, 마르크스 사상에 심취한 사상가로서, 레지스탕스 활동과 환경보호 운동과 청소년 범죄예방 활동에 매진한 행동가이자 실천가로서, 그의 삶은 참된 기독교 신앙의 모범으로 비추어집니다. 따라서 그와 가까이 지내던 사람들은 그가 관여한 적극적인 사회 참여 활동 및 신앙인으로서의 치열한 투쟁을 기억합니다.

　엘륄의 저서는 이미 한국에서 수십 권이 번역되어 있습니다. 그런데, 그의 저서를 접하는 독자들은 내용을 이해하기가 어려워 접근하기 힘들다는 반응을 보입니다. 아마도 그런 반응은 독자들이 자신의 논지를 기술하는 데 주로 집중하는 영미 저자의 저서를 읽는 데 익숙해 있기 때문일 수도 있습니다.

　반면, 엘륄은 자신의 주장과 견해를 내세우기 전, 자신이 참조한 다른 많은 저자의 주장과 견해를 인용합니다. 그런 인용 과정에서 정확한 출처나 근거를 제시하지 않고 넘어가는 경우가 많아서, 그의 주장이나 견해가 복잡하고 산만하게 보일 수도 있습니다. 더욱이 프랑스의 엘륄 전문가들도 지적하듯이, 엘륄은 정말 대단한 사상을 갖고 있으나 독자가 보기에 그의 문체는 묵직하고 글 쓰는 방식이 유려하지 않다는 것이 문제입니다. 그 문제는 글을 쓰기 위해 참고한 책을 읽고서 그 내용을 정리하고 분류한 후 차근차근 글을 쓰는 것이 아니라, 한꺼번에 많은 책을 읽고 나서 단숨에 글을 써 내려간다는 데서 비롯됩니다.

따라서 '자크 엘륄 읽기' 시리즈를 계획한 목적은 엘륄의 저서 전체를 내용별로 분류하는 동시에, 저서 전체의 내용을 주요 부분으로 나누어 압축·정리하여 소개하는 것입니다. 그렇게 함으로써, 그의 저서에 다가가는 독자가 그 내용을 일목요연하게 파악하게 하고, 이를 통해 그의 사상을 체계적으로 이해하는 데 도움을 주는 것입니다. 그 때문에, 이 시리즈에서는 엘륄 자신이 제기하는 논쟁적 쟁점이나 혹은 엘륄의 사상과 관련하여 제기되는 문제를 가능한 한 배제한 채, 그의 사상의 중심축과 주요 내용을 소개하는 데 집중하고자 합니다. 이와 아울러, 그의 사상과 관련하여 현재 진행되고 있는 논의나 그의 사상에 대한 평가를 소개할 뿐 아니라, 그의 사상을 현시대의 문제에 어떤 식으로 적용할 수 있을지 모색해보고자 합니다.

'자크 엘륄 읽기' 시리즈의 첫 번째 책인『기술, 선전, 정치, 혁명』은 엘륄 사상의 핵심에 해당하는 '기술 사상'을 중심으로 현대 기술 사회에서의 '선전', '정치', '혁명'이라는 주요 주제를 다룹니다. 이 책이 독자로 하여금 기술을 중심으로 하는 사회학적 측면에서의 엘륄의 사상을 이해하는데 길잡이 역할을 하기를 기대합니다. 그럼으로써, 독자가 엘륄 사상의 논지를 정확히 체계적으로 파악하는 데 다가서는 계기가 된다면, 이 책을 쓴 소기의 목적은 이루어진 것이라고 할 수 있습니다. 이 책이 나오기까지 모든 과정에서 힘이 되어준 도서출판 고북이 안정민 대표님, 치밀한 원고 검토 작업과 교정에 힘을 써준 김지섭 형제님, 편집을 위해 열정과 수고를 아끼지 않은 방윤미 자매님, 끝까지 격려와 응원으로 힘이 되어준 문지웅 목사님을 비롯한 서향교회의 모든 지체, 항상 옆에서 든든한 버팀목이 되어준 아내에게 진심으로 감사의 마음을 전합니다.

2022년 4월 이상민

일러두기

1. 자크 엘륄 저서의 프랑스어 제목과 한국어 번역본의 제목이 일치하지 않을 경우, 한국어로 옮긴 프랑스어 제목 옆에 한국어 번역본의 제목을 병기하기로 한다. 그 저서가 처음 등장하는 경우 프랑스어 제목과 판본, 그리고 한국어 번역본을 미주에 표시하기로 한다.

2. 저서의 인용 출처를 나타낼 때, [저자의 성, 인용 저서의 출판 연도: 인용 페이지] 형식으로 미주에 표시하고, 엘륄의 저서 중 한국어 번역본이 있는 경우 저서의 인용 출처 옆에 [역자의 성명(역), 번역본의 출판 연도: 인용 페이지] 형식으로 병기하기로 한다.

3. 프랑스어 고유명사를 한국어로 표기할 때 프랑스의 현지 발음을 따르기보다 외래어표기법을 따르기로 한다. 예를 들어, 'Jacques'는 프랑스의 현지 발음이 '자끄'에 가깝지만 외래어표기법에 따라 '자크'로 표기하기로 한다. 그 이유는 프랑스 현지 발음에 가깝다고 해서 외래어표기법을 따르지 않으면서, 심지어 철자 'r'을 'ㄹ' 대신 'ㅎ'으로 표기하는 경향도 있기 때문이다. 그럴 경우, 'Paris'는 '파리'가 아니라 '파히'로 표기해야 하고, 'Provence'는 '프로방스'가 아니라 '프호방스'로 표기해야 하는 현상이 벌어진다.

4. 성서에 나오는 표현이나 성서 각 권(卷)의 제목을 나타낼 때, 한국어 성서 '새번역'에 따라 표기하기로 한다. 예를 들어, '하느님' 대신 '하나님'으로 표기하고, '바울로' 대신 '바울'로 표기하기로 한다.

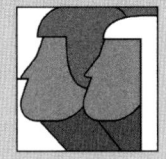

제1부

기술 체계와 기술 담론

1장 들어가는 말

엘륄은 일생 동안 기술 현상에 대해 관심을 가지면서 이에 대해 분석한다. 그가 현대 기술 사회에서의 기술 현상을 고찰하면서 기술 현상과 관련하여 집필한 저서는 『기술 혹은 시대의 쟁점』[1], 『기술 체계』[2], 『기술 담론의 허세』[3]로 이루어진 삼부작이다.[4] 또한 '선전'을 주제로 한 저서인 『선전』[5]과 『선전의 역사』[6]는 현대 기술 사회에서 인간을 개조하는 기술적 수단을 서술한다. 그리고 '정치'를 주제로 한 저서인 『정치적 환상 정치적 착각』[7]은 현대 기술 사회에서 정치가 무엇인지 보여준다. 특히, '혁명'을 주제로 한 저서인 『혁명에 대한 분석 혁명의 해부』[8], 『혁명에서 반란으로』[9], 『혁명의 쇄신 인간을 위한 혁명』[10]은 현대 기술 사회에서 가능한 혁명에 대해 질문을 제기한다. 따라서 엘륄이 기술과 정치와 선전에 대한 고찰을 통해 현대 기술 사회에 대해 행한 비판적 분석은 '혁명'을 다룬 세 저서에서 마무리된다.

1954년에 출간된 『기술 혹은 시대의 쟁점』[11]은 총괄적 분석 방법으로 '기술 현상' 혹은 '기술 사회'를 전체적 시각에서 파악하고 연구한 저서이다. 당시 프랑스에서 엘륄은 잘 알려지지 않았고 제대로 평가받지 못하고 있었다. 그런데, 이 저서가 미국에서 영어로 번역되면서, 그는 미국 사회에 본격적으로 알려지게 된다. 이후 미국에서 이 저서가 대학의 교재로 쓰이는 등 그에 대한 관심과 그의 사상에 대한 연구가 활발히 시작된 계기도 바로 이 저서라고 할 수 있다. 이 저서에서, 그는 현대 사회의 열쇠를 마르크스 시대에서처럼 경제에서 찾는 것이 아니라 기술적 요인에서 찾아야 함을 강조한다. 또한 20세기에 기술은 인간과 자연환경 사이에 단순한 매개가 더는 아니라 자체의 법칙을 따르는 자율적 과정임을 보여준다.

1977년에 나온 『기술 체계』는 현대 기술 사회 내부에서 기술을 '체계'로 간주하여 연구한 저서이다. 이 저서는 엘륄 사상의 요체를 담은 가장 짜임새 있는 저서로 평가될 뿐 아니라, 기술에 관한 삼부작의 요체로서 삼부작 중 가장 완성도 높은 저서로 꼽힌다. 특히, 이 저서에서 그는 기술 체계 속에서의 인간의 위상과 상황이라는 문제를 제기한다.

기술 현상과 관련된 엘륄의 3부작 가운데 마지막 저서인 『기술 담론의 허세』는 『기술 혹은 시대의 쟁점』을 집필한 지 34년 후에, 그리고 『기술 체계』를 집필한 지 11년 후에 나온다. 1988년에 나온 이 저서는 기술과 관련된 삼부작의 마침표가 된다. 이 저서에서, 그는 기술에 대해 많은 예를 들어 설명함으로써, 기술 현상과 관련된 내용에 더욱 쉽게 접근할 수 있게 한다. 특히, 이 저서에서 그는 현대 기술 사회와 관련된 거짓된 이데올로기를 문제 삼는다. 현대 기술 사회가 인간에게 받아들여지는 것을 정당화하는 담론, 곧 기술을 옹호하고 신성시하는 담론을 비판한 것이다. 그는 첫 번째 저서와 두 번째 저서가 나온 이후 그간 일어난 혁신 및 그 혁신을 통해 생겨난 삶의 방식에서의 변화를 제시하면서 기술 현상에 대한 분석을 이어간다.

제1부에서는 기술 현상과 현대 기술에 대해 살펴보고 나서 엘륄의 기술 사상에서 핵심 개념이라고 할 수 있는 '기술 체계'에 대해 알아볼 것이다. 이어서 기술적 진보와 관련된 여러 가지 문제를 분석하면서, 엘륄의 기술 사상에서 중심 주제라고 볼 수 있는 '기술 담론'과 관련된 문제를 규명해 볼 것이다. 다음으로, 현대 기술 사회에서 쟁점으로 나타나는 이미지와 말, 새로운 신화, 현대 예술, 일탈과 일탈

자, 부르주아 등에 대해 분석해 볼 것이다. 마지막으로, 엘륄의 기술 사상에 대해 현재 어떤 평가가 이루어지고 있는지 살펴볼 뿐 아니라, 엘륄의 사상을 전 세계적 금융위기와 최근의 기술적 진보에 적용하여 그 문제들을 분석해 볼 것이다.

2장 기술 현상과 현대 기술

1. 기술의 상황

현대 사회의 결정적 요소로서의 기술

  엘륄에게 현대 세상을 이루어가는 주된 요인은 자본주의가 아니라 기술이다. 그래서 이 세상을 만들어 내는 것은 자본주의가 아니라 기술이라는 진단을 내린다. 어떤 체제가 전파하는 이데올로기가 무엇이든 모든 체제는 생산성을 증대시키려고 끊임없이 기술을 완성하려는 목적만을 추구하기 때문이다.

> 자본주의는 이미 역사적으로 시대에 뒤처진 실재이다. 자본주의는 여전히 한 세기를 더 지속할 수 있으나 그 점은 역사적 관심거리가 아니다. 새롭고 의미심장하고 결정적인 것은 기술이다.[12]

  특히, 기술 현상은 인간 삶의 모든 면을 재구성하고 인간을 점차 개조하는 현대 사회의 결정적 요소가 된다. 그런 관점에서, 엘륄은 기술 현상을 이렇게 규정한다.

> 기술 현상은 모든 분야에서 가장 좋은 수단을 추구하는 것으로 요약된다. 따라서 기술 현상은 모든 분야에서 절대적으로 가장 효율적인 방법을 추구하는 우리 시대 대다수 사람의 관심사이다.[13]

  그래서 『기술 혹은 시대의 쟁점』이라는 저서의 제목처럼, 기술은

'시대의 쟁점'l'enjeu du siècle이 된다. 그런데, 기술 현상의 그런 특징이 아직 모든 사람에게 명백한 것으로 받아들여지지 않던 1950년대 직후 그런 주장이 처음으로 나온다. 그 때문에, 당시 그런 주장을 이해하는데 어려움이 따를 수밖에 없었다. 엘륄은 기술로부터 합리성, 인위성, 자동성, 자가 증식, 단일성, 기술들의 연계, 보편성, 자율성 등의 특성을 이끌어 낸다.[14] 기술은 그런 특성들을 통해 중립적 실체가 더는 아니며, 신성한 힘을 부여받은 비인격적인 권세가 된다.

그리하여 인간은 기술을 신뢰하고, 기술을 숭배 대상으로 삼으며, 기술을 이용하는 대신 기술을 섬기게 된다. 그 때문에, 인간에게는 기술에 영향을 미칠 어떤 수단도 없다. 또한 인간은 기술을 통제할 수도, 제한할 수도 없고 심지어 기술의 방향을 설정할 수도 없다. 엘륄은 그런 논지를 끝까지 밀고 나가면서, 예를 들어 학교의 기능은 아동을 기술 사회에 적응시키는 것이라는 주장을 펴기도 한다. 학교의 기능은 행복한 인간을 불행하게 만들 수밖에 없는 환경 속에 집어넣는 것이며, 이는 인간의 굴종과 소외의 절정을 이룬다는 것이다. 특히, 그는 일종의 선전으로서 광고, 여가, 대중매체, 스포츠, 생산제일주의 이데올로기가 인간을 어떤 틀에 맞추어 만들어 낸다는 점을 강조한다.

결국, 엘륄에게 기술은 정치나 경제보다 더 현대 사회의 결정 요인이다. 그러한 기술은 좋지도 않고 나쁘지도 않지만, 양면성이 있으며 자체의 논리를 따르면서 스스로 성장한다. 특히, 기술은 민주주의를 깔아뭉개고, 천연자원을 고갈시키며, 문명을 획일화한다. 그 때문에, 기술은 예견할 수 없는 결과를 낳고, 미래를 상상할 수 없게 만든다.

오늘날 기술은 인간의 생산 활동만을 떠맡는 것이 아니라 인간 활동의 총체를 떠맡고 있다. 기술은 모든 분야로 들어오고 기술적 대상이 되어 버린 인간 안으로 들어온다. 그렇게 됨으로써, 기술 자체는 인간에게 더는 대상이 되지 않고 인간 자신의 실체가 된다. 기술은 인간 앞에 더는 놓여 있지 않고 인간 안에 통합되며 점차 인간을 흡수한 것이다. 오늘날의 그런 변화는 기술이 자율적이 되어 버렸다는 사실의 결과이다.[15]

기술 현상의 본질적 특성[16]

현재의 기술 현상에서는 기술의 예전 특성은 사라지고 새로운 본질적인 특성이 나타난다. 다시 말해, 현재의 기술 현상은 근대까지의 기술 현상과 거의 아무런 공통점이 없다. 특히, 오늘날의 문명에서 기술은 더는 조금도 제한되지 않고 모든 분야로 확장되며, 인간의 모든 활동을 포괄한다. 또한 기술은 인간이 사용할 수 있는 도구를 무한정으로 완성하고, 수없이 다양한 매개물과 보조물을 인간이 마음대로 사용할 수 있게끔 한다. 그렇게 함으로써, 기술은 수단을 한없이 늘려나간다. 그리하여 현재의 기술 현상에서 나타나는 본질적인 특성 가운데 두 가지 특성이 두드러지게 된다.

첫 번째 특성은 '기술의 합리성'이다. 기술이 취해지는 어떤 측면에서, 그리고 기술이 적용되는 어떤 분야에서 합리적 과정과 마주친다는 것이다. 기술은 자발성과 비합리성에 속하는 것을 메커니즘에 종속시키는 경향이 있다. 다시 말해, 기술은 자체의 활동으로부터 어떤 개인적 창의성이든, 어떤 비합리적인 것이든 배제한다.

두 번째 특성은 '기술의 인위성'이다. 자연과 대립하는 기술은 인위적 체계를 만들어 낸다. 또한 인간이 기술에 따라 마음대로 사용할 수 있는 수단들은 인위적 수단이다. 따라서 기술적 수단이 점차 집적됨으로써 이루어지는 세계는 자연적인 세계와 근본적으로 다른 인위적 세계이다. 특히, 기술은 자연환경을 파괴하는데, 그 때문에 자연환경이 언제든 사라져 버릴 가능성과 위험이 따른다.

'기술의 합리성'과 '기술의 인위성'이라는 기술 현상의 본질적 특성과 더불어 '기술들의 연계'라는 특성도 있다. 기술 세계를 특징짓는 것은 바로 '필연성'이다. 기술 세계에서는 치밀한 계산의 결과로서의 '필연성'에 의해 모든 것이 이루어진다는 것이다. 기술들이 연속적으로 나타난 것은 예전의 기술이 나중의 기술을 반드시 필요한 것, 곧 '필연적인 것'으로 만들었기 때문이다. 그렇지 않으면 나중의 기술은 비효율적이 되므로 기술들은 서로 연계되어 있다.

2. 기술 현상의 특성

기술의 자율성[17]

기술 현상의 특성으로는 '기술의 합리성', '기술의 인위성', '기술들의 연계' 외에 '기술의 자율성', '기술의 단일성', '기술의 보편성', '기술의 전체화'가 있다.

'기술의 자율성'은 기술적 발달의 조건 그 자체이다. 기술의 자율성에서 드러나는 중요한 측면은 기술 자체가 기술이 적용되는 대상을 근본적으로 변화시킨다는 점이다. 따라서 '자율적 기술'이란 표현은 두 가지를 의미한다. 첫째, '자율적 기술'은 기술이 결국 자체에만 의존하고 자체의 길을 제시하며 부차적 요인이 아닌 근본 요인임을 의미한다. 둘째, '자율적 기술'은 기술이 스스로 끝을 맺고 스스로를 규정하는 경향이 있는 '조직체'로 간주되어야 함을 의미한다. 기술은 스스로 하나의 목적이 된다는 것이다.

우선, 국가와 정치와 경제에 대한 기술의 자율성이 있다. 하지만 기술의 그런 자율성은 기술에 대한 국가의 간섭이나 정치적 결정이나 경제적 영향이 없음을 뜻하지 않는다. 즉, 기술은 정치적 결정이나 경제적 위기의 여파를 겪는다. 그 때문에, 기술은 어떤 것에 의존하기도 하고 어떤 것에 의해 침해받기도 한다. 예컨대, 경제적 자원이 부족할 때 기술은 절정에 이를 수도 없고 기술적으로 가능한 것이 실현될 수도 없다. 특히, 정치권력에 의해 내려진 결정을 통해, 기술적 진보가 가로막히고 긍정적 결과가 사라지기도 한다. 그런데, 이는 기술의 발전 법칙이나 기술 체계의 논리를 따르지 않는 것이다. 그렇지만 기술은 첨단 분야에서 더 급속히 발전하고 경제는 그 뒤를 따라가므로 기술은 경제에 비해 결정적이다. 또한 정치와 기술 사이의 갈등에서 반드시 패배하는 것은 정치이다. 그리고 정치적 결정의 기원에 있는 것은 기술전문가이다.

다음으로, 가치와 윤리에 대한 기술의 자율성은 다섯 가지 측면으로 나타난다.

첫째, 기술은 도덕적 이상형에 따라 발전하지 않고, 가치를 실현하려고 애쓰지 않으며, 덕이나 혹은 선을 목표로 삼지 않는다.

둘째, 기술은 어떠한 도덕적 판단도 허용하지 않는다. 특히, 기술전문가는 자신의 작업에서 도덕의 어떠한 개입도 허용하지 않는다. 기술전문가가 보기에 도덕은 기술적일 수밖에 없는 구체적인 활동과 아무 관계가 없다.

셋째, 기술은 어떠한 윤리적 판단도 받아들이지 않고, 도덕적 이유로 멈추어지는 것을 허용하지 않는다. 더욱이, 기술은 인간의 활동에 주된 족쇄이던 도덕으로부터의 해방을 넘어서서 이제 도덕에 대한 심판자로 변한다.

넷째, 기술의 자율성은 정당성과 관련된다. 현대인에게 과학적인 모든 것은 정당하며 그 여파로 기술적인 모든 것도 정당하다는 것이다. 그래서 기술은 심지어 정당화하는 힘이 된다. 특히, 기술적 성장에 반드시 필요한 광고는 기술 체계에 정당성을 부여하는 기술이다.

다섯째, 기술은 도덕과 판단에서 독립되고 그 자체로 정당해진다. 그래서 기술은 새로운 가치와 윤리를 만들어 내는 힘이 된다.[18] 그리하여 기술은 예전의 모든 가치 체계를 파괴하고, 외부에서 오는 판단을 인정하지 않으면서 판단의 토대를 무너뜨린다. 더욱이, 기술은 무엇이 효율적이고 무엇이 유용한지에 대한 아주 명확한 가치 판단을 내리게 한다. 그리하여 기술의 이름으로 행해지는 것은 정당해지고, 기술은 인간의 행동에 정당함을 부여하게 된다. 그 때문에, 인간은 기술에 따라 윤리를 세우려는 경향이 있다. 기술이 그렇게 자율적이 되었다는 사실을 통해 기술은 최상위 위치를 차지한다. 결국, 아무것도 그러한 기술 위에 위치하여 기술을 판단할 수 없으며, 모든 것은 기술에 의해 판단될 수밖에 없다.

이처럼 기술은 자율적이며, 경제, 정치, 도덕, 정신적 가치에 대해 독립적이다. 특히, 기술적 발전을 결정짓는 것은 경제적 발전이나 혹은 정치적 발전이 아니다. 따라서 기술적 발전은 사회 상황과도 무관하다. 이와 반대로, 기술은 사회적 변화, 정치적 변화, 경제적 변화, 문화적 변화를 결정짓고 유발한다. 인간은 자신의 철학적 이론에 결정적인 힘이 있으며 자신의 정치체제가 사회 발전에 결정적 요인이라고 자부한다. 인간의 그런 자부심에도 불구하고 기술은 나머지 모든 것의 동인(動因)이 된다.

그러므로 기술을 결정짓는 것은 외적 필요성이 더는 아니라, 기술 자체의 내적 필요성이다. 기술은 자체의 특별한 법칙과 결정력을 지닌 그 자체로 충족되는 실재가 된 것이다. 또한 선과 악을 벗어나서 존재하는 그 자체로서의 목적이 된 것이다. 그런 결과, 기술은 기술 자체에 보조를 맞추도록 인간을 강요하면서 인간에 대해서도 자율적이 된다. 기술은 기술이 적용되는 모든 대상을 근본적으로 변모시키면서도, 기술은 그 대상들에 의해 변모되지 않는다.

기술의 자율성과 관련된 것으로서 '기술적 한계'와 '기술의 중립성'이라는 문제가 있다. 먼저 기술적 한계와 관련하여, 그 자체로 한계를 없애는 것인 기술에는 어떠한 불가능한 작업도 어떠한 금지된 작업도 없다. 이는 기술의 본질 자체이다. 즉, 한계 너머에는 실행할 수 있는 가능성이 존재한다. 단지 그런 이유에서, 한계란 기술적 관점에서 현재에 있어서 실현될 수 없는 것일 따름이다.

다음으로 기술의 중립성과 관련하여, 기술이 자율적이라고 할 때 이는 기술이 중립적임을 뜻하지 않는다. 이와 반대로, 기술이 자율적이라고 할 때 이는 기술이 자체의 법칙과 의미를 그 자체에 포함함을 뜻한다. 이제 기술은 인간이 원하는 대로 사용할 수 있는 도구가 아니다. 기술은 자체의 영향력을 가지고서 자체의 방향으로 나아간다. 즉, 기술은 어떤 구조나 요구를 드러내면서 인간과 사회의 변화를 일으킨다. 그런데, 그런 변화는 원하든 원하지 않든 간에 강요되고, 기술은 스스로 어떤 방향으로 나아간다. 그 때문에, 그 구조를 변화시키거나 혹은 그 움직임을 다른 데로 방향을 돌리려면, 인간의 무한한 노력이 필요하고 기술 체계의 독자성을 자각해야 한다.

기술의 단일성[19]

  기술 체계란 부분들이 밀접하게 서로 결합되어 있고 상호 의존하며 공통된 규칙성을 따르는 하나의 통합체를 말한다. 따라서 기술 체계의 구체적인 표현으로서 기술의 단일성 혹은 '불가분성'(不可分性)을 들 수 있다. 기술들은 서로에 의해서만 존재하도록 연결되어 있고, 모든 면에서 의존하도록 서로 연결되어 있다는 것이다. 또한 기술들은 모두 서로에 대한 영향력이 있고, 서로 침투하고 결합하며 서로를 결정짓는다는 것이다.

  그렇기에, 현대 사회의 진정한 문제는 다양한 기술 사이의 관계 체계이다. 그런데, 다양하고 수많은 기술 사이에 일어난 통합을 통해 사회의 변화가 초래되고 인간 삶의 변화가 일어난다. 그 때문에, 기술들 사이의 관계 체계는 기술의 단일성과 관련된다. 특히, 가장 독립적이고 가장 덜 기술적인 활동조차 기술 체계 속에 위치한다. 따라서 모든 것은 기술 용어로 해석되고 받아들여진다.

  기술 체계의 그런 단일성을 통해 네 가지 결과가 생겨난다. 첫째, 이차적 기술 영역이 필요해진다는 것이다. 즉, 과학적 진보에 대한 과학적 조직화가 필요하듯이, 체계의 단일성을 조직화하게 될 기술적 하부구조들이 증가한다. 둘째, 기술들 사이의 상호관계가 필요해지고, 좋은 기술과 나쁜 기술을 구분할 수 없다는 것이다. 셋째, 기술과 기술의 용도 사이의 일치가 일어나고, 정치체제나 혹은 사회체제에 대한 기술 체계의 독자성이 생겨난다는 것이다. 넷째, 기술을 제

한된 용도로 한정시킬 수 없고, 기술이 공공의 용도로 옮겨감을 막을 수 없다는 것이다.[20]

결국, 기술의 '단일성'이란 다양한 기술을 포괄하는 기술 현상이 어떤 전체를 형성한다는 것이다. 기술 현상이 어디서든 본질적으로 동일한 특성을 나타낸다는 점이 명백할 때, 기술의 '단일성'은 뚜렷해진다. 기술 현상은 좋은 것은 취하고 나쁜 것은 삼가는 식으로 분리될 수 없다. 특히, 기술 현상에는 그 자체를 분할할 수 없게 만드는 어떤 '덩어리'가 있다. 그런 단일성의 실체를 파악하려면, 각각의 기술적 문제를 다른 기술적 분야에 연루되어 뒤얽혀 있는 상태에서 제시해야 한다. 기술 각각의 활동 방식은 어떤 전체를 형성하는 식으로 조합이 되고, 각 부분은 다른 부분을 뒷받침하고 강화한다. 특히, 기술 현상은 그 요소들을 분리할 수 없는 어떤 전체를 형성한다. 그 때문에, 핵에서처럼 민간 사용과 군사적 사용을 분리하려는 것은 쓸데없는 일이다. 다시 말해, 도덕적 동기, 곧 비(非)기술적 동기에서 기술을 이러저러한 방향으로 설정하려는 것은 소용없는 일이다.

기술의 보편성[21]

기술의 보편성을 두 가지 측면으로 제시할 수 있다. 이제 인간은 어디서도 기술과 마주치며 기술 체계는 모든 분야에서 확장된다. 그런 사실을 두 가지 측면에서 고찰해야 한다는 것이다.

첫 번째 측면은 환경과 인간 활동 영역에 관계되는 보편성이다. 기술의 대상이 되는 것은 인간의 환경 전체일 뿐만 아니라 인간의 모든 활동이다. 즉, 인간의 각 활동은 기술적 방식으로 방향이 설정된다. 또한 기술이 모든 영역에 침투함으로써 기술을 벗어난 어떠한 영역도 실제로 없다. 그리고 기술 체계가 흡수하고 변화시키는 인간 삶의 모든 측면에서 기술 체계는 확장된다. 이처럼 인간의 활동 영역과 삶의 영역 전체가 기술의 대상이 된다.

두 번째 측면은 기술 체계가 모든 나라로 확장된다는 '지리적 보편성'이다. 기술 체계는 인종과 경제와 정치체제의 차이가 무엇이든 전 세계에서 발전한다. 즉, 세계 모든 나라에 옮겨지는 것은 기술 체계의 요소일 따름인 기계만이 아니다. 기계를 사용하는 데 필요한 것인 동시에 기계의 축적 결과인 기술 체계 전체가 모든 나라에 옮겨진다.

기술의 그런 보편성과 기술 체계의 일관성을 통해 오늘날 세계 모든 나라의 상호의존이 생겨난다. 또한 그런 상호의존을 통해 '위기'라는 문제가 완전히 바뀐다. 즉, 세상의 체계가 훨씬 작은 응집력을 보일 때에는 지역적 해결책이 가능했다. 하지만 이제는 그런 해결책이 더는 가능하지 않다. 또한 발전이 느릴 때는 대책을 찾을 시간이 있었다. 하지만 오늘날 기술들의 결합이 워낙 빨라서 위기 상황은 그 해답을 찾을 가능성이 있기도 전에 변한다. 특히, 기술 체계의 보편화를 통해 다양한 사회의 토대와 구조가 동일해진다. 또한 기술 체계의 확장을 통해 경제적이거나 정치적인 형태가 점진적으로 동일해진다. 하지만 모든 사람이 그렇게 동일해진 토대와 구조와 형태에 동의하고 그것들을 받아들이는 순간부터, 비교가 불가피해지고 불균등이 확연하게 드러난다. 따라서 그런 보편화를 통해 다른 성장 수준을 지닌 나라들 사이에 갈등이 초래된다. 결국, 기술 사회의 보편성을 언급할 때, 이는 모든 나라와 모든 사회 계층에 동일성이 있음을 의미하지는 않는다.

기술은 언제나 더 많은 에너지와 자원과 원료를 동원해야 하기에, 기술은 기술 자체가 손대지 않은 영역을 내버려 두지 않는다. 그 때문에, 기술적 보편성의 토대로서 두 가지를 제시할 수 있다. 첫째, 기술이 자체의 힘으로 적용 영역을 확장하는 경향이 있는 한, 더 완벽해진 각 기술에는 보편화하는 특성이 있다는 것이다. 둘째, 심리적이고 이데올로기적인 변화이면서 인간적인 요인이다. 즉, 인간은 자신의 삶을 미래에 걸고 자신의 희망을 기술적 진보에 두는데, 이로부터 자신의 모든 문제에 대한 답을 찾으려고 한다는 것이다.

이처럼 거의 돌이킬 수 없이 확고해진 기술의 보편성을 통해 삼중적인 뒤바뀜이 일어난다. 첫째, 기술은 기술이 그 일부분이었던 문명 속에 포함되어 있었다. 하지만 이제 모든 것은 기술에 의존하고, 기술은 모든 것이 그 안에 위치하는 포괄적 요소가 된다. 둘째, 기술은 외부의 궁극목적에 따르는 수단이었다. 그러나 이제 기술은 자체의 합리성에 따라 발전하는 자체의 궁극목적이 된다. 셋째, 기술은 서구에서 일련의 사회적, 지적, 경제적, 역사적 요인의 결합에 힘입어 발전했다. 하지만 이제 기술은 자체의 필요성에 따라 발전하려고, 기술에 필요한 요인들을 인위적이고 체계적으로 어디서든 만들어 낸다. 그런 요인들이 바로 기술 확장의 조건이다.

기술의 전체화[22]

기술의 그런 보편성을 통해 기술은 전체주의적이 될 수밖에 없다. 기술은 엄청난 양의 현상을 흡수하고 자체의 작용 속으로 최대한의 것이 들어가게 하는 경우에만, 진정으로 효율적이고 과학적일 수 있다는 것이다. 기술은 어떤 분야에서든 독점을 지향하고 점차 문명의 모든 요소를 차지한다. 그러한 기술은 세상 전체로 자체의 활동 영역을 넓힌다. 그리하여 어떤 사회도 기술을 피하지 못하며, 노동과 게임에서부터 사랑과 죽음에 이르기까지 삶의 어떤 측면도 기술을 피하지 못한다. 이제 기술은 인간들 사이를 연결하는 매개가 된다. 그래서 인간들은 언어와 신념과 종족이 무엇이든 기술을 통해 소통한다. 기술은 삶과 죽음에 있어 온갖 결함과 분리를 보완하는 보편적 언어가 된다.

단편적인 온갖 기술의 연결을 통해 기술적 작용의 '전체화'가 초래되며, 기술적 전문화는 기술적 전체화를 전제로 한다. 그런데, 기술적 전체화는 각 분야에서 극도로 이루어진 기술적 전문화의 다른 측면일 따름이다. 인간에게는 '단일성'을 향한 근본적인 욕구와 열망이 있다. 이는 모든 것을 하나로 귀결시키는 것이고, 예외와 변이를 없애는 것이며, 모든 것을 조화로운 체계로 한데 모으는 것이다. 그런 단일성은 기술 체계 속에서 제시되고 확실해지며, 기술적 전체화 속에 자리 잡게 된다. 결국, '전문화·전체화'는 내재적인 과정이며, 이 현상이 형성되는 것은 일련의 기술적 활동에 의해서이다.

기술의 그런 전체화는 사회를 구성하는 모든 요소를 실제로 포함한다. 그리고 인간 삶의 모든 표현은 점진적으로 기술적이 되며, 인간 삶 자체의 모든 요소는 기술에 연결된다. 따라서 기술의 전체화를 통해 인간적이고 사회적이며 경제적이고 정치적인 모든 요인에 대한 새로운 유형의 진정한 통합이 이루어진다. 그리하여 사회와 인간은 전체화하는 기술의 단일성을 받아들인다. 하지만 기술은 의미를 부여할 수 없다는 것이 기술의 큰 결함이다.

3. 현대 기술의 특성

현대 기술의 실행 분야[23]

과학은 순수한 사변(思辨)이며 그런 과학을 적용한 것인 기술이 물질적 실체와 과학적 결과의 접촉점으로 나타난다는 전통적 견해가 있다. 엘륄은 그런 견해가 근본적으로 틀렸다고 지적하면서 기술과 과학 사이의 관계를 설명한다.

기술적 활동이 과학적 활동보다 월등히 앞선다는 것이 현존하는 역사적 사실들을 통해 드러난다. 그러므로 기술적 성과가 없는 과학은 생각할 수 없다. 급속히 발전하는 기술은 과학의 발전을 요구한다. 그 때문에, 오늘날 그 어느 때보다 기술과 과학 사이의 관계는 더 밀접해진다. 게다가, 기술은 늘 즉각적으로 사용되고, 실생활에서 과학적 발견이 적용되는 시간적 간격은 점점 더 단축된다. 과학적 발견이 이루어지자마자 어떻게 그것을 적용할지 연구하게 되면서, 과학은 기술의 수단이 되어버린 것이다.[24]

'조직' 역시 사회생활과 경제생활 혹은 행정 분야에 적용된 기술이다. 기술적 분야의 확장을 통해 기술에 의해 모든 것이 기계와 동일시되고, 기술이 접하는 모든 것이 기계화되는 현상이 일어난다. 그런 관점에서, '기계 기술'과 '지적 기술' 외에 현대 기술이 실행되는 분야를 크게 세 가지로 제시할 수 있다.

첫째, '경제 기술'이다. 전체적으로 생산에 종속된 '경제 기술'의 광범위함은 노동의 조직화로부터 계획경제에까지 이른다. '경제 기술'은 그 대상과 목적 때문에 다른 기술과 구분된다. 그런데, 그 대상과 목적이 없다면 '경제 기술'의 문제는 다른 모든 활동의 문제와 동일하다.

둘째, '조직 기술'이다. 대중과 관련된 '조직 기술'은 상업적이거나 혹은 산업적인 대규모 사업에 적용될 뿐만 아니라, 국가와 행정 분야 혹은 치안 분야에도 적용된다. 더욱이, '조직 기술'은 전쟁에도 적용되어 군사력과 군대의 무기를 확고하게 한다. 또한 현재의 사법 분야에 속하는 모든 것이 '조직 기술'에 속하게 된다.

셋째, '인간 기술'이다. '인간 기술'의 형태는 교육 기술, 직업 지도, 광고를 포함하여 의료와 유전학으로부터 선전까지 아주 다양하다. 여기서 인간 자신이 기술의 대상이 된다.

그런 세 가지 종류의 기술은 동일한 목적과 관심사를 갖고 있어 서로 연관되어 있으며, 기술 현상의 광범위한 범위를 보여준다. 그런 기술 현상에 비추어 보면, 오늘날 아무것도 기술을 피할 수 없고, 기술적이 아닌 것은 아무것도 없다.

기술과 경제의 관계[25]

기술과 경제 사이의 관계는 마르크스가 이미 강조한 바로서, 기술이 경제의 동인(動因)과 토대로서 나타난다는 것이다. 마르크스는 생산체계와 분배체계를 구분하는데, 생산체계는 혁명적이고 분배체계는 반드시 보수적이다. 하지만 마르크스의 그런 이론 체계를 경제의 토대로 삼는 것은 오류이며, 나머지 모든 것이 의존하는 것은 바로 기술이다. 따라서 마르크스의 그런 구분은 재검토될 수밖에 없다. 기술이 생산이라는 유일한 영역에서 작용한다는 것은 오늘날 사실이 아니기 때문이다. 따라서 기술적 발전과 무관한 단 하나의 경제생활 분야도 더는 없으며, 다양한 분야에서 그런 사례를 제시할 수 있다.

우선, 고전주의 경제학 저서에서 피상적 시각으로 확인되는 것보다 더 기술은 경제생활에 폭넓고 깊게 영향을 미친다. 생산의 발전은 기술적 발전에 밀접하게 의존하고 있으며, 기술, 특히 기계에 대한 경제의 의존은 무분별하게 이루어진다. 특히, 19세기의 산업혁명은 그 시대의 기술적 진보에서 직접 비롯된다. 그와 마찬가지로, 경제와 기술의 그런 관계와 관련하여 상황은 변하지 않았다고 할 수 있다. 물론, 경제적 발전 전체의 동인은 바로 기술적 발달이라는 것은 모든 시기에 들어맞지도 않는다. 또한 기술적 진보가 언제나 근본원리인 것도 아니다. 그렇지만 인간이 새로운 세상으로 나아갈수록, 경제생활은 세부적인 면에서 여지없이 기술적 발달에 더 의존한다는 점이 확인된다.

현시대의 경제 현상은 인간 활동 전체를 점점 더 포괄하고, 모든 것이 경제의 기능과 대상이 된다. 그런데, 이는 기술을 매개로 하여 이루어진다. 기술은 경제생활을 더 풍부하게 만들고 복잡하게 한다. 또한 기술은 물질적으로 가능하고 동시에 실현이 가능한 것들로 짜인 일종의 그물망 속에 인간을 속박한다. 그런 상황에서, 기술은 인간의 문제 전체와 관련될 수밖에 없는 경제의 대상을 변화시킨다. 결국, 기술의 발달은 경제를 통해 모든 사회 활동을 흡수하는 현상의 기원이 된다.

'경제 기술'[26]

기술과 경제의 또 다른 관계로서 '경제 기술'의 형성을 들 수 있다. 현시대의 엄청난 극적인 과정이 확인되는 것은 바로 '경제 기술' 분야에서이다. 기술은 다른 어디에서보다 더 현재의 경제 진행 과정에서 명백히 드러난다. '경제 기술'은 '기계 기술'보다 훨씬 더 초보적이며, '심리 기술'이나 혹은 '사법 기술'보다 훨씬 더 초보적이다. 하지만 '경제 기술'은 '자연적인 것'으로부터 '인위적인 것'으로의 이행을 다른 기술보다 더 잘 나타낸다. 그런데, 그런 이행은 모든 기술과 관련된다. '경제 기술'은 '자연적인 것'을 배제하기보다 통합하는 경향이 있다. '자연적인 것'이 통합될 때 '자연적인 것'은 '기술적 통합체'에 속하기 위해 더는 자연적이지 않게 된다. 경제를 통해 나타날 수밖에 없는 기술의 세 가지 특징을 들 수 있다.

첫째, 기술과는 어떠한 조절 작용도 이루어지지 않는다는 것이다. 즉, 목표를 향해 곧장 나아가는 경직된 기술을 받아들이든지 혹은 기술을 거부하든지 둘 중 하나이다. 그런데, 만일 기술을 받아들이게 되면 기술의 법칙을 따라야 한다.

둘째, 단지 '경제 기술'에 한정시킨다면, 경제 분야에 관한 기술의 법칙에서 드러나는 특징 중 하나는 경제 메커니즘과 국가 사이에 유대가 이루어진다는 것이다. 그런 유대가 이루어지는 것은 국가가 개입 의도가 있기 때문이 아니라, 기술적 발달 앞에서 국가가 달리 행할 방도가 없기 때문이다.

셋째, 기술은 늘 중앙 집중을 전제로 하고, 기술적 중앙 집중은 현 시대의 주된 현실 중 하나라는 것이다. 따라서 기술적 발전을 유지하면서 '탈(脫)집중'을 고려하는 것은 순진한 환상이다. 기술은 자체의 중앙 집중을 위해 경제적 중앙 집중과 정치적 중앙 집중이 하나가 되는 것을 필요로 한다.

국가와 기술의 마주침[27]

국가는 많든 적든 늘 기술을 사용했으나, 기술은 국가의 기능에 일치하는 제한된 분야에 존재한다. 특히, 20세기 초까지 국가의 가장 중요한 활동은 완전히 실험적으로 남아 있음에도, 국가는 이 활동을 위해 상당수의 다른 기술을 사용한다. 그렇지만 국가의 수단인 기술은 자체의 목적과 수단에 제한되어 있고, 특별한 활동의 틀을 넘어서지 않는다는 독특한 특성을 드러낸다. 물론, 국가의 광대한 활동 영역에는 국가라는 공통된 조직체에 의해 서로 연결된 기술화된 항목이 있었다. 이후에 국가는 전통적인 틀과 아주 다른 틀에서 기술과 마주친다. 그런 마주침이 어떻게 일어나는지 기술과 직접 관련되는 원인을 중심으로 설명할 수 있다.

첫 번째 원인은 국가가 아직 침투하지 않은 분야에서 일반 사람이 사용한 기술이 급속히 퍼져나간다는 것이다. 이를 통해 두 가지가 결과가 생겨난다. 한편으로, 기술을 통해 더 명확하고 분명한 결과가 제시되므로, 기술은 국가의 관심을 끌게 된다. 다른 한편으로, 기술을 통해 활동 영역이 상당히 확장될 수 있고, 많은 사람에게 영향을 미칠 수 있다. 하지만 그 순간, 기술의 작용은 더는 순수하게 사적이 되지 않는다. 즉, 기술은 집단과 관련되기에 국가가 기술에 관심을 두게 된다. 결국, 기술은 발전함에 따라 국가 자체와 마주치게 되고, 이런 기술은 한 개인의 역량을 넘어서게 된다. 그 때문에, 기술을 만들어 내고 조정한 일반 사람은 점차 그 기술을 더는 사용할 수 없게 된다.

첫 번째 원인에 직접 연결된 두 번째 원인은 기술을 적용하려면 비용이 많이 든다는 것이다. 어떤 분야를 살펴보든지 간에, 점차 개인 자본이나 가족 자본은 기술적 요구에 부응할 수 없게 된다. 기술적 발전의 어떤 단계에 이르면, 끊임없는 완성 작업을 통해 복잡하고 엄청난 도구가 생겨나서 일반 사람은 원가를 충당할 수 없게 되는 것이다. 가까운 역사를 살펴보더라도, 기술적 분야에서의 가격 상승은 오늘날과 같은 전례가 없다. 이처럼 어떤 단계에 이른 기술적 발달을 통해, 돈과 힘의 관점에서 국가만이 해결할 수 있는 문제가 제기된다.

세 번째 원인은 국가가 맡은 역할의 변화와 그 역할에 대한 개념의 변화이다. 국가는 점점 더 많은 확대된 활동을 떠맡게 된다. 그 결과, 국가는 국민 전체의 조정자와 지도자로 간주되고, 국민의 삶을 떠맡으며, '국민국가'[28]가 된다. 그래서 국가는 국민의 삶을 조직화하려 하고, 집단을 규제하려 하며, 현시대가 드러내는 개인주의적 사회를 조정하려 한다. 또한 사회에서 개인은 당면한 문제로부터 혼자서는 실제로 빠져나올 수 없다. 그 때문에, 국가는 개인의 사생활에 개입하려 한다. 특히, 국가는 사적 집단의 일이던 것을 책임지게 된다. 하지만 그렇게 함으로써, 국가는 그때까지 일반 사람이 사용하던 새로운 기술과 마주친다. 일반 사람에 의해 만들어지고 조정된 이후에 국가가 마주치는 기술은 세 가지 특성을 드러낸다.

첫째, 일반적으로 그런 기술은 국가의 기술보다 더 완벽하고 더 잘 적용된다는 것이다. 사적으로 기술을 만들어 내는 데에는 극히 다양한 방법이 있다. 개인에게는 집단이나 국가보다 훨씬 더 실제적이고 현실주의적인 삶이 있기 때문이다. 그래서 개인은 문제를 그 자체의 개별성 가운데서 있는 그대로 바라보기에, 최상의 것을 만드는 방법을 추구한다. 반면에, 국가는 대중과 복합적인 문제에 동시에 영향을 미치므로 문제의 복잡성을 도식화하거나 혹은 거부하게 되고, 진정으로 적용된 기술을 발견할 수 없다. 그 때문에, 개인이 창출한 기술은 더 나은 생산성을 갖고 있을 뿐 아니라, 더 진정한 기술이 된다.

둘째, 개인이 만들어 낸 기술은 전문화의 결과라는 것이다. 전문화는 우선 과학 분야에서 이루어지지만, 기술 세계에 즉시 도입된다.

셋째, 국가의 기술과 반대로, 일반 사람이 만들어 낸 기술은 좀처럼 속도를 늦추지 않는다는 것이다. 그런 기술은 끊임없이 발전하고 인간 활동의 모든 분야에 점차 도달한다.

국가와 기술의 결합[29]

국가와 기술의 결합은 국가 권력 확장을 전제로 하는데, 국가와 기술의 결합으로 생겨난 결과는 두 가지로 나타난다. 결합의 첫 번째 결과는 전에는 사적이었다가 공적이 된 새로운 기술과 접촉함으로써 국가의 예전 기술이 점차 변한다는 것이다. 기술이 국가에 침투한 두 번째 결과는 국가가 전체적으로 거대한 '기술적 통합체'가 된다는 것이다. 특히, 기술이 국가에 파고들면서 정치인과 기술전문가 사이에 갈등이 생겨난다. 국가에 대한 기술전문가의 영향력은 행정 결정으로 생겨날 수밖에 없는 상황에서만 나타나는 것이 아니다. 그 영향력은 정부와 행정의 효율성에 대해 기술전문가가 내린 판단에서도 나타난다.

그렇게 국가에 침투한 기술은 국가 내에서 심각한 문제를 일으킨다. 우선, 민주주의 국가에서는 '선전 기술'이 강도 높게 사용됨으로써, 개인의 판단력과 분별 능력이 상실되고 파괴된다. 기술은 민주주의의 작용을 즉각적으로 혼란스럽게 하고 여론의 방향을 오도한다. 또한 기술은 국가가 전체주의적이 되도록 이끈다. 다시 말해, 국가가 인간 삶의 모든 것을 흡수하는 데로 이끈다. 기술들은 서로 생겨나게 하는 동시에 서로 연결된다. 이를 통해 인간의 모든 활동을 속박하는 일종의 그물망이 형성된다. 그러므로 심지어 국가가 자유롭고 민주적일지라도 전체적이 될 수밖에 없다. 역으로, 국가도 기술에 대해 매우 적극적으로 영향을 미친다. 현대 기술의 발전에서 국가의 역할, 그리고 기술과 국가가 연계된 결과는 두 가지로 나타난다.

기술에 대한 국가의 활동에서 나온 첫 번째 결과는 바로 '기술적 통합체' 전체를 조정하는 것이다. 국가는 통합력을 갖고 있으며, 사회 안에서는 계획하고 조직하는 힘이 된다. 그 점에서, 국가는 사회의 세력들을 조정하고 맞추며 균형 잡히게 하는 자체의 진정한 역할을 유지한다. 또한 국가는 '선전 기술'이나 '경제 기술'처럼 지금껏 서로 무관한 채로 남아 있던 기술들을 연관시킨다.

두 번째 결과는 국가가 기술에 부여하는 권위가 기술 발달의 한 요인이 되지만, 이는 국가 자체가 기술적이 됨을 나타낸다는 것이다. 그래서 기술은 상당히 강화되고, 국가의 개입을 통해 기술의 발전은 가속화된다. 결국, 기술과 국가는 서로 떠받치고 서로 강화하며 표면상으로는 공고한 전체적인 문명을 생겨나게 하면서, 현 세상의 주요한 두 요소가 된다.

4. '인간 기술'의 필요성

기술에 의해 변화된 인간 삶의 요소[30]

현시대에는 인간과 직접 연관되는 기술이 결국 나타나고 오늘날 이 기술은 대단한 발견과 희망의 대상이 된다. 그런 기술을 구체적으로 살펴보기 전에 그런 기술이 나타난 이유를 설명할 필요가 있다.

현시대의 노동 상황은 복잡한 거대 기계 같은 것 속으로 일상 노동의 모든 노력이 흡수되는 것이다. 그런 거대 기계는 수백만의 노동자나 사무원의 지속적이고 끈기 있는 강도 높은 노동을 통해서만 굴러갈 수 있다. 특히, 기계에 매여 노동을 하면서 자신도 기계가 되어 버린 인간은 그럭저럭 모든 것을 버틴다. 하지만 인간은 극도로 긴장되어 있고 인내의 한계에 도달해 있다. 모든 사람이 빠져 있는 그런 곤경을 해결할 아무런 조치도 취할 수 없는 가운데서, 완전히 비정상적이던 것이 이제는 일상이 되고 일반적 상황이 된다. 인간은 그런 이상한 환경 속에서 편안하지 않으며, 여기서 인간에게 요구되는 긴장은 인간 존재와 삶을 무겁게 짓누른다. 그래서 인간은 도피하려고 애쓰고, 자신이 부적응자임을 느끼며, 우울증 환자가 된다.

인간이 놓인 그런 상황에서 온갖 종류의 기술적 수단을 통해, 인간에게 견딜 수 없던 것을 견딜 만하게 만들려는 시도가 이루어진다. 특히, 인간은 자신의 사기가 유지되면 가장 가혹하고 비인간적인 삶의 상황을 견딜 수 있기에, 점점 더 심리학이 중시된다. 기술이 인간으로부터 '최대한의 것'을 요구하는 세상에서, 이 '최대한의 것'은 늘 긴장된 굳건한 의지를 통해서만 달성되고 유지될 수 있기 때문이다. 그런데, 본래 인간에게는 그런 의지가 없다. 따라서 인간이 노동에서 자신의 '최대한의 것'을 산출할 수 있도록, 또한 인간이 기술 때문에 놓인 끔찍한 삶의 상황 앞에서 의기소침해지거나 낙담에 빠지지 않도록, 인위적으로 심리적 상황을 만들어 내야 한다. 그런 상황에서 기술에 의해 변화된 인간 삶의 세 가지 요소를 들 수 있다.

첫째, 기술은 인간 속으로 깊숙이 침투하여 인간 존재 자체를 바꾸고 있으며, 기계는 인간 삶의 요소로서의 '새로운 환경'을 만들어 낸다. 인간이 사는 환경은 더는 인간 자신의 환경이 아니며, 인간은 세상의 초기 시대처럼 어떤 세계에 적응할 수밖에 없다는 것이다. 인간이 그런 세계를 위해 만들어진 것이 아님에도 그러하다. 예를 들어, 인간은 시간당 몇 킬로미터를 가게 되어 있는데도, 시간당 일천 킬로미터를 간다. 또한 먹고 싶을 때 먹고 졸릴 때 자게 되어 있는데도, 시계의 흐름에 따라야 한다. 그리고 살아 있는 것과 접촉하게 되어 있는데도, 돌처럼 차가운 세상에 산다. 특히, 자기 존재의 통일성을 유지하게 되어 있는데도, 이 시대의 온갖 세력에 의해 갈기갈기 찢긴 채로 있다.

둘째, 기술은 '시간'이라는 인간 삶의 요소를 변모시킨다. 인간의 삶 자체가 시계라는 기계에 의해 측정된다는 것이다. 또한 기계의 명령에 따라 먹고 일하고 자는 식으로 인간의 유기적 기능은 기계에 종속된다. 따라서 인간의 삶은 더는 하나의 전체가 아니라 일련의 분절된 작용이 된다. 그런데, 그런 작용들 사이에는 동일한 개인에 의해 이루어진다는 것 외에는 다른 어떤 관계도 없다.

셋째, 인간의 환경인 공간 그리고 인간의 시간과 더불어 세 번째로 기술에 의해 심하게 변화된 인간 삶의 요소는 바로 '동작'이다. 여기서도 마찬가지의 과정이 나타난다. '동작'은 삶의 자발적인 표현이고 삶의 가시적인 형태이다. 살아 있는 존재는 스스로 자신의 태도와 몸짓과 방향과 리듬을 선택한다. 따라서 외적인 관점에서 동작보다 더 개인적인 것은 아무것도 없다. 하지만 기계가 완벽함에 가까워지고 그 숫자가 늘어남에 따라 몸짓도 완벽함에 가까워져야 한다. 인간의 몸짓은 인간 자신을 표현할 권리도 없다는 것이다. 특히, 현시대의 속도는 동작을 추상적으로 만들고, 인간적인 몸짓이기에 불완전한 그런 몸짓을 받아들이지 않는다.

'인간 기술'을 통한 인간의 회복[31]

이처럼 현대 사회는 인간의 초인적 노력을 요구하고, 인간의 환경은 완전히 변하며, 사회 구조도 변화한다. 그 때문에, 오늘날 '인간 기술'이 반드시 필요하다. 인간이 자신의 세계와 일치하지 않는 상태에 있기에, 인간을 자신의 세계와 일치하는 상태로 되돌려놓는 일이 반드시 필요하다는 것이다. 현시대에 기술에 대해 불안해하는 사람들이 보기에 '인간 기술'을 통해 큰 희망이 나타난다. 특히, 과학적 조사 결과를 통해 그런 희망의 동기가 제시된다. 이제 인간은 자신이 발견한 것에 의해 위협받고 자신을 둘러싼 힘을 더는 지배할 수 없다. 따라서 그런 희망은 인간이 '인간 기술'을 통해 자신의 위대함 가운데서 회복된다는 것이다.

'인간 기술'을 통한 인간의 그런 회복은 세 가지로 나타난다. 첫째, 기술에 의한 인간의 해방이 아니라, '인간 기술'에 의한 인간의 해방이다. 그런데, 그런 해방은 외부로부터 오는 만큼이나 내부로부터 온다. 둘째, '인간 기술'을 통해 인간이 회복됨으로써, 기술의 세계는 비평가나 기술 관료가 상상하는 추상적이고 기계적인 세계가 더는 아니게 된다. 셋째, '인간 기술'은 기술의 충격적이고 잡다한 작용에 의해 깨어진 인간의 통일성을 회복하는 경향이 있다. 따라서 '인간 기술'의 주목표는 인간을 중심으로 모든 기술을 결집하는 것이다. 그런 '인간 기술'의 사례로는 교육 기술, 노동 기술, 직업 지도, 선전, 오락, 스포츠, 의료 등이 있다.

현시대에 와서 기계를 인간에게 적응시키려는 경향도 있다. 그런데, 그런 경향이 대단한 발전이라는 점은 틀림없는 사실이다. 하지만 그런 경향은 인간을 기계에 완전히 적응시키는 것을 전제로 한다. 물론, 인간은 실제로 기계를 이끌기도 하겠지만 이는 자신의 개성을 대가로 치른 것이다. 따라서 '인간 기술'이 지향하는 바는 기술에 의해 산산조각이 난 인간의 통일성을 회복시키는 것이다. 또한 '인간 기술'이 내거는 목표는 인간을 보호하는 것이다. 그 첫 번째 보호는 바로 인간이 살아갈 수 있게 하는 것이다.

기술의 발전을 제어하려는 노력[32]

인간은 익숙하지 않은 새로운 세계에 있는데, 사실상 그 세계는 인간에게 새로운 환경이다. 이는 자연과 인간 사이의 매개로서 만들어진 하나의 체계이다. 하지만 그 매개가 너무나 확장된 나머지 인간은 자연적인 틀과의 접촉을 모두 잃어버린다. 또한 인간은 조직화된 물질로 이루어진 매개체와 더불어서만 관계를 맺고 있다. 이처럼 자신의 인위적 결과물 속에 틀어박힌 인간에게는 어떠한 출구도 없게 된다. 더욱이, 인간은 수십만 년 전부터 적응해 온 자신의 예전 환경을 되찾기 위해 출구를 뚫을 수도 없다.

인간이 놓인 그런 상황에서 기술의 발전을 제어하려는 기술전문가들의 노력이 있다. 이는 "기술적 문제에 대해서는 기술적 해결책으로"라는 원리로 제시되는 두 가지 종류의 노력이다.

첫째, 기술은 인간이 그 안에서 살아야 하는 새로운 환경을 만들어 낸다. 그렇다면, 인간이 자연환경과 마주하여 기술이라는 매개체를 만들었듯이, 그런 새로운 환경과 인간을 매개하는 도구를 만들어 낼 수 없느냐는 것이다. 그리하여 기술 환경 위에서 인간에게 안전장치와 활동 수단의 구실을 하는 일련의 보조 기술이 발전한다. 가장 훌륭한 사례는 지금까지 적용된 기술과는 정말로 다른 범주에 속하는 '생각하는 기계들'의 통합체이다. 그런 통합체를 통해 인간은 예전에 단지 수단에 불과하다가 환경이 되어 버린 것을 제어할 수 있게 된다. 물론, 그런 통합체가 놀라운 사례이기는 하지만, 이 통합체는 어떤 면에서는 부차적 기술이다.

둘째, 예전에는 명백했던 기술적 노력의 목적이 점차 사라짐으로써, 이제 이런 목적은 겉으로 명백히 드러나지 않게 된다. 그렇게 된 원인은 그런 목적이 추상적이 되어 버리고 어떤 실체도 더는 없다는 것일 수 있다. 그렇지 않으면, 그 원인은 그 목적이 예측할 수 없는 미래로 미루어지거나 혹은 알 수 없는 미래의 어떤 시기로 미루어진 것일 수도 있다. 그런 가운데서도, 인간은 온갖 기술적 발전을 통해 그런 모호한 목적에 다가간다. 또한 인간은 수단의 확산을 통해 목적이 사라진다는 사실을 알면서도, 목적이나 목표를 재발견하는 데 전념한다. 하지만 앞으로 더 나아갈수록 기술의 목적은 사라진다. 더욱이, 새로운 적응에 끊임없이 속박된 인간은 불편함을 느낀다. 그 때문에, 생활 수준의 향상, 위생, 안락처럼 한순간 직접적인 목표로 나타나는 것도 더는 확실하지 않게 된다. 그럼에도 궁극목적이 필요하기에 궁극목적이 기술적으로 설정되고 예측되는 한, 기술적 발전에 반드시 필요한 궁극목적이 발견될 것이라고 예상할 수 있다. 목적에는 반드시 그 목적에 종속되는 수단과의 공통된 척도가 있어야 한다는 것이다.

3장 기술 체계

1. 기술과 사회의 관계

현대 사회에 대한 다양한 정의[33]

현시대에서 기술은 주요 요인이나 혹은 결정 요인이 되는 데 그치지 않고 체계가 된다. 그래서 현대 사회에 대해 내려지는 여러 정의를 분석해보면 이 정의들이 결국 기술을 향한다고 결론지을 수 있다.

첫째, 레이몽 아롱 Raymond Aron의 '산업사회'라는 정의이다.[34] 물론, '산업사회'라는 용어는 매우 일반적으로 사용되지만 적절치 않은 표현이다. 서구 사회는 19세기에 산업사회가 되었지만, 산업 현상은 기술적 두 요인인 '기계의 증가'와 '생산의 조직화'로 특징지어진다. 그 때문에, 오늘날 여전히 중요한 산업 현상은 19세기의 산업 현상과 공통점이 없다. 그래서 '산업사회'로부터 '기술 사회'로의 변천 및 이 둘 사이의 대립에 대한 라도반 리히타[35]의 논증을 들어 현대 기술의 특징을 설명할 수 있다. 현대 기술은 수단 속으로 목표를 재통합하고, 노동의 기회를 없애며, 실제로 노동의 기회를 줄인다. 특히, 현대 기술 자체는 산업 우선주의나 산업생산의 발전과 어긋난다. 그런 현대 기술은 자동화, 화학 작용, 에너지 절약, 인공 두뇌학의 적용, 정보처리기술, 생물학적 개입, 핵에너지의 무제한 생산이라는 차원에서 받아들여진다. 그 때문에, 현대 기술은 예전의 산업적 기계 사용과 아무런 상관이 없다.

둘째, 다니엘 벨 Daniel Bell의 '후기 산업사회'나 알랭 투렌 Alain Touraine의 '진보된 산업사회' 같은 정의이다.[36] 그런 정의들은 불명확하고 의미가 없으며, 현대 사회를 전혀 규정하지 못한다. 또한 '산업사회' 앞에 붙은 '후기'나 '진보된' 같은 형용사는 전혀 쓸모가 없다. 그럼에도 벨은 '후기 산업사회'의 특징으로서 서비스 산업 경제의 생성, 기술전문가 계층의 우위, 서비스 산업의 중요성, 자율적 기술 담론의 증가, 새로운 지적 기술 담론의 생성을 제시한다. 벨이 규정한 그런 다섯 가지 특징은 기술과 바로 연결된다. 그렇지만 '서비스 산업사회' 혹은 '제3차 산업사회' 같은 정의에서, '서비스 산업'이라는 개념은 현대 사회의 모든 형태를 포함하지도 않고, 현대 사회 현상들의 가장 중요한 측면과 복합성을 고려하지도 않는다.

셋째, 장 보드리야르 Jean Baudrillard의 '소비 사회'라는 표현이다.[37] '소비 사회'라는 표현은 현대 사회의 모든 것을 포함하고 설명하는 핵심어가 아니다. 현대 사회는 소비만큼이나 노동이나 생산으로 특징지어지기 때문이다. 물론, '소비 사회'라는 용어가 그처럼 매우 불충분하지만, '소비' 속에서 기술적 요소를 발견하는 것이 중요하다. 특히, 광고 기술은 소비를 유발한다. 또한 기술에 힘입어 가능한 대량생산은 소비를 부추긴다. 그리고 기술적 물품이 소비할 대상으로 주어진다. 그 때문에, '소비 사회'는 모든 측면에서 다양한 기술에 의해 특징지어진다.

넷째, 앙리 르페브르 Henri Lefevre의 '소비 조작의 관료사회'라는 정의이다.[38] 물론, 그 표현은 현대 사회의 기능과 구조 중 어떤 것에 완전히 일치한다. 하지만 그 표현은 조직과 소비와 심리적 활동 같은 현대 사회의 어떤 측면만을 받아들일 따름이지, 대중화와 생산 같은 중요한 다른 측면을 배제한다.

다섯째, 새로운 대중매체의 출현이 결정적 사실이라는 마셜 매클

루언 Marshall MacLuhan의 정의이다.³⁹⁾ 물론, 새로운 대중매체를 통해 사회 조직체가 변형되고 각자의 사고방식과 존재 방식이 변화한다. 하지만 새로운 대중매체는 본질적으로 기술적 매체이다. 다시 말해, 새로운 대중매체는 기술적 진보로 생겨나서 기술적 진보를 동반하므로, 기술적 진보와 밀접히 연결되어 있다.

여섯째, 현대 사회에서 모든 것이 구경거리가 되었다는 국제무정부주의자들이 지칭하는 '구경거리 사회'라는 표현이다. 만일 '구경거리 사회'가 있다면 이는 기술화 때문에, 기술화에 힘입어, 기술화를 위해 그렇게 된 것이다. 또한 '구경거리 사회'는 기술의 발전에서 이상적인 틀과 유리한 환경으로 나타난다.

이처럼 현대 사회에 대한 현재의 가장 중요한 정의들을 살펴보면, 거기서 파악된 특징을 설명하는 결정적 사실이 바로 기술 현상이다. 제시된 모든 정의에 기술 현상이 공통 요인으로 나타난다는 것이다.

기술 사회와 기술 체계⁴⁰⁾

현대 사회에서 기술은 새롭게 폭이 넓어지고 새롭게 구성된다. 그 때문에, 이제 '기술 사회'나 혹은 '기술화된 사회'라고 언급하는 것으로는 더는 충분하지 않으며, '기술 사회'라는 개념을 넘어서야 한다. 그래서 현대 사회를 더 정확히 규정하려면 '기술 체계'라는 개념을 사용해야 하고, '기술 체계'와 '기술 사회'를 혼동하지 말아야 한다.

'기술 체계'는 자체의 필요에 따라 사회를 만들고 사회를 버팀목으로 이용하며 사회의 어떤 구조들을 변형시킨다. 그러나 사회에는 예견할 수 없고 일관성이 없는 부분이 늘 존재한다. 또한 기술이 사회의 결정 요인이라는 것은 이 결정 요인이 유일한 요인임을 뜻하지 않는다. 그 때문에, '기술 사회' 자체는 그러한 '체계'가 아니며, '기술 사회'란 단지 '기술 체계'가 그 속에 자리 잡는 사회이다. 기계는 자연환경 속에 혼란과 무질서를 유발하고 생태적 환경을 위태롭게 한다. 이와 마찬가지로, '기술 체계'는 무질서와 비일관성을 사회에 유발하고 사회적 환경을 위태롭게 한다.

그런 기술 체계의 엄밀성과 심각성을 다음 같이 지적할 수 있다. 현대 사회의 구조는 점점 더 엄밀하고 명확해져서, 이 구조들이 더 확고할수록 더욱더 인간은 자신에게 미래가 없음을 안다. 미래를 파괴하는 것은 전 세계적인 파괴의 위협인 핵폭탄이 아니라, 체계와 조직의 엄밀성이다. 기술 체계가 인간이 생각하는 만큼 그렇게 엄밀하지 않다고 할 수도 있다. 하지만 중요한 것은 인간이 이런 식으로 기술 체계를 체험하고 있다는 점이다. 즉, 인간이 그것을 아는지 모르는지 상관없이, 체계가 펼쳐지고 구조가 조직되고 움직인다. 인간은 거기서 아무것도 할 수 없고, 아무것도 변하지 않으며, 결정의 중심부에 인간이 조금도 접근할 수 없음을 체험한다.[41]

2. 기술에 대한 규정

개념으로서의 기술[42]

기술을 정확히 규정하려면 '개념으로서의 기술', '환경으로서의 기술', '결정 요인으로서의 기술', '체계로서의 기술'에 대해 살펴보아야 한다. '개념으로서의 기술'과 관련하여, 현대 사회에서 기술은 지배적이 되고 하나의 개념이 된다. 하지만 '기술'이라는 개념은 그 자체로 명확하거나 단순하지 않다. '기술'이라는 용어는 수많은 현상을 내포하지만, 그 의미들은 다양한 실재와 관련된다. 예를 들어, 원동기 기술 같은 구체적 실재가 있고, 과학의 연구 대상이 있으며, 시간 속에 겹겹이 쌓이고 다양화된 기술들의 층이 있다. 특히, 기계와 기계의 산업적 적용이 지배함에 따라 기술은 건설 방법과 기계의 사용 방법을 지칭하게 된다.

특히, '기술 담론'la Technologie이라고 불린 학문에서 그런 기술들은 연구되기 시작한다. 따라서 그 당시 '기술 담론'이라는 학문은 그런 기술들을 묘사하고 추론하며 기술들의 역사를 서술하고 기술들의 완성을 연구하는 것이다. 그리고 19세기 말에는 '원료', '주거·의복·음식과 관련된 방법과 기계', '위생과 의료', '전기와 난방', '도구와 연장' 등 다섯 분야로 기술 담론이 분류된다. 다음으로, 도구와 에너지원이 구분되고, 이어서 연장, 도구, 기계, 기계장치와 관련된 기술이 분류된다.

더욱이, 각 분야에서 작업을 잘 수행하기 위한 여러 연장과 도구의 결합이 이루어지고, 기술 자체가 기계를 만들어 내기에, 분업을 통해 기술이 증가한다. 그리하여 기술은 인간에 의해 정의된 일련의 작업을 실행하는 데 인간을 대체하도록 만들어진 생명이 없는 일련의 존재 혹은 예외적으로 생명이 있는 일련의 존재로 간주된다. 그럼으로써, 기술은 새로운 두 가지 특징을 포함한다. 첫 번째 특징은 기술이 '통합체'와 관계된다는 것이다. 두 번째 특징은 기술이 인간과 대체되려는 경향을 지닌 기계들과 관계된다는 것이다. 그런 기계들은 에너지 공급과 관계되는 기계, 에너지를 사용하는 기계, 인간을 대체하는 작업 기계, 정보와 관계되는 기계로 구분된다.

기술의 단계들과 산업 성장의 단계들은 곧잘 동일시되는데, 이 단계들은 에너지 생산으로 결정된다. '제1차 산업혁명'은 에너지원으로서의 석탄 사용 그리고 석탄 사용에 따라 만들어진 기계들로 특징지어진다. '제2차 산업혁명'은 전력으로 특징지어지고, '제3차 산업혁명'은 원자력의 개입으로 특징지어질 수도 있다. 하지만 '제4차 산업혁명'은 컴퓨터에 의해 유발된 산업혁명이다. 그러므로 이제 지배적 현상이 되는 것은 에너지원의 변화나 혹은 에너지원의 발전도 아니며, 잠재된 에너지나 사용된 에너지도 아니다. 이제 정보나 정보의 기억에 따른 기술적 준비를 하는 것이 지배적 현상이 된다. 그런데, 그런 기술적 준비는 인간의 수많은 지적 활동에서 인간을 대체한다. 이처럼 산업 성장의 단계들은 모두 기계와 특별한 기술의 적용에 연결되어 있다. 그런데, 그런 기계와 기술을 통해 인간의 행동과 사회 조직에서 상당한 결과가 유발된다.

환경으로서의 기술[43]

기술은 자연환경을 대체하는 인위적 환경이 된다. 그 때문에, 기술을 통해 인간과 자연 사이에 차단막이 만들어진다. 기술은 인간이 경우에 따라 마음대로 사용할 수 있는 일련의 수단이 더는 아니다. 기술은 인간을 모든 면에서 속박하면서 인간 속에 침투하는 인간의 유일한 환경이 된다. 결국, 기술을 통해 인간관계와 인간의 자질이 근본적으로 변화한다.

따라서 기술이 방법이고 조직일 때에라도 기술은 도구라기보다는 매개체이다. 일반적으로 통용되는 '기술'이라는 개념에 따르면, 기술은 인간이 자신의 수단으로 성취할 수 없는 것을 인간으로 하여금 성취할 수 있게 하는 활동 수단이다. 그 때문에, 그런 활동 수단이 인간과 자연환경 사이의 매개체임을 고려하는 것이 훨씬 더 중요하다. 이처럼 기술이 수단이고 수단들의 통합체인 이상, 기술은 인간과 인간의 예전 환경 사이의 매개적이고 중개적인 존재가 된다. 기술이 그러한 매개체가 됨으로써 세 가지 중요한 결과가 생겨난다.

첫 번째 결과는 기술의 자율적인 매개와 관련된다. 기술은 유일한 매개체이기에 모든 가치 체계를 벗어난다. 그러므로 기술에 맞서 선택을 할 수 있는 다른 매개체는 존재하지 않는다. 또한 기술을 종속시키는 수단을 발견할 수도 있는 다른 매개체도 존재하지 않는다. 결국, 기술에 의한 매개를 통해 다른 모든 매개는 배제된다.

두 번째 결과는 기술에 의한 그런 매개가 예전의 모든 매개 체계와는 반대로 본질적으로 메말라 있고 주변의 것을 메마르게 한다는 것이다. 기술은 명확하고 정돈된 매개를 내포하면서 진정한 효율적 수단이 된다. 그러한 기술은 주변에 그런 엄밀함을 흩뜨릴 수 있는 모든 것을 메마르게 하고, 생명체가 전혀 없는 메마른 세계를 인간에게 제시한다.

세 번째 결과는 기술과 인간 사이의 관계가 '매개되지 않은 관계'라는 것이다. 기술이 존재함으로써, 또한 인간이 그런 환경 속에 빠짐으로써, 오늘날 직접 형성되는 사회적 의식이나 개인의 의식은 사고의 매개나 문화의 매개 없이 형성된다. 이처럼 의식과 기술의 관계가 직접적이 됨으로써, 의식은 '기술 환경'의 단순한 반영이 된다.

'기술 환경'이 인간 삶의 환경이 되었다는 사실을 통해, 전통 환경과 관련하여 여러 변화가 초래된다. 그런 '기술 환경'의 특성을 다음같이 설명할 수 있다. 새로운 '기술 환경'은 예전의 자연환경을 버리지 않으면서 그 환경에 침투하여 그 환경을 흡수하며 이용한다. 하지만 새로운 '기술 환경'은 식세포 활동처럼 예전의 환경을 파괴하고 해체한다. 따라서 기술이 하나의 환경이 되는 것은 예전의 환경 구조가 상실되는 것을 전제로 하는 동시에, 예전의 환경을 과도하게 사용하는 것을 전제로 한다. 그런데, 이처럼 과도하게 사용된 예전의 환경에는 아무것도 남지 않는다. 예를 들어, 자연 자원의 고갈은 기술을 남용한 결과일 뿐만 아니라, 본질적으로 인간의 새로운 환경으로서 기술을 설정한 결과이다.

특히, '기술 환경'은 추상화(抽象化)와 통제의 증가로 특징지어진다. 그러므로 기술 환경은 자발성이나 창조력과는 전혀 어울리지 않는다. 또한 기술 환경에서는 자연환경에 연결된 살아 있는 리듬을 체험할 수 없다. 더 나아가, 기술 환경은 인간으로 하여금 모든 것이 기술적 문제가 된다고 간주하게끔 한다. 그와 동시에, 그 자체가 완전한 체계가 되는 기술 환경에 인간이 실제로 갇혀 있다고 간주하게끔 한다.

결정 요인으로서의 기술[44]

기술은 서구 사회의 사회·정치적 문제에서 유일한 결정 요인은 아니더라도 주요 결정 요인이 된다. 특히, 서구 세계에서 결정 요인이 된 기술을 통해, 인간관계가 근본적으로 변하고 '문화적 가치'도 광범위하게 변한다. 결정 요인으로서의 기술의 그런 상황을 설명하는 데 두 가지 사례를 들 수 있다.

첫 번째 사례는 기술의 영향 아래 국가의 정책 결정 과정이 변하고, 국가 전체가 변화한다는 것이다. 국가의 정책 결정 과정에서 정치인의 역할은 매우 축소된다. 그뿐 아니라, 결정해야 할 사안의 엄청남과 복잡성 때문에 정치인은 자료를 준비하는 전문가에게 긴밀히 의존한다. 그런 상황에서, 준비된 어떤 결정이 정치인에 의해 일단 제시되고 나면 이 결정은 정치인에게서 멀어지고, 결정을 실행에 옮기는 것은 바로 집행부서이다. 그런 이중적 현상은 기술적 성장에서 나오며, 기술 자체에서 비롯된 필연적 결과이다.

특히, 인간의 활동은 더 복잡해지고 극히 전문화됨으로써 서로 침투하며 더 효율적이 된다. 그렇게 됨에 따라, 삶의 모든 영역에서 점점 더 기술화된 모든 활동에는 프로그램화가 필요하다. 그런데, 국가 조직체만이 하나의 기술 혹은 몇몇 기술을 적용하고자 나라의 모든 자원을 동원할 수 있기에, 그런 프로그램화를 잘 수행할 수 있다. 따라서 현대 사회에서는 국가의 역량에 의해 기술이 발전한다. 또한 기술은 국가 조직체에 직접적인 영향을 미침으로써, 국가 전체는 기술의 영향 아래에서 변화한다. 이를 통해, 전문기술관료 체제와는 전혀 다른 기술적 기능, 기술적 조직, 합리화된 결정 체계를 지닌 '기술 국가'가 생겨난다.

두 번째 사례는 생산 증가에 연결된 인구 증가라는 현상과 관계된다. 물론, 인구 증가가 경제 성장의 원인인지 혹은 그 결과인지 가늠하기 어렵고, 두 현상은 서로 생겨나게 할 수도 있다. 즉, 인구 증가를 통해 경제 성장이 일어날 수 있고, 경제 성장을 통해 인구 증가가 일어날 수 있다. 하지만 현시대에서 생산 증가의 결정 요인은 바로 기술적 발달이다. 다양한 분야에서 기술은 인구 증가에 매우 폭넓게 기여한다. 대표적인 것이 의료 기술, 위생 기술, 토양 정화 기술이다. 또한 삶의 수준 개선 및 환경에 더 잘 적응된 삶의 방식도 인구 증가에 기여한다. 특히, 기술을 통해 유아 사망과 기근 같은 예전의 인구 조절 기능이 사라진다. 아주 낮은 생활 수준에서도 소비 가능성이 개선됨에 따라 출산이 급증하기 때문이다. 또한 생산 기술을 통해 인구 증가에 일치하는 재화의 소비가 가능해지기 때문이다. 결국, 기술은 생산 증가와 인구 증가라는 서로 연결된 두 현상에서 우선적인 결정 요인이라고 할 수 있다.

기술에 의해 유발된 변화 가운데에는 노동에서의 변화가 있다. 기술 덕분에 노동의 '고단함'이 사라진 것이 아니라, 이와 반대로 기계화된 시대 이후에도 노동은 예전보다 더 고되고 힘들어진다. 실제로, 노동자 대다수에게 기술적 성장을 통해 인간을 기진맥진하게 하는 더 힘든 노동이 부과된다. 그런데, 이는 기술적 요구와 기계에 기인한 서비스 요구에 따른 작업 속도 때문이다.

특히, 컴퓨터의 역할을 살펴보면, 기술 분야가 어느 정도로 결정적인지 알 수 있다. 인쇄술을 통해, 개별적인 지력으로는 파악할 수 없어 대부분 사용할 수 없는 수많은 정보가 엄청나게 축적됨으로써 탁월한 집단 기억력이 생겨난다. 하지만 개별 기억력은 집단 기억력에 균형을 맞추지 못하기에, 집단 기억력의 정보는 제대로 사용되지 않은 채 잠들어 있다. 그런데, 컴퓨터는 집단 기억력과 인간의 정보 사용 사이에 중계 역할을 함으로써, 개별 기억력의 역할을 담당할 뿐 아니라, 얻어진 정보를 사용할 수 있게 한다. 따라서 컴퓨터는 새로운 것을 창조하는 요인은 아니지만, 컴퓨터 자체는 새로운 창조를 구체화하는 새로운 어떤 것이 된다. 결국, 컴퓨터는 집단적이고 구체적인 면에서 결정 요인이 된다.

체계로서의 기술[45]

현대 사회에서 기술을 묘사하려고 '체계'라는 용어가 선택된 것은, '체계'라는 개념이 기술에 해당하는 것에 잘 일치하기 때문이다. 따라서 기술에 대해 언급할 때, 기술이 무엇과 관련되는지 이해하는데 반드시 필요한 도구가 '체계'라는 개념이다. 체계는 이중적인 요소로 특징지어진다. 그중 하나는 '통합체'의 주된 구성 요소들 사이의 상호관계라는 요소이다. 다른 하나는 '통합체'가 외부와 맺는 유기적 관계라는 요소이다. 그 때문에, 체계는 다른 모든 관계를 배제한 채 그 자체로 고려될 수 없다. 그러므로 기술 체계는 그 자체로 닫혀 있는 체계도 아니며, 자체의 유일한 내적 논리에 의해 변화하는 체계도 아니다.

기술 체계에는 다른 체계로부터 기술 체계를 구별하는 특수성이 있다. 그런데, 그런 특수성은 각각의 기술적 요인이 특별한 방식으로 다른 기술적 요인과 늘 결합한다는 사실로 나타난다. 이처럼 각각의 기술적 요인은 다른 기술적 요인에 연결됨으로써 다소 일관성 있는 엄밀한 통합체를 형성한다. 예를 들어, 기계 같은 각각의 기술적 요인이 비(非)기술적 요소와 관계를 맺기 전에 우선 일련의 기술적 요인에 연결되고 의존한다는 점에서 기술은 체계이다. 다시 말해, 각각의 기술적 요인은 경제적 현상이나 혹은 사회적 현상에 먼저 연결되지 않고, 기술 체계 속에 우선 끼워 넣어져 있다. 특히, 기술적 요인들 사이에는 서로 끄는 힘이 존재하는데, 이는 기술적 요인들이 동일한 체계 속에 있다는 사실에서 나온다. 그러한 기술 체계는 기술 현상이 존재함으로써 형성되고 기술적 진보에 의해 형성된다. 하지만 기술 현상은 그 자체로 기술 체계를 구성하기에 충분하지 않다. 따라서 기술 체계를 구성하는 것은 기술 현상과 기술적 진보 사이의 연결이다.

그런 점에서, 기술 체계를 규정하는 것이야말로 인간의 새로운 세계를 이해하는 데 반드시 필요한 첫걸음이다. '기술 체계'라는 개념 없이는 그 새로운 세계를 이해할 수 없다는 것이다. 더욱이, 인간 자신도 기술 체계 속에 포함되어 있기에, 기술적 대상을 사용하는 인간은 절대적 주체가 아니다. 물론, 기술 체계가 그렇게 존재하지 않고, 인간은 기술에 대해 주체이며, 기술적 대상만 존재한다는 주장도 당연히 있을 수 있다. 그런데, 기술은 체계일 수 없다는 그런 주장을 펴는 것은, 기술이 진정으로 체계가 되면 인간의 지대한 권한은 위협받게 되며 인간은 그런 상황을 도저히 받아들일 수 없기 때문이다.

특히, '기술적 통합체'를 식별하지 못하는 시각과 자세는 기술적 전문화에서 비롯된다. 또한 각각의 기술적 분야는 다른 기술적 분야와 관계없이 발전하는 듯이 보인다. 그리고 각각 분리된 기술적 분야에 빠진 각자는 자신의 직업 기술만을 알 따름이다. 그 때문에, 각자는 옆에 다른 기술이 있음을 이론적으로는 알지만, 기술적 분야들의 내적 일관성을 보지 못한다. 그래서 기술 현상을 제대로 이해하려면 그 첫째 조건이 기술 현상을 전체적으로 통일성 속에서 고찰하는 것이다. 물론, 기술들을 각각 따로 고찰하더라도 각각의 기술에서 기술의 형성과 특수한 방법과 특별한 영향을 검토할 수 있다. 하지만 각각의 기술은 다른 기술과의 관계에 의해서만 진정으로 이해된다. 그 때문에, 기술에 대한 개별적이고 분리된 고찰과 검토를 통해서는 현대 사회와 기술 환경의 실재가 조금도 밝혀지지 않는다.

정보는 서로에게 전달되고 각 분야에서 기술적으로 사용된다. 그런 정보에 의해 다양화된 기술들이 체계로 통합되는 과정을 다음 같이 설명할 수 있다. 즉, 기술이 발달할수록 그런 발달의 조건으로 정보 작업이 증가하고, 정보를 통해 다른 기술적 분야는 완성되거나 적용된다. 특히, 무수히 많은 사용 가능한 정보가 기술 분야에서 다른 분야로 지속적으로 옮겨지는 과정이 생겨난다. 그런데, 그런 과정은 컴퓨터의 출현으로 결정적으로 쉽게 이루어지고 촉진된다. 컴퓨터의 중요성은 인간이 진보할수록 이 세상의 더 중요한 부분이 정보라는 사실을 통해 부각된다. 이처럼 인간은 다양한 정보의 송출과 유포와 수신과 해석으로 지배되는 사회에 살고 있다.

결국, 기술 체계를 결정적으로 체계로 확립하는 것은 컴퓨터이다. 또한 컴퓨터에 힘입어 기술적 하위체계가 세워진다. 즉, 전체적이며 상호 통합된 정보에 의해 기술적 하위체계가 구성되는 동시에 조정된다. 그런데, 컴퓨터는 기술적 자료와 관계를 맺을 따름이다. 그 때문에, 컴퓨터는 변증법적이지 않으며, 인간의 기쁨과 고통과 희망과 절망과 정념의 표현에 대해 무감하다. 따라서 컴퓨터는 어떤 변증법적 사고이든, 어떤 감정적 자발성이든, 어떤 상징 작용이든, 어떤 의미 추구이든 배제한다. 그런 컴퓨터와 접촉하는 빈도가 점점 더 늘어남으로써, 인간은 컴퓨터의 작동방식을 점차 따르게 된다.

3. 기술 체계의 특성과 형성 결과

기술 체계의 특성[46]

그렇게 규정되고 확립되는 기술 체계의 특성을 세 가지로 들 수 있다.

첫째, 기술 체계는 '철도·전화·항공 체계', '전기 에너지 생산·분배 체계', '자동화된 산업생산과정 체계', '도시 체계', '군사방어 체계' 같은 하위체계로 구성된다. 기술 체계는 그 다양한 하위체계 사이의 관계에서 나온 결과이다. 그러므로 각각의 하위체계가 작동하는 동시에 하위체계들의 관계가 정확한 한에서만 기술 체계는 작동한다.

둘째, 기술 체계에는 유연성이 있다. 인간이 기술 체계에 대해 추종적이고 기술 체계에 완벽히 적응하는 한, 기술 체계는 인간에 대해 더 관용적이고 너그러울 수 있다는 것이다. 특히, 인간의 활동이 기술 체계를 위태롭게 하지 않을 때 인간에게는 엄청난 독립성이 있을 수 있고, 기술 체계는 더 넓은 가능성의 영역을 인간에게 제시한다. 하지만 그런 선택은 기술적 대상과 관련되고, 인간의 독립성에는 기술적 도구를 사용한다는 제약이 따른다. 상황이 그렇다면, 그런 선택은 기술적 영역 속에 포함되고, 인간의 독립성은 기술 체계에 밀접하게 연결된다. 그 때문에, 기술 체계의 유연성을 통해 인간의 독립성이 보장되는 것은 아니다.

셋째, 기술 체계는 자체의 '적응 과정', '보상 과정', '수월성 과정'을 만들어 낸다. 예를 들어, 기술의 작용에서 나타나는 복잡성과 요구 때문에 기술을 통해 절망적 사회 상황이 만들어질 수 있다. 그런 상황이 벌어지는 곳에 '예방 기술'과 '적응 기술'과 '재적응 기술' 등이 즉시 나타난다. 비인간적인 세계에서 삶을 수월하게 해주는 그런 기술에 힘입어, 인간은 어느 정도 쾌적하고 살만한 삶을 누리게 된다. 하지만 기술 자체에 의해 생겨난 그런 수월성이 문제가 된다. 신기한 경험이 없는 틀에 박힌 생활에 대한 보상으로서, 기술을 통해 기발한 가정용품과 텔레비전이 제공되고 장소이동도 수월해진다. 기술 체계는 기술의 무한한 발전이라는 법칙을 따르기에, 기술 체계를 통해 인간의 불편에 대한 보상이 이루어진다.

그렇지만 기술 체계에는 피드백이 없는 것으로 점점 더 드러난다. 피드백은 통합체나 움직이는 체계가 작동하면서 오류를 범할 때 오류를 바로잡기 위한 메커니즘이다. 그럼에도, 기술 체계는 자체의 논리에 따라 자체의 방향으로 계속 발전하면서 증가하기만 한다. 그러므로 기술 체계를 통해 늘어나는 무질서와 비일관성이 확인될 때 이를 통해 '보상 과정'만이 생겨날 따름이다.

기술 체계의 형성과 그 결과[47]

기술적 진보는 기하급수적으로 계속 이어지고, 이런 기술적 진보를 통해 기술의 수준과 본질이 변화한다. 그런 급격한 변화가 촉진되는 것은 기술 전체를 '체계'로 만드는 정보처리기술의 결과이다. 이는 기술들이 단순히 나란히 놓이거나 더해짐을 의미하는 것이 아니다. 이는 기술들이 상호관계망을 형성하고 조직된 전체를 이룸을 의미한다. 따라서 각각의 요소가 어떻게 변화하든 그 변화를 통해 전체가 변화한다. 또한 전체가 어떻게 변모하든 그 변모는 각각의 요소에 영향을 미친다. 그 요소들은 외적 요인과 결합하기보다, 우선 그 요소들 자체에서 서로 결합하려는 성향을 드러낸다.

이처럼 정보처리기술의 출현은 기술이 근본적으로 변화하는 데 결정적 역할을 한다. 정보처리기술을 통해 '기술적 통합체'의 모든 요소가 상호 연결됨으로써, '기술적 통합체'가 완벽해진다. 그런 결과에 따라 나타나는 현상은 기술이 사회 안에서 '기술 체계'를 형성한다는 것이다. 특히, 정보처리기술을 통해 전신, 항공, 에너지의 생산과 분배 등과 같은 모든 하위체계가 통합됨으로써 기술은 '조직된 전체'가 된다. '조직된 전체'는 기술 체계로서 사회 안에 존속하고 사회의 형태를 만들며 사회를 이용하고 사회를 변모시킨다.

그 결과, 기술은 각각 하나의 목적에 할당된 수단들의 광대한 통합체가 더는 아니라, 대등한 주위 환경으로 바뀐다. 그래서 기술은 점점 더 인간의 통제를 벗어나는 자율적 현상이 된다. 기술의 위상이 그처럼 변한 것은 인간이 감지할 수 없을 정도로 기술이 신성화되기 때문이다. 특히, 기술은 자가 증식하기를 멈추지 않는다. 그러한 기술은 이웃 사랑 같은 기독교적 가치이든, 도덕 같은 인본주의적 가치이든, 자유와 평등과 박애 같은 공화적 가치이든, 과거의 모든 가치를 '노동', '유용성', '효율성', '경제적 성장', '진보' 같은 기술 자체의 가치로 대체한다.

그런데, 스스로 생성되는 맹목적인 기술 체계는 어디로 가야 할지도 모르고, 자체의 잘못을 바로잡지도 못한다. 더구나 자기 뜻대로 기술을 사용하고 통제한다고 자부하는 인간 자신도 기술적 대상이 되어 버린다. 그럼으로써, 인간은 사실상 기술을 더는 통제하지 못하고, 기술 체계 속에 편입되어 기술 체계에 완전히 종속된다. 그리하여 노동, 여가, 가족생활, 통신, 개인적 발전, 성(性), 환경보호, 신학 등 모든 것이 기술적이 된다. 그 때문에, 기술에 적응된 인간에게는 비판 정신으로 기술을 평가하기 위해 뒤로 물러서 판단할 여력이 없다.

그렇기 때문에, 기술은 내적 조정 현상인 '피드백' 현상을 박탈당한다. 그런 기술은 근본으로 돌아가 체계의 여건을 변모시킬 수도 없고 자체의 오류를 바로잡을 수도 없다는 것이다. 예를 들어, 기술에 의해 초래된 핵폐기물 문제를 해결하기 위해서는 새로운 기술이 필요하다. 그렇듯이, 기술은 혼란이 생길 때 그 결과로 야기된 문제를 보상하는 과정만을 떠맡을 수 있을 따름이다. 인간만이 기술의 잘못된 방향을 바꾸기 위해 개입할 수 있다. 하지만 인간은 어떤 것이 가능하면 그것을 실현해야 한다는 원리에서 벗어나지 못한다. 다시 말해, 인간은 기술이 존재하면 그 기술을 사용한다는 원리에서 벗어나지 못하기에, 실제로 그렇게 하지 못한다.

국가의 성장과 기술적 진보 사이에도 아주 밀접한 관계가 설정된다. 국가 자체는 힘의 조직체이기 때문에, 점점 더 효율적인 기술의 발전을 지원할 수밖에 없다는 것이다. 특히, 현대 국가에서는 경제적 이익의 손실을 고려하지 않고 정치적 결정을 하는 것은 기술전문가이다. 예를 들어, 우주탐사는 경제적 효과 없이 재정을 탕진하면서 막무가내로 계속 추진된다. 결국, 정치적 혁명이나 혹은 경제적 혁명은 기술 체계에 아무런 영향을 미치지 않으며, 기술 체계의 내적 법칙에도 아무런 변화를 주지 않는다.

4. 긍정적 피드백과 부정적 피드백

피드백의 개념[48]

피드백 메커니즘의 역할이나 기능을 두 가지로 들 수 있다. 첫째, 어떤 일탈이나 역기능이나 부정적 결과가 생길 때, 그 원천과 기원과 원인에 영향을 미쳐 그 결과를 바로 잡는 것이다. 둘째, 기술 체계가 성장하는데 균형을 유지하며 기술 체계를 조정하는 것이다. 그런데, 과학적 의미에서 기술을 진정한 체계로 간주할 수 있지만, 기술 체계 전체에는 제어 장치인 피드백 메커니즘이 없다는 것이 문제이다. 아무도 기술 체계를 제어하거나 그 방향을 설정하지 못한 채, 기술 체계는 완전히 무질서하고 자율적인 방식으로 작동한다는 것이다.

그럼에도 정보처리기술에 힘입어 일관성 있는 일련의 피드백이 생겨날 가능성이 생겨난다. 정보처리기술을 통해 각 분야에서의 모든 장애와 역기능과 역효과를 기록할 수 있게 된 것이다. 또한 정보처리기술을 통해 확인된 결과로부터 그 기원까지의 연계과정에 거슬러 올라갈 수 있게 된 것이다. 이를 통해, 어떤 요소를 제거하고 바로잡으며 그 방향을 바꿀 수 있다는 확신을 하고서 그 요소에 영향을 미칠 수 있게 된다.

그래서 엘륄은 "나는 끊임없이 기술을 자율적인 것으로서 드러내 보였으나 기술이 제어될 수 없다고 결코 말한 적은 없었다."[49]라고 하면서, 마이크로컴퓨터 정보처리기술에 힘입어 가능해진 피드백에 대해 고찰한다. 그렇지만 그 이후 6년이 지난 1988년, "이제 나는 시합에 졌다고 판단한다. 정보처리 능력에 의해 고조된 기술 체계는 인간의 방향 지시 의지를 결국 벗어났다."[50]라고 하면서, 생각을 바꾸고 비관주의로 돌아선다. 정보처리기술은 기술 체계를 제어할 수 있게 하기는커녕 기술 체계 속에 그냥 포함되어 버렸기 때문이다. 특히, 정보처리기술은 기술 체계의 모든 특성을 취하면서, 기술 체계의 힘과 비일관성만을 강화했을 따름이다.

하지만 그런 상황에서도, 저절로 이루어지는 이중적인 피드백을 제시할 수 있다. 한편으로, 정치나 과학과 더불어 모든 방향에서 기술의 촉진을 늘리려는 '긍정적 피드백'이다. 다른 한편으로, 경제와 더불어 모든 방향에서 기술의 촉진을 억제하려는 '부정적 피드백'이다. 다시 말해, 정치와 과학은 그 특성상 기술적 성장을 부추기고 조장하는 경향이 있다. 하지만 우주 정복 분야에서처럼 실제적 경제성 과 없이 연구 자금조달을 통해 요구되는 천문학적 비용 때문에, 실제로 경제는 기술적 성장을 제한하는 경향이 있다.

그런데, 그 두 가지 피드백은 저절로 이루어지므로 인간의 의지와 통제를 완전히 벗어나 있다. 또한 그 모순되는 두 가지 작용 전체를 조합함으로써 얻어진 실제 결과를 정확히 알기란 불가능하다. 따라서 긍정적 피드백은 기술에 대한 과학의 관계에서처럼 기술에 대한 정치의 관계에서 비롯된다. 그리고 부정적 피드백은 기술에 대한 경제의 관계에서 비롯된다. 그런 세 가지 관계의 경우, 기술과 연관된 동일한 과정이 있다. 즉, 기술을 통해 정치와 과학과 경제에 어떤 결과가 생겨난다. 또한 그 결과에 따라, 그 세 가지 작용 영역은 기술 자체에 영향을 미치게 된다.

긍정적 피드백[51]

긍정적 피드백 가운데 먼저 정치의 작용에 대해서는, 정치와 관련하여 나타나는 기술의 결과로부터 출발할 수 있다. 기술은 정치인들에게 그들의 계획을 실현할 놀라운 수단을 제공할 뿐 아니라 놀라운 통합 수단이 된다. 모든 것이 일련의 관리 기술, 통신 기술, 통합된 정보 기술에 좌우될 경우, 행정조직이 중앙집권화되어 있든 지방 분산이 되어 있든 간에 아무 상관이 없다. 즉, 보편화되고 통합된 통신을 통해, 전 국토에서 일어나는 모든 것에 대해 중앙 권력에 의해 즉각 알려지게 된다. 이는 바로 단순화 과정과 통합 과정이다.

더욱이, 정치권력이 행사되는데 반드시 필요한 통제 수단은 기술적 수단에 의해 개선된다. 마찬가지로, 대중에 대한 권력의 작용에서처럼, 전 국토에서 일어나는 일에 대한 권력의 정보 전달 과정에서 대중매체가 반드시 필요해진다. 거기서 기술은 국가에 엄청난 도움을 제공하며, 정치권력에도 실질적인 큰 도움을 제공한다. 그래서 정치권력은 위기를 해결하려면 기술을 발전시켜야 한다는 담론을 계속 제시할 정도로 기술에 과도한 위상을 부여한다. 그런 담론은 두 가지 주장으로 나타나기도 한다. 첫째, 모든 경제 문제가 기술의 영역에 속한다는 주장이다. 둘째, 기술에 힘입어 생산성이 증대하여 실업이 사라지며 대외무역 적자가 낮아진다는 주장이다.

특히, 국가는 '과학·기술'이라는 결합체에서 자체의 정당성을 발견하기에, 그런 결합을 더 강화할 수밖에 없다. 과학은 권력이 없으면 아무것도 할 수 없고, 대중에게 과학은 논란의 여지가 없는 신성한 대상이다. 그렇기에, 권력을 정당화하는 것은 바로 과학이다. 그래서 '과학·기술'이라는 결합체는 정치에 영향을 미치고, 정치는 긍정적 피드백으로 작용한다. 다시 말해, 정치는 기술의 발전을 위해 자체의 모든 영향력을 행사한다. 정치권력은 극단적인 경우가 아니면 기술적 연구를 더는 이끌려고 하지 않다. 하지만 정치권력은 과학적이고 기술적인 연구를 모든 방향에서 촉진하는 데 철저히 관여한다. 이제 국가는 국가의 발전 전체가 그런 연구에 달려 있다고 확신한다. 그리하여 국가는 그런 연구를 촉진하려고 상당한 비용을 차입하며, 점점 더 비용이 많이 드는 그런 연구는 갈수록 더 큰 비용을 요구하게 된다.

이처럼 첫 번째 긍정적 피드백이 정치의 피드백이라면, 두 번째 긍정적 피드백은 과학의 피드백이다. 여기서 오랫동안 일반적으로 제시된 〈순수 과학 → 응용과학 → 기술〉이라는 도식이 부정확하다고 지적할 수 있다. 과학은 그 기원부터 부분적으로 기술적 가능성에 달려 있었으며, 실제로 과학과 기술 사이의 상호작용은 훨씬 더 의미가 깊다는 것이다. 우주 개발이든, 분자 구조이든, 화학적 발견 결과이든, 심지어 수학에서든, 과학은 기술적 개선을 통해서만 발전할 수 있다. 또한 생물학, 화학, 물리학, 천문학, 원자물리학에서 현대 과학의 모든 발전은 기술적 장비에 절대적으로 달려 있다. 물론, 이는 과학이 발전할 수 있으려면 그런 장비의 보유만으로 충분함을 의미하지는 않는다. 따라서 과학은 기술적 진보의 확대와 촉진을 위해 사회적이고 정치적인 자체의 모든 영향력을 행사한다. 하지만 역으로, 과학의 발견에 힘입어 초현대적 기술이 실행될 수 있다. 과학은 기술적 진보를 촉진하고, 기술적 진보는 새로운 발견을 가능하게 함으로써 소급하여 과학에 영향을 미친다. 결국, 기술적 진보의 대부분은 과학적 발전 가능성을 유용하게 적용한 것일 따름이다.

부정적 피드백[52]

긍정적 피드백을 통해 기술적 진보가 촉진되는 가운데, 그 맞은편에서는 부정적 피드백으로서 개입하는 다른 힘이 작용한다. 이는 모든 방향에서 기술적 성장을 제한하려는 경제나 재정과 관련된 것이다. 연구와 기술적 적용은 점점 더 비용이 많이 들어가기 때문이다. 물론, 기술은 경제 성장을 가능하게 하지만, 기술은 경제로부터 엄청난 자금조달을 요구한다. 그래서 경제는 선택을 강제하면서 기술적 확장을 억제하기 위해 대응한다. 그런 대응은 여러 사실에 직면하여 점점 더 강제성을 띠게 되는데, 이에 해당하는 네 가지 사실을 제시할 수 있다.

첫 번째 사실은 기술이 관여된 기업에 창출된 경제적 가치로서 주어지는 게 무엇인지 알 수 없다는 것이다. 우주 개발을 예로 들면, 노동자에게 제공되는 일자리처럼 로켓과 인공위성의 건조를 통해 기업을 위한 이익이 생겨난다. 특히, 자국의 로켓 개발을 통해 외국으로부터 주문 생산이 이루어진다. 일례로, '아리안 로켓'[53]은 브라질 위성이나 혹은 나이지리아 위성을 쏘아 올림으로써, 프랑스로서는 로켓 개발을 통해 생산성 있는 시장이 생겨난다. 하지만 거기에는 어떠한 경제적 가치의 창출도 없고 소비자가 이용할 수 있는 어떤 재화도 없다. 기껏해야 우연히 사용할 수도 있는 봉급과 이익이 있지만, 이는 아무것에 의해서도 얻어지지 않은 돈에 속한다.

두 번째 사실은 기술적 성장을 통해 제조업인 2차 산업 분야가 줄어들고, 서비스업인 3차 산업이 늘어난다는 것이다. 물론, 서비스업도 유용하지만 서비스업은 아무것도 생산해내지 않는다는 것이 문제이다. 따라서 경제에서는 기술적 성장을 통해서는 부가 창출되지 않는다.

세 번째 사실은 기술을 통해 점점 더 많은 '외부성'[54]이 생겨나고 훨씬 더 복잡한 비용을 고려해야 한다는 것이다. 기술이 더 발전할수록 기술을 통해 오염, 잠재적 위험, 재생할 수 없는 물질의 고갈 등 부정적 측면이 생겨난다. 따라서 생산품의 실제 비용을 얻어내려면, 필요한 보상이든, 취해야 할 예방조치이든, 대체를 위한 연구이든 그것들을 정확히 계산해야 한다. 특히, 기술을 통해 '중독'이라는 심각한 위험이 생겨난다. 그러한 위험에 대처하려면 기술은 보호 장치와 치료기관을 만들어 내는 것을 전제로 해야 하는데, 그 비용도 정확히 계산되어야 한다.

　네 번째 사실은 기술을 통해 점점 더 비용이 많이 드는 강력한 군비 무장이 생겨난다는 것이다. 물론 그것이 정치적 결정이라는 단순한 문제라고 할 수도 있겠지만, 이는 잘못된 것이다. 우주 개발에서와 같은 추론을 거기에 적용할 수밖에 없기 때문이다. 물론, 더 나은 고성능 무기의 제조를 통해 자국 노동자에게 일자리가 주어지고 무기가 외국에 수출될 수 있으며 자국의 대외무역이 향상될 수 있다. 하지만 여기서 부정적 결과는 포괄적이다. 즉, 무기를 구매하는 국가 대부분은 제3세계 국가여서 제3세계 국가의 채무가 증가하는데, 이는 경제적 측면에서 점점 더 심각해지는 것이다. 달리 말해, 기술을 통해 경제생활의 어려움이 증가하는 궁지에 빠지는 것이다. 따라서 매우 구체적인 차원에서, 그리고 정확한 예산의 틀에서, 금융가와 경제학자는 기술전문가에게 이렇게 말할 수밖에 없다. 즉, 기술을 통해 할 수 있는 모든 것을 실행하는 일은 가능하지 않으며 선택을 해야 한다고 말할 수밖에 없다. 이처럼 경제는 기술과 관련하여 제동을 걸고 멈추게 하는 역할을 한다. 달리 말해, 경제는 부정적 피드백을 나타낸다.

　그런 긍정적 피드백과 부정적 피드백이 존재하는 한 불확실성이 증가한다. 그래서 긍정적 피드백과 부정적 피드백의 진정한 영향과 실효성이 무엇인지 알 수 없다. 또한 국가에 의한 자극이 어느 정도로 경제적 제동에 의해 상쇄되는지 알 수 없다. 요컨대, 그러한 피드백 전체가 어떻게 작동하는지 알 수 없다는 것이다. 기껏해야 포괄적인 피드백 현상을 파악할 수 있고, 피드백 전체의 결과가 불확실함을 파악할 수 있다. 어쨌든, 오늘날 기술 체계 전체는 그런 긍정적 피드백과 부정적 피드백에 예속되어 있다. 그런데, 그런 피드백을 통해 기술 체계 전체는 체계로서 완성되는 동시에, 일탈이 일어나는 경향이 있다.

5. 기술 체계와 인간

기술 체계 속에서의 인간[55]

기술 체계 속에서의 인간의 상황에 대해서는 다음 같이 지적할 수 있다. 기술 체계는 인간에게 하나의 환경이 되어 버림으로써, 인간은 이 기술 환경 속으로 들어가 거기에 통합된다. 따라서 그러한 인간이 무엇을 보거나 혹은 무엇을 사용하든지 이는 기술적 대상이다. 또한 인간은 안락과 효율성을 위해 만들어진 그런 기술 환경에 따라 사고한다. 그 때문에, 인간은 기술 체계 속에 위치하면서도 기술 체계를 식별하지 못한 채 기술 체계에 통합되고 거기에 완전히 속해 버린다.

또한 지적 교육 훈련 전체는 모든 젊은이에게 기술 체계 속으로 효과적으로 들어가도록 준비시킨다. 그뿐 아니라, 기술 체계가 하나의 환경이 된 상황에서 모든 젊은이의 문화와 방법과 지식은 그런 기술 환경에 적응된다. 이처럼 오늘날 모든 교육은 기술적이 되는 경향이 있다. 그러므로 그런 방식으로 양성된 젊은이는 기술에 대해 선택과 결정을 내릴 수 없다.

인간은 엄청난 엄밀함과 더불어 점점 더 전문화된 기술적 교육 훈련을 통해 양성된다. 그러한 인간은 자신의 직업과 삶의 뼈대가 되는 기술 체계를 비판할 수도 없고, 기술 체계에 대해 문제를 제기할 수도 없다. 물론, 그러한 인간은 자신의 분야에서 아주 유능하며, 더 큰 효율성을 가지고 자신이 해야 할 바를 확실히 파악한다. 하지만 이는 밀접하게 제한된 분야에서만 이루어진다. 또한 그러한 인간은 부분적이며 치우친 정보를 통해 세상과 정치·경제적 문제를 이해한다. 그리고 그러한 인간은 이 문제에 대해 반쪽짜리 이해를 하면서 사실들에 대해 일부분만 인식하는 수준에 놓인다.

그러한 인간이 자신의 분야에서 지닌 역량은 일반 현상을 더 잘 이해하거나 아는 데 전혀 쓸모가 없다. 따라서 오늘날 인간은 객체인 기술과 관련하여 독립적인 주체가 아니다. 오늘날 기술을 사용하는 인간은 바로 그 때문에 기술을 섬기는 존재이다. 결국, 기술을 섬기는 인간만이 진정으로 기술을 사용할 수 있다.

기술 체계를 극복하려는 방향 모색[56]

비록 기술 체계 속에서의 인간의 상황이 그러하더라도 또 다른 소망의 빛을 제시할 수 있다. 인간은 '기술적 성장'에 반대되는 '기술적 탈성장'을 위해 행동하기 위해, 자신을 지배하는 결정지어진 상황에서 벗어날 수 있다는 것이다. 하지만 인간은 기술 체계 속에 있고 기술적 요인에 의해 변화된다. 그러한 인간은 기술을 사용하기보다 기술을 섬기기를 선호한다. 더욱이, 기술은 신성화된다. 그 때문에, 인간의 소외를 감추는 경향이 있는 '자유'라는 환상이 기술을 통해 인간에게 주어지는데, 그런 만큼이나 인간은 기술에 의해 소외된다.

물론, 기술을 통해 인간은 옛 제약에서 해방되고, 예전에 할 수 없던 많은 것을 할 수 있게 되며, 수많은 선택을 할 수 있게 된다. 그럼에도 기술을 통해 인간의 행동이 해방된다고 기술을 정당화하려는 것은 기만적인 생각이다. 실제로, 소비할 물건 가운데서의 선택의 다양성 그리고 진정한 행동의 자유는 반드시 일치하지는 않는다. 인간은 수백 가지 자동차와 수천 가지 제품 가운데서 선택할 수 있다. 하지만 사회에서의 기능 영역과 행동 영역에서 인간의 역할은 상당히 축소된다. 특히, 기술적 대상들 사이에서 선택은 다양한 인간 행동 가운데서의 선택과 전혀 같지 않다. 이는 기술 체계 내부에서 이루어지는 모든 선택 영역이 기술 체계에 의해 완전히 제한되기 때문이다. 또한 인간은 기술 체계가 제시하는 선택만을 할 따름이기 때문이다.

더욱이, 인간의 자유가 기만적이기 때문에, 인간은 자유롭지 않은데도 자유롭다고 여긴다. 이처럼 인간의 자유가 기만적이라면, 이는 인간이 실제로는 자유롭지 않은 자신을 자유롭다고 여기면서 기술을 신성화하기 때문이다. 결국, 선택의 다양성과 진정한 행동의 자유 사이의 혼동이 지속된다. 그렇기에, 인간은 그 악순환으로부터 빠져나오지 못한다.

그래서 "기술 체계 속에서 인간이 놓인 상황이 그렇다면 이 절망적인 세상에서 소망은 어디에 있는가?"라는 질문이 제기될 수밖에 없다. 그런데, 그런 질문에 대한 대답은 기술 현상과 관련된 엘륄의 삼부작에 있지 않다. 그 대답은 사회학적 측면의 저서와 변증법으로 대응하는 신학적이고 윤리적인 주제를 다룬 저서에 있다. 말하자면, 『기술 혹은 시대의 쟁점』과 변증법적으로 대응하는 『자유의 윤리』[57], 그리고 『기술 체계』와 변증법적으로 대응하는 『잊혀진 소망』[58]이다.

그런데, 그런 저서에 대답이 있다는 것은 다음 같은 이유에서이다. 즉, 기술 체계가 너무도 발달한 나머지 모든 사람은 모든 활동 분야에서 결국 기술의 요구에 순응한다. 그뿐 아니라, 사람들은 기술을 통해 결국 인간이 해방된다고 믿을 만큼 기술을 신성시하고 기술에 지나친 중요성을 부여한다. 반면에, 그리스도인으로서 엘륄은 자신이 예수 그리스도에 의해 해방된 것을 알고 있는 만큼 더욱더 기술을 쉽게 비판할 수 있기 때문이다.

4장 기술적 진보

1. 기술적 진보의 특징

기술의 자가 증식[59]

　기술적 진보의 특징으로서 '기술의 자가 증식', '기술적 자동성' 혹은 '기술적 선택의 자동성', '기술의 인과적 발전과 궁극목적의 부재', '기술적 진보의 가속화' 등을 들 수 있다. 이제 기술은 거의 인간의 결정적 개입 없이도 변화하고 진보하는 발전 단계에 이른다. 그래서 기술의 자가 증식을 다음 같이 규정할 수 있다. 즉, 기술이 현시대의 인간 전체를 집중시키는 중심점이 되면, 기술은 인간이 원하고 시도하며 꿈꿀 수 있는 모든 것을 흡수한다는 것이다. 기술의 그런 자가 증식이 포함하는 두 가지 현상을 들 수 있다.

　첫째, 기술로 하여금 성장하도록 부추기고 부득이하게 끊임없이 발전하게끔 하는 일종의 내적인 힘이 있다는 것이다. 그런 내적인 힘으로, 기술은 인간의 결정적 개입 없이도 변화하고 진보할 정도의 발전 지점에 도달한다. 그리하여 기술은 스스로를 만들어 낼 뿐 아니라, 새로운 기술적 형태가 나타날 때 다른 여러 기술을 가능하게 하고 결정짓게 된다. 그렇게 스스로 생겨나는 기술은 궁극목적을 상실하고서 완전히 인과적이 된다.

　둘째, 현시대의 모든 인간은 기술에 열광하고 기술의 우위와 우수성을 확신하며 기술 환경에 빠져 몰입하고 있다. 그런 나머지, 인간은 모두 예외 없이 기술적 진보를 지향하며 기술적 진보에 힘쓴다는 것이다. 또한 인간 각자는 어떤 직종에서든 각자 기술적 완벽함을 추구한다는 것이다. 다시 말해, 어떤 직업에서든 자신이 지닌 도구를 더 잘 사용하려고 하거나 혹은 방법과 장치를 완성하려고 한다는 것이다. 기술은 그런 공통된 노력의 결과로 진보한다. 결국, 기술에 의해 인간 각자는 자신의 방향으로 정확히 행동하도록 부추겨지기에 기술의 자가 증식이 있다.

기술의 자가 증식을 초래하는 것은 기술들의 결합 원리이다. 각각의 기술적 발명을 통해 다른 분야에서 다른 기술적 발명이 초래되고, 멈춤이나 후퇴는 결코 있을 수 없다. 멈춤이나 후퇴는 어떤 문명 전체가 붕괴할 때만이 일어날 따름이기 때문이다. 기술적 진보는 기하급수적으로 이루어지는 경향이 있다. 또한 어떤 기술적 발견은 단 하나의 기술 분야에서가 아니라 여러 기술 분야에서 반향을 일으키고 진보를 유발한다. 그리고 기술들은 서로 간에 조합되고, 조합할 기술적 여건이 많을수록 더 많은 조합이 가능해진다.

따라서 기술의 자가 증식은 통합체를 완성시키는 수천 가지 작은 발견의 조합에 의해 모든 것이 기능을 수행한다는 점에서 나오는데, 기술의 자가 증식의 결과도 그러하다. 그래서 기술의 자가 증식을 통해 기술적 발전의 중심축들이 하나로 결속된다. 또한 기술적 성장의 추진은 기업들이 집중되는 방향으로 작용한다. 그리고 기술 체계는 그런 기술적 성장의 결정적 필요성에 연계되어 있다. 이와 아울러, 그런 기술 체계를 통해, 기술 체계를 확고히 하는데 필요한 제도가 생겨난다. 이는 기술의 자가 증식의 새로운 요소이다. 특히, 기술을 최대한 이용하려면 부유한 국가가 필요하고 기술을 통해 부(富)는 엄청나게 늘어나는데, 이는 자가 증식의 한 요소이다.

특히, 자가 증식을 통해 이상한 메마름이 기술에 부여된다. 기술은 그 자체와 늘 유사할 뿐 다른 아무것과도 유사하지 않다. 또한 인간이든 신이든 기술이 적용되는 분야가 무엇이든 간에 기술은 기술이다. 그리고 그 자체가 기술의 존재이자 본질인 기술의 전개 방식에서 기술은 변모되지 않는다. 따라서 기술은 자체의 특성과 궤적에서 정확히 마찬가지인 채로 남아 있다. 결국, 기술이 동화시키는 모든 것을 통해 기술의 특징이 부각된다.

기술적 자동성 혹은 기술적 선택의 자동성[60]

기술적 자동성 혹은 기술적 선택의 자동성은 앞서 존재한 기술에 의해 유발되는 선택에 따라 기술을 적용하는 것이라고 규정할 수 있다. 새로운 각각의 상황과 분야에서 새로운 기술이나 혹은 예전의 기술이 결과에 적용되도록 기술들은 서로 결합한다. 하지만 이는 인간의 모든 결정과는 무관한 방식으로 이루어진다. 즉, 외적인 모든 개입이나 인간의 모든 결정과 무관하게 기술 현상의 방향이 설정되게 하는 일종의 발전력이 존재한다. 마치 그런 발전력이 기술 현상 안에 있는 듯이 모든 것이 일어난다.

따라서 기술적 자동성이란 기술적 방향과 선택이 저절로 이루어진다는 사실을 말한다. 다시 말해, 모든 것이 계측되고 측정되고 나서 결정된 방법이 지금껏 사용된 다른 모든 방법보다 실용적 관점에서 더 효율성이 있다고 드러날 때, 기술적 방향은 저절로 설정된다. 그런 기술적 자동성은 두 가지 측면으로 나타난다.

첫 번째 측면은 인간이 그런 기술적 자동성을 가로막지 못하고 기술적 자동성을 통제하기를 포기할 때 발전은 자동으로 이루어진다는 것이다. 기술적 순환구조 자체 안에서 기법들 사이의 선택, 기계 사용, 조직화, 처방 등은 자동으로 이루어진다. 그런데, 인간은 자신의 선택권을 박탈당한 데 만족하며, 기술이 타당하다는 것을 인정하면서 기술을 받아들인다.

두 번째 측면은 기술 체계가 모든 분야를 점령한 상황에서 비(非)기술적 인간 삶의 방식이나 비(非)기술적 수단에 대해서는 일종의 사전 제거 작업이 이루어진다는 것이다. 그렇게 됨으로써, 결국 기술적 활동을 통해 모든 비(非)기술적 활동이 배제되거나 혹은 비(非)기술적 활동이 기술적 활동으로 변한다. 또한 각 집단은 기술을 사용하는 경우에만 주변 환경의 압력에 저항할 수 있다. 결국, 기술적 방향 설정과 선택은 인간이 거기에 저항하지 못한 채 저절로 이루어진다. 결국, 인간 생활양식의 모든 비(非)기술적 측면은 기술적 활동으로 변모된다.

따라서 그런 기술적 자동성을 네 가지 현상으로 요약할 수 있다. 첫째, 기술적 방향의 설정이다. 둘째, 기술들 사이의 선택이다. 셋째, 기술에 대한 환경의 적응이다. 넷째, 기술적 활동을 위한 비(非)기술적 활동의 배제이다. 그 모든 현상은 인간이 그것을 생각하지도 않고 원하지도 않은 채 일어난다. 설사 인간이 그것을 원하더라도 인간은 그런 명백한 선택을 변경할 수 없다. 따라서 기술적 방향은 스스로 결정되고, 기술은 모든 방향에서 발전하며 점점 더 급속히 증식한다. 그런데, 그런 증식은 어떠한 선택도 없이 이루어진다. 인간은 행할 수 있는 모든 것을 행한다. 그 때문에, 그런 성장은 선택사항에 따라 이루어지는 것이 아니라 가능성에 따라 이루어진다. 결국, 어떤 작업을 행하는 것이 실제로 가능하므로 그 작업이 행해지고, 행할 가능성이 있는 모든 것은 행해질 따름이다. 기술적 자동성을 통해 드러나는 근본 법칙은 그러하다.

기술적 자동성의 결정적 측면으로서 '선택과 적응의 자동성'을 제시할 수 있다. 기술적 자동성은 동일한 작업을 위해 가능한 두 가지 기술 사이의 선택에서 작용한다. 그와 마찬가지로, 기술적 자동성은 효율성이나 혹은 얻어진 결과의 규모에 따라서만 이루어지는 판단에서도 작용한다. 따라서 두 가지 기술적 방법 사이에서 선택이란 없다. 한 가지 방법이 강요되는 것은 그 방법이 효율적인 것으로 판단되는 동시에 눈에 띄는 확실한 것이기 때문이다. 사용해야 할 수단들 사이에서 사실 그 자체에 의해 가차 없이 선택하는 것은 이제 기술이다. 인간도 복잡한 동기에서 인간적인 방식으로 선택하는 것이 아니라, 단지 자신에게 최대한의 효율을 주는 것을 위해서만 선택한다. 그리고 기술이 어떤 분야에서 발전할 때, 이 기술을 통해 개인과 사회 구조와 경제적 요인의 적응이 요구된다. 그런데, 그런 적응은 현대인의 자발적인 사고 속에서 자동으로 이루어진다. 기술적 발전은 필요한 것인 동시에 좋은 것이므로, 모든 것은 기술적 발달을 조장하도록 적응해야 한다는 것이다.

이제 인간은 기술적이 아닌 모든 것을 배제하는 역사적 변화의 단계에 있다. 그래서 기술적 자동성의 마지막 특징으로서 '선택의 배제'를 들 수 있다. 오늘날 어떤 나라나 어떤 사람이나 어떤 체계에 주어진 도전은 단지 기술적 도전이다. 그런데, 기술력에는 다른 기술력만이 맞설 수 있고 나머지는 제거된다. 기술의 그런 배제적 특성을 통해 기술이 급격히 발전하는 이유 중 하나가 제시된다. 즉, 오늘날 각 인간은 기술전문가가 된다는 조건에서만 생존하기 위한 자리를 얻을 수 있다. 또한 각 집단은 기술을 사용한다는 조건에서만 주위 환경의 압력에 저항할 수 있다. 그리고 개인적 측면에서도 사람들은 가장 앞선 기술을 선택할 수밖에 없다. 그렇기에, 기술을 통해서만 개인은 생계를 유지하면서 생존할 수 있을 따름이다. 그 때문에, 개인은 가장 앞선 기술을 적용할 수밖에 없는데, 여기서는 개인이 취할 수 있는 어떠한 선택도 없다.

기술의 인과적 발전과 궁극목적의 부재[61]

기술은 추구해야 할 목적에 따라 발전하는 것이 아니라 이미 존재하는 성장 가능성에 따라 발전한다. 또한 기술은 사회·경제사의 변화 논리와 분명히 구분되는 현상인 내적 논리를 따른다. 따라서 그런 기술의 인과적 발전은 기술적 성장에서 궁극목적이 존재하지 않음을 드러낸다. 따라서 기술 체계의 발전에서 궁극목적은 제거된다. 즉, 기술 체계에 의해 생겨난 궁극목적은 기술 체계를 결정짓지 않는다. 그러므로 그런 궁극목적은 기술 체계에서 동인(動因)도 아니고 결정적인 것도 아니다. 그런 궁극목적은 자신이 상황을 좌우한다고 주장하는 인간에 의해 사후에 덧붙여진 단순한 정당화일 따름이다.

반면에, 단지 발전하기만 하는 기술은 기계의 작동이 중지되는 것을 용납할 수 없다. 그 때문에, 기술에는 궁극목적이 없으며, 기술은 궁극목적 없이도 발전한다. 기술에서 궁극목적이 내세워지더라도, 궁극목적은 기술적 진보에 전혀 실제적이지도 필수적이지도 않다. 물론, 궁극목적은 기술적 작업에 대한 정당화가 요구될 때 간간이 언급된다. 본질적으로 기술에서 궁극목적은 그러하다. 하지만 그 자체로 기술 현상은 그런 정당화가 필요하지 않다. 기술 현상은 단지 기술 현상 그 자체일 뿐이며, 기술은 발전하기 때문에 발전한다.

기술의 인과적 발전의 결정적인 다른 측면으로서 다음 같은 점을 제시할 수 있다. 즉, 기술전문가가 기술을 뒤집어엎을 수도 없고 기술의 방향을 다시 설정할 수도 없다는 점이다. 실제로 기술은 가능한 것의 극단까지 나아가고, 돈이나 원료의 제한 같은 외부에서 오는 불가능성에 직면할 때까지 나아간다. 그러므로 기술은 그 자체로 충분한 것이며, 스스로를 결정짓는 것이다. 그 때문에, 사람들이 기술에 영향을 미치고 싶더라도 궁극목적의 차원에서는 그렇게 할 수 없다.

기술적 진보의 가속화[62]

각각의 과학적이고 기술적 진보는 특별한 분야에서만 더는 이루어지지 않는다. 예전에는 분리된 것으로 여겨진 분야에 속한 방법과 과학의 결합을 통해 발달이 이루어진다. 물론, 그런 결합 가능성이 모두 실현되지는 않는다. 하지만 예전에 알려진 요인과 결합되려고 제시되는 것은 단지 하나의 새로운 요인이 아니라, 십여 가지나 혹은 백여 가지의 수많은 요인이다. 그런 결합에 힘입어 기술이나 혹은 기술적 작용이 나타날 때, 기술이나 기술적 작용은 결합의 잠재적 요인으로서 다른 많은 요인과 즉시 접촉한다. 특히, 인간 마음대로 기술이 사용될수록 기술적 진보는 더욱 가속화된다. 그런데, 파급효과가 있는 기술적 발견을 통해 한 분야만이 아닌 몇몇 다른 기술적 분야에서 진보가 이루어진다. 이처럼 인간은 기술의 무한한 성장과 마주할 뿐 아니라, 끊임없이 증대하는 급속한 기술적 성장과 마주한다.

하지만 기술적 진보의 가속화와 기술적 성장의 한계에 대해 문제를 제기할 수 있다. 즉, 기술적 진보의 가속화는 기술 체계가 끊임없이 가속하는 경향이 있음을 드러낸다. 반면, 피드백이 되지 않거나 기술적 성장에 주기적으로 제동을 거는 집단적 자각이 없는 상황에서, 불균형이 엄청나게 증대함으로써만이 '감속'은 일어난다. 물론, 기술 체계는 기술 체계 자체의 성장과 발전을 끊임없이 무한한 방식으로 가속하는 경향이 있다. 하지만 그런 가속화가 실제로 일어날 때 부정적인 결과가 생겨난다. 그런데, 기술 체계 내부에서 불균형과 역기능이 증가하더라도 기술 체계 자체를 통해 제동이 일어나는 것은 아니다. 결국, 피드백은 기술 체계 전체의 둔화를 초래할 수 있지만, 그런 피드백이 없기 때문에 무질서가 초래된다.

  그 때문에, 기술적 진보가 중요할수록 유지·보수 작업도 마찬가지로 중요하다. 예를 들어, 기술은 컴퓨터 바이러스처럼 많은 역기능을 초래할 뿐 아니라, 악성 스팸 메일을 뿌리는 자와 같은 악의적인 행동을 유발한다. 그런데 이를 통해, 그런 역기능과 행동을 막기 위한 기계장치가 필요해진다. 하지만 그런 과정은 끝이 없고 그 한계가 보이지 않는다. 그래서 기술 체계는 생산적이라고 간주되었지만, 기술 체계는 그토록 많은 유지·보수를 필요로 하기에 더는 생산적이지 않을 수도 있다. 하지만 유지·보수 작업이 기술 체계를 비생산적이 되게 할 만큼 그리 중요하지 않기에, 기술 체계는 비생산적이 될 수도 없다. 그런 현상을 '악순환'이라는 표현으로 지칭할 수 있다.

2. 기술적 진보의 '양면성'

기술적 진보의 대가[63]

기술 담론이 은폐하려는 기술의 측면으로서 기술적 진보가 지닌 '양면성'이 있다. 기술적 진보의 '양면성'은 기술은 중립적이지 않다는 판단에 기반을 둔다. 다시 말해, 기술을 무슨 용도로 쓰려고 하든지 간에 기술은 그 자체로 상당수의 긍정적 결과와 부정적 결과를 초래한다. 좋은 결과와 나쁜 결과는 기술 세계의 수립과 모든 기술에서 본질적으로 연결되어 있다는 것이다. 그 때문에, 절대적인 기술적 진보란 없다. 기술이 발전할 때마다 그와 동시에 상당수의 퇴보가 일어나며, 다양한 분야에서 기술적 진보에 의해 파괴가 이루어진다. 그런 기술적 진보 때문에 치러야 하는 대가는 주로 세 가지로 나타난다.

첫째, 기술적 진보의 대가로서 경제학자들이 '외부성'이라고 부르는 것을 고려해야 한다. 이는 기술의 창조나 혹은 기술의 사용과 직접 관련되지 않은 대가로서, 오염, 건강상태의 악화, 온갖 종류의 공해 등이다. 이와 더불어, 산업 발전을 위한 농업 파괴도 있다.

둘째, 기술적 진보 때문에 치르는 대가에서 유념해야 할 것은 어떤 생산물을 다른 생산물로 대체하는 '생산물 대체'라는 측면이다. 일반적으로, 이미 '사라진' 생산물에 대해서는 어떤 고려도 하지 않는다. 하지만 기술적 진보를 위해 치러야 하는 대가인 그러한 대체 작용에서 제3세계 국가를 고려해야 한다. 광물, 설탕, 면화, 목재 같은 제3세계 국가의 많은 생산물은 완전히 배제될 수도 있기 때문이다. 또한 인공적인 물질의 생산을 발전시키면 제3세계 국가 중 어떤 나라의 경제는 완전히 파산할 수도 있기 때문이다. 따라서 서구의 기술적 진보는 거의 언제나 제3세계 국가의 민족에게 부정적 결과를 낳게 된다.

셋째, 기술적 진보에 의해 농촌 사회가 붕괴되어 노동력이 도시로 유입됨으로써 실업이 증가한다는 것이다. 특히, 농촌 사회의 붕괴는 온갖 부정적 결과와 더불어 노동자 전체가 치러야 할 대가로 이어진다. 물론 현대식 기계 덕분에 노동자의 육체적 피로는 상당히 줄어든다. 하지만 육체적 피로의 절감은 일련의 생리적이고 심리적인 불편을 그 대가로 치르고, 심지어 사회적 불편을 그 대가로 치른다. 즉, 새로운 노동 환경에서의 극도의 긴장 때문에 노동자에게는 신경쇠약이 생겨날 수밖에 없다. 특히, 노동자는 더 빠르게 반응하도록 요구되고, 지속적으로 주의를 유지하도록 요구되며, 늘 새로운 상황과 문제점에 대해 적응하도록 요구된다. 일종의 신경쇠약이 육체적 휴식을 상쇄한 것이다. 이처럼 노동자는 기술적 진보와 관련된 위협에 직면해 있지만, 그 해결책을 예견하기란 쉽지 않다. 해결책을 찾으려면 기술적 진보에 따라 조직된 사회의 모든 구조를 문제 삼아야 하기 때문이다.

물론, 기술적 진보 때문에 치르는 대가에 대한 평가가 어려운 만큼 모든 기술적 진보가 그 대가를 치르지는 않는다. 그래서 기술적 진보의 '양면성'과 관련하여 고려해야 할 요인을 제시할 수 있는데, 이는 포괄적 상황을 고려해야 한다는 것이다. 모든 경우에서 기술적 진보 때문에 치러야 하는 대가는 기술적 진보를 통해 획득된 것과 같은 성질이 아니기 때문이다. 따라서 어떤 기술적 진보를 계기로 생겨나는 반응 전체를 모든 면에서 고려해야 한다. 결국, 그러한 포괄성의 차원에서 모든 기술적 진보가 대가를 치른다고 확실히 말할 수 있다.

기술적 진보가 일으키는 문제[64]

기술적 진보는 기술적 진보 자체가 해결하는 문제보다 더 어려운 문제를 불러일으킨다. 물론, 각각의 기술적 진보는 상당수의 문제를 해결하게 되어 있다는 견해가 있다. 또한 한정되고 명확한 위험과 어려움에 직면하여 적당한 기술적 해답이 반드시 발견된다는 견해가 있다. 그런 견해들은 문제를 해결하고 해답을 주는 것이 바로 기술 자체라는 확신에서 비롯되기도 한다. 그리고 그런 견해들은 서구 선진국에서 일반적으로 뿌리내린 깊은 확신에서 나오는데, 이는 모든 것이 기술적 문제로 귀결될 수 있다는 확신이다. 그런 확신에 따르면, 사회적, 정치적, 경제적 문제에 직면하여 그 문제가 기술적 문제가 되도록 그 문제를 분석해야 한다. 그런데, 그 순간부터 기술은 문제를 해결하는데 완전히 적당한 도구가 되어 버린다.

기술적 진보가 일으키는 문제와 관련하여, 석유 가격 인상으로 유발된 위기에 대한 해결책을 그 사례로 들 수 있다. 소위 '에너지 위기'에 의해 초래된 논쟁은 상당수의 핵발전소 건설을 해결책으로 제시하는데, 이는 두 가지 관점에서 매우 의미가 있다. 첫째, 이데올로기적이고 정치적인 차이는 아무것도 아님이 드러난다는 것이다. 즉, 소련과 마찬가지로 중국, 미국, 프랑스는 단지 핵에너지만을 생각한다. 둘째, 원자력이라는 해결책은 단지 기술적이기 때문에 절대로 필요해진다는 것이다. 그런데, 다른 해결책은 단지 기술적으로 덜 발전되어 있기에 부차적인 것이 되어 버린다.

또 다른 사례로서 핵발전소 건설과 관련하여 전개되는 세 가지 논쟁을 들 수 있다. 첫째, 원자력 기술자들 사이의 논쟁이다. 그 논쟁에서의 문제는 단지 예상되는 위험을 어떻게 제거할지 알아내는 것이다. 둘째, '원자력 기술자'와 '다른 청정에너지 기술자' 사이의 논쟁이다. 그 논쟁에서는 에너지 소비의 증가 같은 목적에 관한 어떠한 토론도 없이 단지 수단에 대한 불일치가 있을 따름이다. 셋째, '원자력 기술자'와 '환경 단체 혹은 여론' 사이의 논쟁이다. 이 논쟁에서는 환경 단체가 핵발전소에 대해 무지해서 근거 없는 공포를 느끼고 있다고 공격을 받기도 한다. 그런데, 정치인들은 첫 번째 논쟁에 빠져 꼼짝도 하지 못한다. 그리고 그 문제에 대한 국회에서의 토론은 즉각적으로 가장 효율적인 해결책을 승인하는 것으로 결말이 날 따름이다.

물론, 인간이 마주치는 문제 대부분이 기술을 통해 해결될 수는 있음을 인정해야 한다. 하지만 기술이 불러일으키는 문제가 기술에 의해 해결된 문제보다 각 단계에서 훨씬 더 폭넓고 어렵다는 사실도 인정해야 한다. 기술의 성장과 더불어 문제가 증가한다는 사실을 입증하는 몇 가지 사례를 들 수 있다.

첫 번째 사례는 프롤레타리아이다. 이 사례는 현재 산업화와 기술화의 길로 들어서는 제3세계의 거의 모든 국가에서 확인된다. 특히, 기술 사회는 물질적 행복의 실현을 목적으로 하지만 새로운 문제를 만들어 낸다. 즉, 더 착취당하고 불행하며 뿌리뽑히고 비인간적 상황에 내던져진 계층이라는 문제이다. 그 이유는 경제적 구조나 혹은 정치적 구조와는 무관하지만, 세 가지 어려움이나 문제와 관련된다. 첫째, 기계에 적응하는 데 익숙하지 않은 사람이 겪는 어려움이다. 둘째, 노동자들이 어쩔 수 없이 밀집된다는 문제이다. 셋째, 사회 구조와 삶의 틀과 사고방식이 매우 빨리 변한다는 문제이다.

두 번째 사례는 환경 문제이다. 다양한 측면으로 이루어진 환경 문제는 주로 일곱 가지로 나타난다. 첫째, 수많은 오염과 공해이다. 둘째, 자연계 순환의 단절이다. 셋째, 자연에 존재하지 않던 새로운 화학 물질의 생산이다. 넷째, 정확히 잴 수 없는 천연자원의 고갈이다. 다섯째, 물과 관련된 엄청나고 가공할 위협이다. 여섯째, 인간 환경의 파괴이다. 일곱째, 경작 가능한 토양의 낭비이다. 그 모든 것은 과도한 기술적 성장의 결과이고, 기술을 무제한으로 적용한 결과이다. 인간의 환경 전체에서 환경적 균형을 되찾으려면 지구적 차원에서 즉각적인 대책을 취해야 할 정도로 그 위험은 매우 심각하다.

세 번째 사례는 인구과잉인데, 인구 증가는 바로 기술의 산물이다. 수명 연장, 신생아의 생명 유지, 예방접종, 대유행 전염병의 제거, 위생 등 기술적 진보를 통해 인류의 놀라운 확산이 이루어진다. 그런데, 그런 긍정적인 좋은 기술을 통해 이루어지는 인구 증가로 식량 문제나 주거 문제 같은 심각한 난제가 생겨난다. 따라서 부정적이고 공격적인 기술에 의해서만 난제가 생겨나는 것이 아니라, 인간을 섬기고 보호하기로 되어 있는 긍정적인 좋은 기술에 의해서도 난제가 생겨난다. 이를 통해 인간은 궁지에 빠지게 되고, 좋은 기술과 나쁜 기술을 분명하게 나눌 수 없게 된다. 결국, 좋고 유용한 기술 그리고 나쁘거나 혹은 쓸모없는 기술을 명확히 구분하는 것은 실제로 불가능하다.

과소비와 지구온난화로 인한 환경 문제

엘륄이 기술의 성장과 더불어 증가한 문제의 두 번째 사례로서 제시한 환경 문제에 대해, 과소비와 지구온난화를 중심으로 살펴볼 수 있다. 전 지구적 환경 위기는 지속되고 있으며, 환경 위기를 알리는 신호가 곳곳에서 나타나고 있다. 점점 고갈되는 자연 자원, 지구온난화, 기후 재난 등 심각한 환경 문제가 생겨난 것이다. 특히, 환경 문제의 주된 원인은 인류가 원자재, 에너지, 각종 제품을 언제나 더 많이 소비하는 데 있다. 따라서 과도한 소비를 통해 환경이 파괴되기 마련이다. 지구는 유한하기 때문에, 끝없는 경제 성장에 기반을 둔 대량 소비사회는 이미 한계에 이른 것이다.[65]

더욱이, 최근 지구의 평균 기온은 계속 상승하고 있다. 주된 요인은 지구온난화 현상으로 '온실가스'라고 불리는 탄산가스 배출의 증가 때문이다. 현재의 탄소 배출 추세가 계속되어 지구의 평균 온도가 4℃ 이상 상승하게 되면, 지구 생태계는 종말을 맞이하게 된다. 그런 지구온난화를 막기 위해 2009년 '코펜하겐 기후변화 총회'에서 기후변화 목표치를 공식적으로 설정한 바 있다. 산업혁명 이전과 대비해 지구의 평균 기온 상승을 2℃ 이하로 제한한다는 것이다. 또한 2015년 '파리 기후변화 협약'에서는 지구 평균 기온 상승을 막기 위해 국제사회가 합의한다. 지구 평균 기온 상승을 산업혁명 이전 대비 2℃보다 상당히 낮은 수준으로 유지하고 1.5℃로 제한하기 위해 노력한다는 것이다.

그렇지만 최신 연구 자료와 통계적 근거를 토대로 보면, 지구온난화에 따라 지구의 평균 기온이 1도씩 오를 때마다 일어날 기후 재난은 심각하다. 즉, 살인적 폭염, 수확량 감소와 굶주림, 해수면 상승, 대규모 산불, 일상적인 기후 재난, 영구적 가뭄과 물 부족, 해양 생태계의 황폐화, 숨 쉴 수 없는 공기, 광범위한 전염병의 전파, 기후 분쟁과 전쟁, 사회 시스템의 붕괴 등이다. 결국, 가장 심각한 상태인 5℃ 상승 시에는 지구가 인간을 포함한 모든 동식물이 살아갈 수 없는 죽음의 행성으로 변한다. 그러한 미래는 이르면 30년 뒤에 우리 앞에 펼쳐질 현실이다.[66]

온실가스 배출, 환경 오염, 자연 파괴 같은 생물권의 재생 능력을 넘어서는 모든 활동을 조만간 중지하더라도, 21세기 말에 이르기 전에 지구의 평균 기온은 2℃상승하게 된다. 그렇게 되면, 해안 지역의 침수, 수천만 혹은 수억 규모의 환경 난민 발생, 심각한 식량 문제, 많은 인구의 식수 부족 등이 초래된다. 성장지상주의에서 빠진 모든 시나리오는 문명 붕괴에 이른다는 것이다. 첫 번째 시나리오는 재생할 수 없는 자원 위기를 이유로 붕괴 시기가 2030년경으로 설정된다. 두 번째 시나리오는 환경오염 위기를 이유로 붕괴 시기가 2040년경으로 설정된다. 세 번째 시나리오는 식량 위기를 이유로 붕괴 시기가 2070년경으로 설정된다.[67]

3가지 문명 붕괴 시나리오는 2008년에 나온 '로마 클럽'의 보고서에 따른 것이다. '로마 클럽'은 지구의 유한성에 대해 문제의식을 느낀 유럽의 경영자, 과학자, 교육자 등 다방면의 지식인이 로마에 모여 회의를 가진 데서 붙여진 명칭이다. 세계적으로 확산된 '로마 클럽'의 활동은 천연자원의 고갈, 공해에 의한 환경오염, 개발도상국의 인구 증가 등 인류의 위기에 대해 이를 해결할 길을 모색하여 경고와 조언을 하는 것을 목적으로 한다. '로마 클럽'의 최신 보고서의 출처인 '매사추세츠 공과대학'MIT의 연구팀은 도식적인 모델을 구축하면서 전 세계를 대상으로 한 세기 이상의 동향에 대해 테스트한다. 따라서 '로마 클럽'의 연구보고서는 정부와 국제기구가 의존하는 기존의 예측보다 훨씬 더 믿을만하고 타당하다는 장점이 있다.

지구온난화에 따른 기후 재난은 인류 스스로가 자초하여 닥쳐올 인류의 생존 위기를 경고한다. 하지만 팬데믹 상황에 있는 '코로나19'에 허술하게 대처하여 '코로나19'가 엄청난 재앙이 되어 버린 많은 선진국에서 나타나듯이, 선진국을 중심으로 자본과 기술력만으로 그 위기를 해결하려는 흐름은 망상에 불과하다. 또한 그 위기는 환경운동만으로는 문제가 해결되지 않고, 화석연료가 뒷받침해 온 자본주의 체제의 근본적인 변화가 필요하다. 운명을 나누어진 전 인류가 협력하여 그 위기에 대응해야 한다는 것이다.

긍정적 결과에 연결된 부정적 결과[68]

기술은 모두가 동일한 방향으로 가지 않는 여러 결과를 포함한다. 그런 관점에서, 기술에서 부정적인 해로운 결과가 긍정적인 좋은 결과에 연결된 여러 사례를 들 수 있다.

첫 번째 사례는 핵폭탄이다. 핵폭탄은 몇몇 잔인한 호전주의자의 산물이 아니라 핵 연구 발전의 당연한 결과이고 불가피한 단계이다. 또한 인간에게 핵폭탄 같은 핵 문제의 무서운 결과는 핵분열을 평화적으로 사용하는 것보다 훨씬 덜 직접적으로 와 닿는다.

두 번째 사례는 유럽인의 식민지 경영이다. 유럽인은 인구가 드문 나라에 정착하여 단일 경작 재배지나 혹은 천연 원료 활용을 발전시킴으로써, 노동력이 모이고 사망률이 줄어들며 인구가 증가한다. 그런데, 그 기간 동안 유럽인은 천연 원료를 대체하는 인공 원료를 발견하게 되고, 이후에 식민지에서 내쫓기게 된다. 하지만 다른 한편으로 인구 증가가 멈추지 않는데, 이는 저개발 국가의 근본적인 현실 중 하나가 된다. 좋은 결과의 예로서는 위생, 더 좋은 기술의 도입, 인공 원료의 발견, 식민지에서의 해방 등이 있다. 반면에, 나쁜 결과의 예로서는 경제적 출구의 상실, 식량 생산 경제의 상실, 위험한 과잉 인구 등이 있다. 그런 좋은 결과는 그런 나쁜 결과에 반드시 연결되어 있다.

세 번째 사례는 기술의 변함없는 특징 중 하나인 속도와 복잡성의 증가이다. 기술화된 사회에서 기술전문가는 점점 더 편협하게 전문화된다. 그런 기술전문가에 의해 이루어지는 구분된 작용들이 서로 밀접하게 연관되거나 연결된 경우에만 체계는 작동할 수 있다. 특히, 자동화된 다양한 연계 작용에서 각각의 작용은 여러 다른 연속 작용을 지시하거나 결정짓는다. 그렇듯이, 기술화된 사회에서 전문화된 기술전문가의 모든 작업은 자체의 효율성을 얻기 위해 다른 작업과 연계될 수밖에 없다. 그런데, 그런 연계 작용과 전문화를 통해 속도가 빨라질 수 있지만 그와 동시에 과잉상태가 초래된다. 과잉상태 현상은 완전히 불가피한 결과로서 나타나지만, 이는 기술적 개선에서 비롯된 불행한 결과이다. 다시 말해, 과잉상태 현상은 단지 기술의 긍정적 발전에서 나온 불가피한 결과이다. 여기서 긍정적 결과와 부정적 결과가 뒤섞여 있다는 사실은 분명하다. 속도와 복잡성의 증가에서 나온 결과는 노동 분야에서 더 비극적이다. 물론, 속도와 복잡성이 증가함으로써 효율성과 생산의 발전은 보장된다. 하지만 '인간쓰레기'라고 불릴 수밖에 없는 사람이 놀라울 정도로 늘어난다. 기술화된 사회에서는 전문화에 적응할 수 없고 현대적인 삶의 일반 속도를 따라갈 수 없는 사람이 늘어난다는 것이다.

네 번째 사례는 기술적 진보가 대가로 치르는 극심한 환경 파괴와 극도의 사회적 속박이다. 더욱이, 기술적 진보는 기술적 진보 자체가 해결하는 환경 문제보다 훨씬 더 심각한 환경 문제를 불러일으킨다. 그런 해롭고 부정적인 결과를 긍정적인 결과와 따로 떼어 생각할 수 없기에, 이는 기술의 용도와는 아무 상관이 없다. 예를 들어, 핵에너지 분야에서 어떤 새로운 기술이든 그 기술의 예견할 수 없는 결과를 살펴볼 때 그 양면성은 커진다. 1986년 우크라이나의 체르노빌 핵발전소의 폭발 사고, 그리고 2011년 지진 해일로 일어난 일본의 후쿠시마 핵발전소 사고가 대표적 사례이다.

후쿠시마 핵발전소 사고는 대규모 지진으로 엄청난 쓰나미가 핵발전소를 덮쳐서 일어난다. 변전설비가 침수되어 냉각수를 공급하는 급수펌프에 전력 공급이 중단된다. 원자로의 노심을 냉각하려면 냉각수 공급이 필수적인데 전기가 끊겨 냉각수 공급이 중단된 것이다. 노심 온도가 계속 올라가자 고온으로 방호벽이 녹아내려 구멍이 뚫리고 원자로 안에 있던 핵연료가 대기 중으로 유출되기 시작한다. 이때, 노심을 냉각하기 위해 해수를 투입하는 방법이 있었으나 후쿠시마 핵발전소의 운영사인 도쿄전력은 원자로가 폐기되는 것을 우려하여 해수 투입을 망설이며 사태를 해결할 수 있는 골든타임을 놓치고 만다. 결국, 원자로 3기의 노심이 녹아내리고, 수소폭발이 일어남과 동시에 방사능이 누출된다.

그런 최악의 상황에서도. 도쿄전력은 사고에 대한 적절한 정보공유 없이 최악의 상황은 없을 것이라는 장담만을 늘어놓는다. 그 때문에, 일본 정부는 잘못된 예측만을 거듭하여 초기의 발 빠른 대응에 실패한다. 결국, 후쿠시마 핵발전소 사고 이후 후쿠시마와 주변 지역에 방사능이 누출되어 오염되고, 주변 바다에도 방사성 물질이 유입되어 바다가 오염된다. 이후 도쿄전력은 방사성 물질의 유출이 억제되는 안정화 상태로 만들겠다는 계획을 발표하지만, 그 계획은 제대로 진행되지 않았다. 특히, 일본 정부는 '다핵종제거설비'ALPS라는 장비를 활용해 방사능 오염수를 정화한다고 주장한다. 하지만 방사성 물질인 '삼중수소'는 제거하지 못한 것으로 알려져 있다. 그럼에도 일본 정부는 방사능 오염수를 희석하여 바다에 방류하겠다는 계획을 한국과 중국 같은 주변국의 강한 반대에도 강행하려고 한다.

3. 기술적 진보의 '예측 불가능성'

'예측 불가능성'의 원인[69]

기술 담론이 은폐하려는 기술의 측면에는 기술적 진보의 '양면성'과 더불어 기술적 진보의 '예측 불가능성'이 있다. '예측 불가능성'은 기술적 진보의 일반적이고 근본적인 특성 중 하나이다. 환경보호 측면에서든, 위생 측면에서든, 사회적 측면 혹은 정신적 측면에서든, 기술적 진보에 의해 생겨난 위험이 비록 참작되긴 하더라도 이 위험은 너무 과소평가된다. 기술적 진보는 계속 커질 뿐 아니라, '혁신'이라는 개념을 통해 특히 정치 분야와 경제 분야의 담론에서 끊임없이 과대평가된다. 물론, 체르노빌 핵발전소 사고라는 재난 이후에 그 위험은 아무도 더는 부인할 수 없게 된다. 하지만 전체적인 일련의 '예방조치'에 힘입어 그 위험은 줄일 수 있고 피할 수 있다는 확신이 매우 지배적이어서 그 위험은 상대화되어 있다.

그래서 어떤 기술적 시도를 통해 일어날 수 있는 예측할 수 없는 위험을 막기 위해 다음 같은 근본원리를 제시할 수 있다. 즉, "어떤 시도를 통해 엄청난 잠재적 위험이 제기된다면, 심지어 그 위험을 정상적으로도, 단기간 내에도 예측할 수 없다면, 그런 시도를 하지 않는 것이 현명하다."70)라는 원리이다. 그렇지만 그런 원리는 진보에 대한 믿음이 완전히 제어되거나 사라지는 것을 전제로 한다. 그 때문에, 그런 원리는 여태껏 적용될 기회가 전혀 없었다. 그래서 엘륄은 이로부터 생겨날 수밖에 없는 위험을 이렇게 언급한다.

> 우리가 혁신의 결과를 점점 더 모르는 한, 우리가 필요한 대응책을 만들어 낼 수 없는 한, 우리는 절대적 위험 속으로 뛰어들 수밖에 없다. 그 때문에, 현재의 온갖 기술적 성장을 통해 가설적이기는 하지만 절대적인 위험이 무한히 증가하는데, 이 위험은 개탄스러울 정도이다.71)

인간은 예측이 절대로 필요해진 사회에 살고 있을 뿐 아니라 이 세상에서 예측이 점점 더 필요해지는데도, 경제적 예측이나 기술적 예측은 구체적으로 늘 부정확하다. 그 때문에, 이를 통해 인간은 '예측 불가능성'이라는 문제에 이른다. 모든 노력을 쏟아부어도 다가오는 사고의 모호함이 지속된다는 것이다. 더욱이, 어떤 변화의 궤적을 제시할 수 없을 때 '예측 불가능성'이 존재한다는 것이다. 특히, 모든 것이 정상적으로 작동하는데도 사고가 일어날 확률이 있다. 그래서 두 가지 방향이 설정된다. 첫째 방향은 언제나 사고를 경계하는 것이며, 결코 일어난 적 없는 사고에 대비하기 위해 비용이 많이 드는 정말 강력한 조치를 취하는 것이다. 두 번째 방향은 사고가 드물며 결국 별로 심각하지 않다고 생각하면서 상황을 그대로 내버려 두는 것이다.

불확실성에 의한 '예측 불가능성'[72]

　불확실성에 의한 그런 '예측 불가능성'의 가장 놀라운 사례는 핵에너지를 사용하는 경우이다. 예를 들어, 프랑스의 핵발전 프로그램을 살펴보면 세 가지 종류의 문제가 나타난다. 첫째, 핵발전에 의한 과도한 전력 생산이라는 문제이다. 둘째, 핵발전 시스템의 과도한 경직성이라는 문제이다. 셋째, 핵폐기물 처리에서의 무능력이라는 문제이다. 특히, 핵발전소의 수명이 다해 노심을 중화시켜야 할 때 반드시 취해야 할 조치가 있다. 그런데, 그런 조치와 관련하여 미래에 대해 무모한 도박을 한다는 것이 문제이다. 이는 그 문제를 수습할 수 없는 과정이 발생할 가능성을 예측하기를 등한히 하는 것이다. 더욱이, 그런 문제는 농축우라늄 판매 관련 법령을 준수하지 않는 것과 연결될 뿐 아니라, 수많은 핵비확산 조약을 지키지 않는 것과 연결된다.

　따라서 불확실성 가운데서의 '예측 불가능성'의 대표적 사례로서 원자로가 폭발한 체르노빌 핵발전소 사고를 들 수 있다. 그 사고는 원자로의 설계적 결함과 안전 규정 위반, 운전 미숙 등의 원인이 복합적으로 작용해 발생한다. 폭발 때문에 원자로의 노심과 원자로 건물 지붕이 파괴되고 화재가 발생해 고온의 고방사능 핵연료와 흑연 파편이 공중으로 치솟게 된다. 약 10일간 아이오딘과 세슘 같은 방사성 물질이 대량으로 방출됨으로써, 핵발전소와 가까운 주변 국가의 일부 지역이 심하게 오염되고 작은 입자들은 중부 유럽까지 바람을 타고 퍼진다. 헬리콥터가 원자로 상부에 수천 톤의 붕소와 납, 진흙과 모래 등을 투하하는 방식으로 화재를 진압하고 방사능 누출을 막는다. 화재 진압 후에는 10층 높이의 콘크리트 구조물로 원자로 잔해를 둘러싸는 공사를 진행한다. 그 사고는 '국제원자력사고등급'INES 최고 등급인 7단계에 해당하는 최악의 방사능 누출 사고로 평가된다.

그 사고를 통해 핵발전소와 관련된 일반적인 불확실성이 드러난다. 물론, 그 사고에서 소련에 의한 정보 제공 거부, 그리고 프랑스에서의 더딘 정보 전달 과정이라는 문제도 있지만 이는 매우 부차적인 문제이다. 근본적인 문제는 학자들은 무지하고 대중은 확신이 없다는 것인데, 거기에 '예측 불가능성'이 존재한다. 사고 현장과 멀리 떨어진 곳에서는 그 사고가 상상할 수 있는 가장 심각한 것이 아님은 확실하다. 그래서 프랑스 전문가들은 체르노빌의 방사능 구름이 프랑스에 도달하지 않았고, 따라서 프랑스에 속한 라인강 좌안에는 어떤 오염 위험도 없다고 주장한다. 또한 그들은 정보 조작을 통해 주민들을 철저하게 안심시키려고 애쓴다. 그리고 라디오와 텔레비전과 언론은 대중을 안심시키는 정보 캠페인과 설명 캠페인을 진행한다. 그럼에도, 그 사고에 대한 공포는 아니더라도 불안은 존재한다. 그런 불안으로부터 무의식적이고 감춰져 있으나 현존하는 광적인 공포가 확산될 수도 있다. 또한 그런 공포가 개인에게 깊이 자리 잡을 수도 있다.

대중은 위험한 것이 무엇인지 당연히 모르고 전문가도 그것을 모른다. 그 때문에, 사람들을 당황하게 하는 요인은 바로 그런 불확실성이다. 체르노빌 핵발전소 사고 직후 방사능 구름이 프랑스에 도달하지 않았다는 절대적 확신에도 불구하고, 이후에 바람에 따라 밀려온 떠도는 방사능 구름이 프랑스 거의 전체, 곧 국토의 80%를 뒤덮고 있다가 물러간다. 그런데, 그 구름에 정확히 무엇을 담겨 있는지 불확실하다는 것이다. 결국, 대중은 네 가지 종류의 방사선과 방사성 물질이 있음을 대강 알게 된다. 그런데, 어떤 것들은 끔찍하지만 단지 몇 시간만 지속되고, 다른 어떤 것들은 덜 해롭지만 수만 년 지속될 수 있다. 또한 아주 먼 장기간에 있어 방사능의 결과는 완전히 알려지지 않았다.

더구나 인간이 위험 없이 견딜 수 있는 방사선 피폭 한계치와 관련하여, 전문가들 사이에는 여전히 불확실성과 서로 간의 반론이 존재한다. 그렇지만 나중에 프랑스가 핵에너지 프로그램을 결정할 때, 인간이 견딜 수 있는 방사선 피폭 한계치를 고의로 높게 설정한다. 그런 사실에 비추어 보면, 방사선 피폭 한계치와 관련된 전문가들의 견해는 사실상 거짓이다. 특히, 프랑스 전문가들이 방사선 피폭 한계치에 관대한 것은 프랑스에 핵발전소가 가장 많이 있기 때문일 수도 있다.

다른 불확실성으로서 원자로의 노심 용해에서 비롯되는 가장 심각한 가설을 제시할 수 있다. 다시 말해, 원자로에서의 연쇄반응에 대한 통제를 완전히 상실하는 것이다. 이를 통해 통제할 수 없는 깊이까지 수많은 수면의 오염과 더불어 모든 것을 녹이면서 그 지역이 땅속에 처박힐 정도로 온도가 상승한다. 이에 대해 일부 사람들은 그렇다고 하고 전문가들은 아니라고 하는데도 대다수는 침묵한다. 특히 모든 경우에서, 정부가 느린 정보 전달과 정보의 무용함을 인정하게 되면 그런 정보와 관련하여 불확실성이 지배한다. 방사성 물질이 퍼질 때 취해야 할 조치와 관련하여 불확실성이 늘 생겨나는 것이다. 이처럼 인간은 자신을 보호하기 위해 무엇을 해야 할지 전혀 모른 채 완전한 불확실성 가운데서 살아간다. 이는 인간의 능력을 넘어서서 아무 때나 터질 수 있는 일종의 운명에 속수무책으로 넘겨져 있다는 불확실성이다.

엘륄이 지적한 핵발전소와 관련된 그런 불확실성이 있더라도, 앞으로 '소형 핵발전소'를 주로 설립하고 핵폐기물이 줄어드는 신기술을 활용하게 되면 핵발전으로 생겨나는 문제들이 많이 개선될 수 있을 것이다. 그래서 현재 '소형 핵발전소'의 사례로서는 차세대 핵발전소로 떠오르는 '소형 모듈 핵발전소'SMR(Small Modular Reactor)에 대한 관심이 커지고 있다. '소형 핵발전소'는 '대형 핵발전소'에 비해 발전 용량은 많이 떨어지는 반면, 건설 비용이 적고 핵연료 교체주기도 10배 이상이며 냉각방식도 자연 순환과 강제 순환 방식을 혼용한다는 장점이 있다. 하지만 경제협력개발기구 OECD의 원자력기구 NEA에 따르면, 2035년까지 '소형 모듈 핵발전소'가 세계 각국의 신규 핵발전 수요의 약 9%를 차지할 것으로 전망한다. 그렇기에, '소형 모듈 핵발전소'가 기존의 '대형 핵발전소'를 대체하기에는 한계가 있다.

결국, 핵발전소 문제는 핵발전소와 관련된 국가의 정책이 어떤 식으로 결정될지에 달려 있다. 특히, 현재 가동되고 있는 핵발전소의 경우 위에서 제기된 문제들이 여전히 해결될 수 없으므로, 현재의 핵발전소를 폐기하는 길만이 그 답이 될 수 있을 것이다. 그런데, 이를 위해서는 핵발전소 폐기와 관련된 찬반양론이 어떻게 합의에 이를지가 관건이다. 더 나아가, '핵융합 발전소'가 대안으로 자리 잡는 추세이지만 아직 실험과 연구 단계에 있어 당장은 핵발전소와 관련된 문제들을 여전히 해결되지 않은 채로 남아 있다. 결국, 엘륄이 제시한 불확실성에 의한 '예측 불가능성'은 핵발전소 문제와 관련하여 현재에도 여전히 확실하면서도 유효한 경고로 다가온다.

상대적 '예측 불가능성'과 근본적 '예측 불가능성'[73]

정보의 과잉을 통해 정보의 왜곡이 일어난다. 그래서 정보의 홍수 가운데서 모든 정보가 천편일률이 되는 현상이 생겨난다. 정보의 홍수 가운데서 중요한 정보가 무엇인지 구분하기가 실제로 불가능하다는 것이다. 특히, 모든 정보는 기정방침과 이익에 의해 편향되게 만들어진다. 또한 정치인과 전문가를 포함하여 모두가 현 세상 전체에 대해 잘못된 정보를 얻고 있다. 그런데, 현대 사회를 알려면 모든 정치적, 경제적, 사회적 사실을 반드시 알아야 한다. 그뿐 아니라, 현대 기술의 긍정적 결과나 혹은 부정적 결과를 평가하려면, 또한 기술적 발전 가능성을 평가하려면, 그리고 사회 속으로의 기술 유입을 평가하려면, 모든 정치적, 경제적, 사회적 사실을 반드시 알아야 한다. 하지만 기본적인 기초자료가 부족하면 예측을 할 방법이 없다.

'기술의 발명', '기술의 혁신', '기술의 확산'이라는 기술에서의 세 가지 단계를 제시할 수 있다. 그 세 단계는 기술 발달에서의 '예측 불가능성'과 연결된다. 기술의 발명과 기술의 혁신이라는 두 단계는 이미 적용된 예전의 기술에 실제로 달려 있다. 또한 기술의 혁신이라는 단계는 불확실하고 예측 불가능한 정치적 방향과 정치적 결정에 달려 있다. 하지만 기술의 확산이라는 단계는 엄밀히 말해 경제에 달려 있다. 즉, 기술의 확산이라는 단계는 위험을 무릅쓰고 자신의 자본을 내놓는 기업가와 판매 시장이 있느냐에 달려 있다. 그런데, 인간이 '예측 불가능성'의 상황에 있는 한, 반드시 기술 발전에서의 '예측 불가능성'이 존재한다. 예를 들어, 같은 시기에 핵분열의 산업적 이용과 초창기 정보처리기술이 나타났을 때, 둘 중 무엇이 시장을 장악하고 지배하는 힘이 될지 예측할 수 없었다. 결국, 정보처리기술이 승리했지만 이는 예측이 불가능했다.

정보의 과잉을 통해 생겨나는 '예측 불가능성'은 상대적 '예측 불가능성'에 해당한다. 그런데, 모든 변수를 고려하게 되면 그러한 상대적 '예측 불가능성'에다 절대적이고 근본적인 '예측 불가능성'을 덧붙여야 한다. 특히, 컴퓨터의 우위를 통해 예측이 더는 불확실해지지 않게 되지만 예측은 쓸모없게 된다. 현대 기술 사회에서 해야 할 일은 유일하게 실시간으로 나타나는 현재 속에 과거와 미래를 통합시키는 것이기 때문이다. 특히, 기술은 예측이 필요할 뿐만 아니라 시간을 프로그래밍하는 것이 필요하다. 모든 것은 유일한 시간 축에 따라 정돈되어야 하는데, 이는 조직과 작동과 기술 생산이라는 시간 축이다. 기술은 모순과 변증법적 변화를 받아들이지 않는다. 살아 있는 것을 포함하여 모든 요소는 기술에 따라 이루어지는 프로그래밍 속에 놓이게 된다. 그리하여 작업이 동시에 이루어지는 것이 일반화된다.

이제 컴퓨터가 그 속에서 작동하는 실시간은 앞으로 나아가는 데 매여 있는 시간이며, '즉각성' 속에 짓눌린 시간이다. 이는 끊임없이 공백 시간을 몰아내는 것이고, 유예기간을 줄이는 것이며, 작업 속도를 빨리하는 것이다. 결국, 작업을 분할함으로써 실행 시간을 단축하는 컴퓨터의 '즉각성'이 이상적인 것으로 추구된다. 이처럼 관찰 시간이 축소되기에 컴퓨터를 통한 '즉각성'의 추구는 근본적인 '예측 불가능성'에 속한다. 모든 상황증거는 관찰이 짧아짐으로써 조작된다는 것이다. 따라서 실업률, 물가지수, 무역, 정치적 결정에 대한 여론조사, 정치인의 인기 등과 관련된 일시적인 수치와 퍼센트는 엄밀히 말해 아무것도 의미하지 않음을 자각해야 한다.

물건 사용에서의 '즉각성'으로부터도, 시간과 관련된 현대 사회의 변동을 이해하는데 결정적인 듯이 보이는 다른 결과가 나온다. 물건 사용 시간과 물건 폐기 시간 사이의 근본적인 뒤바뀜이 일어났다는 것이다. 19세기에는 물건이 내구성 있게 만들어져 가능한 한 오래 보존된다. 또한 물건은 분해되는 물질로 되어 있기에 사용 연한이 다해 물건을 배출하더라도 이를 통해 큰 문제가 일어나지 않는다. 그렇지만 오늘날 상황이 완전히 바뀐다. 많은 제품에서 물건 사용 시간은 즉각적이 되고, 모두에게 사용 기간이 아주 짧아진다. 그래서 각각의 용구는 천 배나 더 효율적인 대체물이 출현함으로써 일 년 만에 구식이 된다. 하지만 역으로, 내버려진 수많은 용구로 인해 폐기하는 데 매우 오래 걸리는 쓰레기가 쌓이고, 결국 폐기할 수 없는 점점 더 많은 제품이 생산된다. 그런 뒤바뀜을 통해, 기술의 산물이 인간의 고유한 리듬과 자연계에 끼어들 때 생겨나는 심각한 문제가 나타난다. 그런 기술적 결정의 무책임성을 은폐하려는 현실에 맞서, 엘륄은 "유한한 세상에서 무한한 성장은 있을 수 없다."[74]라는 상식적인 원리를 내세운다.

'선견지명'의 필요성[75]

어떠한 예측 가능성도 크지 않을 때 그런 상황에서 작동하는 '선견지명'에 도움을 청해야 한다. 예측은 과학적으로 반드시 필요한데도, 일시적인 사건에서처럼 주요 동향에서도 예측은 불가능하다. 그런데, 그러한 예측 불가능은 인간이 시간과 맺는 관계가 변화한 데서 근본적으로 비롯된다. 만일 상황이 그러하다면 인간이 미래를 장악하고 있다는 환상을 더는 품지 말아야 한다. 따라서 현시대에는 기술에 의해 초래된 자연 재난이나 혹은 인공적인 재난 같은 심각한 사건이 벌어지면, 기술적 관점에서도 경제적 관점에서도 적당한 해법을 찾기가 전혀 가능하지 않다. 하지만 인간이 이제 기술에 의해 초래된 '위험 문명'을 만들어 내게 되었음을 인정할 때, 그런 상황에서 반드시 필요한 '선견지명'은 시작된다.

일례로, 기업가는 심지어 심각한 위험을 초래하면서도 기어코 생산하기를 원한다. 그런데, 국가는 생산 활동을 보호하며 국민을 불안하게 만드는 것을 꺼린다. 따라서 매번의 경우 국가는 그 위험이 심각하지 않다고 설명한다. 상황을 잘 모르는 무력한 대중은 일반적으로 잘 알려지지 않은 그런 위험을 결국 받아들인다. 그 대신, 대중은 기술 사회가 자신에게 나누어주는 쾌락을 보상으로 삼게 된다. 전문가는 사고의 위험 사례를 연구하면서도, 아무 일도 없다고 결론을 내리거나 혹은 그것이 우발적 사고라고 결론짓게 된다.

물론, 사람들은 잘 알려진 영역인 군비 경쟁이나 전쟁 위험에 대해서는 유일하게 관심을 쏟는 경향이 있다. 전쟁 무기는 놀라울 정도로 더 효율적이 되었기 때문이고, 전쟁은 사람들이 체험하고 있거나 이미 체험한 것이기 때문이다. 하지만 나머지에 대해서는 차라리 모르는 쪽을 택하고, 정말 어려운 정보를 얻는 작업에는 뛰어들지 않는다. 그런 작업은 실험실이라는 비밀 장벽, 행정적 비밀 장벽, 일반 전문가와 기술전문가라는 비밀 장벽, 정치적 비밀 장벽 등 온갖 비밀 장벽과 마주치기 때문이다. 예측이 실제로 불가능한데도 정보는 그런 일련의 비밀 장벽에 의해 가려져 있는 현실이다.

그래서 '선견지명'이란 인간이 가까운 과거의 경험을 근거로 다음 같은 사실을 받아들이는 것이다. 즉, 인간은 기술에 의해 초래된 불가항력의 '위험 문명' 속에 살고 있다는 사실이다. 또한 기술이 발전할수록 불가항력의 위험은 더 심각해지고 확률상으로 더 늘어난다는 사실이다. 그런 '선견지명'을 통해, 대규모 사고 가능성이 늘 존재한다는 확신에 근거를 둔 행동과 제도와 교육이 생겨난다. 오늘날 최악의 상황은 가능해지고 심지어 그 가능성이 충분해진다. 따라서 그런 '선견지명'에 따라 매번의 최악의 상황에 대응하는 데 필요한 자료들을 취합해야 한다. 그리고 각 상황에서 가능한 최악의 상황이 무엇인지 판단해야 한다.

오늘날 기술 체계가 너무도 복합성을 띠고 있는 나머지, 불가항력의 재난을 당하고 싶지 않다면 반드시 모든 것을 예측해야 한다. 그런데, 그렇게 필요한 예측 가능성은 특히 정보의 과잉으로 불가능하고 불확실성이 지배한다. 그러므로 '예측'과 '전망'이라는 환상을 '선견지명'으로 대체하는 것이 훨씬 더 현명하고 책임 있는 자세이다. 그러한 '선견지명'이야말로 인간의 유일한 생존 기회가 될 수 있다.

5장 기술 담론

1. 기술 담론에 대한 분석

엘륄은 '기술'la technique이라는 개념과 '기술 담론'la technologie이라는 개념을 분명히 구분한다. 프랑스어에서 두 단어는 일반적으로 동의어인데 반해, 그에게 '기술 담론'은 '기술에 관한 담화'를 의미한다. 구체적으로, '기술 담론'은 기술에 대한 담론, 곧 기술에 대한 학문이며, 특별한 기술들에 대한 담화이다.

엘륄은 미국인들이 영어에서 '기술'을 의미하는 표현인 테크닉스 technics, 테크닉 technique, 테크놀로지 technology라는 세 가지 용어 사이에서 머뭇거린다고 지적한다. 프랑스에서처럼 미국인들도 마지막 용어 '테크놀로지'를 기계적 기술들의 학문을 지칭하는 데 쓰는 것이 아니라, 일반적 의미에서의 기술을 지칭하는 데 흔히 사용한다는 것이다.[76] 그래서 그는 '기술 담론'이라는 용어가 자의적으로 사용되고 있는 현실을 지적하면서, 이 용어의 의미 및 이 용어와 관련된 것을 자세히 설명한다.

나는 '기술 담론'이란 단어에 대해 다시 지적하고자 한다. 이 단어의 뜻을 자의적으로 사용하는 일이 우리의 머릿속에 자리 잡고 있다. 또한 그런 식의 사용이 미국식의 사용을 맹목적으로 모방하기 때문에 나는 그러한 사용에 반대한다. 이 단어의 그러한 사용은 근거가 없다. 실제로 어원적으로, '기술 담론'이란 단어는 '기술에 대한 담화'를 의미한다. 기술에 대해 연구하는 것, 기술 철학이나 혹은 기술 사회학을 하는 것, 그렇지 않으면 기술적인 종류의 교육을 하는 것이 '기술 담론'에 해당한다. 이와 반대로, '기술 담론'이란 용어는 기술의 사용법과 엄밀히 말해 아무런 관련이 없다. 따라서 '정보처리 기술'을 표현하는데 'la technologie informatique'을 사용하거나 혹은 로켓 제작과 사용을 지칭하기 위한 '우주 기술'을 표현하는데 'la technologie spatiale'을 사용하는 것은 어리석은 일이다.[77]

엘륄은 '기술 담론'이라는 용어와 관련하여 그렇게 설명한 후에, 기술 현상에 관한 세 번째 저서의 제목을 '기술 담론의 허세'Le bluff technologqique라고 정한 동기를 이렇게 기술한다.

나는 '기술 담론'이라는 용어의 사용이 자리 잡힌 상황에서 나의 항변이 쓸데없음을 안다. 하지만 나는 이 저서의 제목이 타당함을 입증하고 싶다. 내가 이 저서의 제목을 '기술적 허세'Le bluff technicien라 하지 않고 '기술 담론의 허세'Le bluff technologique라고 한 것은 다음 같은 목적에서이다. 즉, 인간이 그 속에 사로잡힌 엄청난 허세는 기술들에 관한 담화의 허세임을 명백히 입증하려는 목적에서이다. 상황이 그렇게 된 것은, 항상 기술을 더 신성화하고 기술에 대한 인간의 행동을 더 변화시키며 신화를 만들어 내는 담화 때문이다.[78]

따라서 『기술 담론의 허세』는 기술 사회와 관련된 거짓 이데올로기를 문제 삼는 저서이다. 그런 거짓 이데올로기는 인간을 해방하는데 인간에게 반드시 필요한 것으로서 기술 사회를 제시한다. 그뿐 아니라, 그런 거짓 이데올로기는 인간의 집단적이고 개인적인 모든 문제의 유일한 해결책으로서 기술 사회를 제시한다. 그렇게 함으로써 기술 사회가 인간에게 받아들여지는 것을 정당화하는데, 바로 그런 점에서 '허세'le bluff가 존재한다는 것이다.[79]

특히, 기술에 대한 지지자들은 기술을 통해 인간이 예전의 제약에서 해방되고, 예전에 할 수 없었던 많은 것을 할 수 있으며, 수많은 선택을 할 수 있다고 주장한다. 그들은 그렇게 주장하면서 기술을 정당화하려고 한다.[80] 일례로, 2016년 한국에서 벌어진 인간과 인공지능과의 바둑 대결 2국이 끝난 이후, 당시 구글 Google의 지주회사 알파벳의 회장 에릭 슈미트 Eric Schmidt는 이렇게 언급한다. "누가 이기든 결국 승자는 인간이다. 인공지능 기술을 발전시켜 나가면, 더 좋은 세계가 될 것이고 우리 모두에게 도움이 될 것이다."라고 말이다. 아마도 슈미트의 그런 언급은 기술을 정당화하는 대표적 사례일 것이다.

『기술 체계』가 나온 1977년부터 『기술 담론의 허세』가 출간된 1988년까지 약 10년간, '마이크로컴퓨터 정보처리기술', 핵에너지, 레이저, 우주 기술, 유전공학 등 기술적 진보는 기하급수적으로 놀랍게 이루어진다. 1980년대 초부터 일어난 그런 엄청난 기술적 혁신은 그런 매혹적인 담론에 기반을 두고 있다. 그런 담론의 목적은 인간을 현혹하여 기술에 더 잘 적응시키려고 기술에 대한 인간의 저항을 무력화시키는 데 있다. 그 때문에, 엘륄은 기술 사회에서의 거짓 이데올로기인 기술 담론에 대해 분석하고 비판한다.

2. 기술 담론의 특징

'인본주의적 담론'[81]

현대 기술 사회에서는 기술과 관련된 불확실성이 지배함으로써 인간은 완전한 불확실성 가운데 살아간다. 인간에게 불안감을 안겨주는 그런 현실 앞에서, 기술에 관한 온갖 담론의 특징을 살펴볼 필요가 있다.

우선, 기술 담론은 인간을 모든 것보다 우선시하고 인간을 목적으로 삼는다는 소위 '인본주의적 담론'임을 자처한다. 기술 담론이 내세우는 '인본주의적 담론'에 따르면, 인간은 아주 높은 곳에 위치해 있으며 만물 위에 있다. 또한 새로운 기술은 그런 인간에게 쓸모 있고, 인간의 행복과 힘을 보장해 주며, 인간의 모든 잠재력을 완전히 실현할 수 있게 한다. 그리고 모든 것은 인간에게 종속되고, 인간은 만물의 척도가 된다. 그러한 인간은 기술을 통해 이루어진 그토록 많은 신기한 것을 누릴 권한을 가진다. 특히, 각각의 기술적 진보는 태초의 인류가 지닌 근본 욕구와 연결되어 있다. 인간은 그런 각각의 기술적 진보에서 자유가 신장된다. 여기에서 자유란 인간이 과거에 할 수 없던 것을 할 수 있는 것이고, 자신을 만족시키는 많은 물건 가운데서 선택할 수 있는 것이며, 기술에 힘입어 노동 시간을 엄청나게 줄이는 것이다. 또한 자유란 "죽는 날까지 수고를 하고 노동을 해서 땀을 흘려야만 먹을 것을 얻는다."[82]라는 낡아빠진 성서적 단죄에서 벗어나는 것이다. 그리고 자유란 이 세상의 끝에서 다른 끝으로 쉽게 빨리 갈 수 있는 것이며, 매년 수명이 늘어나는 것이다.

특히, 그런 '인본주의적 담론'이 강조하는 바는 순수한 기술 세계에서는 모든 것이 인간을 위해 만들어진다는 것이다. 또한 기술의 발전은 인간이 없으면 아무것도 아니라는 것이다. 즉, 모든 것은 인간을 위해 방향이 설정될 수밖에 없으며, 인간의 절대적 행복을 목표로 할 수밖에 없다는 것이다. 인간은 모든 면에서 유일한 척도로 간주되기 때문이고, 인간만이 기술 세계에서 만물의 척도이기 때문이다. 심지어 어떤 신학자들은 구약성서 창세기에 근거하여 인간이 자신의 창조주 때문에 자신 안에 발명 재능을 갖고 있다고 설명한다. 또한 태초에 이루어진 창조는 하나님에 의해 제시된 가능성과 잠재성일 따름이라고 설명한다. 즉, 태초의 창조는 완전하지도 않고 완성되지도 않았다는 것이다. 따라서 하나님의 계획 가운데서 인간은 창조를 완수해야 하고, 그런 가능성과 잠재성을 실현하며 발전시켜야 한다는 것이다. 그런데, 인간은 기술에 힘입어 그렇게 했다는 것이다.

결국, 기술과 관련된 '인본주의적 담론'의 주장은 다음 같이 요약된다. 즉, 인간의 행복을 위해 만들어진 기술 전체를 통해, 인간이 자아를 실현하고 자신의 존재를 표현할 수 있게 된다는 것이다. 하지만 인간은 그런 '인본주의적 담론'과 정반대되는 세상에 살고 있는데, 이와 관련하여 세 가지 문제를 지적할 수 있다. 첫째, 기술은 인간에 개의치 않고 기술 자체에만 관심을 기울일 따름이라는 것이다. 둘째, 현실은 침울한데도 '인본주의적 담론'만 휘황찬란하다는 것이다. 셋째, 기술이 인간을 위한 것이라고 더 언급할수록 기술은 인간에게 자리를 덜 내어준다는 것이다.

인본주의적 문화에서는 인간이 중심 주제와 유일한 관심사가 되고 인간을 섬기는 것이 중심이 되는데, 이는 세 가지 질문과 관련된다. 첫째, 인간의 삶의 의미에 대한 질문이다. 둘째, 인간 존재의 회복 가능성에 대한 질문이다. 셋째, 인간의 유한성 극복을 위한 노력에 대한 질문이다. 그런데, 기술은 그 모든 질문에 대해 주의를 기울이지 않는다. 기술은 작동하기 때문에 작동하고, 스스로 재생산한다. 또한 각각의 기술적 진보는 무엇보다 새로운 기술을 만들어 내는데 소용된다. 기술은 기계적인 것 외에는 어떠한 문제 제기도 허용하지 않고, 인간을 섬기는 것에 대해 어떠한 관심도 없다. 기술은 자체에만 관심을 가질 따름이고, 스스로 자체를 정당화한다.

기술에 대한 인간의 제어[83]

  기술 담론의 본질적 측면은 인간이 전적으로 기술의 주인이라는 주장에서 비롯된다. 인간이 기술의 주인이라는 주장에 따르면, 인간은 수동적 도구에 불과한 기술의 창조자이므로 기술을 완벽히 알고 있다는 것이다. 또한 인간은 자신이 원하는 대로 기술을 사용할 수 있고, 기술을 멈추거나 혹은 발전시킬 수 있다는 것이다. 하지만 인간이 언제나 기술을 통제하는 것은 아니다. 기술이 더 빨라지고 강력해지고 웅대해질수록, 기술에 대한 인간의 통제가 사라지는 현상이 더 심각해지는 동시에 더 많아진다. 더욱이, 인간이 통제하지 못하는 기술에 의해 초래되는 위험이 늘어난다.

  기술의 중립성과 관련하여, 기술은 중립적이지 않다. 이는 '신성화된 기술'이 하나의 기술적 대상으로 다루어질 수 없음을 의미한다. 또한 기술에는 자체의 영향력과 결정지음과 법칙이 있음을 의미한다. 다시 말해, 체계로서의 기술은 자체의 법칙을 강요하면서 변화한다. 이처럼 기술이 중립적이지 않은데도, 인간이 기술을 완전히 제어한다는 담론을 계속 붙잡고 있는 것이 문제이다.

  하지만 기술에 대한 인간의 제어는 점점 더 어려워진다. 기술에 대한 인간의 제어라는 문제에 대해 포괄적으로 의식하지 못하기에 더욱 그러하다. 예를 들어, 생명 윤리, 인공 수정, 시험관 아기, 냉동 배아 등 기술이 전통 도덕이라는 가장 평범한 문제를 건드릴 때만이 사람들은 기술에 대한 제어에 진정으로 관심을 기울인다. 그런데. 그러한 기술들은 기술 체계 전체의 일부분일 따름이다. 기술 체계에서는 그 전체를 통제하지 않으면 아무것도 통제할 수 없다. 그래서 어떤 기술이든 존재하게 될 때 그 기술은 적용될 수밖에 없다는 절대적 법칙이 지속된다.

기술에 힘입어 인간에게 선택의 자유가 늘어난다는 주장도 비판의 대상이 된다. '자유'에 대해 이야기할 때 이는 이러저러한 컴퓨터나 이러저러한 메이커의 자동차 사이에서 선택하는 자유이다. 따라서 컴퓨터나 혹은 자동차를 소유하는 행위와 소유하지 않는 행위 사이에서 선택하는 자유도 아니고, 그런 것 없이 살아가는 자유도 아니다.

특히, 기술이 인간의 욕구 전체를 실현할 수 있고 기술은 그 자체로 전능하다는 확신은 환상에 불과하다. 그런 확신은 인간이 기술에 대한 제어를 완전히 포기하는 것을 전제로 하는 현 세상의 절대적 신념일 따름이기 때문이다. 더 나아가, 인간이 기술을 제어하기로 되어 있다는 자신만만한 주장도 비판의 대상이 된다. 기술에 대한 제어라는 과업을 달성하기 위해 실현해야 할 바를 명확히 제시하면서 이 과업을 달성하기란 불가능하기 때문이다. 따라서 그런 과업은 단지 희망 사항일 수도 있는 엄청난 환상일 따름이다.

기술의 합리성과 인공지능[84]

기술의 불가피한 특성으로서 합리성을 들 수 있다. 기술은 순전히 합리적인 과학에서 비롯되므로, 합리적 작용에 의해 도출된 기술도

합리적이라는 것이다. 그런데, 이성이 인간에게 속한 것이어서 인간과 기술 사이의 공통된 척도가 바로 그런 합리성이라는 주장이 나온다. 그런 주장에 따르면, 기술은 특유하게 인간적인 합리성이라는 과정에 따라 생겨난다. 그렇듯이, 기술에는 모순이 있을 수 없고 기술은 인간을 벗어날 수 없으며 악한 것으로 드러날 수 없다는 것이 그런 주장의 논지이다. 그런 주장을 토대로, 합리성을 따르는 기술은 현대 사회에서 인간 이성의 도구와 인간 이성의 표현이 된다.

하지만 기술의 합리성과 인간의 이성은 전혀 다른 것이다. 그 때문에, 합리성과 인간의 이성을 철저히 구분하면서 기술의 합리성을 비판해야 한다. 비록 기술은 합리적 작용에서 비롯되더라도, 기술의 합리성을 내세우는 기술 담론에는 인간의 이성을 통해 기술을 정당화하려는 목적이 있기 때문이다. 하지만 모든 인간 조직의 합리성처럼 기술의 합리성은 비합리성의 세계로 뛰어들며 비합리적 힘의 체계에 포함된다. 따라서 그런 '기술 담론'은 변명과 정당화에 불과하기에, 그런 '기술 담론'으로 위안을 얻지 말아야 한다. 결국, 기술적 작용 가운데서 기술의 순수한 합리성은 온갖 일탈로 이어질 수 있다.

특히, 엘륄은 인공지능과 컴퓨터를 인간의 사고와 비교하면서, 합리성을 따르는 기술이 인간 이성의 도구와 표현이 된다는 주장을 반박한다. 그는 인공지능이나 컴퓨터와 달리 인간 지능에 있는 세 가지 근본 특성으로서 '상상력', '즉흥성', '포괄성'을 든다.

첫째, 상상력이 없으면 인간 지능이 아니며, 선험적으로 컴퓨터는 상상력을 발휘할 수 없다.

둘째, 예상치 않은 문제와 관련하여 생각이 불쑥 나타나고, 갑자기 확실한 진리가 떠오른다. 또한 은밀한 사고 작용이 일어나고, 어떤 사고에 입각하여 엄밀한 지적 활동이 전개된다. 그와 같은 즉흥성은 전적으로 인간 지능에 속한다는 것이다. 하지만 컴퓨터는 꿈으로부터, 길거리에서의 만남으로부터, 향수나 혹은 희망으로부터 오는 '즉흥적인 것'에 사로잡히지 않는다.

셋째, 인간 지능은 어떤 상황이나 관계나 문제 등을 포괄적으로 파악할 수 있는데, 이는 나누어질 수 없다. 물론, 상황이나 관계나 문제 등은 분석될 수 있다. 하지만 분석을 통해 얻게 되는 이해 단위들을 모두 합하더라도, 지적 파악에서의 포괄성은 결코 복원되지 않는다. 따라서 컴퓨터는 인간의 포괄적 지능에서 '분절된 것'을 완벽히 복원할 수 없다. 추억도 컴퓨터의 기억 속에 모두 저장될 수는 있다. 하지만 추억은 컴퓨터가 실행할 수 없는 어떤 경험으로 떠올려진다. 따라서 추억은 컴퓨터로서는 완전히 불가능한 방식으로 배열되고 연계되며 전개된다.

그 때문에, 인공지능이 인간 지능을 대체할 수 있다는 것은 터무니없는데, 이는 인간 사고의 함양과 관련된다. 인간 사고의 함양이란 체험을 시도하는 것이며, 그 체험에 대한 해석과 더불어 그 체험을 수록하는 것이다. 이는 상상력과 신화와 직관에 해당한다. 물론, 컴퓨터는 인간의 두뇌를 모방할 수 있지만, '우연'이라는 문제가 남아 있다. 인간의 두뇌는 신체의 나머지 부분과 분리되어 있지 않고 신체에 속해 있으며, 두뇌의 반응을 유발하는 것은 신체의 경험이다. 하지만 컴퓨터는 인간의 사고를 함양하고 유발하는 꿈도 두려움도 욕구도 알지 못한다. 그 때문에, 컴퓨터는 인간 두뇌에 이루어진 작용 중 하나를 모방할 수 있지만 그 이상은 결코 아니다.

그 모든 점을 통해, 가장 완벽한 기계는 순전히 합리적으로 남아 있으나 인간은 그렇지 않다는 사실이 드러난다. 그래서 인간은 자신의 감정과 견해와 행동에서 합리적이지 않지만, 전적으로 합리적인 환경에서 아주 불편하게 살아간다. 그 때문에, 인간은 지나치게 합리적인 사회에 존재할 때마다 즉각적으로 비합리적인 행동을 한다. 일례로, 현대 서구 사회처럼 지나치게 합리적인 사회에서 인간은 지나치게 많은 규정과 제약과 집단적 규율을 따른다. 그렇기 때문에, 인간은 과도한 합리성에 맞서 반발한다. 결국, 사회가 더 합리적이 될수록 인간은 비합리성을 더 표출하게 된다.

더욱이, 현대 세상은 합리적인 이데올로기와 더불어 합리적인 계획을 토대로 이루어진다. 하지만 그런 현대 세상은 현대 기술 사회의 무분별함을 언급할 정도로 불합리성이라는 결과로 이어진다. 가장 합리적이지만 무분별한 현대 기술 사회는 관계와 열정과 상상력으로 이루어진 존재인 인간에게 정보처리기술의 합리성을 강요한다. 그런데, 그 결과로서 사회에서의 부적응자와 소외된 자의 수가 늘어난다. 이처럼 기술 체계의 변화가 촉진됨으로써 위기가 심각해지고, 기술이라는 보편적 힘이 성장함으로써 사회적 장애가 증가한다.

인공지능의 한계에 대한 반론

그런데, 엘륄이 지적한 인공지능의 한계에 대한 반론도 만만치 않다. 첫째, '상상력'과 관련하여, 고도의 상상력을 요구하는 예술 분야 특히 미술과 작곡 분야에서 인공지능이 인간을 보조할 정도로까지 성장했으며, 인간을 능가하는 일은 시간 문제라는 것이다. 둘째, '즉흥성'과 관련하여, 대표적으로 자율주행 기술과 맞물려 인공지능이 가장 빠르게 성장하고 있는 분야라는 것이다. 셋째, '포괄성'과 관련하여, 빅데이터와 맞물려 인공지능은 이미 인간 지능 이상의 '포괄성'을 갖게 되었다는 것이다. 넷째, 인공지능도 수많은 학습을 통해 인간 이상의 '직관'을 가졌다는 것이다. 즉, 다양한 관습과 의사소통 중에 일어나는 비언어적 요소를 데이터화하여 인공지능도 이에 대해 학습할 수 있고 실제 결과도 유의미하게 나타났다는 것이다.

결국, 단순히 인공지능의 한계를 명확하게 규정짓기 이전에, 인공지능과 관련하여 인간의 지능과 성품과 욕망에 대한 논의가 필요하다는 주장이 대두된다. 인공지능은 자연에서 저절로 생겨난 것이 아니라, 인간의 지능과 성품과 욕망에 의해 인위적으로 만들어진 기술이기 때문이다. 그러한 주장은 기술에 대한 막연한 두려움을 가지고 경계하기보다 기술을 만들어 내는 사람들의 가치관을 살펴보고 조정해야 한다는 주장으로 이어지기도 한다. 그렇지 않으면, 그런 주장은 세상이 직면하고 있는 여러 한계와 문제를 기술을 이용해서 어떻게 극복할 수 있을지에 대해 초점을 맞추어야 한다는 주장으로 이어지기도 한다.

인공지능은 빅데이터, 사물인터넷, 가상현실 등과 함께 4차 산업혁명을 이끌어 가는 첨단 기술 중 하나이다. 인공지능은 2010년대에 '딥 러닝'Deep Learning이 도입되면서 비약적인 발전을 한다. 특히, 2011년에 자율주행 자동차, 인공지능 슈퍼컴퓨터 왓슨Watson, 음성 인식 서비스 시리Siri 등의 결과물이 나오면서, 인공지능은 본격적으로 인간의 삶 속으로 들어오기 시작한다. 이제 그러한 인공지능은 인간 삶의 일부 영역에서는 탁월한 능력을 발휘할 수 있다. 하지만 인공지능이 인간과 공존하면서 일관되게 돕는 역할을 수행할 수 있도록 관리해야 한다. 특히, 인공지능 기술을 연구하는 공학자는 자신이 속한 전문 영역에서의 전문성에 기반하여 인공지능 기술을 올바르게 이해하고 유용한 도구로 활용하는 것이 중요하다. 따라서 인공지능과의 최선의 공존방안에 대해서 뿐만 아니라 인공지능 같은 기술에 대한 통제방안에 대해서도 진지한 논의와 탐구가 반드시 이루어져야 한다.

물론, 인공지능의 한계와 관련된 엘륄의 지적은 1980년대 말에 나온 것이기에 현시대와는 현격한 시대적 차이가 있음을 인정해야 한다. 그럼에도, 엘륄의 그런 지적과 고찰은 현시대에서 인공지능으로 초래될 수 있는 문제 해결을 위한 실마리가 될 수 있다. 인간의 이성을 통해 기술을 정당화하려는 목적으로 기술의 합리성을 내세우는 기술 담론에 대해, 엘륄은 근본적인 비판을 가하기 때문이다. 기술의 순수한 합리성은 인간의 통제를 벗어나서 언제든 비합리적 힘이 될 수 있고 온갖 일탈로 이어질 수 있다. 그렇기 때문에, 엘륄은 기술 담론에 대한 비판을 통해 인공지능으로 대표되는 기술적 진보에 대해 경종을 울리며 경고하는 일종의 예언자 역할을 한다고 볼 수 있다.

3. 부조리와 무분별함

기술적 성장과 부조리[85]

기술적 성장에서 비롯된 불가피한 제약, 그리고 기술의 합리성의 지배는 부조리로 귀결된다. 사람들이 필요로 하지 않는 것이 만들어지고, 어떤 용도에도 들어맞지 않는 것이 만들어진다는 것이다. 하지만 기술적 가능성이 거기에 있기에, 또한 기술적 가능성을 활용해야 하기에 그런 것이 만들어진다. 이처럼 어쩔 수 없이 부조리하게 그러한 방향으로 나아가야 하듯이, 사람들이 필요로 하지 않는 제품이 널리 사용된다.

특히, 기술을 통해 모든 것이 가능해진다면 기술 자체는 절대적 필연성이 되고, 그런 기술은 현대인에게 숙명과 운명이 되어 버린다. 그것에 맞서 아무것도 할 수 없고 인간이 단지 따라야 하는 어떤 것이 있을 수 있다면, 이는 바로 기술적 성장이다. 현대 기술 사회에서의 진보는 기술적 성장으로 귀결되기 때문이다. 그래서 인간에게는 어떠한 가능성도 없으며, 기술 앞에서는 어떤 종류의 자유도 없게 된다.

결국, 기술 환경에서의 가능성은 바로 필연성이며, 필연성은 인간에게 유일한 가능성이 된다. 다시 말해, 기술 환경에서의 가능성은 인간의 자유가 사라지는 것이다. 그리하여 부조리에 이르게 된다. 이는 출구가 없는 부조리이며, 기술에 의해 만들어진 세상의 존재론이 되어 버린 부조리이다.

무분별함 속에서의 힘의 방향[86]

기술적 과정 속에 이미 포함된 제한 없는 발전은 경제적이고 군사적인 경쟁 현상에 의해 강화된다. 그런데, 그런 제한 없는 발전은 각 국가가 경제적 관점과 군사적 관점에서 다른 국가를 이기려 한다는 데서 비롯된다. 각 국가의 정부는 마치 그런 경쟁이 생사가 걸린 문제인 듯이 행동한다는 것이다. 그런 무분별함 가운데서 기술 세계가 쇄도할 때 여러 가지 힘의 방향이 나타나는데, 이런 힘의 방향을 다섯 가지로 제시할 수 있다.

첫째, 모든 것을 규격화하려는 의지이다. 이는 사회와 인류를 구성하는 여건들의 규격화를 통해 단지 기술이 통합적으로 적용될 수 있는 동시에 보편화될 수 있다는 것이다. 그 때문에, 모든 것에 대한 규범을 만들어 내야 한다는 것이다. 하지만 규범은 외부에서 강요된 절대적 명령이 아니며 합의를 요구한다.

둘째, 어떤 대가를 치르도 이루어야 하는 변화에 대한 강박관념이다. 이는 '진보 신화'에 의해 만들어진 통속적 양상으로서, 인간은 진보의 시대에 있기에 그 자리에 결코 머무르지 말아야 한다는 것이다. 게다가, 이는 "답보상태에 있는 사람은 후퇴한다."라는 슬로건에 해당한다. 하지만 이는 늘 새로워져야 하고 결코 뒤처지지 말아야 함을 의미한다. 그런 관점에서, 변화는 그 자체로 선한 것이 된다. 따라서 일상생활의 모든 대상을 변화시켜야 하고, 아무것도 지속성이 있게 만들지 말아야 한다. 결국, 지속적인 것은 완전히 시대에 뒤진 세계에 속하게 된다.

셋째, 어떤 대가를 치르도 이루어야 하는 모든 분야에서의 성장에 대한 강박관념이다. 이는 성장은 그 자체로 선하고 스스로 자체를 정당화하며, 오늘날 성장은 성장 자체를 위해 가치가 있다는 것이다.

넷째, 언제나 더 빨리 실현하는 것이다. 빨라진 작업을 요구하는 많은 업무가 이제 기계에 의해 수행될 수 있다. 하지만 인간의 삶은 그런 기계 때문에 증가한 속도에 전반적으로 매이게 된다. 그런데도 작업 속도의 문제가 해결되지 않고 있으며, 인간은 기계의 속도에 따라 판단하게 된다. 결국, 인간은 기계에 명령을 내리지만 결국 그 기계를 따라가야 한다.

다섯째, 기술에 의해 실행된 것에 대한 모든 판단을 거부하는 것이다. 이는 기술의 자율성에 속하는 문제로서, 기술의 흐름을 가로막을 우려가 있는 어떠한 판단도 허용되지 않는다는 것이다. 이는 이성의 판단에 대한 거부인 만큼 도덕적 판단에 대한 거부이다. 그것의 대표적인 모델은 군비 경쟁이다.

4. 무분별함의 영역

공해[87]

　무분별함이 거의 자명해진 세 가지 주된 영역으로서 '공해', '제3세계', '핵'을 들 수 있다. 그런데, 그 세 가지 분야를 특징짓는 바는 미래에 대한 고려가 전혀 없다는 것이다. 가능한 미래에 대한 고려가 이미 이루어진 선택이나 진행 중인 선택과 상충될 때, 사람들은 어떠한 비판 역량도 없이 그 선택을 맹목적으로 따른다. 그런 맹목적인 선택은 특히 군비 경쟁과 관련하여 이루어지는데, '공해', '제3세계', '핵'이라는 무분별함의 세 영역에서도 마찬가지이다. 정확히 말하면, 여기서의 무분별함은 바로 미래에 대한 고려를 거부하는 것이다.

　무분별함의 첫 번째 영역인 공해와 관련하여서는 논란의 여지가 거의 없고, 거의 모든 사람이 그 위험에 대해 인정한다. 대기 속 이산화탄소의 축적, 산성비, 강과 지하수층의 오염, 자동차 매연에 의한 오염, 땅과 공기로의 중금속 유입, 호수와 바다의 부영양화(富營養化), 화학적인 중독물질의 축적, 핵폐기물의 제거 불능, 수명이 다한 원자로 해체 문제, 소음 공해, 인간 밀집에 의한 공해, 정보 과잉에 의한 공해 등이다. 물론, 그런 수많은 사실과 위험은 끔찍한 사고가 아니어서 주된 위험은 아니지만 장기적으로는 주된 위험에 속한다. 그런데, 문제는 그런 수많은 사실과 위험에 직면하여 아무것도 이루어지지 않는다는 것이다. 물론, 공해라는 비극을 완전히 무시하지 않으면서 세 가지 차원에서의 상응 조치가 이루어지기는 한다.

첫째, 예방적 차원에서의 상응 조치로서 그런 공해가 생겨나지 않도록 막는 것이다. 물론, 그런 조치를 통해 공해를 막을 수도 있다. 하지만 문제는 대중이 그런 조치를 늦게 받아들인다는 것이다. 또한 기업이 비용 때문에 그런 조치의 적용을 무시하거나 거부하면서 적당한 예방조치를 팽개쳐둔다는 것이다.

둘째, 치유적 차원에서의 상응 조치로서, 예를 들어 강의 수질과 도시의 공기를 정화하는 것이다. 하지만 문제는 공해 제거를 정치·산업적 활동에서 제1의 목표로 삼으려면 영웅적 결단이 필요하다.

셋째, 법적 차원에서의 상응 조치로서, 공해를 막기 위해 많은 법령과 규약을 제정하는 것이다. 하지만 법은 완벽한 기술 체계 속에서는 더는 설 자리가 없다. 예를 들어, 소음 방지 법규나 혹은 취약지대 보호 관련 법규나 혹은 폐수 정화 관련 법규의 무력함을 보는 것으로 충분하다. 또한 핵 분야에서 핵무기 비확산과 관련된 연이은 협약이 잘 적용되지 않는 상황을 확인하는 것으로 충분하다. 결국, 공해는 기술의 성장 리듬에 따라 계속 증가한다.

제3세계[88]

무분별함의 두 번째 영역은 제3세계이다. 제3세계의 빈곤은 세 가지 차원에서 심해지고 있다.

첫째, 인구의 급증인데, 이에 따라 삶의 유지 수단이 더 빨리 증가할 수 없다는 것이다. 물론, 높은 생산성으로 경작할 수 있는 모든 땅을 경작하고 산물을 공평하게 분배한다면 생활 수준을 높일 수도 있다. 하지만 세계의 현실적 구조에서는 이는 상상할 수 없는 일이다.

둘째, 서구 기술을 위한 원료 소비의 증가로 인한 빈곤화이다. 또한 인력을 끌어모아 도시 빈민으로 만드는 다국적 공장의 확산으로 인한 빈곤화이다. 그리고 국제적 경쟁으로 인한 지역 경작자의 빈곤화이다.

셋째, '부유한 나라에서의 생활 수준 향상'과 '제3세계 국가에서의 쇠퇴' 사이의 비교를 통한 주관적 빈곤화이다. 가난한 나라는 더욱 가난해지고, 부유한 나라와 제3세계 국가 사이의 기술력 격차는 엄청난 속도로 커진다. 그런데, 제3세계와 선진국 사이의 관계는 점점 더 밀접해진다. 이는 온갖 종류의 통신 기술 때문이다. 그와 동시에, 선진국이 자신의 기술을 위해 제3세계가 생산할 수 있는 모든 것을 필요로 하기 때문이다. 그런 관계를 통해 제3세계의 좌절감이라는 격한 감정이 생겨난다. 그런 상황을 해결하기 위해 선진국이 관여한 모든 정책은 실패로 돌아갔고, 선진국과 제3세계 사이의 진정한 합리적 협력은 어디에도 없었다.

그래서 서구인이 생활 수준을 엄격히 낮추는데 동의하는 것이야말로 그런 재난을 피하기 위한 명백하면서도 역설적인 해답이 될 수 있다. 그런 해답은 경제적 의미에 토대를 두는 것이 아니라 '연대'라는 정신적 의미에 토대를 둔다. 그런데, 이는 서구인에게 가능하지 않은 듯이 보인다. 서구는 자신의 낭비와 첨단 기술의 확장을 끝내는 것을 은연중에 거부한다. 또한 서구는 첨단 기술이 제3세계를 궁지에서 빠져나올 수 있게 하는 마지막 수단이라고 하면서도 자신의 양심을 속이고 있다. 그런 것이야말로 바로 기술 담론의 허세이다.

엘륄은 제3세계를 희생시키면서 이루어지는 서구의 과도한 성장 경쟁이 언젠가 서구에 대항하여 되돌아올 것이라고 예견한다. 제3세계를 결속시키는 이데올로기가 없었던 한 평온했다. 그러나 이제 이 슬람이 제3세계를 지배하는 이데올로기가 됨으로써 제3세계의 정신 적인 유대를 맺어주는 구실을 하게 된다. 그래서 그는 실제로 벌어질 참담한 결과를 이렇게 경고한다.

우리는 선진국에 대항하여 제3세계가 이끄는 전쟁에 빠져들 것이다. 그런데, 이는 핵발전소에 대한 가미카제식 공격 같은 테러를 통해서뿐만 아니라, 서구로의 무슬림 이민 같은 '평화적 침공'을 통해 점점 드러나는 전쟁이다.[89]

핵[90]

무분별함의 세 번째 영역은 핵이다. 핵에서 비롯되는 문제는 핵무장 증가의 위험, 핵발전소의 복잡한 작동의 위험, 핵연료 재처리 공장의 위험, 핵폐기물 배출과 관련된 불확실성, 수명을 다한 원자로 해체의 위험 등이 있다.

핵과 관련된 무분별함의 예로서 프랑스의 핵발전 프로그램을 들 수 있다. 수력 발전에 의존하던 프랑스에서 에너지 공급을 확실하게 하려면 핵발전 프로그램의 절대적 필요성이 제시된다. 이는 에너지 소비가 계속 더 빨리 증가해야 한다는 절대적 요청에 따라 이루어진다. 더 개화되고 발전하려면 더 많은 에너지를 소비해야 한다는 것이다. 그런데, 그런 에너지 소비 증가는 사람들의 행복과 연관된 것이 전혀 아니라 낭비를 나타낸다. 따라서 효율성의 모델처럼 주어지는 발전 방식의 비합리성이 거기서 가장 명백히 드러난다.

그런 핵발전 프로그램에 힘입어 프랑스는 프랑스인이 소비하는 것보다 더 많은 전력을 생산하기 시작한다. 핵발전소는 전력을 지나치게 생산하는데, 핵발전소를 멈출 수도, 보류할 수도 없다. 따라서 생산된 전력을 소비해야 하기에, 프랑스 전력공사는 그 실행이 터무니없더라도 실제의 필요를 벗어나 최대한의 전력을 소비하는 실행 방향으로 자체의 모든 힘을 쏟게 된다. 결국, 핵발전소야말로 새로운 기술적 과정이 관여된 통제할 수 없는 무분별함의 좋은 예이다.

실용성 없는 신기한 물건[91]

기술적 성장과 무분별함을 통해 실용성 없는 신기한 물건, 다시 말해 복잡한 기구가 늘어난다. 그런 신기한 물건의 특징은 그것이 기술적으로 극도로 복잡한 기구이고, 상당한 지능과 복잡한 기술들의 결합과 엄청난 투자를 통해 만들어진 기구라는 것이다. 이제 신기한 물건은 산업 전체의 주요 제품이기 때문에, 이는 이윤의 무한한 원천이 된다. 하지만 신기한 물건의 두 번째 특징은 그러한 노력과 기법의 결과가 어떠한 실제 필요에도 상응하지 않는다는 것이다. 예를 들어, 우주탐사나 전자 게임처럼 복잡한 기구의 용도는 그 기구와 관련된 다양한 투자와 완전히 균형이 맞지 않는다. 다시 말해, 신기한 물건은 거의 제로에 가까운 용도를 위해 첨단 기술을 적용하는 것이다.

그것이 의미가 있든지 없든지, 인간에게 그것이 필요하든지 하지 않든지, 실제로 기술을 통해 더 많은 기술이 생겨난다. 그렇게 생겨난 기술을 통해 만들어진 신기한 물건은 아무 데도 쓸모없지만 불티나게 팔린다. 이는 각각의 신기한 물건이 공을 들여 만든 신제품 광고의 대상이기 때문이다. 하지만 그런 광고는 두 가지 조건에서만 성공할 수 있다. 첫 번째 조건은 앞서 만들어진 유리한 흐름이 있어야 한다는 것이다. 예를 들어, 정보처리기술과 관련된 모든 신기한 물건의 성공이 보장되는 것은, 그 물건이 일종의 구원의 존재가 된 정보처리기술이라는 현대 사회 전체를 관통하는 큰 흐름에 의해 이끌려가기 때문이다. 두 번째 조건은 물건이 가능한 한 정교해야 한다는 것이다. 즉, 물건의 사용법이 더 복잡할수록, 사용할 수 있는 프로그램이 더 많을수록, 구매자의 마음을 더 움직일 수 있다.

'사회적 신기한 물건' 혹은 '집단적 신기한 물건'은 집단적으로 상당한 중요성이 있지만 단지 신기한 물건일 따름이다. 현대 사회의 그런 엄청난 신기한 물건의 예로서 우주탐사와 정보처리기술을 들 수 있다. 그것들을 만들기 위해 쏟아부은 지능과 기법과 자금과 작업에서의 투자에 비해 그것들로부터 기대할 수 있는 서비스는 미미하다. 그런 불균형을 통해 신기한 물건이 만들어지는 것이다. 물론, 인간이 달 위에서 걸은 쾌거도 있다. 하지만 우주 궤도에 놓인 인공위성 운반 로켓과 인공위성이 엄청나게 증가함으로써, 그 위성들이 용도 폐기될 때 우주 쓰레기가 되는 것이 문제이다.

물론, 기상 위성, 원격통신 위성, 관측 위성에는 나름대로 유용한 면이 있지만, 위성의 진정한 용도는 군사적이다. 즉, 적의 영토를 관측하는 위성을 통해 군대의 모든 이동이나 혹은 핵미사일 발사를 탐지할 수 있다. 또한 통신 위성을 통해 한 나라의 모든 군사 거점이 즉시 서로 통신할 수 있다. 특히, 소위 '별들의 전쟁'이라고 불리는 전투 위성은 위성에서 발사되는 레이저에 의해 핵미사일을 파괴함으로써 핵 폭격을 방어하는 시도일 따름이다. 하지만 전투 위성을 통해 초래되는 낭비는 고려되지 않고 있다. 즉, 핵 폭격을 효율적으로 방어하려면 수백 대의 위성이 필요하다. 그런데, 그 위성들을 유지하고 교체하려면 일주일마다 한 대의 위성을 쏘아 올려야 한다. 더욱이, '아폴로 계획' 같은 다른 행성을 개발하려는 시도도 거의 포기된다. 실제로 그런 시도에 들어간 엄청난 비용에 비해 거의 제로에 가까운 용도와 더불어 허황된 성과만 나타날 따름이다.

엘륄의 지적처럼, 2000년대 이후의 우주탐사는 다른 행성을 개발하려고 시도하기보다는 우주정거장 건설이나 우주왕복선 발사에 중점을 두고 이루어지는 실정이다. '우주탐사 옹호론'은 우주에 대한 개발, 우주로의 이민 등 우주탐사와 이에 필요한 활동들을 지지하는 입장이다. 우주탐사 지지자들은 우주탐사 연구에 정부 예산을 지출해야 하는 이유를 다음 같이 설명한다. 즉, 인류가 지구에 계속 머물면 인류에게 닥치는 것은 결국 종말 뿐이기에 인류에게 우주탐사가 반드시 필요하다는 것이다. 이는 자연 자원 부족, 혜성 충돌, 핵전쟁, 전 세계적 전염병 발병 등을 염려한 것이다. 하지만 우주탐사에 드는 천문학적 비용 때문에 정부가 그 예산을 지속적으로 감당할 수 없어, 이제 우주탐사는 민간 우주여행처럼 민간 부분으로 넘어가는 추세이다. 물론, 우주탐사를 통해 파생되는 다양한 과학 기술력의 확보가 우주탐사의 장점으로 제시되기도 한다. 다시 말해, 우주탐사에 필요한 기술 개발을 옹호하는 이유로서 일상 속에서도 그 기술이 응용된다는 점이 제시된다. 그런 점에서, 우주탐사에 들어간 엄청난 비용에 비해 용도가 거의 없어 허황된 성과만 나타날 따름이라는 엘륄의 지적은 비판의 여지가 많다.

현 세상의 두 번째 '집단적 신기한 물건'은 정보처리기술이다. 물론, 정보처리기술을 통해 다양한 정보와 기술의 독점을 막을 수 있다. 또한 컴퓨터를 통해 어디서든 정보와 지식을 작동 도구로 변화시킬 수 있으며, 컴퓨터는 '통신·정보'와 경제라는 이중의 혁명 도구이다. 그렇지만 정보처리기술을 통해 인간은 더 취약한 사회에 있게 된다. 즉, 일반 대중과 일상생활을 향한 위험이 늘어나고, 모든 금전 거래가 취약해지며, 사회적 통제가 증가하는 위험이 도사리고 있다. 실제로, 효율성을 얻는 것은 한편으로 종속이라는 위험을 대가로 치르고 다른 한편으로 취약함을 대가로 치른다.

특히, 컴퓨터를 통한 그런 새로운 기술적 혁명은 쓸모없는 것의 발명으로 규정되기도 한다. 그런 기술적 혁명은 당장의 필요성이나 명백한 필요에 이끌려 이루어지는 것이 아니기 때문이다. 그런 기술적 혁명은 기술적 성장이라는 자동 과정에 이끌려 이루어진다. 또한 그런 기술적 혁명은 '풍요 사회'에 대한 약속으로도 충족되지 않은 기대를 채우려는 '기술적 환상'이라는 이데올로기에 이끌려 이루어진다. 결국, 정보처리기술은 그 진정한 용도가 기술 담론의 허세를 통해 알려진 것보다 극히 하찮은 신기한 물건일 따름이다. 하지만 정보처리기술은 일개 신기한 물건일 따름이면서도 '무의미'라는 방향에서 세상과 인간을 뒤흔들 수 있다.

낭비[92]

엘륄은 서구 사회를 '낭비 사회'로 규정한다. 그런데, 이는 마음대로 쓸 수 있는 제품의 과도함, 잘못된 경제적 관리, 행정적 결정이나 혹은 정치적 결정의 결과의 탓으로 돌려지기도 한다. 물론, 그 모든 것은 낭비에 있어 각각 역할을 하지만, 문제의 본질은 낭비가 지속적으로 발전하는 기술 체계의 불가피한 결과라는 것이다. 기술은 자체가 생산할 수 있는 모든 것을 생산해야 하고, 경제적 장애와 마주치는 경우를 제외하고 모든 가능한 기술은 적용되어야 한다. 이는 낭비를 어쩔 수 없이 불러일으키는 두 가지 원리이다. 여기서 특정인의 개인적 낭비와 공공의 낭비를 구분해야 하는데, 공공의 낭비가 훨씬 더 심각하다. 우선, 개인적 낭비의 사례를 크게 세 가지로 들 수 있다.

첫째, 식량의 낭비이다. 식량 생산은 기술적 수단에 의해 유발되므로 식량 분야에서의 낭비에는 다른 측면이 있다. 즉, 식량 생산을 촉진하기 위해 생산성 높은 가장 현대적인 방법, 수천 톤의 비료, 완벽해진 연장이 사용된다. 그 목적은 가장 완벽해진 기술적 방법을 적용하기 위함이고 상품을 경쟁력 있게 만들기 위함이다. 그런데, 그 결과가 일부의 수확물은 국내 시장에서의 소비 가능성이 모두 사라져 매년 엄청난 양이 폐기된다는 것이다. 고도의 생산력을 지닌 기술의 즉각적인 결과는 그러하다.

둘째, 원동기 연료의 낭비이다. 교통체증, 원동기가 달린 요트와 유람선, 자동차 경주, 고속도로에서의 과속, 과도한 도로 운송, 과한 전투기 비행 훈련 등이 연료 낭비의 주된 원인이다.

셋째, 과도한 난방과 냉방에서 비롯되는 낭비이다. 그런데도, 생산된 전기를 소비해야 하고 석유회사가 가동되어 중유를 팔아야 하기에 그런 낭비가 이루어진다. 개인적 낭비의 네 번째 양상은 현대인이 사용하는 기술적 도구가 신제품과 신기술의 출현으로 급속히 구식이 된다는 데서 비롯된다.

다음으로 공공의 낭비, 곧 사회적이고 집단적인 낭비의 사례를 다음 같이 제시할 수 있다. 우선, 다양한 지배 계층 구성원에 의해 초래되는 낭비이다. 지배 계층 구성원이란 정치인 집단, 행정 고위 관료, 높은 수준의 기술전문가, 연구원과 과학자, 전문가, 유력 기업의 사장, 대중매체 경영진 등이다. 그들 모두 기술적 발전을 위해 이해관계를 같이 한다. 따라서 그들 중 아무도 일반적으로 벌어지는 실패와 결함과 낭비를 널리 알리지 않는다. 다음으로, 엄청난 낭비의 사례로서 대규모 공공 토목공사가 있다. 이는 잘못 계산된 토목공사와 실패한 토목공사의 낭비인데, 이를 통해 낭비가 제도화된다. 결국, 기술적 대상들이 급속히 낙후하는 동시에 쓸데없는 대규모 토목공사가 이루어짐으로써, 식량이나 에너지에서의 낭비가 제도화된다.

5. 기술 담론에 대한 비판

정보에 의해 침해된 현대인의 인격[93]

엘륄은 "인간은 자기 마음대로 기술을 제어할 수 있고 이끌 수 있는가?"라는 질문을 제기한다. 그리고 "인간은 자기 마음대로 기술을 제어해야 하고 이끌어야 하는가?"라는 질문을 제기한다. 하지만 그는 "인간은 자기 마음대로 기술을 제어하거나 혹은 사용한다."라는 표현이 아무 의미도 없는 표현이라고 지적한다. 현대인은 기술에 홀려 있고 기술의 지배를 받고 있기 때문이다. 또한 현대인은 최면상태에 빠져 있고 자아를 상실해 있기 때문이다. 더욱이, 기술에 가장 홀려 있는 사람은 고매한 인격을 지닌 교양 있는 사람이다. 실제로 지식인, 과학자, 회사 고위 간부, 기자와 여론 주도자, 예술가, 사제와 목사, 정치인, 경제 책임자, 교수, 고위 행정관료 등이 기술 담론에 홀려 있다는 것이다. 그래서 그들은 기술 담론에 대해 어떠한 비판 정신도 드러내지 않는다.

특히, 현대인은 대다수가 자신과 아무 상관 없는 끊임없이 몰려드는 정보에 파묻혀 있는 실정이다. 그런 현대인은 인격이 파탄되고 혼란스러운 무력감에 사로잡힌다. 특히, 쓸데없고 무의미한 정보가 쇄도함으로써 그런 정보에 온통 둘러싸인 현대인은 인격이 변모된다. 그런 강박적인 정보에 의해 침해된 현대인의 인격에서 나타나는 세 가지 특성을 들 수 있다.

첫 번째 특성은 정보 과잉에 의한 정보 박탈 과정이 결과로 나타난다는 것이다. 정보의 늘어남은 부정적인 결과를 수반할 수밖에 없다. 특히, 만들어진 정보 대부분은 아주 뛰어난 전파 수단에도 불구하고 전혀 활용되지 않고 있다. 막연한 정보는 거부되는 경향이 있듯이, 광고 우편물 대부분은 개봉되지도 않고 버려진다. 정보를 받아들이는 사람이 전혀 아무것도 더는 받아들이지 않는 것이다. 특히 다음 같은 두 가지 경우에, 정보를 받아들이는 사람의 신체 기관이 드러내는 본능적 반응은 무조건적이고 전면적인 거부이다. 첫째, 정보를 받아들이는 사람의 두뇌가 아무거나 관련되는 일관성 없고 정돈되지 않은 뉴스로 가득 채워질 경우이다. 둘째, 정보를 받아들이는 사람이 뉴스를 간직할 수도, 이용할 수도, 분류할 수도, 기억할 수도 없을 경우이다. 받아들여진 정보가 혼란스럽게 뒤섞인 상태가 됨으로써 정보 박탈이 생겨나는 것이다. 일례로, 상투적인 정치 선전 구호를 만들어 내는 것도 정보 박탈의 모델에 속한다.

정보에 의해 침해된 인격의 두 번째 특성은 세상에 대해 그때그때의 일시적인 관점을 지닌다는 것이다. 모든 것은 돌발 사건이 되는데, 이는 특정 사실과 연관된 정보의 직접적인 결과이다. 예를 들어, 체르노빌 핵발전소 사고, 에티오피아에서의 기근, 니카라과에서의 게릴라 투쟁, 레바논에서의 전쟁 같은 사건이 있다. 하지만 그중 아무것도 상관관계가 없고, 아무것도 일관된 방식으로 사고 되지 않는다. 각 사건은 그 자체로 하나의 전체로 간주된다. 마찬가지로, 사람들은 그런 일련의 사건에서 나올 수 있는 결과를 고려하기를 절대 거부한다. 이는 정보의 과잉과 망각의 문화가 겹쳐진 것인데, 그런 대량의 정보는 뿌리와 연속성이 없는 맹목적 삶으로 귀결된다.

강박적인 정보에 의해 생겨난 인격의 세 번째 특성은 인간을 외곬의 소비자로 만든다는 것이다. 인간은 라디오, 텔레비전, 심지어 신문으로 유포되는 과도한 정보 앞에서 그 정보를 흡수할 수 없다. 인간은 스스로 정보를 얻는 것이 아니라 인간에게 정보가 주입된다. 그런데, 이를 통해 인간은 자신의 힘으로 자신의 욕구를 충당할 수 있다고 더는 판단하지 않는다. 인간의 주도권을 생겨나게 할 수도 있는 것은 정보 과잉에 의해 억제되기에, 인간은 무엇보다 정보의 소비자가 된다. 결국, 그러한 정보는 강요된 소비로 귀결된다. 또한 대량으로 유포된 의미 없는 정보를 통해 소비자로서의 인간의 수동적 태도가 생겨난다.

텔레비전이라는 덫에 빠진 현대인[94]

텔레비전은 현대 기술 사회에서 인간을 매혹하는 주된 힘 가운데 하나이다. 그래서 현대인이 텔레비전이라는 덫에 빠져 있다. 하지만 텔레비전은 '기록 사회'로부터 '이미지 사회'로 넘어가는 데 있어서의 중요한 매개체라는 주장이 있다. 그런 주장과 관련된 핵심 논증은 다음 같이 전개된다. 즉, 인쇄술과 더불어 '구두 표현 사회'로부터 '기록 사회'로 넘어가고, 이를 통해 지적이고 문화적인 엄청난 발달이 이루어진다. 그리하여 현대인은 '기록 사회'로부터 '이미지 사회'로의 이행 매개체인 텔레비전이라는 새로운 도구에 적응할 수밖에 없다. 또한 텔레비전을 통해 새롭게 이루어질 중요한 진보를 기대할 수밖에 없다. 따라서 그러한 진보는 살아 있고 팽창하는 새로운 문화를 향해 열려 있다는 것이다.

텔레비전과 관련된 그런 논증과 해석에 대해 다음 같은 반론을 제기할 수 있다. 한마디로, 텔레비전에는 메시지가 없다는 것이다. 다시 말해, 텔레비전은 정보도, 사고도, 예술적 창조물도 전달하지 않는다는 것이다. 그 자체로서의 텔레비전은 메시지이고, 텔레비전은 메시지로서 개인 속에 자리 잡기 때문이다. 또한 텔레비전이 제시하는 이미지에는 아무런 의미가 없기 때문이다. 그렇기에, 텔레비전이 제시하는 이미지는 간결할 수밖에 없으며 시청자를 사로잡는 겉모습을 포함한다. 따라서 텔레비전에는 정보가 없으며 텔레비전만이 있을 따름이다. 텔레비전은 어떤 사건을 독차지하는데, 그럴 경우에만 그 사건은 새로워질 따름이다. 더구나 시청자는 새로운 것을 원하기에 새로운 것만이 시청자의 관심을 끈다. 그래서 중요한 것은 새로운 것과 완전히 혼동되고, 시청자는 구경거리만을 받아들이게 된다. 그리하여 체험된 현실, 실제 정치, 전쟁, 경제 문제 등이 대중매체 전체를 통해 순전한 구경거리로 변모된다. 다시 말해, 현대인은 단지 시청자가 되어 버린 나머지 현대인에게 현실 전체는 이미지와 구경거리가 된다.

텔레비전이 현실과 현대인 사이에 화면을 두는 반면, 시청자는 텔레비전이 거기에 현실이 투사되는 화면이라고 생각한다. 또한 현대인은 텔레비전의 현장감과 실재감을 통해 사건을 목격하는 반면, 텔레비전은 그 위에 그림자만 일렁이는 화면을 실제 삶과 현대인 사이에 둔다. 현대인은 현실 자체에 대한 그림자를 취하는데, 이를 통해 현대인은 현실 전체를 텔레비전 화면에서의 그림자와 동일시하게 된다. 그래서 현대인의 행동과 견해를 이해하는데 본질적인 '현실감 상실'이라는 현상이 생겨난다. 그 때문에, 길거리에서 마주치는 모든 것은 텔레비전 화면에서 본 것과 마찬가지의 현실에 속하게 된다. 예를 들어, 거리에서 거지나 혹은 실업자를 만날 때, 텔레비전이 주기적으로 보여주는 제3세계의 해골만 남은 사람들을 바라보듯이 피상적이고 무심하게 바라보게 된다. 이는 극도의 현실감 상실로서, 살아 있는 세상과 텔레비전이 보여준 세상을 혼동하는 것이다. 그런 현실감 상실은 현대인이 기술에 매혹당하는 결정적 요인 중 하나이다.

이처럼 텔레비전은 현대인으로 하여금 거짓과 속임수와 기만의 세계 속에서 살아가게 한다. 특히, 텔레비전과 텔레비전 광고는 사회를 에로스 화하고 폭력을 증가시키는 결정적 요인이다. 그래서 사회 전체에서 극단적인 에로티시즘과 폭력이 증가한다. 하지만 그 모든 것에 대해 사람들은 관심을 두지 않는다. 중요한 것은 텔레비전 시청 장비를 기술적으로 개선하는 것이며, 그것만이 유일한 문제가 된다. 특히, 대중으로 하여금 더 많은 이미지를 소비하게끔 해야 한다는 주장은 대중의 진정한 요구가 아니다. 또한 대중에게 이미지가 더 필요하다는 주장도 거짓이다. 현대인을 모조 세계에 빠뜨리는 그런 주장은 현대인으로 하여금 현실의 의미와 진리 탐구의 의미를 상실하게 하는 데 그 목적이 있다.

현대 기술 사회의 절대 권력으로서의 광고[95]

현대 기술 사회에서 개인에게 무차별적으로 이루어지는 광고 활동에 대한 분석이 필요하다. 예전 광고의 고전적인 역할은 새로운 어떤 제품을 알려서 사게 하는 것이었다. 이제 광고의 그런 역할은 새로운 방향이 필요하다. 광고의 역할은 예전처럼 새로운 제품을 단지 알리는 것이 아니라, 새로운 물건의 비밀을 대중 전체가 이해하도록 하는 것이기 때문이다. 다시 말해, 제품에 대한 단순한 소개가 아니라 대중이 그 제품에 대해 이해해야 한다는 것이다. 따라서 대중에게 제품에 대해 적절한 설명을 해야 한다. 그뿐 아니라, 옛 제품을 새 제품으로 바꿀 필요성과 기술적 진보의 필요성을 강조하는 동시에, 대중을 거기에 적응시켜야 한다. 하지만 제품에 대한 그런 입증과 설명은 지겹지 말아야 하고, 고객의 두뇌를 복잡하게 만들지 말아야 하며, 고객의 주의가 흐트러지지 않게 해야 한다. 지나친 설명 위주의 광고는 대중에게 먹혀들지 않기 때문이다.

광고는 자체의 모든 방법을 통해 현대인을 이상화되고 양식화된 기술 세계에 빠지게 한다. 그런데, 그런 기술 세계에서는 사야 할 물건은 저절로 자리를 차지한다. 그렇게 함으로써, 광고는 오래전부터 자체의 방향이던 그 방향을 계속해 설정해 나간다. 광고는 이미 사회 통제 수단 중 하나였다. 그렇기에, 광고 메시지는 사람들의 삶의 방식과 태도를 만들어 내기 위해 고안되었다. 그리고 광고 메시지는 반드시 팔아야 할 물건으로 이루어진 환경에 사람들을 정확히 적응시키기 위해 고안되었다. 이제 그 차이점은 그런 세계가 온통 기술적인 세계라는 것이고, 무게가 많이 나가던 기술이 마이크로 기술이 되었다는 것이다. 하지만 그와 동시에, 기술 체계 전체로의 통합이 이루어지고, 현대인을 매혹하려는 의도가 광고에 존재한다. 따라서 현대의 광고는 현대인을 기괴함과 이상함과 의외성 속에 빠뜨리면서, 단지 호기심을 유발할 따름이다.

광고의 전통적 기능은 인간의 모델을 제시하면서 인간이 수행해야 할 삶의 모델을 제시하는 것이었다. 하지만 최근에 만들어지는 광고의 결정적 기능은 현대 기술 사회 안으로 현대인이 들어가게 하여 현대인을 거기에 예속시키는 것이다. 현대 기술 사회에 예속된 현대인은 자신이 사야 할 물건을 통해 거기서 자리를 확보한다. 따라서 광고는 상품을 판매하는 단순한 매개체나 요인이 아니다. 광고는 '과학·기술·상품'이라는 체계 전체의 동력이 되고, 기술 체계 속에서 활력을 불어넣는 중심 요인이 된다. 결국, 광고는 현대 기술 사회의 보이지 않는 절대 권력이 된다. 그러한 광고는 인간 삶의 방식을 만들어 내고, 인간을 기술 체계 속으로 통합시킨다.

기분 전환용 유희에 사로잡힌 현대인[96]

현대인은 게임, 자동차, 기계적 현대 예술을 통해 기분 전환용 유희에 사로잡혀 있다. 첫째, 게임은 현대인의 주의를 분산시키고 현대인을 고립시킨다. 현대 기술 사회에서 발전한 게임은 새로운 현상이 된다. 특히, 부르주아 계급과 더불어 카지노 도박이나 경마나 복권 같은 돈을 거는 게임이 자리를 잡는다. 단지 부르주아 계급만이 그러한 게임에 참가했지만, 점차 그러한 게임은 대중적이 된다. 새로운 사실은 국가가 복권이나 경마 같은 사업을 주도한다는 것이다. 거기에는 권력이 의도하는 더 깊은 동기가 존재하는데, 이는 일확천금이라는 목적에 대중의 주의를 묶어두는 것이다. 더욱이, 현대인은 컴퓨터 게임의 세계에 빠져 있다. 즉, 텔레마티크[97]나 비디오를 다양하게 활용함으로써 아무 거리낌도 없이 전자 게임에 빠져들고 있다. 그런데, 전자 게임에는 유희적인 것이 아무것도 없고, 꿈도 즐거움도 없다. 무엇보다 상업적인 전자 게임은 코드화된 모조 상황을 제시하는 기술적 장치로 만들어진다. 모든 것이 화면 위에서 그래픽으로 추상화되거나 혹은 단순한 작용이 된다. 따라서 현대인이 전자 게임 기구에 매혹됨으로써, 전자 게임은 현대인이 고독 속으로 사라지고 유폐되는 요인이 된다. 현대 기술 사회의 가장 큰 위험은 경제 위기도, 마약이나 술도, 인종차별주의도 아니다. 가장 큰 위험은 전자 게임이 급증하는 것이고, 현대인이 전자 게임에 빠져 무기력해지는 것이며, 전자 게임 속으로 도피하여 참여 정신을 잃는 것이다.

둘째, 자동차는 현대 기술 사회의 가장 완벽한 상징이다. 자동차를 소비함으로써 실제로는 일련의 사회적 상징을 소비한다는 것이다. 특히, 기술 담론을 통해 자동차는 가능성을 실현하고 선택을 자유롭게 함으로써 자신의 자유를 마음대로 사용할 수 있게 하는 수단이 될 따름이다. 또한 자동차는 운전자에게 자기 자신으로부터의 초월을 보장해 준다. 운전할 때는 자신의 한계를 더는 느끼지 않는다는 것이다.

셋째, 현대 사회에서의 '기계적 현대 예술'은 현대인을 매혹하면서 현대인을 바보로 만든다. '기계적 현대 예술'이라고 불리는 것은 그 예술이 전체적으로 기계적 수단에 의존하기 때문이거나 혹은 기술에 의해 유발되고 비롯되기 때문이다. 그런 '기계적 현대 예술'에서 인간의 가장 고귀한 활동 중 하나인 예술 활동은 가장 이상한 함정이 되고 가장 기괴한 것이 된다.

테러리스트 같은 기술 담론에 대한 비판[98]

엘륄은 실제로 기술 담론이 테러리스트 같다고 규정한다. 그런데, 이는 기술 담론이 폭탄을 터뜨리는 테러 조직과 같다는 의미에서가 아니다. 이는 기술 담론을 통해 어떤 방어 수단도 없이 굴종하는 인간의 무의식이 만들어진다는 의미에서이다. 기술 담론은 어디에든 퍼져 있고 비판을 받지 않는다. 그런 기술 담론을 통해 현대인이 기술에 매혹당하는 상황이 완전히 마무리되는데, 이는 테러 행위와 같다는 것이다. 이처럼 기술 담론을 통해 현대인은 돌이킬 수 없는 의존 상황에 놓이므로 현대인은 거기에 굴종할 수밖에 없다. 그런 기술 담론을 통해 미래 사회는 필연적으로 완전히 정보화되고 기술화된 사회로 제시된다.

테러리스트 같은 그런 기술 담론은 이미 학교와 교육에서부터 강요된다. 매 순간 아동은 컴퓨터와 마주치고, 컴퓨터에 의해 길러지며, 컴퓨터에 적응하게 된다. 아동의 지적인 모든 것과 지적 교육 전체가 정보처리기술에 의해 매개되는 것이다. 하지만 수없이 되풀이된 다음 같은 기술 담론은 늘 마찬가지이다. 즉, 아동은 미래에 보편적으로 작업 환경이 될 수단을 활용할 수 있는 환경에 놓여야 한다는 것이다.

하지만 정보처리기술을 통해 물리적, 경제적, 언어적, 생물학적 현상을 상상하는 인간의 방식이 변모된다. 또한 정보처리기술을 통해 이미지, 말, 사고, 언어를 코드화하는 인간의 방식이 새롭게 된다. 따라서 모든 것이 기계를 위한 특별한 코드 속에 포함될 수밖에 없다. 그리하여 정보처리기술을 통해 특유한 언어가 강요되고, 문제를 제기하는 다른 방식이 강요되며, 새로운 원리와 개념이 생겨난다. 이제 모든 분야는 정보처리기술에 도움을 청할 수밖에 없다. 사회에서의 상황이 불가피하게 그럴 수밖에 없다면, 이제 교육에서도 상황이 그럴 수밖에 없다. 결국, 정보처리기술은 복잡한 현상을 모델화함에 있어 다른 것으로 대체할 수 없는 도구가 된다. 또한 정보처리기술의 개념들은 모든 분야에서 유용하게 된다.

테러리스트 같은 기술 담론에 따르면, 완전히 정보화되고 기술화된 미래 사회는 숙명적이고 필연적이므로, 젊은이가 그러한 사회에 들어가 거기서 위치와 일자리를 찾도록 준비시켜야 한다. 그런데, 사실상 그런 사회는 숙명적이지도 필연적이지도 않다. 하지만 모든 사람이 그 사회에 들어가도록 준비시킴으로써, 또한 그 사회를 위해 유능하게 되는 것만을 유일한 목적으로 제시함으로써, 숙명적이고 필연적인 사회가 점점 더 가능해진다. 그런 사회가 숙명적이고 필연적이라는 확신과 더불어 개인의 의식이 그렇게 형성됨으로써, 그런 사회는 숙명적이고 필연적이 된다는 것이다. 그런 사회가 숙명적이고 필연적이 되는 것은 과학과 기술의 발전이나 경제적 요구 때문이 아니다. 그런 사회가 숙명적이고 필연적이 되는 것은 다음 같은 개인이 형성되기 때문이다. 즉, 그런 사회와는 다른 어떤 사회에서도 다른 직업을 수행할 수도 없고 편안할 수도 없는 개인이다.

비록 엘륄이 기술 담론을 그렇게 비판하더라도, 그가 현대 기술 사회에 대해 가차 없이 필사적으로 비판하는 것은 아니다. 그는 다만 현대인이 무분별한 기술적 성장을 정당화하는 기술 담론의 현혹에 빠져드는 것을 경고한다. 또한 현대인을 그런 현혹에서 벗어나게 하려고 애쓸 따름이다. 그래서 그는 인간이 자신의 운명을 선택하는데 자유롭다고 여기지 말아야 함을 강조한다. 인간이 자신의 필연성을 인정할 때만이, 비로소 인간은 자신의 자유를 입증하게 된다는 것이다.

특히, 엘륄은 온갖 모순과 혼란으로 나타날 엄청난 전 세계적 무질서를 예견한다. 2000년대의 사회에서 나타날 가능성이 있는 네 가지 중요한 현상 혹은 위기를 구체적으로 제시한 것이다. 첫째, 핵전쟁이 일어날 가능성이다. 둘째, 제3세계의 반란이 일반화되어 일어날 가능성이다. 셋째, 실업이 기하급수적으로 증가할 가능성이다. 넷째, 부채 누적의 결과로 서구 세계의 일반화된 금융 파산이 일어날 가능성이다. 네 가지 위기 중 실업의 급격한 증가와 전 세계적 금융위기는 이미 일어났으며 진행되는 중이다. 그리고 핵전쟁과 제3세계의 반란이 언제든 일어날 수 있는 위험한 상황에 놓여 있음은 분명한 현실이다. 따라서 기술 담론에 대해 비판적 거리를 유지하는 것이야말로 인간의 유일하고도 특별한 자유이다. 그런 자유를 통해, 인간은 온갖 무질서와 위기로 나타날 앞으로 다가올 엄청난 전 세계적 혼란에 대비할 수 있다.

6장 현대 기술 사회에서의 쟁점

1. 이미지와 말

현대 기술 사회에서의 이미지의 승리[99]

엘륄은 '이미지 사회'로 특징지어지는 현대 기술 사회에서 이미지에 의해 짓밟힌 말을 분석한다. 현대 기술 사회에서는 이미지가 과잉으로 생겨나고 범람함으로써 이미지의 승리가 이루어진다. 따라서 현대 기술 사회의 주된 변화는 이미지가 현실 자체보다 더 현실적이 된 것이다. 특히, 오늘날 이미지의 양이 엄청나게 증가함으로써 현상의 본질이 변화하는데, 이런 변화를 두 가지로 제시할 수 있다.

첫째, 이미지의 과잉을 통해 현대 기술 사회는 시각(視覺)과 정보가 뒤섞인 세계가 되고 구경거리 세계가 된다는 것이다. 그런 구경거리 사회는 모든 것을 구경거리로 변화시키고 마비시키는 사회이며, 모든 당사자를 구경꾼의 역할로 전락시키는 사회이다. 폭발 사고, 기아, 전쟁, 항공 참사, 테러는 구경거리가 되어 버린다. 그런 구경거리를 통해, 구경거리가 되지 말아야 할 사형제도나 비정규직 노동자 같은 문제가 은폐된다.

둘째, 이미지의 범람을 통해 현실이 비워지고 만다는 것이다. 이미지가 현실보다 더 실제적이기에, 표상은 표상일 뿐인데도 현실의 표상이 현실과 동일시된다. 그래서 이미지가 현실을 모두 제시한다고 여겨지지만, '실제 현실'은 없다. 이미지를 통해 현실이 비워져 현실을 직시하지 못하게 하거나, 아예 현실이 '인위적 현실'로 대체된다. 인위적 이미지를 통해 더욱 열광적인 '허위 현실'이 제시됨으로써

'실제 현실'은 지워진 것이다.

시각(視覺)은 그런 이미지를 현실 자체로 간주하게 한다. 이미지는 인간의 주의를 온통 사로잡고 인간을 매혹하며 인간에게 환각을 불러일으키면서, 사회적 통제에 기여한다. 오늘날 이미지의 승리는 기술의 발전과 본질적으로 연관될 수밖에 없다. 이미지와 기술 서로 간의 요구가 있기 때문이고, 이 둘 사이에 당연한 일치가 이루어지기 때문이다. 이미지의 과잉은 기술에 의해 강요되고, 기술 환경 속에 사는 현대인은 모든 것이 시각화되기를 요구한다.

이미지 세계는 오직 기술에 의해 구성되고 기술에 의해 만들어진다. 기술은 이미지를 무한히 확산시키고 다양화한다. 그럼으로써, 기술은 현대인으로 하여금 기술에 의해 만들어진 이미지 세계, 곧 비현실적 세계에 집중하게 만든다. 기술과 '시각적인 것'은 매우 유사한 점이 많다. 무엇보다, 기술은 이미지처럼 '담화'를 배제한다. 기술은 그림이나 사진을 통해 설명되기에 말이 필요하지 않기 때문이다. 기술에는 단지 성공하느냐 실패하느냐만 있으므로, 기술은 시각과 마찬가지로 아주 명백하다. 기술과 이미지는 둘 다 효율성을 추구하므로, 기술의 효율성과 이미지의 효율성은 서로를 보장한다.

기술은 모든 것을 기술의 대상으로 만들기 위해 모든 것을 대상화시키고 사물화 시킨다. 그 결과, 인간은 기계가 되어 버린다. 따라서 '시각적'이라는 것은 인간의 영혼도 정신도 보지 않는다는 것이다. 기술과 시각은 둘 다 언어를 도식, 그림, 도표로 국한시키려 한다. '담화'를 계산 단위로 만들거나 정보의 기본단위로 배열하는 식으로 말을 시각화하여 기술의 대상으로 삼는 것이다. 그러나 말을 시각화하는 과정에서, 시각적으로 형식화될 수 없는 것은 배제당한다. 설사 배제당하지 않고 시각적으로 형식화되더라도 그 의미는 배제된다.

현대 기술 사회에서의 말에 대한 경멸[100]

그리하여 현대 기술 사회에서 말은 평가 절하되고 경멸당한다. 오늘날 이미지와 기술이 몰려드는 가운데 말이 내뱉어지는 상황 때문에 말이 굴욕을 당한 것이다. 또한 말은 과다하게 사용됨으로써 말에 대한 평가절하가 벌어진다. 특히, 정보 과잉을 통해 말의 질은 떨어지고 피폐해지며, 말은 수다가 되어 버린다. 다시 말해, 오늘날 정보와 담화의 과잉 가운데 말이 이미지에 종속당함으로써, 말은 진지하게 받아들여지지 않고 흘러가는 수다가 되며 무의미해진다. 특히, 말이 기술 때문에 도구가 되어 버릴 때, 그리고 말과 기술이라는 두 요인이 서로 결합할 때, 말은 모든 가치를 상실한다.

오늘날 다양한 기술전문가는 담화가 불확실성을 제거하고 입증의 도구가 되어야 한다고 생각한다. 또한 담화가 이 세상 저 너머에 존재하는 곳, 곧 저승이나 내세를 의미하는 '저편의 세계'에서 오는 의미를 해석하지 말아야 한다고 생각한다. 심지어 철학과 인문학 관련 기술전문가도 담화를 경멸한다. 또한 과학만능주의 사고로 말을 과학적 대상으로 삼는 것이 그러하다. 언어에 대한 과학적 원리의 적용은 또 다른 형태의 말에 대한 경멸이며, '저편의 세계'와의 단절이다. 말을 과학적 대상으로 삼을 경우, 말에는 '저편의 세계'가 없고 의미가 존재하지 않기 때문이다. 이는 결국 말에 대한 부정이다.

역사적으로, 인쇄술의 발달과 더불어 글을 읽는 것이 말하는 능력보다 더 중요하게 여겨짐으로써, 말에 대한 평가절하는 심화된다. 특히, 컴퓨터가 등장하면서 말에 대한 평가절하는 더욱 심화된다.

컴퓨터는 은유, 환유, 생략, 환언 등 자연 언어의 모호함과 섬세함을 이해할 수 없기 때문이다. 그래서 컴퓨터는 말의 풍성함과 진리에 대한 열림을 배제한다.

현대 기술 사회에서의 현대인의 상황 변화[101]

'이미지 사회'인 현대 기술 사회에서 현대인이 놓인 상황도 변화한다. 현대인의 특성은 더는 듣지 않으려 하고, 더는 말할 줄을 모르며, 단지 보여주려고만 한다는 것이다. 모든 것은 그런 특성이 있는 현대인의 시각(視覺)을 거쳐 지나간다. 현대인에게서의 그런 상황 변화는 자신의 선택을 통해 이루어진 것이 아니라, 환경의 변화를 통해 이루어진다.

끝없이 이미지가 과잉으로 만들어지는 오늘날, 현대인에게 일어난 상황 변화는 시각과 청각의 균형이 무너진 것이다. 그 결과, 지식인에게는 물론 일반 대중에게도 말을 배제하고 경멸하는 현상이 나타난다. 그런 현상이 심해질수록, 더욱 현대인은 늘 더 많은 이미지에 대한 갈망을 주체할 수 없게 된다. 현대 기술은 정확히 현실을 복원한 환각적 이미지를 통해 현대인의 그런 욕구를 채워준다. 그리하여 직접 체험해야 할 현실은 이미지를 통해 재구성되고, 현대인은 이미지를 소비하며 살아간다. 이처럼 이미지의 과잉을 통해 점점 현대인은 현실과 자연으로부터 멀어진다. 그런 멀어짐이 심해질수록 현대인에게 사고와 자유는 사라지고, 돈, 직업, 기계 같은 구체적 현실에 대한 강박관념이 심해진다.

현대인은 '시각적인 것'을 통해 현실에 접근하는데, 이 현실은 필연성의 세계이다. 따라서 이미지적인 사고를 지닌 현대인은 필연성의 세계에 갇힌다. 이미지가 항상 명백함을 제시하는 이상 필연성에 대한 자각은 불가능하다. 하지만 필연성에 대한 자각을 통해서만 현대인은 필연성에서 벗어날 수 있다. 그런데, 그런 자각을 위한 거리 두기는 말에 의해서만 이루어질 수 있다. 하지만 다 가치적이고 다 형태적인 이미지가 침입함으로써, 현대인은 세상의 폐쇄성과 현실의 필연성 속에 가두어진다.

이미지가 현대인에게 심어주는 네 가지 인상을 들 수 있다. 첫째, 모든 것이 가능하다는 인상이다. 둘째, 모든 것이 새롭다는 인상이다. 셋째, 상황은 유동적이라는 인상이다. 넷째, 상황을 통제할 수 있다는 인상이다. 바로 그런 인상들이야말로 현대인의 싸울 의욕을 꺾기 위한 필연성이다.

반면에, 자체의 불분명함이 있는 말은 두 명의 대화 참여자의 자유를 전제로 한다. 말은 '말하는 자'의 오류 가능성과 '듣는 자'의 오류 가능성을 남겨둠으로써 자유의 여지를 만든다. 따라서 말이 배제되거나 종속되면 자유도 배제된다. 그 때문에, 이미지에 사로잡힌 현대인은 기술에 의해 만들어진 이미지 환경 속으로 스며들면서 자신의 깊은 자유를 잃어버린다. 결국, 현대인의 자유에 대한 첫 행동은 오직 인간이 조건 지어졌다는 필연성에 대한 자각이다.

현대 기술 사회에의 새로운 성상 파괴 운동[102]

오늘날 현대 기술 사회의 그런 상황에서 새로운 성상 파괴 운동의 필요성과 중요성이 제기된다. 지금 현대인이 맞서 싸워야 할 우상은 새로운 영적 삼위일체로 존재하는 '돈, 국가, 기술'이라는 권세와 지배이다. 그래서 엘륄은 새로운 성상 파괴 운동의 영역과 방향을 제시한다. 그 운동의 첫 번째 영역은 그리스도인의 신앙과 관련하여 성상 파괴적인 태도를 취하는 것이다. 이는 '시청각'이라는 끔찍한 비인간적 병기(兵器)에 맞서 반드시 필요한 성상 파괴 운동이다. 새로운 성상 파괴 운동의 두 번째 영역은 컴퓨터에 대한 거부이다. 이는 과학을 인정하지 않는 것이 아니라, 과학의 배타적이고 단순화하는 의도를 인정하지 않는 것이다. 이미지를 그 자체의 기능으로 되돌려 놓은 것, 다시 말해 이미지 숭배에 반대하여 새로운 성상 파괴 운동을 전개하는 것은 그리스도인의 과업이다.

구체적으로, 새로운 성상 파괴 운동은 다음 같은 것에 맞선 싸움으로 나타난다. 첫째, 텔레비전 시청, 주간지 읽기, 사고를 만화로 만들기이다. 둘째, 이미지 숭배 및 이미지에서 비롯된 사고의 경직이다. 셋째, 도표와 도식의 유혹, 그리고 극단적인 시청각이다. 넷째, 컴퓨터의 자동성으로 인한 최면이다. 따라서 새로운 성상 파괴 운동은 다음 같은 환상이나 신념이나 확신에 대한 거부로 나타난다. 첫째, 이미지가 진리라는 환상에 대한 거부이다. 둘째, 명백함을 믿는 신념에 대한 거부이다. 셋째, 컴퓨터가 이성을 대체한다는 확신에 대한 거부이다.

특히, 새로운 성상 파괴 운동은 여러 학문 분야에서 남용되는 과학 지상주의에 맞서 싸우는 것이다. 또한 말에서 벗어나 진리를 자처하는 모든 것에 맞서 싸우는 것이다. 예를 들어, 줄기세포 연구, 인공적인 아기 생산, 염색체 조작, 화학요법을 통한 인격의 변화에 맞서 싸우는 것이다. 그러나 그런 싸움은 과학 자체를 거부하는 것이 아니다. 단지 그런 싸움은 과학과 관련된 세 가지를 거부하는 것이다. 첫째, 이미지에 기초한 배타적인 과학을 거부하는 것이다. 둘째, 신화와 과학을 통합하려는 정신분석을 거부하는 것이다. 셋째, 과학의 한계를 벗어난 것을 배제하는 과학의 단순화 과정을 거부하는 것이다.

2. 새로운 신화

'신성한 것'으로서의 기술[103]

현대인은 중세의 인간만큼 종교적이며 '신성한 것'을 개입시키지 않고서는 살아갈 수 없는 존재이다. 그러므로 현대인은 자신에게 '신성한 것'의 구실을 하는 것을 계속 만들어 낼 수밖에 없다. 그런 상황에서 오늘날 현대인 주위에는 '신성한 것'이 엄청나게 늘어나고 있다. 오늘날의 '신성한 것'은 현대인이 이해할 수 없는 일관성 없고 무질서한 세상에 대한 이데올로기적 해석으로서 제시되는 명백한 질서이다. 오늘날의 '신성한 것'이 그러한 것이라면, 현대인은 자기 삶의 환경과 관련하여 '신성한 것'을 만들어 낸다.

이제 현대인이 '신성한 것'으로 파악하거나 혹은 느끼는 권세들의 영역과 장소가 되는 것은 사회이다. 하지만 기술이 인간의 삶의 환경이 되었기 때문에 이는 기술화된 사회이다. 결국, 자연과 우주와 전통적인 종교적 대상에 대한 신성 박탈은 기술로 인한 사회의 신성화를 수반한다. 신성 박탈의 요인이던 기술이 그와 동시에 새로운 '신성한 것'의 중심 요소가 된 것이다.

그래서 기술적이며 과학적인 현대 서구 세계는 신성화된 세계이며, 현대 기술 사회의 가장 중요한 신성한 요인으로서 기술을 들 수 있다. 현대인이 신성한 현상으로 깊이 느끼는 기술은 현대인이 범할 수 없고 완벽한 지고의 작품이 된다. 그러므로 기술에 대한 어떤 비판이든 격렬한 반발을 불러일으킨다. 다시 말해, 본질적으로 선하다고 여겨지는 기술은 인간을 구원하는 신이 되며, 기술에 대립하는 것은 가증스럽고 악마 같은 짓이 된다. 특히, 기술전문가들은 기술에 대한 그런 숭배에 가장 심하게 사로잡혀 있는데, 그들에게 기술은 '신성한 것'이고 '신성한 것'의 영역에 속한다. 결국, 현대인에게 미래를 보장해 주는 기술은 현대인의 힘을 표현하기 때문에 신성하다는 것이다. 또한 기술 없이는 현대인은 홀로 초라하고 헐벗은 상태에 있을 수 있기에 기술은 신성하다는 것이다.

이처럼 현대인이 기존에 가진 '신성한 것'에 대한 믿음이 기술에 의해 박탈됨으로써, 기술은 예전의 '신성한 것'의 자리를 차지한다. 그런데, 기술이 '신성한 것'의 자리를 차지한 현대 기술 사회의 상황에서, 현대인의 삶에 필수적 요소로 보이는 '신성한 것'에 대한 욕구가 그런 기술을 통해 과연 충족되느냐는 문제가 제기된다. 그런 문제와 관련하여, 엘륄은 기술을 옹호하고 신성시하는 기술 담론이 소위 '인본주의적 담론'임을 자처한다는 점을 지적한다. 인간을 모든 것보다 우선시하고 인간을 목적으로 삼는다는 인본주의적 담론'의 주장은 다음 같이 요약된다. 즉, 인간의 행복을 위해 만들어진 기술 전체를 통해 인간은 자아를 실현하고 자신의 존재를 표현할 수 있게 된다는 것이다.

하지만 인간은 기술 담론이 내세우는 그런 '인본주의적 담론'과 정반대되는 세상에 살고 있다. 즉, 기술은 인간에 개의치 않고 기술 자체에만 관심을 기울일 따름이며, 인간을 섬기는 것에 대해 어떠한 관심도 없다. 그런데, 인간은 그런 '인본주의적 담론'에 현혹되어, '신성한 것'에 대한 욕구가 기술을 통해 충족되는 것 같은 환상과 착각 속에 살아간다.

새로운 신화로서의 '국가', '정치', '돈'

현대인이 '신성한 것'에서 아직 벗어나지 않았기에 현대 기술 사회에는 다양한 '세속 종교'가 존재한다. 그런 '세속 종교'에는 '국가', '정치', '돈', '성장과 진보', '스포츠', '광고와 대중매체', '정보처리기술'처럼 인간을 소외시키는 신화가 존재한다. 엘륄은 현대 기술 사회에 등장하는 그런 새로운 신화들을 차례로 분석한다.

첫 번째 신화인 '국가'는 두 번째 신화인 '정치'와 밀접하게 연관되어 있다. 역사적으로 마르크스주의, 레닌주의, 나치주의, 마오쩌둥 사상 등을 '정치적 세속 종교'로 규정된다. 그런데, 지금 목격되는 변화는 그런 종교들이 퇴조하는 것이 아니라, 종교적 특성을 띤 모든 정치 활동 형태가 확장된다는 것이다. 다시 말해, 공산주의와 사회주의에서의 종교적 긴장은 낮아지는 동시에, 자유주의 민주주의 국가, 부르주아 민주주의 국가, 자본주의 민주주의 국가에서의 모든 정치 활동은 신성화된다는 것이다. 따라서 일반화된 '정치 종교'는 국가가 신성화되어 있음을 드러내며, 현대 시민들의 정치 행위는 국가 속에 존재하는 '신성한 것'을 표현한다.[104]

두 번째 신화인 '정치'의 신화적 측면은 현대인의 '정치화'와 관련된다. 오늘날 모든 문제가 정치의 영역 속에 포함되고, 그런 정치화 현상의 가장 중요한 과정과 매개체는 국가의 성장이다. 따라서 현대인의 '정치화'는 모든 것을 정치적 용어로 생각하고, 모든 것을 '정치'라는 단어로 덮어버리며, 모든 것을 국가의 수중 속에 넣어버리는 것이다. 또한 '정치화'는 매사에 국가의 도움을 요청하며, 개인의 문제들을 집단으로 넘겨버리고, 정치가 각자의 수준에 있으며 각자는 정치에 적합하다고 믿는 것이다. 특히, 오늘날 선과 악을 판단하는 기준으로 사용되는 것은 더는 가치들이 아니다. 따라서 '정치적인 것'이 탁월한 가치가 되고, '정치적인 것'과 관련하여 다른 가치들이 정돈된다. 결국, 정치는 '종교적 신심(信心)'으로 표현되고, 궁극적 진리를 드러내며, 선과 악을 구분하는 근거가 된다.[105]

세 번째 신화인 '돈'과 관련된 문제는 자본주의가 개인의 삶과 집단적인 삶 전체를 점차 '돈'에 종속시킨다는 것이다. 다시 말해, '소유'를 위해 '존재'가 사라진 것이 자본주의 체제의 결과 중 하나이다. 하지만 자본주의와 사회주의 사이의 차이는 거의 중요성이 없을 정도로 점점 더 줄어들고, 자본주의 국가와 사회주의 국가에서의 돈에 대한 태도는 별다른 차이가 없다.[106] 그 체제가 다를지라도 어떤 국가에서든 돈의 승리를 예견한 엘륄의 분석을 돈이 전부가 된 현대 기술 사회의 상황에 적용할 수 있다. 돈은 인간의 경외심과 숭배를 불러일으키고, 인간의 관심과 욕구의 중심을 차지하며, 인간에게 의미와 가치의 원천 구실을 한다는 것이다. 이처럼 돈은 인간의 삶에서 '맘몬'Mammon이라는 신의 속성을 취하는 경향이 있기에, 예수 그리스도는 돈에 대해 경고한다. 돈은 '영적 권세'로서 활동한다는 것이다. 특히, 세상만사와 모든 관계를 돈으로 환산하고 상품화하는 것은, 거기에 연루된 모든 인간의 인간성을 반드시 말살한다. 또한 이를 통해, 단순히 돈으로만 측정될 수 없는 가치와 현실에 대한 판단력이 마비된다.[107]

새로운 신화로서의 '성장과 진보', '스포츠'

네 번째 신화인 '성장과 진보'는 그 신화적 특성을 이렇게 드러낸다. 우선, 기술을 통해 모든 것이 가능해진다면 기술 자체는 절대적 필연성이 되고, 그런 기술은 현대인에게 숙명과 운명이 되어 버린다. 그리하여 현대인은 기술을 벗어나지 못하고, 모든 분야와 활동과 현실은 기술에 의해 장악된다. 더욱이, 기술의 힘이 미치는 범위를 벗어난 어떤 종류의 영역도 분야도 더는 없게 된다. 기술은 그 자체로 스스로 존재하는 신과 같은 '자기원인'(自己原因)[108]이라는 것이다. 그리하여 "진보는 멈추어지지 않는다."라는 표현은 그런 현상들에 대한 모든 고찰에서 절대적인 것이 된다. 따라서 그것에 맞서 아무것도 할 수 없고 인간이 단지 따라야 하는 어떤 것이 있다면, 이는 바로 기술적 성장이다. 현대 기술 사회에서의 진보는 그런 기술적 성장으로 귀결되기 때문이다. 결국, 기술적 성장으로 대표되는 '성장'과 거기로 귀결될 수밖에 없는 '진보'는 현대인의 새로운 신화가 된다.[109]

다섯 번째 신화로서 '스포츠'는 현대인의 주의를 돌리고 분산시키는 엄청난 사회적 마법이다. 기술은 스포츠에서 이중적으로 작용한다. 우선, 기술은 스포츠의 실행방식을 변모시키면서 스포츠 자체에서 작용한다. 다음으로, 기술은 스포츠를 텔레비전과 다양한 이미지의 이상적인 볼거리로 만들면서 작용하는데, 이를 통해 스포츠는 변화한다. 스포츠 경기자도 자신의 기술을 향상함으로써 끊임없이 기록을 높인다. 끊임없이 더 뛰어난 결과에 도달하려고 하는 한, 그런 기술은 점점 더 까다로워지는 동시에 삶 전체를 망라한다. 그래서 스포츠는 프로 스포츠로 귀결되고 만다. 시합이나 혹은 경기가 단지 놀이에 해당한다면 극도의 기술을 과도하게 적용하는 일은 없을 것이다. 특히, 대중매체에 의한 대량 확산과 군중에 대한 선전의 힘을 통해 스포츠는 변모한다. 그리하여 기술 담론을 통해 스포츠는 국가적이고 전 세계적인 일이 됨으로써 완전히 변화한다. 결국, 그런 기술 담론을 통해 스포츠는 엄청난 구경거리로 변모하고, 챔피언이나 운동경기 스타처럼 경기장에서의 신(神)이 만들어진다.[110]

새로운 신화로서의 '광고와 대중매체', '정보처리기술'

여섯 번째 신화인 '광고와 대중매체'에 의한 오락, 정치 선전, 인간관계나 홍보, 이 모든 것에는 인간을 기술에 적응시킨다는 유일한 기능이 있다. 그런데, 그 영향은 학교나 직업의 영향보다 훨씬 더 광범위하다. 그것들은 인간에게 심리적 만족과 동기를 제공한다. 그런 심리적 만족과 동기는 인간으로 하여금 현대 기술 사회에서 살며 효율적으로 일할 수 있게 한다. 그 때문에, 인간은 기술 사회 속에서 자발적으로 살아간다. 특히, 광고나 혹은 오락은 기술 사회에 대한 신격화된 이미지를 인간에게 제시한다. 오늘날 인간은 객체인 기술과 관련하여 독립적인 주체가 아니다. 오늘날 기술을 사용하는 인간은 바로 그 때문에 기술을 섬기는 존재이다. 결국, 기술을 섬기는 인간만이 진정으로 기술을 사용할 수 있다.[111]

일곱 번째 신화로서 '정보처리기술'은 자동업무처리, 텔레마티크, 로봇 공학, 자동화 생산이라는 분야로 나누어진다. 컴퓨터의 무한한 가능성은 회계와 주문과 정보를 위한 모든 세대의 설비, 그리고 업무 실행을 위한 모든 사무실과 작업장의 설비로 나타난다. 또한 생산성을 개선하기 위한 보편적 정보 업무의 자동화, 경제성장률의 향상, 정보처리기술을 통한 학교 교육 수준의 개선, 의료 정보화를 통한 건강 수준의 개선, 공해 비율의 감소 등 이 모든 것은 컴퓨터의 환상적이고 완벽한 발전에 힘입어 가능하다. 그래서 정보처리기술은 현대 기술 사회 전체를 관통하는 큰 흐름으로서 일종의 구원의 존재, 곧 신적인 존재가 된다.[112]

새로운 신화들로 인한 문제

그럼에도 현대 기술 사회에서의 그런 새로운 신화들에는 중요한 기능이 있다. 즉, 인간이 도저히 빠져나갈 수 없는 현대 기술 사회에서, 그 신화들은 인간으로 하여금 어려운 상황을 감당해낼 수 있게 한다. 따라서 그 신화들에서 근본적으로 신성을 박탈함으로써 그 신화들을 없앤다면, 엄청난 대다수의 사람을 광기나 혹은 자살로 몰아넣게 될 것이다.[113] 이처럼 현대 기술 사회에 등장하는 새로운 신화들은 현대인이 겪는 어려움을 극복하는 해결책으로 제시되거나 광기를 막아주는 기능과 역할을 하기도 한다. 하지만 그 신화들이 수행하는 그런 기능과 역할을 통해 다음 같은 문제가 반드시 수반된다.

우선, 그 새로운 신화들에 의해 생겨나는 문제는 엘륄이 제시하는 '신성한 것'의 기능과 관련된다. '신성한 것'은 의미를 부여하는 주체로서 공간 속에서 어떤 행동 질서를 규정한다. 그 질서에 힘입어 인간은 완전히 일관성 있는 의미들을 받아들인다. 또한 '신성한 것'에는 개인을 집단 속에 통합시키는 기능이 있다. '신성한 것'이 집단적일 때만이, 또한 '신성한 것'이 공동으로 받아들여지고 체험될 때만이 '신성한 것'은 존재한다. 인간은 '신성한 것' 속에 편입됨으로써 집단의 모든 행동을 받아들이고 떠맡게 된다. 특히, 현대인은 정리되지 않은 채 끊임없이 밀려드는 정보의 홍수에 빠져 있다. 그런 현대인에게는 그 다양한 정보를 이해하기 위한 논리적 연결과 설명이 필요하다. 그렇기에, 현대인은 그 모든 정보 사이에 일관성 있는 의미를 요구한다. 따라서 그 새로운 신화들을 통해, 현대인은 자신의 자유와 자율성을 상실한 채 어떤 행동 질서에 반드시 종속될 수밖에 없다. 더욱이, 현대인은 집단 속에 여지없이 통합되어 집단의 모든 행동을 비판 없이 받아들이게 된다.[114]

그 신화들을 통해 생겨나는 또 다른 문제는 현대인이 그런 신화들에 매혹되어 그 신화들을 우상처럼 숭배한다는 것이다. 정보처리기술 혁명 이후부터, 일상생활에서 현대인 각자는 그 어느 것도 자신의 삶이나 미래와 상관없는 수많은 정보에 매몰되어 있다. 더욱이, 정보처리기술을 통해 현대인은 모든 것에 대한 현실감을 잃어버린다. 또한 현대인에게는 어떤 현실이든 그 자체와 다른 추상적이고 멀리 떨어진 내용 없는 것이 된다. 그럼에도, 현대인은 자신에게 절대적인 힘과 무한한 자유를 줄 것 같은 기술이라는 엄청난 도구에 매혹당하고 사로잡힌다. 그래서 현대인은 "자신이 행할 수 있는 모든 것을 왜 행해야 하는가?"라는 질문을 던질 수 없다. 그 때문에, 현대인 모두 일종의 최면상태에서 살고 있다. 엘륄은 기술 체계 내에서 그런 질문을 던지지 않는 것은 인간의 자유가 순전히 허구임을 인정하는 것임을 강조한다.[115]

문제 해결책으로서의 그리스도인의 자각

그리스도인이 '기독교적인 것'으로서 택하는 그리스도인의 수많은 태도와 견해 표명이 단지 그리스도인의 세속화를 통해 생겨난 산물일 따름이다. 그런데, 이를 통해 그리스도인의 사고는 의도적이든 혹은 비의도적이든 간에 세상의 사고에 적응하게 된다. 그래서 엘륄은 기독교적 입장과 동기에서 그리스도인이 세상에 적응하려 할 때 일어나는 위험성을 경고한다. 그리스도인을 둘러싸고 있는 세상에 적응한다는 견해는 성서적 가르침이 절대 아니라 바로 세상의 행동 지침이라는 것이다. 하지만 세상에 대한 적응이라는 행동 지침은 진보에 대한 집단적 신뢰에 연결되어 있다. 거기서 그리스도인은 성서에 어떠한 근거도 두지 않는 현대의 신화와 직면한다.[116]

이처럼 진보에 대한 집단적 신뢰로 가득 차 있고 과학과 기술이 눈부신 성공을 거두는 상황에서, 그리스도인도 세상의 인간이기에 그런 열광적 분위기에 맞서지 못하고 그렇게 앞으로 나아가는 데 참여하고 싶은 것은 사실이다. 하지만 기독교적 입장과 동기에서 세상에 대한 그리스도인의 적응을 정당화하거나 그리스도인의 신앙과 삶을 세상에 적응시키는 것은 잘못된 왜곡이다.

그래서 엘륄은 그리스도인의 의무로서 '자각'을 제시하는데, 자각은 세상을 그 실재 가운데서 이해하는 것이다. 그런 자각은 세 가지 종류의 거부로 나타난다. 첫째, '겉모습'과 '정보를 위한 정보'에 대한 거부이다. 둘째, 인간에게 위안을 주는 '진보'라는 환상에 대한 거부이다. 셋째, 역사의 숙명에 따라 상황이 개선되고 인간이 회복된다는 환상에 대한 거부이다. 그런데, 그런 자각에 필요한 요소는 바로 현대 기술 사회에서의 새로운 신화들을 파괴하는 것이다. 따라서 그리스도인의 특별한 행위로서의 자각은 그런 새로운 신화들과 관련된 문제에 대한 해결책이 될 수 있다. 그리스도인이 해야 하는 유일한 행위이면서 끊임없이 새롭게 변하는 행위인 자각에서 비롯되는

결과를 두 가지로 제시할 수 있다.[117]

첫째, 세상에서 성육신이라는 '사건'을 재인식하고 그 의미를 재발견하는 것이다. 따라서 '사건'은 살아 있는 사람인 예수 그리스도 안에 살아 있는 하나님이 육신이 되었다는 것인데, 이는 하나님이 역사의 흐름 속에 개입한 것이다. 특히, 그리스도인은 '사건'을 통해 개인적 결단에 이르기에, 그 자체에 의미가 있는 '사건'은 현대 기술 사회에서의 새로운 신화들과도 반대된다. 오직 거기로부터 그리스도인은 생각과 삶에 반드시 필요한 영역을 재발견할 수 있는데, 이 영역이 바로 '현재의 사건'이다. 오로지 거기서 출발하여 사람들로 하여금 삶에 대한 의미와 하나님이 창조한 관계에 대한 의미를 재발견하게 할 수 있다.[118]

둘째, '신성불가침의 것'의 경계를 재발견하는 것이다. 여기서 '신성불가침의 것'이란 현대 기술 사회에서의 새로운 신화들처럼 인간에 의해 신성화된 세계나 영역이 아니라, '초월자'나 '전적 타자'로서의 하나님과 관련된 세계나 영역으로 볼 수 있다. 엘륄에게 '세속적인 것'과 '신성불가침의 것'이라는 두 영역은 '현실'과 '진리'로 표현되기도 한다. 기술적 지배권에 연결된 현대 기술 사회의 주된 경향은 '현실'과 '진리'를 동일시하는 것, 다시 말해, 인간으로 하여금 '현실'을 '진리'라고 믿게 하는 것이다. 확인할 수 있는 것에 해당하는 '현실'은 나를 둘러싸고 있는 세상이면서, '시각'(視覺)이라는 수단을 통해 내가 감지하는 세상이다. 반면, '진리'는 인간의 궁극적인 종착지와 관련되고, 인간 삶의 의미와 방향과 관련된다. 그런데, 현대 기술 사회는 확인할 수 있는 것 너머에는 아무것도 없다고 인간을 설득하려 든다는 것이다.[119]

특히, '지적 탐구'가 기술에 예속되어 버린 문제에 대한 해결책은, '세속적인 것'과 '신성불가침의 것'이라는 두 영역이 있음을 지적 탐구를 통해 재인식하고 두 영역 사이에 경계를 발견하는 것이다. 하지만 그런 발견에는 지적 탐구가 '신성불가침의 것'의 경계까지 나아갈 수 있으나, '신성불가침의 것' 너머로 가는 것은 아님이 전제되어야 한다. 지적 탐구는 자체의 역량 너머에 있는 '신성불가침의 것'을 기계적 수단을 통해 예속시키고 부정할 수 있으며 짓밟을 수 있다. 그 때문에, '신성불가침의 것' 안으로 들어갈 위험이 있을 때 의도적으로 멈추는 것, 이것이 지적 탐구의 기능 중 하나가 되어야 한다. 따라서 지적 탐구에 있어서는 가능성이 열려 있다고 해서 무엇이든 하지 말아야 하고, 할 수 있는 모든 것을 시도하려고 하지 말아야 한다.[120]

그런데, 이는 지적 탐구보다 뛰어난 외부의 판단 기준이 있음을 전제로 한다. '지적 탐구'의 힘이 미치는 범위를 벗어난 분야나 혹은 기술적인 수단의 활동 범위를 벗어난 분야가 남아 있음을 인정하는 것이야말로, 지적 탐구가 진정한 힘을 회복할 수 있는 유일한 길이다.[121]

3. 현대 예술

기술 체계에 예속된 현대 예술[122]

현대 기술 사회에서의 예술의 변화는 현대 예술이 기술 체계의 부대 현상이 된 것으로 나타난다. 기술 환경 속에 존재하는 현대 예술은 기술과 관련하여 형성된다. 특히, 현대 예술은 기술적 현실을 우연하게, 불확실하게, 피상적으로 표현하는 양식 중 하나가 된다. 따라서 현대 예술에는 통일성이 없고 실재가 없다. 현대 예술은 그 자체로 형성되지 않고, 기술 체계의 유용성에 부합한다. 또한 현대 예술은 기술에 대한 표현과 밀접하게 결부되어 있다. 그 때문에, 현대 예술은 그 자체가 맡기로 된 역할과 반대되는 역할을 맡은 결과, 매우 다양한 방향으로 이끌려간다.

이처럼 엘륄은 현대 예술을 기술과 매우 직접적으로 연관시키고, 현대 예술을 기술 환경 속에 두어 기술 체계에 밀접하게 종속시킨다. 하지만 그렇게 함으로써 일종의 '예술 결정론'을 만들어 내려는 것은 아니다. 그의 의도는 현대 예술에 대한 항구적이고 보편적인 설명을 하려는 것도 아니며, 현대 예술을 결정짓는 것이 무엇인지 보여주는 것도 아니다. 단지 그의 의도는 왜 현대 예술이 지금을 모습을 갖게 되었는지 설명하려는 것이다.

기술은 하나의 수단이 아니라 서로 연계된 수단들의 완전한 체계이다. 그런데, 그런 체계는 예전 환경을 완전히 대체한 환경을 형성한다. 그런 환경은 살아 있는 유기체로 이루어진 환경이 아니라 수단들로 이루어진 환경이다. 그러므로 기술 세계를 형성하는 것은 수단들의 상호관계이다. 본래 예술가는 독창적으로 창조하면서 새로운 세계를 선도적으로 만들어 내는 작업을 한다. 따라서 현대 예술의 철저한 변모는 그러한 예술가의 산물이 아니라, 기술 환경이 생겨난 데서 비롯된다. 그런 기술 환경을 통해 인식과 모델의 변화가 일어난 것이다. 또한 구조, 과정, 형태, 시간성, 공간성, 합리성에서 질적으로 다른 현실과 접촉하게 된 것이다. 현대 예술가는 그런 새로움을 충실하게 전달하는 존재일 따름이다. 따라서 기술 환경을 직접 표현하는 예술이라는 개념에 이르게 된다.

현대 예술의 다양성과 모순은 세 가지 사실을 나타낸다. 첫째, 어떤 환경에서 다른 환경으로 옮겨가기가 쉽지 않기에 변모가 극도로 어렵다는 사실이다. 둘째, 기술 환경의 측면이 극도로 다양하다는 사실이다. 셋째, 기술 환경의 급속한 변이를 따라갈 수 없다는 사실이다. 현대 예술의 진정한 뿌리 내림은 그런 새로운 기술 환경 속에서 이루어진다. 그런데, 너무나 실제적인 그런 기술 환경은 현대 예술을 결정짓는다. 따라서 예전의 환경으로부터 그런 기술 환경으로의 이동은 현대 예술의 모든 특성을 설명하기에 충분하다.

그래서 엘륄은 현대 예술을 '기술적 현실'의 반영으로 규정한다. 하지만 현대 예술은 '기술적 현실'을 인식하지 못하면서, 단지 이미지를 반사하는 거울처럼 '기술적 현실'을 표시하는 것에 지나지 않는다. 이처럼 현대 예술이 때로는 견딜 수 없는 '기술적 현실'을 보상해주는 메시지를 담기도 하고, 때로는 그와 같은 기술을 정확히 재현하기도 한다. 하지만 현대 예술은 기술과 관련하여 늘 위치가 정해지고, 모든 표현에 있어 인간을 순응시키는 역할을 정확히 수행한다. 이처럼 현대 기술 사회에서의 현대 예술은 기술 체계에 예속되고 통합되어 있다.

현대 예술의 흐름[123]

오늘날 현대 예술은 '기술적 질서'에 예속되어 '기술적 질서' 속에 파묻혀 있고, '기술적 질서'로부터 그 특성을 이끌어 낸다. 그 때문에, 현대 예술은 미도, 조화도, 기쁨도 표현할 수 없으며, 심지어 어떤 의미나 혹은 내용도 표현할 수 없다. 현대 기술 사회를 반영하는 현대 예술 자체를 두 가지 흐름으로 나누어 볼 수 있다. 그중 첫 번째 흐름은 의미가 더는 없는 사회에서 어떤 의미를 필사적으로 찾는 합리적 메시지를 갖춘 예술이다. 두 번째 흐름은 기술 체계에 완전히 통합된 아무런 메시지도 없는 순전히 형식주의적이고 비합리적인 추상 예술이다.

현대 예술의 첫 번째 흐름을 살펴보면, 이는 어떤 메시지를 담고 있는 동시에 기술 환경과 관련하여 보상 작용을 담은 예술이다. 이 경우, 현대 기술 사회는 도발과 항의를 이용함으로써, 현대 기술 사회를 정당화하는 이데올로기적 예술을 만들어 낸다. 그런데, 기술 체계가 비인간적일수록, 기술 체계는 이데올로기적 예술을 더 퍼뜨린다. 그런 이데올로기적 예술에는 세 가지 특징이 있다. 첫째, 이데올로기적 예술은 '기술적 현실'의 반영이고 '기술적 현실'에 대한 정당화이다. 둘째, 이데올로기적 예술은 인간이 비인간적이고 견딜 수 없는 기술 환경 앞에서 욕구를 발산하고 자신을 만족시키는 보상 작용을 나타낸다. 셋째, 이데올로기적 예술은 기술 체계가 실제로 무엇인지 자각하는 것을 가로막고, 상황을 견딜 수 있게 만드는 보상 작용을 인간에게 제시한다. 물론, 예술에 의해 전달된 메시지는 기성 질서에 대해 비판적이기는 하다. 하지만 그 비판 대상은 늘 정치적이며, 기술적 성장 자체와는 아무런 상관이 없다.

현대 예술의 두 번째 흐름은 첫 번째 흐름과 대립하기는 하지만 첫 번째 흐름과 마찬가지로 기술 체계에 의존한다. 그런 두 번째 흐름은 형식주의와 이론으로 특징지어진다. 이는 메시지도, 내용도, 의미도 없는 예술로서, 때로는 기술에 직접 부합하려고도 하고, 때로는 본의 아니게 기술을 표현하기도 한다. 기술적 흐름을 따르는 그런 예술은 점점 더 교묘해지고 어려워져 무지한 대중에게는 낯설지만, 그 결과는 대중에게 대량으로 전달된다. 대중은 그 믿기 어려운 교묘함을 간파하지 못한 채 최종적인 외양만을 파악할 따름이다.

현대 예술의 특징[124]

'이론의 우위', '의미의 상실', '기술적 유희'라는 세 가지 요소를 중심으로 현대 예술의 특징을 살펴볼 수 있다.

현대 예술의 첫 번째 특징은 '이론의 우위'이다. 현대 예술은 기계의 가능성과 다양한 기술의 가능성에 대한 자각으로부터 구상된다. '이론의 우위'는 그런 가능성을 이론화한다는 것이다. 그렇기에, 현대 예술은 기술적 과정으로서의 예술 활동을 만들어 낸 모든 것을 이론적으로 분석하게끔 한다. 특히, 오늘날 현대 예술가를 이끄는 것은 체계적인 지적 이론 수립이 됨으로써, 감동도, 감정도, 전달해야 할 본질적 메시지도, 형이상학적 경험도 중요하지 않게 된다. 그리하여 현학적 예술이 된 현대 예술은 가슴으로부터 생겨나는 것이 아니라 두뇌로부터 생겨난다.

그런 현대 예술을 세 가지 측면으로 규정할 수 있다. 첫째, 현대 예술은 표현하려는 바를 나타내기 위한 가장 좋은 수단을 추구하는 것이다. 둘째, 현대 예술은 언어와 음악과 미술의 엄밀한 논리에 대해 고찰하는 것이다. 셋째, 현대 예술은 기술적 수단의 무한한 완벽함과 더불어 완전한 이론 수립 법칙을 따르는 것이다. 그런 현대 예술의 대표적인 사례로서 세 가지를 들 수 있다. 첫째, 추상적일 수밖에 없는 전위 예술이다. 둘째, 회화에서의 입체파이다. 셋째, 컴퓨터를 통한 미학적 작품의 창조이다. 결국, 현대 예술은 주어진 자료들을 조합하는 규칙 체계가 되어 버린다. 더욱이, 현대 예술가는 프로그래머가 되거나 기존 이론을 적용하여 기구를 조작하는 기술자가 된다.

현대 예술의 두 번째 특징은 '의미의 상실'이다. 현대 예술은 기술 환경에 의해 고갈되기에 어떤 의미도 더는 표현하지 못하고, 현대 예술가는 아무것도 말할 게 없어진다. 현대 예술은 현대 사회에서 나타나는 그대로 조직되어 의미를 거부한다. 하지만 그와 동시에, 현대 예술은 현대 사회에서의 기술적 원리에 따라 조직된다. 그렇게 현대 예술은 의미가 배제됨으로써 기술적 과정에 예속되며, 기술적 과정은 어떤 내용도 없는 형식적 수단이 되어 버린다.

현대 예술의 세 번째 특징은 '기술적 유희'이다. 현대 예술은 현대 기술 사회의 효율성과 실용주의에 따라 하나의 유희로 전락한다. 부르주아 계급이 예술에 대해 인정한 유일한 가치는 유희와 오락이라는 가치이다. 그래서 현대 예술은 가능성의 유희가 되고 미학적 탐구 방식이 된다. 하지만 의미가 제외되는 경우에만, 그리고 표현하거나 기대할 어떤 가치도 없는 경우에만 현대 예술은 그렇게 된다. 유희에는 어떤 의미도 없다는 것이다.

특히, 형식주의적이고 이론적인 예술과 관련하여, 그런 예술에는 지금껏 결코 만들어진 적 없던 새로운 예술 세계에 내포된 모순이 있다. 형식주의적이고 이론적인 예술은 모순된 이중적인 역할을 한다는 것이다. 물론, 그런 예술은 극도로 기계화되고 조직화된 현대 문화에 맞서 저항한다고 공언하지만, 그와 동시에 기술 체계의 산물들을 정당화한다. 형식주의적이고 이론적인 예술의 역할과 기능을 네 가지로 들 수 있다.

첫째, 인간으로 하여금 도시와 기술 환경 속에서 살아가도록 적응시킨다.

둘째, 불합리하고 폭력적인 익명의 세상이 유일하게 가능한 세상이라고 인간을 설득시킨다.

셋째, 인간으로 하여금 그런 사회 환경에 맞선 어떤 저항도 어리석은 일로 간주하게 한다.

넷째, 쓰레기 하역, 핵폐기물, 고속도로, 오염, 자연환경 파괴로 훼손된 사회 환경 등을 자연적이고 좋은 것으로 받아들이게 한다. 결국, 형식주의적이고 이론적인 예술의 문화적 현대화 기능은 인간을 기술 세계 속에 통합시키는 것이다.

현대 예술의 새로운 도약과 책임[125]

현대 예술가는 현대 기술 사회에서 자유롭거나 반체제적인 것과는 거리가 멀 뿐 아니라, 특정한 환경에 엄밀히 속해 있다. 또한 현대 예술가는 현대 예술 이론에 의해 완전히 결정지어져 자기 존재 자체 속에서 부정되어 있다. 그리고 그 당연한 결과로서, 현대 예술가는 자신이 표현하는 기술 체계에 속해 있다. 그리하여 현대 예술은 상품이 되고, 현대 예술가는 현대의 '소비 종교'에 대중을 적응시키는 본질적인 역할을 수행한다. 그렇기에, 현대 예술가는 심리적으로 기술적 필요성에 의해 결정지어진다. 또한 외부적으로 이데올로기적 필요성 혹은 상업적 필요성에 의해 결정지어진다.

그런 현대 예술가는 예술 비평가에 비해 부차적 요소에 불과하다. 따라서 현대 예술가 훨씬 이상으로 유행과 명성을 만들어 내고 무너뜨리는 것이 바로 예술 비평가이다. 현대 예술가는 예술 비평가에게 일종의 가공되지 않은 자료를 제출한다. 예술 비평가는 그 자료가 사용될 수 있도록, 그리고 그 자료에 최대한의 효율성이 부여되도록, 자신의 기술을 통해 그 자료를 가다듬는다. 예술 비평가는 자신의 현재 역할에서, 특히 추상 예술과 관련하여 자신의 기술적 역량을 바탕으로 '독점적 매개'라는 사회적 기능을 수행한다.

예술 비평가는 그 자체로 어떤 의미도 더는 없는 예술을 이해하게 하므로, 현대 기술 사회의 단순한 산물이다. 따라서 예술 비평가는 '무의미' 속에서 의미를 발견하는 기술전문가이다. 다시 말해, 사실상 아무것도 의미하지 않는 순수한 형태 속에서 의미를 발견하는 기술전문가이다. 결국, 기술 체계의 대표적인 추종자로서 예술 비평가는 예술을 일련의 기술로 국한시킨다. 예술 비평가는 사회의 매개자로 자처하는데, 이는 세 가지 사실에 기반을 둔다. 첫째, 어떠한 예술 작품이든 사회에서 어떤 역할을 수행하기로 되어 있다는 사실이다. 둘째, 어떠한 예술 작품이든 교육적 가치와 선전적 가치를 지니고 있다는 사실이다. 셋째, 어떠한 예술 작품이든 대중 교화에 소용이 되는 경우에만 중요성이 있다는 사실이다. 그리하여 예술 작품은 사회에 통합되는데, 예술 비평가는 그런 유용성과 통합을 보증하는 존재이다. 그리하여 예술 비평가는 예술 세계에서 가장 중요한 인물이 되는데, 이는 모든 차원에서의 사회의 기술화에 일치한다.

엘륄은 "기술은 결코 보지도 못하고 생각하지도 못한 근본적으로 다른 세계에 인간을 집어넣는다."[126]라고 언급한다. 현대 기술 사회에서의 현대 예술은 사회의 다른 모든 분야에서와 마찬가지로 완전한 단절과 질적인 도약을 경험한다는 것이다. 그렇지만 현대인은 저항하거나 혹은 자각하는 대신, 현대 예술을 통해 현대 기술 사회의 현실은 강화된다. 즉, 현대 예술을 통해 현대 기술 사회의 현실이 현대인 안에 침투하고, 현대인은 현대 기술 사회에 더 깊이 통합된다.

이처럼 현대 예술은 엄밀하고 근본적인 순응 행위의 도구가 되고,

지금껏 가장 덜 상업적이던 활동을 상업화한다. 그 때문에, 현대 예술은 기술적 복합체 속에 현대인을 통합하는 주요 기능 중 하나가 된다. 그런 현대 예술의 기능은 세 가지로 나타난다. 첫째, 현대 예술은 기술의 승리라는 현재 상황을 정당화한다. 둘째, 현대 예술은 현대인이 견딜 수 없는 상황을 발견하는 것을 막으려고 어떤 보상 작용을 현대인에게 제시한다. 셋째, 현대 예술은 '반란'과 주도권과 자유에 대한 환상을 현대인에게 심어준다. 그렇지만 현대 예술은 어떤 차원이나 표현 영역에서도 전혀 창조적이거나 해방적이지 않으며, 해방의 수단도 아니다.

그럼에도, 엘륄은 현대 예술에서의 새로운 도약의 가능성을 제시한다. 현대 예술은 윤리와 의미로 되돌아가기 위해 기술 체계와 결연히 단절하는 경우에만, 또한 현대 예술이 '무의미'에 맞서 의미를 되찾는 경우에만, 자체의 비판력을 되찾을 수 있다는 것이다. 하지만 그 의미는 기술 체계에 대해 근본적으로 저항함으로써 찾을 수 있다. 결국, 현대 예술은 진보와 소비적인 행복에 예속되는 데 맞서 인간이 일어서도록 인간의 용기를 북돋울 책임이 있다.

4. 일탈과 일탈자

현대 기술 사회에서의 일탈자 문제[127]

현대 기술 사회에서의 일탈자에 대한 엘륄의 견해는 마르크스 사상에서의 프롤레타리아에 대한 평가와 유사하다. 현대 기술 사회에서의 일탈자에 대해, 엘륄은 프롤레타리아에 대한 마르크스의 분석과 마찬가지의 분석을 한다는 것이다. 엘륄은 일탈자가 인간의 본보기나 모델이라고 하지도 않으며, 일탈자가 올바르다고 하지도 않는다. 마찬가지로, 마르크스에게도 프롤레타리아는 본보기나 모델이 아니며, 프롤레타리아로 살아가는 방식은 사회의 미래를 나타내지 않는다. 그와 반대로, 프롤레타리아는 '반(反)인간'으로 여겨지기도 한다. 따라서 그 자체로 프롤레타리아는 프롤레타리아로 하여금 그렇게 되도록 강요한 사회를 해체하는 요인이 된다.

기술을 통해 이루어진 '진보 사회'는 경직되어 있고, 타산적이며, 기술화되어 있고, 중앙집권화되어 있으며, 전체주의적이다. 따라서 현대 기술 사회에서의 일탈자는 그런 '진보 사회'의 모순을 드러낸다. 그래서 범죄자와 히피뿐만 아니라 실업자, 노인, 이민자, 마약중독자, 학교 부적응자 등도 현대 기술 사회에서의 일탈자에 포함된다. 특히, 현대 기술 사회는 여러 장애에 봉착하고 있다. 그런데, 더 많은 기술과 계획경제에 의해서도, 더 많은 통제와 조직에 의해서도 아무것도 해결되지 않고 있다. 그와 반대로, 현대 기술 사회가 그런 방향으로 나아갈수록 위험은 더 커진다. 따라서 진정한 진보는 현대 기술 사회 자체에 있는 어떤 모순을 통해서만 이루어질 수 있다. 다시 말해, 진정한 진보를 이루려면 현대 기술 사회의 가치와 원리를 이루는 모든 것과 결별할 필요가 있다. 엘륄은 일탈자만이 그런 모순을 드러낸다고 주장한다. 일탈이 단지 억눌리지 않고 억압되지만 않는다면, 일탈은 현대인이 갇힌 막다른 골목에서 벗어날 수 있게 하는 변증법적 모순이 된다는 것이다.

특히, 엄격한 법과 엄정한 법 집행이 간혹 일탈을 만들어 낼 뿐 아니라, 엄격한 법은 일탈이라는 포괄적 현상에 완전히 대처하지 못한다. 일탈의 폭넓음과 심각성으로 인해 완전히 새로워진 현실에 대해 단순한 사법적인 방법을 통해서는 대응할 수 없다는 것이다. 그 때문에, 법과 규율과 제재의 단순한 적용을 통해서는 아무것도 해결되지 않는다. 비록 법이 강제적일지라도, 어쨌든 법에는 사회에서 물의를 일으키는 충돌과 문제를 최소한의 고통으로 해결한다는 원래의 목적이 있다. 결국, 일탈의 증가는 현대법의 실패를 나타낸다고 할 수 있다.

엘륄은 일탈을 포괄적 현상으로써 다룬다. 일탈은 무엇보다 집단 현상이므로 어떤 사람이 일탈자가 되는 것은 그 사람이 일탈이라는 집단적 흐름에 속해 있기 때문이다. 또한 일탈은 사회적 부적응, 사회적 소외, 소외 계층의 한계 상황 같은 현상 전체를 포괄하는 표현이기 때문이다.

현대 기술 사회에서의 일탈의 특징[128]

역사적으로 일탈은 대부분 개인적 문제로 치부되었으나 프롤레타리아의 출현과 더불어 새로운 사실이 부각된다. 이제 사회적으로 소외되는 것은 개인이 더는 아니라, 많은 사람으로 구성된 하나의 사회적 범주로서 대규모 공장에 고용된 뿌리 뽑힌 노동자라는 것이다. 가난한 자는 사회적이고 경제적인 조직에서 비롯된 결과이다. 현대 기술 사회의 존속과 발전에서 결정적 중요성이 있는 중대한 일련의 규범이 있다. 이는 '노동의 책무', '노동 역량', '현대 기술에 대한 숙지 책무', '기술에 대한 순응', '실습' 같은 노동과 기술에 관련된 규범이다. 따라서 현대 기술 사회에서의 노동에 대한 어떠한 거부이든, 기술에 대한 어떠한 참여 거부이든, 이는 공공연한 일탈 행위가 된다.

특히, 현대 기술 사회는 어떠한 부적응도, 어떠한 한계 상황도, 어떠한 차이도 받아들이지 않도록 구성되어 있다. 따라서 현대 기술 사회는 완전한 순응과 어떤 동일성을 요구하는 동시에, 부적응을 생겨나게 하고 인간을 소외시키는 식으로 삶의 상황을 확장시킨다. 이제 현대인은 많은 것으로 구성된 조밀하고 집단적이며 익명적이고 도시적이며 여론에 휩싸인 사회에 살고 있다. 그런데, 바로 그런 평범한 여건들을 통해 모든 일탈에 대한 불관용이 생겨난다. 그러한 현대 기술 사회에서의 새로운 일탈에서 나타나는 세 가지 특징을 들 수 있다.

현대인은 사물, 사람, 동산(動産), 부동산으로 포화 상태인 사회에 살고 있다. 일탈을 드러내는 첫 번째 특징은 그런 포화 상태가 질서를 전제로 한다는 것이다. 여기서 일탈자는 비(非)정상인도 아니고 범죄자도 아니지만, 일탈자는 포화 상태로 인해 생겨난 규제, 곧 사회 규범을 따르지 않게 된다. 사회에 사람이 더 많아지고 사회가 반드시 필요한 사물로 더 포화 상태가 될수록, '일탈'이라는 개념은 예전에는 정상적이었던 행동으로 더 확장되고 그런 행동에 더 적용된다. 그와 동시에, 일탈은 사회와 개인에게 용인될 수 없는 심각한 것으로 나타난다.

일탈을 드러내는 두 번째 특징은 합리성의 요구이다. 모든 측면에서 합리화된 사회에서는 일탈을 용인할 수 없다. 일탈을 통해 그 사회의 조직 원리 자체가 위태로워지기 때문이다. 그런 합리성은 기술적 발달의 단순한 결과가 아니라, 달성해야 할 이데올로기나 이상이나 선(善)이 된다. 그런데, 그런 이상이나 선과 관련하여 나머지 모든 것이 판단된다.

일탈을 드러내는 세 번째 특징에서는 노동의 우위가 나타나는데,

이는 현대 기술 사회가 어느 정도로 일탈을 용인할 수 없는지 보여 준다. 현대 기술 사회에서 인간은 노동하기 위해 만들어진다. 또한 덕과 선이 된 노동은 모든 도덕의 원리가 된다. 그리고 유일하게 선한 행위는 노동 행위가 된다. 현대 기술 사회가 작동하고 발전하려면 노동은 현대 기술 사회에 반드시 필요하다. 또한 발전, 사회 안정, 소비 가능성 같은 모든 것은 노동을 기반으로 삼고 있다. 그리고 현대 기술 사회 전체는 생산을 위해 노동과 조직의 무한한 발전을 토대로 삼고 있다. 현대 기술 사회 전체가 모든 사람의 노동을 기반으로 삼듯이, 현대 기술 사회에서 노동하지 않고 살아남는 방법은 없다. 정상적인 삶은 노동하는 삶이고, 자신의 급료를 받는 노동은 제대로 살아가는 유일한 방법이다. 현대 기술 사회는 노동하지 않는 사람은 살지 말아야 한다는 원리를 문자 그대로 적용하기를 지향한다. 결국, 현대 기술 사회에서 노동자가 되지 않은 것은 일탈자가 되는 것이다.

일탈과 사회적 소외의 요인[129]

이처럼 현대 기술 사회는 일탈자에 대한 불관용과 모든 일탈에 대한 거부로 특징지어진다. 그런 현대 기술 사회는 사회의 구조와 작용을 통해 점점 더 현대인을 사회적으로 소외시키고 현대인의 부적응과 일탈을 만들어 낸다. 엘륄은 현대 기술 사회에서 그렇게 일탈과 사회적 소외를 만들어 내는 요인을 분석한다.

그 요인 중 하나는 '뿌리 뽑힘'과 관련된다. 인간은 새로운 환경 속으로 옮겨짐으로써, 자신의 지역적이고 가족적인 뿌리와 집단적 관습으로부터 단절된다. 그러한 인간은 거의 필연적으로 사회적 소외

자가 된다. 특히, 현대 기술 사회의 본질적인 부적응 요인은 점점 더 정확하고 빠른 엄밀한 노동 유형이다. 그런 노동 유형은 개인의 모든 역량을 동원하고 개인의 인격 전체를 장악한다.

이처럼 현대 기술 사회의 노동 분야는 점점 더 까다로워지고 요구가 많아지는데, 이는 진정으로 일탈을 만들어 내는 요인이다. 특히, 현대 기술 사회는 이룰 만한 가치가 있는 노동을 개인에게 제공할 수 없다. 물론, 실업 현상을 통해서도 부적응이 과도하게 이루어진다. 노동에 지고의 가치를 부여하는 세상에 사는 현대인에게 노동이 없다면, 아무런 가치도 없고 자신의 삶에서 낙이 없으며 타인과 자신이 보기에도 품격이 없다는 것이다. 따라서 일탈이 증가할 때 실업만이 단지 문제가 되는 것이 아니라, 개인에게 제공된 노동의 질에도 일탈에 대한 책임이 있다.

현대 기술 사회의 구조와 작용 때문에 사회적 소외를 만들어 내는 또 다른 요인이 있다. 우선, 협소한 주거와 열악한 주거 환경으로 인한 일탈이다. 협소한 주거와 열악한 주거 환경 자체를 통해 가족의 생활 가능성이 파괴된다. 또한 사람들이 밀집되어 충분한 공간 확보가 이루어지지 않음으로써 함께 살아가는 기쁨이 사라진다. 따라서 주거 환경의 상황 때문에 가족생활이 파괴되고 사회적 소외와 일탈이 불가피하게 생겨난다. 다음으로, 현대 기술 사회에서 일탈을 일으키는 요인은 자연적 삶의 상황과의 단절, 야간 노동, 소음, 너무 많은 이동, 모든 분야에서의 비인간적인 작동 속도 등이다.

사회적 실존에 불가피하게 연결된 현상으로서의 일탈은 현대 기술 사회와 더불어 더 심해지고 그 특성이 변한다. 하지만 현대 기술 사회에 속해 있는 일탈자에게도 수행해야 할 역할이 있다. 현대 기술 사회에 대한 부인으로서 어김없이 나타나는 일탈은 현대 세상의 생활 상황과 노동 상황에 대한 거부이다. 따라서 새로운 유형의 일탈을 늘리고 만들어 내는 것은 바로 기술의 증가이다. 일탈은 기술 체계에 의해 생겨나고, 기술 체계가 더 발달할수록 일탈은 더 증가한다는 것이다. 따라서 일탈자의 존재는 현대 기술 사회의 체계를 문제 삼는 것이다.

5. 부르주아

현대 기술 사회에서의 부르주아의 변모[130]

전통적인 부르주아에 대해서는, 다양한 관심사에 따라 묘사된 네 가지 유형의 부르주아의 모습을 제시할 수 있다. 첫째, '제왕'의 모습이다. 이는 승승장구하는 부르주아 자신이 만들어 낸 것이고, 부르주아가 자신의 영광을 스스로 그려낸 것이다. 둘째, 기인(奇人)의 모습이다. 이는 작가들의 시선을 드러내는 것이다. 셋째, '탐욕스럽고 냉혹한 사람'의 모습이다. 이는 가난한 사람의 원한이나 적개심에서 야기된 것이며, 부르주아와 접촉하는 사람의 감정을 나타내는 것이다. 넷째, '비열한 작자'의 모습이다. 이는 앞에 묘사된 세 가지 모습으로서 받아들여질 수 없는 부르주아의 진상을 드러내는 것이다. 네 가지 모습은 있는 그대로의 부르주아의 실상을 정확히 드러낼 뿐 아니라, 부르주아라는 인물을 정확히 묘사한다.

사회학자들의 견해에 따르면, 부르주아 계급은 아주 다양화된 계층으로 이루어진 복합적인 집단으로서 세월에 따라 더욱 변화한다. 첫째, '대(大)부르주아'와 부르주아 가문이 있다. 둘째, '소(小)부르주아'와 '중간 부르주아'가 있다. 셋째, '의기양양한 부르주아'가 있고, 보수적이고 정체된 부르주아가 있다. 넷째, 시골 사람이 된 부르주아가 있고, 도시인이 된 부르주아가 있다. 다섯째, 신흥 부르주아와 전통 부르주아가 있다.

그렇지만 부르주아의 그런 종류를 통해 아무것도 설명되지 않는다. 그리고 왜 그렇게 다양한 사람이 모두 '부르주아'라는 동일한 명칭을 달고 있는지 의문이 제기된다. '부르주아'라는 명칭은 어떤 인간 유형을 지칭하고, 더 나아가 어떤 삶의 방식이나 혹은 삶의 수준이나 혹은 어떤 활동을 지칭한다는 것이다. 사회 집단이 그런 식으로 체험하는 어떤 대상을 어떤 명칭으로 지칭할 필요성을 느꼈기 때문에 그 대상은 존재한다. 또한 사회 집단은 다양한 듯이 보이는 것을 지칭하기 위해 어떤 명칭을 사용할 따름이다. 그 때문에, 그런 대상의 더 깊은 통일성이 그런 사회 안에 존재한다. 마찬가지로, '부르주아'라는 명칭이 그토록 다양하게 나타났더라도, 그 명칭은 근본적인 통일성 가운데 존재한다는 것이다.

따라서 제왕, 기인(奇人), 탐욕스럽고 냉혹한 사람, 비열한 작자라는 부르주아의 네 가지 모습이나 특성은 하나의 같은 유형의 네 가지 측면이지 네 가지 집단이 아니다. 부르주아의 네 가지 특성은 부르주아 계급을 경험한 모든 사람이 지적 분석 방식과는 다른 방식에 근거하여 밝힌 것이다. 그렇기에, 네 가지 특성은 사회학자나 역사학자에 의해 만들어진 부르주아의 유형을 능가한다. 따라서 네 가지 특성을 전체적인 면에서 바라본 부르주아 계급의 특성으로 받아들여야 한다.

현대 기술 사회에서 부르주아 계급은 교묘하게 모습을 바꾸어 변화한다. 물론, 오늘날 부르주아 계급은 예전과 같은 힘과 중요성을 전혀 갖고 있지 않다. 하지만 현대 기술 사회는 부르주아 사회인 19세기 사회가 필연적으로 정확히 연속된 것이다. 따라서 '부르주아 세계'는 사라지는 것도 아니며, 부르주아 계급의 사라짐과 더불어 '부르주아 세계'가 무너지는 것도 아니다. 그와 반대로, '부르주아 세계'는 더는 어떤 계급의 문제가 아니라 모두의 문제가 된다. 다시 말해, 부르주아는 더는 존재하지 않지만, 부르주아가 만들어 낸 사회가 바로 현대 기술 사회이다. 부르주아 계급은 바람결에 흩어졌지만 부르주아 계급이 확고하게 만든 구조, 이데올로기, 신화, 제도는 현대 기술 사회의 구조, 이데올로기, 신화, 제도이다.

결국, 현대 기술 사회에서 현대인은 '부르주아 세계'에서 살아가고 있다. 현대인은 부르주아 계급으로부터 물려받은 현대 기술 사회에 살고 있다는 것이다. 현대 기술 사회에서 부르주아의 존재 방식이 드러내는 특징은 부르주아 집단이 계승되고 보편화된다는 것이다. 그런 현대 기술 사회에서 부르주아의 계승자는 바로 기술전문가이다.

부르주아와 '행복 이데올로기'[131]

엘륄은 두 가지 본질적 특징을 통해 부르주아를 규정한다. 그중 하나는 이데올로기적 특징이고 다른 하나는 존재론적 특징이다. 그런데, 둘 다 어떤 존재 방식과 관련된다. 여기서 이데올로기적 특징은 '행복 이데올로기'이고, 존재론적 특징은 '동화력'이다. 첫 번째 특징인 '행복 이데올로기'는 19세기 부르주아가 만들어 낸 수많은 표현과 텍스트 그리고 도덕적, 사회적, 경제적, 정치적 연구에 표현되어 있다. 그런 '행복 이데올로기'에서 나타나는 특징으로서 '수고의 절약', '선택의 축소', '책임감의 부재'를 들 수 있다.

첫째, '행복 이데올로기'와 떼어 놓을 수 없는 요소는 어떤 사물이나 제품의 소유를 통한 '수고의 절약'이다. '수고의 절약'은 편리함의 중요성과 연관되는 동시에 여가의 중요성과 연관될 수밖에 없다.

둘째, 행복을 위한 편리함의 중요성은 행복의 새로운 구성요소로 이어지는데, 이는 바로 '선택의 축소'이다. 어떤 선택을 해야 하는 상황은 불확실성, 입장 표명, 피곤한 찬반 평가, 반대 의견 등으로 인해 늘 피곤하다. 그러므로 행복해지려면 어떻게 해서든 선택의 고뇌에서 벗어나야 한다. 그리고 여행의 다양성, 상표의 다양성, 물건의 다양성 가운데서 선택의 자유를 누리려면 돈이 필요하다. 따라서 부르주아가 만들어 낸 그런 놀라운 자유. 곧 수많은 신기한 재화 가운데 선택하는 자유의 유일한 단점은 비용이 아주 많이 든다는 것이다. 따라서 사실상 선택에서의 잠재성은 점점 더 확장되는 데도 실제의 선택은 매우 제한되어 있다.

셋째, '행복 이데올로기'는 '책임감의 부재'로 특징지어진다. 부르주아의 '행복 이데올로기'는 책임으로부터 도피하는 것이다. 어떠한 분야에서든 책임은 자신의 인격 전체를 위험에 빠트리고 문제 삼는 것이기에, 행복해지려면 어떻게 해서든 책임을 피해야 한다는 것이다.

이처럼 '행복 이데올로기'는 삶 전체를 망라하는 동시에, 삶 전체에 의미와 가치를 부여한다. 인간은 물질적 환경 속에서 살아가게 되어 있다. 그런 인간이 물질적 환경으로부터 본질적으로 요구하는 것은 바로 '안락'이다. 기술적인 부르주아 사회에서의 모든 생산은 그런 취향과 필요에 따라 방향이 설정된다. '안락'은 가장 낮은 수준에 위치하지만 일상생활에서는 중요한 수준에 위치한다. 특히, '안락'은 광고를 통해 그 이미지를 알 수 있고, 광고로 그 힘이 드러난다. 그런 '안락'에 대한 열망은 가장 평범한 물질적 수준에 위치하지만 실제로는 삶 전체를 결정짓는 것이다.

행복으로부터 자체의 내용과 중요성을 받아들이는 온갖 이데올로기가 떼를 지어 '행복 이데올로기'를 중심으로 자리 잡게 된다. 그 이데올로기들은 행복을 구성하는 요소는 아니지만, 행복 없이는 존재할 수 없다. 그런 이데올로기의 사례로서 '행동의 우위'와 '진보 이데올로기'를 들 수 있다.

우선 '행동의 우위'와 관련하여, 부르주아는 행동의 인간이라는 것이다. 또한 사고 내용이 실행됨으로써만이 그 사고에 중요성과 가치가 부여된다는 것이 애초부터 부르주아의 진정한 입장이다. 따라서 행복은 성공 속에 포함된 것이 아니라 행동 속에 포함되어 있으며, 행동은 그 자체로 가치를 지닌다. 그런 것을 집단적으로 발견한 것이 바로 부르주아이다.

다음으로 '진보 이데올로기'와 관련하여, '진보'라는 개념 전체는 부르주아 계급과 연결되고 부르주아 계급과 뗄 수 없는 부르주아의 현상이다. 따라서 진보와 관련된 모든 것은 부르주아 계급을 나타내는 것이다. 특히, 진보는 부르주아가 생각한 그대로의 행복 실현으로 나아가는 것이다. 또한 인간의 역사는 민주주의와 산업 우선주의 형태로 인간이 행복을 추구하는 역사이다. 이처럼 '행동의 우위'와 '행복 이데올로기' 사이에 연관이 있듯이, 이와 마찬가지로 '행동의 우위'와 '행복 이데올로기' 그리고 '진보'라는 개념 사이에는 연관이 있다.

부르주아의 동화력[132]

두 번째 특징인 동화력은 의도적이든 혹은 비의도적이든 숨겨져 있어 은밀하게 존재한다. 따라서 동화력은 온갖 행동에서, 다양한 이데올로기에서, 여러 제도에서 단지 내비치고 있을 따름이다. 특히, 동화력은 행동과 이데올로기와 제도에 공통분모와 원천 구실을 한다. 그와 동시에, 동화력은 부르주아 계급이 계급으로서의 자신을 보호하는 역량 구실을 한다. 그런 동화력을 통해, 부르주아 계급은 정치권력이나 혹은 종교 권력, 군대, 경찰 같은 전통적이고 계승된 형태로 자신의 보호 방식을 만들어 낸다. 그래서 엘륄은 부르주아의 동화력을 부르주아가 드러내는 결정적 특성으로 간주하면서, 부르주아를 모든 사람 가운데 가장 뛰어난 '동화(同化)시키는 자'로 규정한다.

부르주아 사회를 더 가까이 분석해보면, 부르주아 사회는 모든 분야에서 다른 민족과 시대와 문명에서 도용한 부분과 파편으로 이루어져 있다. 다시 말해, 부르주아는 아무것도 만들어 내지 않고 모든 것을 동화시킨다. 그렇지만 부르주아는 자신에게 속하지 않은 것으로부터 독창적인 어떤 것을 만들어 낸다. 그렇기에, 부르주아 문명을 거대한 내장에 비유할 수 있다. 부르주아 문명은 부르주아의 행동을 통해 부르주아의 목구멍으로 빨려 들어가는 것을 끊임없이 소화하는 내장이라는 것이다. 그러한 부르주아 문명을 통해 나타나는 동화력은 부르주아의 존재 방식이며 존재론적 특성이다. 따라서 부르주아 세계의 총체적인 사회적 맥락 속에 포함됨으로써 특수화된 동화 과정을 통해, 부르주아의 그런 존재 방식은 표현된다. 부르주아는 자신에게 낯선 것을 흡수하고 이런 흡수를 통해 자신의 존재 속에서 강화된다는 것이다. 부르주아의 그런 동화력 가운데서 통합된 듯이 보이는 사례들을 들 수 있다.

첫째, 기독교 교리 전체는 부르주아가 생각하고 믿으며 원하고 만들어 내는 것과 반대된다. 하지만 부르주아는 자신이 그리스도인이라고 선포함으로써, 기독교는 부르주아 계급의 전유물이 된다. 그리하여 기독교는 인간의 행위와 창조물과 의무인 '종교'가 되고, 그 순간 기독교는 인간의 필요에 따라 고쳐질 수 있게 된다. '참된 신앙'은 사라지고, 기독교로부터 긍정적인 것, 곧 매우 유용한 도덕이 보존된다. 결국, '참된 신앙'의 살아 있는 움직임이 원리, 계율, 규범, 명령으로 변모함에 따라, 기독교를 통해 매우 완전하고 효율적인 도덕이 생겨난다.

그리하여 하나님은 도덕을 보증하는 존재가 되고, 도덕을 지키는 동기가 되며, 인간을 감시하고 징벌하는 존재가 된다. 특히, 그런 명령을 유지하기 위해 의무와 도덕으로 한정된 기독교로부터, 부르주아가 몹시 걱정하는 기적과 부활 같은 걸림돌 전체를 제거할 수밖에 없다. 기적과 부활 같은 마법은 쓸모가 없고 불합리하며, 기독교가 현대인에게 어렵게 받아들여지게 하기 때문이다. 그런 까닭에, 기독교는 절도 있고 합리적이며 질서가 잡힌 체계가 될 수밖에 없는데, 그런 상황에서 기독교는 매우 쓸모가 있게 된다. 결국, 부르주아가 기독교 신앙 내부에서 공모자를 얻음으로써만이 기독교의 그런 근본적인 변동이 가능했다.

둘째, 모든 경우에서 부르주아는 광장에서도 공모자를 얻는다. 이는 프랑스 대혁명을 흡수하고, 기성 체제에 대한 항의를 흡수하며, 좌파를 흡수하는 경우에서도 마찬가지이다. 처음부터 부르주아 계급은 거부를 불러일으킨다. 그래서 부르주아 계급에 맞서 혁명 세력, 사회주의, 공산주의, 노동자 운동이 일어나고, 지적이고 미학적인 비판도 제기된다. 예술은 온통 부르주아적 사고방식에 대항하여 들고 일어서며, 지식인은 부르주아를 비난한다. 그런데, 모든 것이 점차 부르주아 사회 속에 다시 흡수된다. 즉, 모든 것이 점차 패배당하고 오염되며 소유되고, 결국 부르주아에 의해 장악된다. 그리하여 거의 모든 대규모 운동도 부르주아화되고 부르주아 사회에 쓸모가 있게 된다.

물론, 계급으로서의 부르주아 계급, 그리고 이 계급의 대표자로서의 부르주아는 점차 박탈당하고 제거된다. 하지만 부르주아 계급이라는 특별한 집단이 퇴조함에 따라, 부르주아는 자기 삶의 방식, 세계관, 존재 방식, 가치를 이루었던 모든 것을 자신의 뒤를 잇는 사람들에게 전파한다. 물론, 그 사람들은 부르주아를 대체한다고 주장하지만 실제로는 단지 부르주아의 뒤를 이을 따름이다. 따라서 전반적으로 부르주아적인 사회가 부르주아 계급의 뒤를 잇게 된다.

부르주아의 계승자로서의 기술전문가[133]

현시대에서 부르주아는 자체의 계급적 특수성에 있어서는 사라진 상황이다. 그래서 누가 부르주아를 계승하여 부르주아 사회의 리더십을 차지하고 있는지 찾아야 한다. 부르주아는 소멸했고 해체되었으며, 객관적으로 부르주아는 더는 존재하지 않는다. 그렇기 때문에, 중요한 점은 부르주아 집단이 지속된다는 것이 아니라 이 집단이 계승되고 보편화된다는 것이다. 따라서 가장 깊은 특성상 현대인은 바로 부르주아의 계승자이며, 현대 기술 사회는 일반화된 부르주아적 색조로 덧칠되어 있다. 이제 부르주아적 가치와 모델과 이상과 마찬가지로 부르주아 정신이 보편적인 정신이 되었다는 것이다.

특히, 합리성, 기술의 발전, 도덕적 상대성, 생산성, 행복에 대한 권리 추구, 사회 관리에서의 국가의 우위 등이 사회·경제적 분야 전체에서 부르주아의 유산을 드러낸다. 이처럼 부르주아 계급은 자신의 이데올로기와 존재 방식을 모두에게 전달한다. 더욱이, 부르주아 계급은 사회 전체에 자신의 이상과 장악 방식을 전파하는 식으로 완전한 '동화'를 달성한다. 물론, 부르주아 계급은 계급으로서는 해체되어 식별할 수 없게 됨으로써 더는 지배계급이 아니다. 그런데 그런 순간에도, 부르주아 계급은 사회 전체에 자신의 사고 체계를 확립하는 식으로 완전한 '동화'를 달성한다. 따라서 부르주아 계급이 완전한 '동화'를 달성한 것은 부르주아 계급이 지배계급으로서 존재했을 때가 아니다. 그렇기에, 그런 식으로 완전한 '동화'를 달성한 것은 부르주아의 대단한 업적이며 승리이다.

부르주아의 그런 존재 방식을 현대 기술 사회의 모든 현대인에게 옮기는 데 완벽한 매개 수단이 된 것은 바로 '행복 이데올로기'이다. 현대인은 기술·경제적으로 결정지어짐으로써 형성된다. 그런 현대인은 그런 상황에 완벽하게 적응된 '행복 이데올로기'를 받아들일 수 있다. 그리하여 '부르주아적 행복'과 '행복 이데올로기'는 모든 것에 대한 모델 구실을 하게 된다. 특히, 현대인의 상황이 어떠하든 '행복 이데올로기'를 통해 현대인 모두가 그것의 수혜자나 피해자가 되는 전반적인 전염이 가능해진다. 결국, 실제로 현대인은 부르주아 계급으로부터 물려받은 현대 기술 사회에 살고 있으며, '부르주아 세계'에서 살고 있다.

현대 기술 사회에서 부르주아의 역할을 맡은 것은 바로 기술전문가이다. 현시대에서 기술전문가의 활동은 부르주아의 활동과 동일한 특징을 드러내며, 부르주아가 만들어 낸 사회를 실현하기 위해 예전의 부르주아와 동일한 기능을 맡게 된다. 넓은 의미에서, 기술전문가는 예전의 지식인 역할을 떠맡은 동시에 적극적인 부르주아의 역할을 떠맡고 있다는 것이다. 기술전문가는 새로운 개념과 다른 사고 유형을 사용하지만, 근본적으로 부르주아적 여건을 간직하며 자신의 존재 방식을 다시 만들어 낸다. 그 때문에, 기술전문가나 기술 관료는 무엇보다 부르주아처럼 '동화(同化)시키는 자'이다. 부르주아는 모든 것을 흡수한 후에 어떤 분열이나 비일관성과 더불어 그 모든 것을 남겨 놓는다. 기술전문가는 부르주아가 그렇게 남겨 놓은 모든 것을 통일시키려는 작업을 시작한다. 그리하여 모든 것이 어떤 체계 속에 잘 동화되지만, 그럼에도 체계 내부에는 어떤 비일관성과 모순 가능성이 존속한다. 기술전문가가 역할을 떠맡은 곳은 바로 그 지점이다.

현대 기술 사회는 부르주아 계급의 중심 특징이던 특징을 다시 취한다. 그 중심 특징은 부르주아 계급 자신이 만드는 세상에 부여하기를 원한 특징이다. 또한 그 중심 특징은 부르주아 계급이 소멸되어 가면서도 부르주아 계급으로 하여금 부르주아 사회를 생겨나게 할 수 있던 특징, 곧 '통합력'이다. 현대 기술 사회의 그런 특징은 다섯 가지 측면으로 나타난다. 첫째, 모순되는 요소가 더는 결코 용납되지 말아야 하고, 더 이상의 모순이 포함되지 말아야 한다는 것이다. 둘째, 소수자는 와해되어야 하고, 긴장은 완화되어야 한다는 것이다. 셋째, 여가는 기술적이 되어야 하고, 노동은 여가로 귀결되어야 한다는 것이다. 넷째, 대립은 의미가 없어지며, '행동' 이외에는 아무것도 더는 의미가 없다는 것이다. 다섯째, 사회를 강화하고 발전시키는데 새로운 요소와 요인을 사용해야 한다는 것이다.

현대 기술 사회의 기술화를 통해서도 부르주아 계급이 추구한 결과는 다음 같이 나타난다. 즉, 부르주아적인 흡수는 엄밀하게 통일된 구성으로 귀결되고, 나타나는 모순은 반드시 전체에 통합된다는 것이다. 따라서 그런 통일이나 통합을 통해서만 어떤 것에 대한 설명이 가능할 따름이다. 기술전문가의 일은 바로 그러하다. 그런데, 기술적이며 부르주아적인 과정을 통해 마지막으로 만들어진 놀라운 일은 다음 같은 것이다. 즉, 그 자체로 통합되지 않으면서도 쓸모없는 쓰레기에 불과한 '전적 타자'인 하나님을 제거한 것이다.

7장 엘륄의 기술 사상

1. 기술 사상에 대한 평가

현재의 관심사와 인간을 해방하는 힘

 기술 현상과 기술 체계에 대한 분석, 그리고 기술 담론에 대한 비판과 관련된 평가를 통해, 현시대에서 엘륄의 기술 사상이 지닌 위상을 가늠해 볼 수 있다.

 첫 번째 평가는 기술 비판에 대한 엘륄의 사상이 현재에도 여전히 관심사가 되고 있다는 것이다. 현재에도 여전히 관심을 끄는 기술과 관련된 그의 저서들이 그 특성을 유지하는 요인 중 하나는 그 저서들에서 나타나는 그의 예언자적 측면이다.

 특히, 그는 기술에 호의적인 프랑스 철학자 질베르 시몽동 Gilbert Simondon과 대비된다. 시몽동은 인간과 기술의 결합이나 인간과 기계의 결합에 대해 고찰하면서, 인간을 기술 체계 속에 가장 잘 통합시키는 데 그 목적이 있는 철학적 제언을 제시한다. 반면에, 기술과 관련하여 엘륄이 주장하는 바는 시몽동의 고찰과 근본적으로 다르다. 그래서 그는 시몽동이 시도하는 그런 속임수에 결코 넘어가지 않으면서 그 속임수를 끊임없이 고발한다. 그 속임수는 바로 인간이 기술과 기술 환경에 적응하면 기술이 인간의 좋은 하인이 된다는 것이다.

 엘륄은 그것이 명백한 속임수이며 기술이 진정한 주인이 된다는 점을 강조한다. 기술의 힘이 평범한 인간을 마비시키고 분해시키면서 모든 인간사에 개입하고, 기술적 정신 상태는 모든 것을 오염시킨다고 비판한 것이다. 더 나아가, 엘륄의 연구 작업은 인간과 자연의 근본적인 변화 앞에서의 대책으로서 20세기 철학의 다양한 해답과 관점, 곧 기술 앞에서 철학자들이 취하는 다양한 온갖 반응과 소통한다. 그뿐 아니라, 그가 기술 현상에 대한 비판에서 남긴 공헌은 그 중요성이 객관적으로 인정된다.[134]

두 번째 평가는 엘륄의 기술 사상은 인간을 해방하는 힘이라는 것이다. 그는 기술과 기술 체계에 대해 철저한 비판을 하면서 그 비판에서 중요한 역할을 한다. 그뿐 아니라, 커뮤니케이션 영역이나 사회에 대한 문화적 분석 같은 영역에서도 중요한 역할을 한다고 평가된다.[135]

특히, 엘륄의 장점은 그가 기술의 테러리즘이 결국 패배한다고 말하기 위해 모든 가능한 수단을 찾으면서 기술의 테러리즘에 맞서 싸우는 반(反)테러리스트이면서 확신에 찬 휴머니스트라는 것이다. 따라서 그의 사상에서 드러나는 장점은 그가 전능한 모습 가운데서 활동하는 기술의 테러리즘을 예리하게 분석한다는 데 있다. 그의 그런 분석은 아무도 피해갈 수 없는 기술이라는 탐욕스러운 신의 무서운 모습을 드러내는 것을 목표로 한다. 바로 그 때문에, 그 분석은 그의 사상이 지닌 인간을 해방시키는 힘을 입증한다.[136]

'탈성장' 이론의 토대와 '탈성장'의 선구자

세 번째 평가는 기술과 관련된 엘륄의 사상이 '탈성장'[137] 이론의 토대가 된다는 것이다. 물론, 기술의 '절대적 자율성', 지나치게 자율화된 기술 체계, 진보에 대한 비판 같은 그의 분석에 대해서는 여러 비판이 따른다. 하지만 지금이야말로 물질과 에너지 배출의 감소가 없는 '지속가능한 성장'이라는 개념을 문제 삼으면서 '탈성장'의 필요성을 인정해야 할 때이다. '탈성장'만이 인류를 혼돈으로부터 구할 수 있으므로 '탈성장' 외에는 다른 선택이 없다는 것이다.

따라서 '탈성장'으로의 방향 전환이 이루어질 때, 엘륄의 기술 사상에 대한 이해가 새롭게 될 뿐 아니라, 기술에 관한 그의 도덕주의적 분석 및 급진적이고 일방적인 특성에 대한 비판은 수정될 수 있다. 결국, 기술 비판과 관련된 그의 도덕주의적 면모에는 통찰력이 있을 뿐 아니라, 기술에 대한 도덕적 고찰과 기술 사회에 대한 비판이 그에게는 분리되지 말아야 한다.[138]

네 번째 평가는 엘륄이 기술과 관련된 깊은 통찰력을 지닌 사상가이자 '탈성장'의 뛰어난 선구자로 간주된다는 것이다. 그는 서구 사회의 기술적 과도함과 성장과 발전에 대해 서슴지 않고 비판하면서, 기술적으로 가능한 모든 것이 이루어지고 어떤 도덕적 제어도 기술을 저지하지 못한다고 주장한다. 또한 기술 체계의 전체주의를 분석함으로써, 인간이 무자비하고 돌이킬 수 없는 전체적인 체계를 향해 어쩔 수 없이 나아감을 보여준다. 그런데, 이를 통해 '기술적 전체주의'라는 개념이 부각된다. 따라서 기술의 완벽함을 과대평가하지 말아야 하고, 경제 위기와 환경적인 비극과 기술적인 재난을 통해 기술의 전능함에 대해서도 문제 삼아야 한다. 결국, '기술적 과도함'과 '기술적 전체주의'에 대한 그의 비판은 환경 위기와 문명 붕괴에서 벗어나기 위한 '탈성장' 프로그램의 주요 부분이 된다.[139]

2. 기술 사상의 적용 - 금융위기[140]

금융위기의 원인에 대한 규명[141]

엘륄의 기술 사상을 통해 금융 거품의 형성 가운데 작동하는 메커니즘, 특히 2007년에 촉발된 전 세계적 금융위기의 원인을 규명해 볼 수 있다. 우선, 금융 분석가들이 일반적으로 무시하는 기술적 요인의 중요성을 강조해야 한다. 엘륄은 2000년의 미래 사회에서 나타날 가능성이 있는 네 가지 중요한 현상 혹은 위기를 제시한다. 그중 하나가 바로 부채 누적의 결과로 인한 서구 세계의 일반화된 금융 파산 가능성이다.[142]

그런데, 개인 부채와 공공 부채의 누적에서 비롯되는 심각한 파열이 실제로 이루어졌고 지금도 지속되고 있다. 그런 상황에서, 금융 거품의 형성 및 금융위기 원인의 형성 가운데 작동하는 메커니즘을 규명하는데 엘륄의 기술 사상이 기여하는 바는 분명히 결정적이다. 또한 그의 기술 사상은 금융위기의 원인에 대한 분석을 넘어서서, 금융 시장 작동의 결함을 교정한다고 흔히 여겨지는 행정명령 조치에 대한 비판적 도구 구실을 할 수 있다.

하지만 2007년에 일어난 금융위기에서 기술의 비중을 그와 같이 드러내려고 한 어떠한 연구도 이전에는 없었다. 기술, 특히 정보처리기술은 금융 시장 변화의 결정적인 요소였고 지금도 그런 요소로 남아 있다. 그런데, 엘륄이 끊임없이 확인했듯이, 그 요소는 긍정적인 결과와 부정적인 결과라는 반드시 양면적인 특성을 띤다. 그래서 긍정적인 결과와 부정적인 결과를 구분하고 나서, 금융 기술화의 결과들을 설명하기 위해 엘륄적인 분석으로부터 착상을 얻을 수 있다.

더 나아가, 기술이 차지한 과도한 위상을 저지하는 방법과 수단에 대해 검토하기 위해, 엘륄이 제시한 분석 도구와 고찰을 그 실마리로 활용할 수 있다.

금융 시장에서의 기술의 지배적 위상[143]

기술의 영향 아래에 있는 금융 시장을 분석해보면, 최근 수십 년간의 변화로서 기술에 의해 금융 시장 조직이 완전히 변모되고, 파생상품이 발전하며, 파생상품의 복잡성이 고도로 증대된 것이 드러난다. 그런 상황에서, 금융 시장 조직에서의 기술의 부정적 결과는 주로 두 가지로 나타난다.

첫째, 무한한 힘의 경쟁이다. 컴퓨터가 지닌 힘뿐만 아니라 금융 시장 조직이 지닌 힘은 효율성의 증가에 대한 집착에서 늘 생겨난다. 일례로, 이는 수학자와 연구자를 채용하여 가능한 한 정교해진 체계를 만들어 내려고 은행들이 앞다투어 벌이는 가차 없는 경쟁이다.

둘째, 위험의 증가이다. 우선, 정보처리기술 도구 자체의 장애 위험인데, 결함이 있는 체계를 대체할 수 있고 비용이 많이 드는 백업체계를 구축함으로써만 정보처리기술 도구를 보호할 수 있다. 물론, 그런 위험이 금융 시장에만 있는 것은 아니지만, 금융 시장에는 두 가지 종류의 특유한 위험이 있다.

첫 번째 위험은 인간적 오류이다. 예를 들어, 투자자가 자신의 단말기에 매수 주문을 입력할 때 저지르는 오류이다. 투자자가 자신의 오류를 알아차리기도 전에 주문은 처리되고 이를 통해 끔찍한 결과가 생겨날 수 있다.

두 번째 위험은 주문의 자동 처리를 맡는 '알고리즘'algorism 개념의 오류이다. 알고리즘 개념의 오류는 금융 시장에서 가장 눈길을 끈 사건의 원인이 된다. 이는 2010년 5월 6일에 뉴욕 증권거래소에서 일어난 사건이다. 알고리즘 개념의 장애 때문에 41억 달러에 해당하는 주문이 20여 초 만에 이루어지자, 이 주문으로 유발된 다른 주문들의 자동 처리 과정을 통해 몇 초 만에 주가지수의 10%가 폭락한다. 그리하여 주문의 자동 처리의 영향을 받아 주가지수가 반등하기도 전에 1조 달러의 주식 시가 총액이 증발해 버린다. 따라서 부화뇌동이 일반화된 금융 시장에서 기술이라는 도구의 지배는 특히 위험한 것으로 드러난다. 결국, 투자를 결정하기 위해서든, 투자의 가치를 높이기 위해서든, 기계에 대한 맹목적인 신뢰와 기술에 대한 신성화에는 반드시 위험이 따르기 마련이다.

    이처럼 금융 시장에서 기술이 차지한 지배적 위상은 계속 증대하고 있다. 여기서 엘륄의 기술 사상이라는 선별 수단을 통해 금융 시장에서의 기술의 그런 위상을 분석함으로써 세 가지 사실을 입증할 수 있다.

    첫 번째 사실은 금융 시장에 대한 기술의 지배력은 외부의 도움 없이 스스로를 키워나간다는 것이다. 이를 '자가 양육' 현상이라고 할 수 있는데, '자가 양육'은 엘륄이 기술적 진보의 특징 중 하나로서 제시한 '자가 증식'이라는 개념과 상통하는 표현이다. 그런 '자가 양육' 현상은 금융 시장의 작동과 관련하여 세 가지로 나타난다. 첫째, 기술이라는 도구의 발전을 통해 '트랜잭션처리시스템'의 발달이 초래된다. '트랜잭션처리시스템'이란 거래 데이터가 발생할 때마다 단말장치에서 입력하고 처리를 하여 그 결과를 되돌려주는 방법에 의한 데이터 처리 방식을 가리킨다. 따라서 '트랜잭션처리시스템'은 기술이라는 도구에 부여해야 할 새로운 차원을 반드시 필요하게 만든다. 둘째, '자가 양육'은 그 현상의 책임자가 진정으로 누구인지를 결정지을 수 없다는 사실을 통해 나타난다. 셋째, '자가 양육'은 기술적 발전에서 생겨난 금융 시장에 의해 점진적으로 얻어진 자율성을 통해 나타난다.

두 번째 사실은 금융 시장이 사회적 기능과 멀어진다는 것이다. 주식시장과 금융상품 변화의 공통점은 각각 자체의 목적을 자체 안에 마침내 형성한다는 데 있다. 따라서 그 자체로 주식시장은 매매 실행이라는 유일한 기술적 특성을 통해 자율적으로 이윤을 주도하는 것이 된다. 그런데, 이는 타당한 매입 판단이나 혹은 매도 판단 가운데서 더는 이루어지지 않는다. 파생상품도 위기관리 도구의 위치에서 위험 생성 수단의 위치로 넘어간다. 또한 어떤 금융 수단은 경제의 자금조달 및 자금조달 당사자의 사회적 기능에 심각한 대혼란을 야기할 수 있다. 예를 들어, 은행업자의 사회적 기능은 경제에 유동성을 주입하는 것으로부터 '신용 재료'를 만들어 내는 것으로 변해갔다. 그런데, '신용 재료'는 자신의 유동자산의 이익을 위해 수익을 추구하는 투자자 곁에 있는 투자 금융 수단에 내재되어 있다. 이처럼 2007년과 2010년의 금융위기의 주된 원인은 우선 과도한 개인 부채이고, 다음으로 과도한 공공 부채라고 할 수 있다.

세 번째 사실은 금융정책이 지배력을 상실했다는 것이다. "정치와 기술 사이에 갈등이 있다면 반드시 패배하는 것은 정치이다."[144] 라는 엘륄의 견해처럼, 온갖 위치에 있는 정치인 모두가 기술적 진보에 계속 집착하는 데 대한 우려가 생겨날 수밖에 없다. 2007년부터 전개된 금융위기를 통해 생겨난 결과에 비추어 볼 때, 그리고 경제계와 금융계에 대한 기술의 지배를 통해 생겨난 결과에 비추어 볼 때 정치의 무력함이 드러난다. 물론, 그 모든 일탈이 그런 현상에서 비롯된다고 할 수는 없다. 즉, 통제되지 않는 공공 부채 증가의 책임을 기술에만 전가할 수는 없다는 것이다. 하지만 지금으로서는 단지 기술에만 책임을 돌릴 수 있는 금융상품의 고도의 복잡성 증대를 통해, 정치는 지금 진행 중인 일탈을 간파할 능력을 상실해 있고, 일탈의 위험을 재는 능력을 상실해 있으며, 일탈의 해로운 결과를 제한할 능력을 상실해 있다. 따라서 그 모든 다양한 분야에서 정치는 상황을 통제하고 방향을 설정할 수 없는 것으로 나타난다.

3. 기술 사상의 적용 - 기술적 진보[145]

기술적 진보와 관련된 사건들[146]

팬데믹으로 전 세계를 재앙에 빠뜨린 '코로나19' 바이러스가 중국의 실험실에서 인위적으로 만들어졌다는 음모론이 제기된 적 있다. 그 음모론이 사실이 아니라면 다행이지만, 만일 사실이라면 앞으로 인류에게 큰 재앙이 될 끔찍한 일이다. 따라서 기술적 진보의 영향력과 관련하여, 21세기 초에 벌어진 몇몇 불안한 사건으로서 유전공학의 일탈, 실험실에의 슈퍼바이러스 생성, '밀실 생명공학'에 대해 문제를 제기할 필요가 있다. 또한 인류의 행복을 위해서라면 그런 기고만장한 연구에 대해 최소한의 제한도 둘 필요가 없다는 주장을 반박할 필요가 있다. 다른 모든 동기와 무관하게 "이루어질 수 있는 모든 것은 이루어질 것이다."라고 선언하는 기술 문명의 근본 법칙이 거기서 발견되기 때문이다.

따라서 엘륄의 기술 사상에 근거하여 21세기 초에 벌어진 몇몇 불안한 사건의 진상을 파악해 볼 수 있다. 하지만 주제가 너무 방대하기에 여기서는 엘륄이 제시한 기술의 자율성, 기술적 진보의 양면성, 인과적 발전과 궁극목적의 부재 같은 몇 가지 문제만 살펴보는 데 한정하고자 한다.

2002년 소아마비 바이러스를 합성하는 데 성공하고, 2003년에는 스페인 독감 바이러스가 다시 만들어지며, 천연두 바이러스를 합성하는 데 이론적으로 2주도 걸리지 않게 된다. 그런데, 천연두, 스페인 독감, 소아마비는 과거에 인류가 고통과 죽음의 심한 대가를 치렀기에 인류가 제어하기를 바란 3대 자연 재앙이다. 하지만 천연두는 여전히 창궐하고 있으며, 독감 바이러스의 변화는 늘 인간을 불안하게 한다. 사람들이 박멸하기를 원한 그 바이러스들이 유전공학을 통해 다시 만들어지는 것이다. 그 바이러스들을 현재 사용할 수 있는 백신에 저항하게 만드는 것이 완전히 가능하기에, 그 모든 것은 극히 염려되는 일이다. 더욱이, 돼지 독감과 조류독감에서 분리된 바이러스를 기초로 슈퍼바이러스가 만들어진다. 그 슈퍼바이러스는 전염성이 무척 강하고 치명적이어서, 수백만 명에게 피해를 입히는 공공 재난을 초래할 수도 있으며 생물학 무기를 만드는데 소용될 수도 있다.

2008년 영국에서 현재의 '인간생식배아 법안'이 통과된 이후, 배아 생식과 배아 연구에 대한 의료 지원을 맡은 영국 최고 기관의 정식 허가를 받아, 155개의 '인간 동물'[147] 잡종 배아의 생산이 이루어진다. 달리 말해, 동물의 난자와 인간의 정자로부터 잡종을 생산하게 된 것이다. 또한 인간의 세포가 미리 적출된 동물의 난자에 이식되는 경우 '세포질체잡종'(細胞質體雜種)이 되고, 인간이나 동물의 배아나 혹은 세포가 서로 융합되는 경우 '키메라'[148]가 된다. 그 때문에, 그런 종류의 연구, 특히 영장류의 뇌 속에 이식된 인간의 줄기세포 실험에는 더 주의 깊은 관리가 요구된다.

따라서 그런 연구를 통해 일반적인 몇 가지 질문이 제기된다. 즉, "어떤 방향으로, 어디까지 인간은 과학적이고 기술적인 진보의 길을 이끌어 가야 하는가?", "인간의 비인간화 혹은 동물의 인간화인가?", "기술적 진보의 궁극목적은 무엇인가?", "기술적 진보가 인류의 행복을 이루어내는 것이라면, 왜 기술적 진보는 그토록 많은 폭력과 죽음의 도구의 빌미가 되는가?"라는 질문이다. 그런 질문들에 답하고 앞에서 언급된 몇 가지 사건을 해석하기 위해, 엘륄의 기술 사상을 거기에 적용해 볼 수 있다.

기술의 단일성과 기술의 양면성[149]

현재의 그런 불안한 사건들과 현대의 복잡한 현실을 이루는 많은 다른 사건을 이해하기 위해, '기술의 단일성'과 '기술의 양면성'이라는 엘륄의 두 가지 개념을 취할 수 있다. 우선, 기술에 내재된 특성으로서 '단일성'이란, 기술로부터 이러저러한 요소를 분리할 수 없다는 것이다. 또한 기술의 어떤 요소는 유지될 수 있고 다른 어떤 요소는 제외될 수 있다는 식으로 기술의 다양한 요소 사이에 구분할 수 없다는 것이다.[150] 각 부분이 다른 부분을 떠받치고 강화하면서, 또한 어떤 요소를 제거할 수 없이 연계된 현상을 이루면서, 기술들 각각의 작동 방식은 하나의 전체를 형성하도록 서로 결합한다.[151] 따라서 기술의 나쁜 면을 없애고 좋은 면을 간직하려는 희망은 환상에 불과하며, 이는 기술 현상이 무엇인지 모르는 것이다.

다음으로, '기술의 양면성'이란 주변 현실에 대한 긍정적이고 부정적인 영향으로부터 감지할 수 있는 기술의 외적 특성이다. 기술의 완전히 기본적인 측면에서 '기술의 양면성'은 기술에는 좋은 결과나 혹은 나쁜 결과가 있을 수 있다는 점에 있다.[152] 달리 말하면, 기술의 좋은 결과와 나쁜 결과는 분리할 수 없다는 것이다.

그리고 기술은 중립적이지 않다. 다시 말해, 사람들이 기술을 어떻게 사용하기를 원하든 간에, 기술은 상당수의 긍정적인 결과나 혹은 부정적인 결과를 그 자체로 포함한다. 비록 그 의도가 인간적이더라도 모든 산업과 기술에는 군사적 가치가 있기에[153], 인간의 선한 의도로는 충분하지 않다. 특히, 사회는 기술의 필연성을 따라가므로, 기술이 사용될 때 거기에는 개인의 의향이 개입할 여지가 없다.

여기서 "기술의 궁극목적은 인간의 행복인가?"라는 질문이 제기된다. 이 질문에 대한 엘륄의 대답은 기술은 궁극목적을 따르지 않는다는 것이다. 기술은 표면상의 목표나 혹은 암묵적인 목표를 추구하지 않고, 순전히 인과적인 방식으로 변한다. 또한 앞선 기술적 요소들의 결합을 통해 새로운 기술적 요소들이 제시된다. 인간은 미래에 대해 판단력이 마비된 상황 속에 있고, 완전한 인과관계의 영역 속에 있다. 그리고 인간의 단편적인 행동들 사이에 또한 인간의 모순들 사이에 연계를 만들어 내는 것은 바로 기술의 자가 증식이다. 따라서 조정하고 합리화하는 것은 더는 인간이 아니라 기술의 내적 법칙이다. 더욱이, 기술에 내재된 단일성만이 수단과 인간의 행동 사이에 일관성을 보장해 준다.[154]

결국, 이해하기 어려운 그 불안한 사건들을 파악하고 현 세상의 합리성을 이해하려면 기술의 합리성을 알아야 한다. 기술이 적용되는 어떤 분야에서 합리적 과정과 마주치는데, 기술은 자발성과 비합리성에 속하는 것을 메커니즘에 종속시키는 경향이 있다. 다시 말해, 기술은 자체의 활동으로부터 어떤 개인적 창의성이든, 어떤 비합리적인 것이든 배제한다.

8장 나오는 말

 엘륄은 오늘날의 사상가 대다수보다 현시대를 더 명확히 밝혀준다. 점점 더 해체되고 복잡해지며 파악할 수 없는 이 세상에 대해 숨겨진 논리를 폭로한다는 것이다. 이 세상에는 기후 온난화, 생물 다양성 붕괴, 환경 오염, 에너지 자원 고갈, 물 부족, 열대 우림 소멸 같은 인간을 위협하는 전 세계적 환경 재난이 끊임없이 벌어지고 있다. 또한 광우병, 유전자 변형 식품, 석면 공해, 핵폐기물, 사고 위험 공장, 전파기지국, 알레르기의 급증, 동물 복제, 대유행 전염병 같은 많은 위기가 반복되고 있다. 그리고 불특정 대중을 대상으로 하는 돌발적 테러가 자주 일어나고 있다. 그 모든 현상은 우리를 불안하게 한다. 우리는 그 모든 현상에 대해 그것이 단지 기능장애나 혹은 역기능과 관련된 것이 아니라, 더 심각하고 깊은 어떤 것과 관련된 것임을 직감한다.[155]

 엘륄은 그 모든 현상을 예상하면서 그 근본 원인으로 '기술'을 든다. 특히, 그는 기술적 진보를 통해 인간에게 주어지는 혜택이 끊임없이 과장된다고 하면서, 그런 기술적 진보가 주체가 없는 과정이 되었다고 지적한다. 기술은 독자적으로 앞으로 나아가는 맹목적인 힘이 된 것이다. 특히, 기술은 자체의 성공과 마찬가지로 자체의 실패도 함께 품으면서 자체의 원리에 따라 자가 증식한다. 기술은 인간을 해방한다고 하지만 실제로는 논란의 여지가 없는 확고한 힘이 되어 버린다. 따라서 기술은 판단 받는 것을 받아들이지 않고, 모든 민주적 통제에서 벗어난다. 그리하여 기술은 자연 자원을 고갈시키고, 사회 내부에서 진정한 기술 체계를 형성한다. 결국, 기술은 인간이 지닌 가장 소중하고 취약한 것인 '자유'라는 측면에서 인간을 위협한다.

따라서 세상을 이끌어 가는 것은 경제도 정치도 아니고 윤리적 가치나 혹은 정신적 가치도 아니다. 또한 사회의 다른 모든 측면을 결정짓고 자체의 논리에 따라 그 측면들을 재구성하며 인간 자신을 점차 개조하는 것은 바로 기술이다. 엘륄은 그런 현대 기술의 특성 가운데 특히 두 가지를 내세운다. 그중 하나는 기술의 단일성 혹은 기술의 양면성이다. 기술의 긍정적 사용만을 간직하기 위해 기술의 긍정적 사용과 부정적 사용을 분리할 수 없다는 것이다. 또한 기술의 긍정적 사용과 부정적 사용 전체를 떠맡을 수밖에 없다는 것이다. 다른 하나는 기술의 자가 증식 혹은 기술의 자율성이다. 기술은 인간의 결정적인 개입 없이도 발전하고, 그 자체가 자가 생산을 한다는 것이다. 그리고 기술은 모든 궁극목적을 상실한 채 수단이 목적이 됨으로써 단지 인과적이 된다는 것이다.

그런 점에서, 엘륄 사고의 핵심은 기술에 대한 추구, 곧 모든 분야에서의 가장 효율적인 수단에 대한 추구가 현대 사회의 관건을 이룬다는 것이다. 인간은 기술을 사용한다고 믿고 있으나 오히려 기술을 섬기는 것이 인간이다. 인간은 자신이 만들어 낸 도구의 도구가 된 것이다. 인간은 현대 기술 사회에 살고 있는데, 그 속에 기술 체계가 자리 잡은 현대 기술 사회는 점점 더 기술 체계와 혼동된다. 기술 현상은 자율성, 단일성, 보편성, 전체화로 특징지어지며, 기술적 진보는 자가 증식, 자동성, 인과적 발전, 양면성으로 규정된다. 기술 체계는 그러한 기술 현상과 기술적 진보의 결합으로 만들어진다. 하지만 현대 기술 사회는 기술 체계로 단순화되지 않고 둘 사이에는 긴장이 존재한다. 마치 암이 인체에 속해 있듯이, 기술 체계는 현대 기술 사회에 속해 있다.

결국, 기술은 신격화된 기술이 되어 버리고, 권세와 동일시되는 기술이 되어 버린다. 그래서 엘륄은 "우리를 굴종시키는 것은 기술이 아니라 기술에 전이된 신성함이다."[156)]라는 표현을 쓴다. 그 표현을 달리 나타내면, "우리를 굴종시키는 것은 '기술'이 아니라 '신성화된 기술'이다."라고 할 수 있다. 이처럼 오늘날 기술은 위상이 근본적으로 바뀌었기 때문에, 오늘날 기술은 예전의 기술과 완전히 다르다. 예전에는 기술이 일련의 수단이었을 따름이었다. 그러나 19세기 이후부터 오늘날 기술은 예전에 자연과 마찬가지로 하나의 환경이고, 인간이 잠시 어떤 진정한 통제도 가할 수 없는 자율적인 과정이며, 신성화된 세계이다. 그리하여 기술은 인간의 새로운 환경이 되고, 인간은 주체적으로 기술을 더는 사용하지 못하며 기술의 충직한 하수인이 된다. 특히, 정보처리기술 혁명을 통해 이런 과정은 더욱 가속화될 따름이다. 또한 컴퓨터 때문에 기술은 더는 단지 환경이 아니라 체계가 된다. 정보처리기술은 모든 기술을 망으로 연결함으로써, 기하급수적인 성장을 초래하면서 어떤 분야에서의 기술적 혁신이 체계 전체에 반향을 일으키게끔 한다.

하지만 그와 마찬가지로, 고장이나 혹은 재앙이 어떤 영역에 영향을 미치면, 체계 전체가 위협을 받게 된다. 그 때문에, 인간이 사는 현대 기술 사회는 여태껏 존재한 가장 강한 사회인 동시에 가장 취약한 사회이다. 그런 과도한 가속화와 혁신을 향한 질주 속에서 현대인은 아마도 자기 조상들보다 더 강하기는 하지만, 더는 자유롭지 않은 상태에 있다. 그런데도, 인간의 자유는 현대 기술 사회에서 끊임없이 예찬된다. 더욱이, 끊임없이 밀려드는 흥미 없는 정보 속에 빠진 오늘날의 인간은 기술에 의해 제압당하고 현혹된다. 결국, 현대인의 소외는 기술에 연관된 것이 아니라 기술적 신성함에 연관되어 있다. 기술이라는 냉혹한 우상을 위해 현대인은 자신의 삶을 희생한다는 것이다.

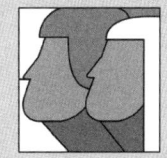

제2부

현대 기술 사회에서의 선전과 정치

1장 들어가는 말

엘륄은 기술에 대한 비판적 분석을 토대로 현대 기술 사회에서의 선전이라는 현상 및 선전의 영향과 폐해에 대해 분석한다. 현대 기술 사회는 선전이라는 수단에 의뢰한다. 그런데, 이는 인간이 자신의 본성과 맞지 않는 새로운 상황을 견디고 그 상황을 열망하도록 하기 위함이다. 따라서 세상에 대한 인간의 관계를 깊이 변화시키고 인간 삶의 방식을 깊이 변화시키려면 '통합 선전'이 필요하다. '통합 선전'이란 전체주의적 정치적 선전으로서 작동하는 교묘하게 효율적인 선전을 말한다.

하지만 그런 선전에 대해 주로 책임이 있는 것은 현대 기술 사회에 더 잘 통합되기 위해 언제나 선전을 더 요구하는 피선전자이다. 광고는 그런 사회적 선전의 유일한 매체가 아니다. 정보와 학교도 광고와 동등한 힘을 지닌 사회적 선전의 매체이다. 이처럼 엘륄은 '선전'이라는 용어를 일반적으로 받아들여지는 것보다 더 넓은 의미에서 사용한다.

선전에 대한 분석에 이어, 엘륄은 현대 기술 사회에서 정치의 역할과 위상을 분석한다. 특히, 그는 기술이 현대 사회의 결정적 요인이라면 정치는 구경거리일 따름이라고 지적한다. 하지만 그런 지적은 "모든 것이 정치적이다."라는 슬로건이 지배하던 그 당시에는 묻힌 채로 들리지 않게 된다.

그렇지만 정치와 관련된 엘륄의 메시지는 결과적으로 국가의 지배를 강화하기만 할 따름인 탈(脫)정치를 옹호하는 것과 거리가 멀다. 그의 메시지는 국가라는 괴물 앞에서 개인적 저항의 힘을 복원하는 것을 목표로 삼고 있다. 인간에게 존재한다는 것은 저항하는 것이다.[157] 따라서 '사회적 통합'이라는 전체주의적 시도에 맞서 '긴장'을 키워나가야 한다. 엘륄의 견해로는 오래전부터 민주주의가 사라진 상황에 있다. 비록 민주주의가 사라졌다 하더라도 이제 민주주의에 새로운 의미를 부여해야 한다. 그래서 엘륄은 '사회적 민주주의'[158]와 '경제적 민주주의'[159]를 넘어서서 '인간적 민주주의'[160]를 수립해야 함을 강조한다.

제2부에서는 선전의 필요성과 선전에 대한 욕구, 선전과 교회와 기독교, 선전의 본질에 대한 자각 등을 중심으로 현대 기술 사회에서의 선전의 영향과 폐해에 대해 살펴보기로 한다. 그리고 정치적 환상과 정치적 무능, '인간적 민주주의'의 필요성, 정치와 관련된 엘륄 분석의 적용을 중심으로 현대 기술 사회에서의 정치의 위상과 한계에 대해 알아보기로 한다.

2장 선전에 대한 분석

1. 선전과 기술

선전에 대한 정의(定義)

엘륄은 선전을 다음 같이 정의한다. 즉, 선전은 다수의 개인이 조직 속에 배치되어 있고 심리적 조작을 통해 심리적으로 통합되어 있을 때, 조직된 집단이 다수의 개인을 그 집단의 행동에 적극적으로 혹은 수동적으로 참여하게 하려고 사용하는 수단의 전체이다.[161]

그런 관점으로부터, 엘륄은 고대 그리스와 로마 시대 이후부터 각 시대에 걸쳐 현대의 선전과 비슷한 선전의 현상을 폭넓게 식별해낸다. 정치권력이나 혹은 종교 권력이 심리적 영향을 이용하여 이데올로기적 효과를 얻으려고 애쓸 때마다 이를 '선전'이라고 할 수 있다는 것이다. 국가는 난폭한 힘을 쓰지 않고서도 자기 국민이나 외국인으로부터, 심지어 적으로부터 내적 지지를 이끌어 내려고 선전과 같은 알맞은 전략을 실행한다. 따라서 권력이 조직화되고 중앙집권화가 되자마자 선전은 나타난다. 그렇지만 제1차 세계대전부터, 특히 1917년 러시아 혁명부터, 통치 방식으로서의 선전은 지속적으로 정착되고 체계화되며 제도화됨으로써 점점 더 정교해진 기술적 방식을 사용하게 된다.

엘륄은 몇 가지 논제를 통해 선전을 다시 정의한다.[162] 첫째, 선전은 사회 전반에 걸친 정보의 홍수에 대한 기술적 수단의 우세를 나타내는 용어이다. 따라서 선전은 산업적으로 발달한 사회에 사는 모든 개인에게 배어들어 있다. 또한 선전은 사회가 더 전체주의적이 될수록 심화되는 보편적 상황을 드러낸다.

둘째, 선전에서의 전제 조건은 고립된 개인들로 구성된 산업사회이다. 그런 개인들은 응집력 있는 가문과 이웃 집단에서 떨어져 나와 있고, 대중교육, 대중매체, 평균 문화 수준, 평균 생활 수준에 예속되어 있다. 그 결과로 초래된 사회는 선전을 통해 서로 연결된 개인적인 사회인 동시에 대중적인 사회이다.

셋째, 선전은 정치적인 만큼 사회적이다. 선전 대부분은 변화를 위한 선동을 목표로 하는 것이 아니라, 기성 질서로 개인을 통합하는 것을 목표로 한다.

과학에 토대를 둔 기술로서의 선전[163]

엘륄은 선전을 현대 기술의 특성을 내포한 기술로 규정한다. 선전은 하나의 과학이나 혹은 여러 과학에 토대를 둔 기술이라는 것이다. 과학이 선전에 개입한 사실을 네 가지 관점에서 설명할 수 있다.

첫째, 선전은 심리학과 사회학의 과학적 분석에 토대를 둔다는 것이다. 인간의 경향과 욕구와 필요에 대한 인식에서, 인간의 심리적 메커니즘으로부터 선전자는 자신의 기술을 점차 구성한다. 또한 집단의 형성 법칙과 해체 법칙에 대한 인식에서, 대중적 영향과 환경의 한계에 대한 인식에서 선전자는 자신의 행동 수단을 만들어 낸다.

둘째, 모든 선전자에게 반드시 필요한 엄밀하고 정확하며 검증된 일련의 규칙이 만들어지는 경향이 있다는 점에서 선전은 과학적이라는 것이다. 선전자는 훈련을 받은 사람이면 누구이든 조작할 수 있는 정확한 어떤 방식을 적용할 수밖에 없는데, 이는 바로 과학적 토대가 있는 기술의 특징이다.

셋째, 선전이 적용해야 하는 환경과 개인에 대한 정확한 분석이 필요하다는 것이다. 효력이 강한 선전 활동을 시도하려면, 사회학과 심리학에 의해 사용된 기법을 이용하여 그런 분석을 하는 것이 중요하다.

넷째, 점점 더 선전의 결과를 측정하며 선전의 효과를 입증하려는 경향을 통해 선전의 과학적 특성이 입증된다는 것이다. 오늘날 선전자는 어떤 결과를 얻었다는데 만족하지 않고 그 결과를 정확히 밝히려고 한다. 특히, 선전자는 정치적 효과만으로는 완전히 만족하지 않고, 그 방법을 알기를 원하며 그 효과를 측정하기를 원한다. 따라서 실험정신이 생겨나고 효과에 대해 고찰하려는 정신이 생겨난다. 그 순간부터 과학적 방법론이 시작된다고 할 수 있다.

2. 선전의 특성과 종류

선전의 외적 특성[164]

선전의 특성을 외적 특성과 내적 특성으로 나눌 수 있는데, 선전의 외적 특성은 다섯 가지로 나타난다.

첫째, 선전은 개인과 군중을 동시에 대상으로 삼아야 한다는 것이다. 선전이 개인들로 구성된 군중을 겨냥하고 대상으로 할 때, 선전은 군중 속에 있는 각 개인과 관련되어야 한다. 기술적 진보와 관련된 대중 소통 수단은 대중 속에 통합된 개인에게 영향을 미칠 수 있게 한다. 그런 대중 소통 수단을 사용하지 않으면 선전은 존재하지 않는다. 만일 선전의 공격 대상이 조직된 집단이라면, 그 집단이 붕괴되기 전까지는 선전이 개인에 대해 실제로 아무것도 할 수 없다.

물론, 물리적 행동으로도 그 집단을 붕괴시킬 수 있지만, 심리적으로도 그 집단을 붕괴시킬 수 있다. 따라서 순전히 심리적인 수단을 통해 집단을 변형시키는 것은 선전의 가장 중요한 기술 중 하나이다. 이처럼 집단이 변형되거나 소멸될 때만이, 그리고 개인이 자신의 집단에서 방어 요인과 저항 요인을 더는 발견하지 못할 때만이, 포괄적 선전 작용이 가능해진다.

둘째, 선전은 총체적이어야 한다는 것이다. 선전자는 신문, 라디오, 텔레비전, 영화, 벽보 등 자신이 사용할 수 있는 기술적 수단을 총체적으로 사용해야 하고, 선전의 요소들을 완전한 조직체처럼 결합해야 한다. 선전은 가능한 모든 심리적 방법을 통해 인간을 장악하려고 할 뿐 아니라, 인간 전체를 대상으로 한다. 본질적으로, 선전은 모순과 토론을 배제하고 허용하지 않기에 부분적 성공에 그칠 수 없다. 따라서 어떤 긴장이 표출되고 행위상의 갈등이 존속하는 한, 선전은 실현되었거나 성취되었다고 할 수 없다. 선전을 통해 거의 만장일치가 이루어져야 하고, 반대파는 무시되어야 하며, 반대파의 목소리는 들리지 말아야 한다.

셋째, 선전은 연속되고 지속되어야 한다는 것이다. 선전은 균열이나 공백 없이 실행되어 개인의 일상 전체와 모든 나날을 채울 정도로 오랜 시간 동안 이루어져야 한다. 또한 개인이 선전의 영향력에서 벗어나지 않도록, 선전은 개인의 삶의 모든 순간을 차지해야 한다. 심지어 개인이 명상과 고찰을 하는 순간에도 선전에서 떨어지게 하지 말아야 한다.

넷째, 선전은 조직되어야 한다는 것이다. 연속성, 지속성, 다양한 수단의 결합 같은 선전의 특성은 다음 같은 조직의 존재를 전제로 한다. 즉, 대중 소통 수단을 보유하고, 대중 소통 수단을 정확히 사용할 수 있는 조직이다. 또한 어떤 슬로건의 효과를 계산할 수 있고, 어떤 캠페인을 다른 캠페인으로 대체할 수 있는 조직이다. 이는 선전 조직, 곧 행정 조직에 속하는 것이다. 모든 현대 국가에는 그 명칭이 무엇이든 선전 부처가 있다. 선전은 늘 제도적 요인을 필요로 하고, 어떤 기구로 나타나며, 선전 조직을 요구한다는 것이다. 물론, 선전에서 조직이 결정적으로 중요하지만, 심리적 작용도 선전 메커니즘에 반드시 필요한 부분이다. 특히, 심리적 영향이 실제 상황에 기반을 두고 실제 상황으로 귀결될 때만이 선전은 진정으로 존재한다. 그리고 개인을 사회적 틀에 편입시키는 일이 심리적 조작에 연결되고 심리적 조작에 의해 정당화될 때만이 선전은 진정으로 존재한다.

다섯째, 선전의 목적은 사고를 변화시키는 것이 더는 아니라는 것이다. 선전의 목적은 어떤 행동을 유발하고 어떤 행동 과정에 비이성적으로 뛰어들게 하는 것이다. 행동은 선전의 효과를 돌이킬 수 없게 만들기에, 선전에 따라 행동하는 사람은 뒤로 돌이킬 수 없다. 그런 사람은 자신의 과거 행동 때문에 선전을 믿을 수밖에 없다. 또한 그런 사람은 선전으로부터 자신에 대한 정당화를 받아들일 수밖에 없다. 그렇지 않으면 자신의 행동은 자신에게 터무니없고 부당하게 보이게 되는데, 이는 받아들일 수 없는 것이다. 행동은 행동을 유발하기에, 선전에 따라 행동하는 사람은 선전으로 지시된 방향으로 계속 나아갈 수밖에 없다.

선전의 내적 특성[165]

선전의 특성 가운데 내적 특성도 다섯 가지로 나타난다.

첫째, 선전은 심리적 영역의 지식이라는 것이다. 선전자는 선전을 통해 영향을 미치려는 대중의 감정과 견해, 그리고 대중의 경향과 심리 구조를 알아야 한다. 또한 선전자는 기존의 검증된 지속적인 견해나 혹은 고정관념과 도식을 직접 공격하지 말아야 한다. 다시 말해, 모든 개인에게 존재하는 수많은 견해나 혹은 고정관념과 도식을 반박하는 것이 아니라 그것들을 이용하는 것이 중요하다. 선전은 개인에게 미리 존재하는 것에 결부되어야 한다는 것이다. 선전자는 자신이 영향을 미치려는 개인의 욕구에 신경을 써야 한다. 따라서 모든 선전은 빵, 평화, 안전, 노동 등과 같은 실제적 욕구이든 심리적 욕구이든 개인의 욕구에 부합해야 한다. 결국, 선전은 가장 공통된 감정과 가장 널리 퍼진 견해를 사용할 수밖에 없다.

둘째, 선전이 영향을 미치려는 사회의 근본 흐름을 표현해야 한다는 것이다. 모든 선전은 그런 근본 흐름이 존재한다는 데 토대를 두고 그런 근본 흐름을 표현해야 한다. 어떠한 선전도 사회의 구조와 정반대의 입장을 취하면 성공할 수 없다. 따라서 선전이 떠맡을 수밖에 없는 사회의 구조를 심리적으로 반영하는 것은 두 가지 근본 형태로 나타난다. 이는 '사회적 집단 전제'와 '사회적 신화'이다. 현대 사회의 깊은 흐름을 나타내는 '사회적 신화'에는 노동 신화, 행복 신화, 국가 신화, 진보 신화 등이 있다. 그와 같은 집단 신화들이 수립되는 토대가 되는 두 가지 근본 신화는 '과학'과 '역사'이다. 선전은 '사회적 집단 전제'에 토대를 두고 '사회적 신화'를 표현할 수밖에 없는데, 그렇지 않으면 아무도 선전에 관심을 두지 않게 된다.

셋째, 선전은 '시사성'과 관련될 수밖에 없다는 것이다. 선전은 사회의 근본 흐름과의 관계를 통해서만 인간에 대해 공고한 힘을 가질 수 있다. 하지만 선전은 가장 덧없는 '시사성'과 관련됨으로써만이 매혹과 흥분을 불러일으킨다. 선전이 '시사성'을 따르는 한, 선전은 더 깊은 성찰이나 혹은 고찰을 전혀 허용하지 않는다. 따라서 '시사성'에 사로잡혀 흐름에 휩쓸려 살아가는 인간은 어떤 순간에도 판단 기준이나 평가 기준을 취할 수 없다. 그런 인간은 자신이나 자신의 상황과 사회에 대해 자각할 수 없다. 특히, 현대인의 망각 습관은 무한하다. 이는 선전자에게 가장 중요하고 유용한 요인으로서, 선전자는 어떤 선전 주제와 주장과 사건이 몇 주 후에는 잊힌다는 사실에 기대를 건다. 인간이 쉽게 빠져드는 '시사성', 그리고 인간이 그 위에 기반을 두는 '시사성'에는 아무런 객관적이고 실제적인 뿌리가 없다. 그런데, 이를 통해 선전 작업은 무척 쉬워진다.

넷째, 선전은 사회적 흐름에 적극적으로 참여하는 개인에게만 작용할 수 있다는 것이다. 또한 선전은 자기 시대의 투쟁에 밀접히 연루된 사람, 그리고 사회 전체에 의해 생겨나는 집단적 '주 관심사'를 공유하는 사람에게 영향을 미친다는 것이다. 따라서 선전은 개인으로 구성된 군중이 공유하는 집단적 '주 관심사'에 따라 효력이 생겨난다. 그런데, 모든 사람이 기술이나 정치에 열광하기에, 기술이나 정치 같은 집단적 '주 관심사'와 관련된 선전은 확실히 반향을 불러일으킨다. 소속감이 약하고 목표가 불확실하며 대립이 거의 없고 '주 관심사'에 의거하지 않는 집단의 경우, 집단의 구성원에 대해 효력 있는 선전을 할 기회를 거의 잡을 수 없다. 이와 반대로, 집단의 활력이 적극적으로 나타나는 경우, 그 집단에서 활기찬 선전이 가능할 뿐 아니라 집단의 구성원은 선전에 민감한 반응을 보이게 된다.

다섯째, 선전이 가치, 진리, 선, 정의, 행복에 대해 언급할 때 선전은 반드시 거짓이 된다는 것이다. 또한 선전이 사실들을 해석하고 사실들에 어떤 의미를 부여할 때도 선전은 반드시 거짓이 된다는 것이다. 따라서 선전은 거짓 표상 체계를 제시하고 발전시키며 확산시킨다. 거짓 표상들을 중심으로 선전 체계가 만들어지자마자, 솔직함은 사라지고 날조된 가치들이 있는 그대로 알려진다. 따라서 선전은 정신 상태, 판단, 가치, 행동을 변모시키는 거짓이며, 날조된 채로 존재하는 사회가 개인에게 제시하는 기준 척도이다. 결국, 선전은 어떤 조직된 집단이 일군의 개인을 그 집단의 활동에 능동적으로 혹은 수동적으로 참여시키기 위해 사용하는 방법의 총체이다. 그 개인들은 심리 조작에 의해 심리적으로 통합되어 있고 어떤 조직 속에 포함되어 있다.

선전의 종류[166]

선전의 종류에 대해서는, '정치적 선전'과 '사회적 선전', '선동 선전'과 '통합 선전', '수직적 선전'과 '수평적 선전'으로 구분할 수 있다. 그리고 두 가지 선전을 한데 묶어 각각 대조하며 설명할 수 있다.

첫째, '정치적 선전'과 '사회적 선전'이다. 정치적 선전은 대중의 행동을 바꾸려고 정부, 정당, 행정, 압력집단 등이 사용하는 영향력 있는 기술과 관련된다. 정치적 선전에서 선전 수단의 사용은 의도적이고 계산되어 있다. 또한 달성하려는 결과는 분명히 구분되는 동시에, 꽤 명확하지만 일반적으로 한정되어 있다.

사회는 최대한 많은 개인을 사회 안에 통합시키려 하고, 어떤 모델에 따라 사회 구성원의 행동을 통일시키려 하며, 자체의 생활양식을 외부로 확산시키려 한다. 그런 것이 바로 사회적 선전인데, 사회적 선전은 매우 다양한 형태를 포함한다. 따라서 어떤 생활양식을 확산시키는 광고도 사회적 선전에 속한다. 사회적 선전의 특징은 사회적 정황을 통해 이데올로기를 침투시키는 것이다. 사회적 선전은 광고, 상업적이고 비정치적인 영화, 학교 교육, 사회 서비스, 잡지『리더스 다이제스트 Reader's Digest』같은 다양한 방법으로 나타난다.

둘째, '선동 선전'과 '통합 선전'이다. 선동 선전은 가장 눈에 띄고 가장 대대적이기 때문에 일반적으로 유일하게 관심을 끈다. 대개 선동 선전은 전복적인 선전이며 대립의 특성을 띤 선전이다. 이는 정부나 혹은 기성 질서를 무너뜨리려는 정파에 의해 주도되고, 반란이나 혹은 전쟁을 지향한다. 모든 혁명 운동과 민중적 특성을 띤 모든 전쟁은 그런 선동 선전으로 강화된다. 물론, 선동 선전은 정부에 의해서도 이루어질 수 있다. 예를 들어, 정부가 나라 전체를 전쟁에 동원하려고 힘을 불어넣고자 할 때 선동 선전을 사용한다. 또한 정부가 권력을 잡은 다음 어떤 혁명 과업을 추진하고자 할 때도 선동 선전을 사용한다. 선동 선전은 그 대상이 되는 민중이 정보에 어둡고 무지하며 교양이 없을수록 더 쉬워진다. 그 때문에, 선동 선전은 프롤레타리아 같은 하층 계급이나 아프리카 민중에게서의 전형적 선전이 된다.

선동 선전에 반해, 통합 선전은 발전한 나라의 선전이고, 서구 문명의 특징적인 선전이며, 개인을 사회에 순응시키는 선전이다. 일반적으로, 사회는 더 많은 힘과 효율성을 확보하려고 완전히 통일된 사회에 이르려는 경향이 있다. 그 때문에, 집단의 각 구성원은 집단의 기능적이고 유기적인 한 부분일 따름이어야 하고, 집단에 완벽히 적응하며 통합되어야 한다. 또한 개인은 집단의 고정관념과 신념을 가져야 하고, 집단의 경제적, 사회적, 미학적, 정치적 창조에 적극적인 참여자로서 나타나야 한다. 따라서 통합 선전의 목적은 어떤 방식으로든 개인을 사회에 참여시키는 것이며, 그렇게 함으로써 사회를 안정시키고 통일시키며 강화하는 것이다.

셋째, '수직적 선전'과 '수평적 선전'이다. 수직적 선전은 자신의 권위라는 우월감으로 행동하면서 열등한 상황에 놓인 군중에게 영향을 미치려는 지도자나 정치적 수장 혹은 종교적 수장의 행위라는 의미에서 고전적인 선전이다. 수직적 선전에서 개인의 결정은 개인에게서 나온 것이 아니라 지도자나 수장에 의해 제안된 것이며 조건반사에 의해 강요된 것이다. 여기서 피선전자의 수동적 태도와 관련하여, 이런 수동적 태도는 피선전자가 행동하지 않음을 의미하지 않는다. 이와 반대로, 피선전자는 많은 활력과 열정을 가지고 행동하지만, 그의 행동은 자신 밖에서 구상되고 고안되는 의도된 행동이다.

수평적 선전은 어떤 집단 내부에서 그 집단을 통해 이루어지는데, 그 집단에는 지도자가 없으며, 모든 개인은 원칙적으로 평등하다. 개인의 관계는 자기 수준에서의 다른 개인과 이루어지지, 지도자와 이루어지는 것이 아니다. 따라서 늘 지적이고 의식적인 가담이 이루어지는 것이 중요하다. 선전 내용은 교육적 방식으로 제시되고 지성에 호소한다. 그러나 지도자와 선전자는 일종의 사회자나 토론 지도자로서만 존재한 따름이다. 그런 체계에서 가장 특징적인 것은 소집단의 존재이다. 개인은 실제적이고 살아 있는 대화 속에서 소집단에 적극적으로 참여한다. 그런 수평적 선전은 거대한 조직을 전제로 한다. 따라서 수직적 선전은 대형 대중매체로 특징지어질 수 있는 반면, 수평적 선전은 거대한 인간 조직으로 특징지어질 수 있다.

3. 선전의 존재 조건

선전의 사회적 조건[167]

선전의 존재 조건을 사회적 조건 그리고 인간과 관련된 객관적 조건으로 나눌 수 있다. 사회적 조건과 관련하여, 선전이 성공하려면 선전에 호의적인 환경이 있어야 하고, 포괄적인 사회적 조건이 있어야 한다. 또한 선전이 성공하려면 사회는 상호보완적인 이중적 특성에 부합해야 한다. 사회는 개인주의 사회이자 대중사회여야 한다는 것이다.[168]

관례적으로, 개인주의 사회의 특성과 대중사회의 특성은 대립한다. 하지만 개인주의 사회는 대중사회로서만 구성될 수 있다. 개인주의 사회로 가는 개인 해방의 첫 단계는 '포괄적 사회'[169]의 살아 있는 지역 조직인 '유기적 소집단'과의 단절이기 때문이다. 그런 단절 가운데서 개인은 가문, 마을, 교구, 혈연적 유대 같은 유기적 소집단으로부터 분명히 벗어난다. 그렇지만 그 결과로, 개인은 '포괄적 사회'와 직접 마주한다. 따라서 대중사회는 유기적 소집단에서 벗어난 개인들을 주된 구성요소로 하여 만들어질 수밖에 없다. 그런데, 그런 대중사회에서 유기적 소집단이 구성되자마자 사회는 더는 개인주의적이 되지 않는 경향이 있다. 사회는 대중적이기는 하지만, 강하게 구조화되고 중앙 집중화된 정당과 조합 같은 집단으로부터 사회로 유입된 어떤 틀과 더불어 대중적으로 남아 있기 때문이다.

19세기에 유기적 소집단이 붕괴됨으로써, 가족이나 교회 등은 개인을 홀로 내버려 두게 된다. 그래서 개인은 주로 도시 환경 같은 새로운 환경에 내던져져서 '뿌리 뽑힌 자'로 규정된다. 그리하여 지금까지 결코 갖지 않았던 책무가 고독한 개인에게 부과된다. 그리하여 개인은 만물의 척도가 되고, 자기 스스로 모든 것을 판단하기를 터득한다. 하지만 이를 위해 개인은 자신의 힘에만 내맡겨지고, 자신 안에서만 기준과 방편을 찾을 수 있게 된다. 그런 개인은 자신을 맥빠지게 하는 구체적 상황에 놓이는 동시에, 사회에서처럼 자신의 삶에서 자신의 결정에 대해 전적인 책임을 지게 된다. 그런 상황에서 개인주의 사회는 선전이 선택하는 장소가 된다. 인간에 대한 사회적 보호가 사라지고 전통 기준이 사라짐으로써, 외부에서 정보를 제공하며 마음대로 조작할 수 있는 유동적이고 유연한 환경이 선전에 주어진 것이다. 이처럼 아무런 보호 없이 자기 자신에게 남겨진 개인은 그만큼 사회적 흐름 속에 사로잡힐 수 있는데, 이는 바로 선전의 가장 유리한 조건이다.

견고하게 구성된 집단이 존재하는 한, 그 집단 속에 통합된 개인은 외부 영향과 선전으로부터 보호받게 된다. 따라서 선전은 유기적 소집단에서 벗어나 있는 개인에게만 작용할 따름이며, 유기적 소집단은 선전으로 영향을 받기가 매우 어려운 환경을 구성한다. 마찬가지로, 유기적 소집단은 대중 선전에서 그토록 중요한 심리적 오염에 쉽게 빠져들지 않는다. 그러므로 개인이 유기적 소집단에 소속되면 집단적 영향과 유행을 훨씬 덜 느끼게 된다. 또한 유기적 소집단에 소속된 개인은 이데올로기의 영향과 집단적 심리 자극에 의해서는 거의 결정지어지지 않는다. 따라서 개인을 그런 유기적 소집단에서 벗어나게 하면 개인은 자유로워지는 것이 아니다. 유기적 소집단에서 벗어난 개인은 대중의 흐름을 따르고, 국가의 영향을 받으며, '포괄적 사회'로 직접 통합되고, 선전의 영향 아래 놓이게 된다.

결국, 선전이 발달하는 사회는 사회의 유기적 구조들이 와해되어 점점 더 개인주의적이 되는 사회이다. 그런데, 그런 사회는 대중사회가 될 수밖에 없다. 다시 말해, 그런 사회는 그 사회의 유기적 소집단이 붕괴되는 대중사회이다. 그 자체는 유지되지만 새로운 구조로 넘어가는 사회, 곧 대중사회가 되는 사회가 선전에는 필요하다. 상징, 집단적 표상, 고정관념 같은 선전에 가장 유리한 심리적 요소가 발전하는 것은 바로 대중사회에서이기 때문이다. 선전은 인간이 군중이나 대중에 속함으로써 심리적으로 영향을 받는 한에서만 실제로 작용할 수 있다. 따라서 대중은 선전의 존재를 위한 근본적인 조건이다. 결국, 개인주의적이고 대중적인 사회의 형성은 선전이 발전할 수 있도록 하는데 근본적이고 필요한 조건이다.

선전의 객관적 조건[170]

인간과 관련된 선전의 객관적 조건을 세 가지로 들 수 있다.

첫째, 선전은 어느 정도 평균 생활 수준을 갖춘 개인을 필요로 하고 그런 개인을 위해 만들어진다는 것이다. 현대의 통합 선전은 서구 문명의 바깥에 있는 개인에게나 혹은 너무 낮은 생활 수준에 있는 개인에게는 작용할 수 없다. 따라서 진일보한 선전은 세 부류의 사람에게만 작용할 수 있다. 첫 번째 부류는 가난에 완전히 매여 있지 않은 사람이다. 두 번째 부류는 일용할 양식에 대해 어떤 거리를 두고 여유 있게 대할 수 있는 사람이다. 세 번째 부류는 먹고사는 일

외에 다른 것을 위해 행동하고 더 일반적인 문제에 관심을 가질 수 있는 사람이다. 생활 수준과 연결되어 선전에 필요한 다른 조건이 나타난다. 이는 인간이 선전을 당할 수 있으려면 최소한의 문화적 소양에 이르러야 한다는 것이다.

물론, 선전은 아무런 교양이 없는 대중에게도 영향을 미칠 수도 있다. 예를 들어, 러시아 농부에 대한 레닌 Lenin의 선전, 그리고 중국 농부에 대한 마오쩌둥의 선전이다. 한편으로, 그런 선전들은 조건반사와 같은 대중의 반응이 일어나는 것을 기반으로 한다. 다른 한편으로, 그런 선전들은 대중 선동에 필요한 문화적 기반이 완만히 생기는 것을 기반으로 한다.

둘째, 정보는 선전의 본질적인 조건이다. 선전이 있으려면 현재의 정치 현실이나 혹은 경제 현실에 대한 준거가 필요하다. 또한 '정보를 갖춘 여론'은 선전에 반드시 필요한 받침대이다. 정치나 혹은 경제에 대해 '정보를 갖춘 여론'이 없는 곳에서는 선전을 할 수 없다. 대중 속에 정보를 유포할 수 있게 하는 대중매체가 존재하는 때부터만이, 정치적이고 경제적인 문제와 이데올로기적 논쟁에 대한 대중의 관심을 불러일으킬 수 있고, 선전은 대대적으로 이루어질 수 있다. 선전의 가장 좋은 설득 수단은 정보가 대중 속에 유포시켜 놓은 사실로부터 나오게 된다. 따라서 선전은 오류를 기반으로 삼는 데 관심을 두는 것이 아니라, 이와 반대로 정확한 자료를 기반으로 삼는 데 관심을 둔다.

결국, 선전이 정보를 더 갖출수록 여론은 그만큼 선전에 더 쉽게 빠져든다. 어떤 국가나 정당의 선전이 발전하는 것은 어떤 문제가 대중 여론에 제기될 때이다. 선전은 한편으로 여론을 격화시키기 때문이며, 다른 한편으로 문제 해결에 대한 희망을 부각시키기 때문이다. 일련의 문제와 어떤 양상이 정보에 의해 강조되어, 개인이 그런 문제와 양상에 대해 관심을 집중하는 경우가 있다. 그럴 경우, 개인의 그런 관심 집중은 '대중 심리'로 귀결되는데, 이는 선전의 존재 조건 중 하나이다.

셋째, 선전의 발전에 필요한 조건은 사회에서 인간이 관여하는 신화와 이데올로기의 존재이다. 신화와 이데올로기의 근본적인 차이점은 세 가지로 나타난다. 우선, 신화는 이데올로기보다 인간의 영혼 속에 훨씬 더 깊이 뿌리박고 있고 더 지속적일 뿐 아니라, 인간의 상황과 세상에 대한 근본적인 이미지를 인간에게 제시한다. 다음으로, 신화는 이데올로기보다 더 적극적이며, 인간에게 활동을 유발시키는 잠재력이 있다. 마지막으로, 이데올로기가 수동적인 반면, 신화는 인간을 수동적으로 내버려 두지 않으면서 무언가를 실현하도록 인간을 부추긴다.

결국, 신화는 인간 문명을 이끌어 가는 진정한 토대이고, 인간이 살고 있는 집단적이고 보편적인 문명의 존재 자체를 나타낸다. 현대 사회에서의 근본적인 신화로는 '노동 신화', '진보 신화', '행복 신화' 등이 있으며, 이데올로기로는 민족주의, 민주주의, 사회주의 등이 있다. 특히, 선전이 발전하려면 이데올로기적 환경이 필요하다. 또한 선전을 위해 사용되는 이데올로기는 아주 유연하고 유동적이다. 물론, 이데올로기가 선전의 주제와 내용을 부여한다고 해서, 이데올로기가 선전을 결정짓지는 않는다. 이데올로기는 단지 어떤 접촉점과 구실로서 선전에 소용될 따름이다.

4. 선전의 필요성과 선전 욕구

정치권력에서의 선전의 필요성[171]

선전이 성공하는 것은 선전이 개인에게 있는 선전의 욕구에 부응하기 때문이다. 또한 피선전자는 비록 선전에 의해 영향을 받고 조종당하지만, 피선전자도 무의식적으로 선전에 동조한다. 따라서 기술 문명에 동참하는 모든 개인에게는 선전에 대한 욕구가 실제로 존재한다. 선전에 대한 개인의 그런 욕구에 따라, 선전은 겉으로 드러나지 않는 사전 동의라는 토대 위에서만 모든 영역에 확산될 수 있다. 선전은 선전을 받아들이는 집단의 필요성 가운데 자체의 근거를 둔다. 그런 점에서, 선전은 엄밀하게 사회적 현상이다. 그런 관점으로부터, 선전을 행하는 정치권력에서의 선전의 필요성을 설명할 수 있다. 그리고 선전을 당하는 개인에게서의 선전에 대한 욕구를 설명할 수 있다. 그 둘은 선전의 발전을 위해 연결되고 상호 보완된다.

우선, 정치권력에서의 선전의 필요성은 대중의 정치 참여라는 단순한 이유로 선전은 정치권력을 위해 필요하다는 것이다. 한편으로, 현대 국가에서 정부는 대중의 압력과 여론을 벗어나서 더는 통치할 수 없다. 다른 한편으로, 여론은 민주적 형태로 표현되지 않는다. 물론, 정부는 여론을 알아야 하고 여론의 동향을 살펴야 하는데, 이는 현대 국가에 반드시 필요하다. 따라서 현대 국가는 언론을 샅샅이 살피고 다양한 방식으로 여론을 조사하며 파악한다. 하지만 근본 문제는 국가가 여론에 종속되어 여론을 표명하고 따르느냐이다. 그런데, 민주주의 국가이더라도 그렇게 하지 않으며, 국가는 여론에 종속되지 않는다. 한편으로 여론 자체의 특성 때문에 그러하고, 다른 한편으로 정치적 행동의 특성 때문에 그러하다.

여론은 극도로 변화무쌍하고 유동적이다. 일례로, 여론이 호의적이어서 정부가 어떤 조치를 취하자마자 여론은 정부에 등을 돌리기도 한다. 그래서 정부는 여론에 기대를 걸 수 없으며, 여론의 변화가 빨라지는 한 정치적 방향의 변화도 빨라져야 한다. 이처럼 정부가 조건 없이 여론을 따르는 것은 거의 불가능하다는 사실 앞에서, 정치를 여론으로부터 떼어 놓는 새로운 특성이 나타난다. 그중에서 특히 기술적 특성이 문제가 된다. 국가는 점점 더 기술적 활동을 책임지기에, 수년간 지속되는 거액이 투자된 국책 사업에서 무작정 여론을 따를 수 없다. 그런 국책 사업이 시작될 때 이에 대한 여론이 형성된 적도 없기 때문이고, 이후에 일단 기술적 사업이 시작되면 되돌릴 수도 없기 때문이다. 여론은 자연발생적으로 구체화되지 않으므로, 여론이 형성되기를 기다리기 전에 행동하고 결정을 내리는 것은 문제 될 게 없다. 결국, 현대 정치에서는 정책 결정이 여론을 끊임없이 앞지를 수밖에 없다.

이처럼 민주주의에서 유권자의 존중을 받는 완전히 정직한 정부이더라도 여론을 따를 수 없다. 하지만 그렇다고 해서 정부는 여론을 피할 수도 없고, 대중없이 활동할 수도 없으며, 대중의 압력과 정치적 관심을 무시할 수도 없다. 그렇다면 유일한 해결책은 정부가 여론을 따를 수 없기에 여론으로 하여금 정부를 따르게 하는 것이다. 다시 말해, 정부의 기술적 결정이 좋고 합당하며 타당하다고 대중을 설득하는 것이다. 그래서 민주주의에서는 정부의 결정에 대중을 참여시켜야 한다. 이는 선전의 엄청난 역할로서, 선전을 통해 대중에게 세 가지 감정을 부여하는 것이다. 첫째, 대중이 정부의 활동을 원한다는 감정이다. 둘째, 대중이 정부의 활동에 책임을 진다는 감정이다. 셋째, 대중이 정부의 활동을 보호하고 그 활동이 성공하도록 관여되어 있다는 감정이다.

정부는 대중을 매개로 하여 두 가지 양상으로 활동한다. 우선, 정부는 자신의 정책을 지지해주도록 점점 더 자주 대중에게 호소한다. 또한 정부의 결정이 반대에 부딪히고 그 결정을 받아들이게 하기가 어려운 듯이 보일 때, 선전은 대중을 대상으로 삼아 대중을 움직이고 설득한다. 다음으로, 정부의 선전은 어떤 결정을 요구하도록 여론에 제안하며, 소위 '국민의 뜻'을 유발한다. '국민의 뜻'은 일단 형성되어 어떤 지점에서 구체화되면 말 그대로 '국민의 뜻'이 되어 버린다. 그래서 정부가 활동할 때 정부는 여론을 따른다는 인상을 주는 반면, 실제로 그런 여론을 미리 기획한 것은 정부이다.

이처럼 여론은 선전에 의해 만들어진다. 한편으로, 대중에 대한 선전 활동을 통해 형성되고 구체화된 '국민의 뜻'이 있는데, 이는 자발적이고 아래로부터 온 듯한 '국민의 뜻'이다. 다른 한편으로, 그런 '국민의 뜻'에 상응하는 정부의 민주적 결정이 있다. 그 둘 사이의 끊임없는 왕복운동은 대중과 정부의 관계를 가장 잘 특징짓고 있다. 결국, 현대 국가가 자유주의적이고 민주주의적이며 인본주의적일지라도, 정부는 대중을 움직이는 수단으로써 선전을 사용할 수밖에 없는 상황에 놓여 있다.

개인에게서의 선전에 대한 욕구[172)]

이처럼 국가나 정부가 선전을 이용할 수밖에 없음을 인정하더라도, 선전은 순진하고 가련한 희생자인 개인을 공격하는 전체주의적 정치권력이라는 단순한 이미지가 여전히 남아 있다. 개인은 어쩔 수 없이 선전이라는 거대한 수단에 의해 짓밟힌 희생자라는 것이다. 그런데, 선전은 현대 기술 사회에서의 개인의 필요에 상응한다. 그런 필요를 통해 선전에 대한 무의식적인 욕구가 개인 안에 생겨난다.

특히, 개인은 선전에 맞서기 위해 외부의 도움이 필요한 상황에 놓여 있다. 따라서 선전의 성공 비결은 개인이 겪는 무의식적 욕구를 충족해주느냐 그렇지 않느냐에 달려 있다. 그런 욕구는 그 자체로서 깊이 느껴지는 것이 아니라 무의식적으로 남아 있다. 그렇기에, 그런 욕구가 존재할 때만 선전은 효력을 발휘한다. 선전은 모든 문명화된 국가에 존재하고, 후진국에서도 문명을 향한 온갖 진보가 이루어진다. 그런 점을 고려하면, 선전에 대한 개인의 욕구는 거의 보편적일 수밖에 없다. 또한 선전에 대한 욕구는 현대 기술 사회에 의해 형성된 환경 속에 있는 인간의 상황 자체에서 기인할 수밖에 없다. 선전에 대한 욕구를 유발하는 요인을 인간의 '객관적 상황'과 '심리적 상황'으로 나누어 볼 수 있다.

인간은 전 세계의 정치적 사건이나 혹은 경제적 사건에 보조를 맞출 수 없다. 인간의 '객관적 상황' 가운데 첫 번째 상황은 그런 인간이 자신의 취약함을 느낀다는 것이다. 인간은 자신이 아무런 영향을 미칠 수 없는 결정에 종속되어 있음을 깨닫는데, 그런 깨달음을 통해 인간은 좌절한다. 따라서 그런 현실 앞에서 오래 견딜 수 없는 인간에게 위로와 존재 이유와 가치 부여가 필요하다. 오로지 선전만이 참을 수 없는 그런 상황에 대한 치료책을 인간에게 제시한다.

두 번째 상황은 현대 기술 사회에서의 인간은 그 어느 때보다도 더 엄청난 희생을 강요받는다는 것이다. 현대인은 강도 높은 부단한 노동에 시달리고 있지만, 그럼에도 자신의 자유와 존엄을 확신하고 있다. 그렇기에, 현대인에게는 노동에 대한 근거와 정당화가 필요하다. 더욱이, 국가는 점점 더 현대인에게 지속적인 희생을 요구한다. 그뿐 아니라, 현대인은 현대 기술 사회에서 자신에게 강요된 삶의 상황에 자발적으로 적응하지 못한다. 이처럼 현대인은 희생을 강요당하는 상황에 놓여 있으며, 필연적인 노동과 마주하고 있다. 현대인의 그런 노동과 상황에 대한 심리적이고 이데올로기적인 정당화를 제시할 수 있는 것은 바로 선전이다.

세 번째 상황은 '정보를 갖춘 개인'이라는 근본적인 사실과 관계된다. 정치 분야나 혹은 경제 분야에서도 상황은 마찬가지인데, 인간이 정보를 통해 알게 되는 것은 언제나 혼란과 위험이다. 이를 통해 인간에게 이 시대가 끔찍하고 고통스러운 시대라는 시각이 생겨난다. 또한 이를 통해 인간은 재난과 직접 관련된 재난 환경에서 살고 있으며 위협만이 있는 세상에서 살고 있다는 감정을 지닌다. 인간은 그런 상황을 견딜 수도 없으며, 부조리하고 일관성 없는 세상에서 살아가는 것을 받아들일 수도 없다. 또한 자신의 눈앞에서 돌발하는 문제에 해결책이 없음을 받아들일 수도 없다. 그 때문에, 선전은 사건에 대한 설명을 제시해야 한다. 또한 선전은 정치적이고 경제적인 문제의 이유를 이해하고 파악할 수 있는 실마리를 제시해야 한다. 선전의 지대한 힘은 바로 그런 포괄적이고 단순한 설명을 현대인에게 제시한다는 것이다.

다음으로, 선전에 대한 욕구를 유발하는 요인으로서 인간의 '심리적 상황'은 현대인의 심리적 특성과 관련된다. 따라서 현대인에게 나타나는 세 가지 심리적 특성을 통해, 현대인이 선전에 대해 느끼는 억누를 수 없는 욕구가 설명된다.

첫 번째 심리적 특성은 현대인이 허무에 사로잡힌 공허한 인간으로서 정서적으로 내적으로 텅 비어 있다는 것이다. 그런 현대인은 자신의 내적 공허를 채워주기만을 요구한다. 정보는 그런 종류의 어떤 만족도 제시하지 않기에, 현대인은 그런 욕구 전체를 정확히 충족시키는 선전을 갈망하게 된다.

두 번째 심리적 특성은 현대 기술 사회에서 인간은 점점 더 수동성으로 향한다는 것이다. 인간은 집단적으로 작동되는 거대한 조직체 속에서 극히 부분적인 역할을 맡고 있다. 그런 인간은 자신의 자유로운 결정에 따라 독립된 주도권을 가지고 그 역할을 할 수 없다. 이와 동시에, 인간은 자신이 과소평가되어 끊임없이 감독받고 있다는 감정을 느낀다. 그런 상황에서, 인간이 주관적으로 개인적 차원에서 자유롭다는 인상이 인간에게 제시되어야 한다. 선전은 그런 감정을 생겨나게 하고 인간에게 더 높은 가치를 부여함으로써, 인간의 깊은 욕구에 대해 만족스러운 해답을 제시한다.

세 번째 심리적 특성은 현대 기술 사회에서의 대다수 인간에게 공통으로 나타나는 고뇌이다. 인간은 모순을 해결함으로써 자신의 고뇌를 해결하려고 발버둥을 친다. 특히, 그런 상황에서 위협과 모순의 결과로 인간은 자신에게 죄가 있다고 느낀다. 결국, 인간은 자기 자신에 대한 정당화를 갈구한다. 그런 인간은 자신을 정당화해주고 그런 정당화를 통해 고뇌의 근원 중 하나를 해결해주는 선전을 향해 달려든다. 이처럼 현대 기술 사회에서의 인간은 선전에 대한 극도의 욕구를 지니고 있다.

3장 선전의 영향과 폐해

1. 심리적 영향과 사회·정치적 영향

심리적 영향 - 심리적 구체화 작용[173]

선전을 통해 나타나는 심리적 영향으로는 '심리적 구체화 작용', '선전에 의한 소외', '선전에 의한 심리적 분열', '선전에 대한 욕구 생성'을 들 수 있다. 그리고 사회·정치적 영향으로는 선전이 여론의 구조에 미치는 영향을 들 수 있다.

선전은 개인의 심리적 특성을 체계적으로 조직하고 어떤 틀 속에 구체화한다. 다시 말해, 선전은 심리적 특성을 고정시킴으로써 변화를 정지시키는데, 이는 선전으로 야기된 구체화 작용의 한 양상이다. 예를 들어, 저절로 존재하는 것 같던 편견은 선전으로 갑자기 강화되고 굳어진다. 그렇게 되면, 개인은 그런 편견을 가진 것이 옳았다고 인식하게 된다. 더 나아가, 다수가 그런 편견을 공유하면, 그런 편견에서 근거와 정당화를 발견한다. 게다가, 갈등이 더 강하게 느껴질수록 편견은 더 강해진다. 그런데, 선전은 누군가가 연루된 갈등을 더 강렬히 느끼게 한다. 따라서 선전이 그런 편견을 고집하지 않더라도 그런 편견을 간접적으로 강화한다.

특히, 개인의 증오가 선전으로 이용되고 방향이 설정되면, 개인은 뒤로 물러날 수도, 자신의 원망을 누그러뜨릴 수도, 화해를 취할 수도 없게 된다. 게다가, 개인은 온갖 상황에 대처하려고 많은 판단을 보유하게 된다. 그런데, 그런 판단들은 선전이 이루어지기 이전에는 막연하고 불분명하지만 선전이 이루어진 이후에는 완전히 확실해진다. 그때부터 개인은 자신에게 진실을 드러내 보이는 그런 판단을 수정할 이유가 없다.

이처럼 선전의 심리적 영향으로서 '심리적 구체화 작용'이란 선전이 일반적인 견해를 표준화하고 고정관념을 강화한다는 것이다. 또한 '심리적 구체화 작용'이란 선전이 모든 분야에서 획일적 범주를 제시하고, 사회적, 정치적, 도덕적 표준을 체계화한다는 것이다. '심리적 구체화 작용'의 다른 양상은 인간에게 필연적으로 나타나는 정당화와 관련된다. 정당화를 필요로 하는 개인은 선전을 통해 제시된 정당화를 객관적 진리처럼 믿는다. 그리하여 개인은 모든 죄의식을 떨쳐버리고, 죄악과 책임의 의미는 개인에게서 모두 사라져 버린다.

심리적 영향 - 선전에 의한 소외[174]

'선전에 의한 소외'는 선전이 개인을 박탈하고 개인으로 하여금 인위적이고 낯선 삶을 살아가게 하는 것이다. 그렇게 됨으로써, 선전에 종속된 개인은 자기 자신과 다르게 되고, 자신이 아닌 타인에게 속하게 되며, 타인에게 종속되도록 자기 자신을 박탈당한다. 선전은 그런 영향을 주면서, 더 큰 어떤 것에 몰입하려는 개인의 경향을 이용하고 강화할 따름이다. 개인의 그런 경향은 다른 어떤 것과 융합함으로써 자신의 개성을 사라지게 하고 모든 의심과 갈등과 고뇌로부터 자아를 벗어나게 하려는 경향이기도 하다. 따라서 인간은 어떤 '전체적인 것'과 융합함으로써 자아에서 벗어나려고 한다. 그런데, 선전이 간편하고 만족스러운 방식으로 그런 가능성을 제시한다. 하지만 선전은 되돌릴 수 없는 방식으로 개인을 그런 상황에 빠지게 한다.

특히, 선전은 비판 정신과 개인적 판단에 속하는 모든 것을 사라지게 한다. 또한 선전은 사유의 적용 영역을 명백히 제한한다. 선전이 미리 준비된 사유 대상을 개인에게 제시하고 개인에게 고정관념을 형성해주는 한, 선전은 개인의 사고 적용 가능성을 제한한다는 것이다. 따라서 선전은 개인으로 하여금 아주 제한된 대상으로 향하게 하고, 개인으로서 사고하는 것을 가로막으며, 개별적인 경험을 하는 것을 방해한다. 또한 선전은 거기서부터 개인의 모든 사고가 전개되는 사고의 중심을 결정한다. 그리고 선전은 기발한 생각이나 비판을 허용하지 않는 일종의 노선을 미리 설정해 놓는다. 결국, 선전은 비판 정신을 무너뜨린다. 선전은 비판 정신이 미칠 수 없는 대상을 제시하고 비판 정신을 소용없게 만든다는 것이다.

그런 선전의 영향으로 피선전자에게서 비판 정신과 개인적 판단이 사라질 수밖에 없다. 그런데, 그렇게 된 피선전자가 생생한 확신을 지닌 사람으로 자처할 때, 자신의 소외를 철저하게 입증하는 셈이 된다. 그리하여 그런 피선전자는 자신을 사회와 더는 구분할 수 없게 된다. 다시 말해, 사회에 완전히 통합된 피선전자 안에는 집단에서 벗어날 수 있게 하는 그 어떤 것도 없다. 또한 피선전자 안에는 자기 집단의 견해 외에 다른 어떤 견해도 없으며, 자신이 선전을 통해 습득한 것만 있다. 결국, 피선전자는 선전이 제시하는 진리들을 마구 받아들여 그런 진리들을 배출하는 통로가 된다. 피선전자는 선전과의 어떤 거리도 둘 수 없기에, 그런 진리들을 객관적으로 평가하기 위한 어떤 거리도 둘 수 없다.

선전은 개인 주변의 모든 사람이 지지하는 듯이 보이는 분명하고 단순한 설명을 개인에게 제시한다. 그럼으로써, 위협적이고 적대적인 세상 앞에서 개인이 느끼는 불안감을 없앤다. 그래서 개인의 주관적 인상은 집단적 확신이나 신념이 됨으로써 객관성이라는 겉모습을 띤다. 이처럼 선전은 비판 정신과 개인적 판단을 사라지게 하는 '소외 메커니즘'이 되고 만다.

심리적 영향 - 선전에 의한 심리적 분열[175]

'선전에 의한 심리적 분열'은 사고와 행동 사이의 분열과 관련되는데, 이는 현시대의 가장 심각한 사실 중 하나이다. 오늘날 현대인은 사고하지 않고 행동하며, 현대인의 사고는 행동이라는 결과로 더는 나타나지 않는다. 현대인의 사고는 자신이 사용하는 기술과 사회적 조건에 의해 결정지어진다. 그러므로 행동의 의미와 이유를 곰곰이 따지지 않은 채 현대인의 행동은 이루어진다. 그런 상황은 현대 기술 사회의 변화 전체에 의해 유발된다. 그런데, 이에 대해 책임이 있는 것은 학교 교육, '정신 공학'[176], 언론, 정치 구조, 사회적 실용주의, 생산성에 대한 강박관념 등이다. 그러나 그런 변화의 결정적인 두 요인은 한편으로 '작업의 합리화'이며, 다른 한편으로 선전이다.

우선, '작업의 합리화'는 노동자에게 나타나는 세 가지 분열 상태에 근거를 둔다. 첫째, 사고하고 시간을 계산하며 재료에 대해 숙고하고 규칙을 세우는 사람은 결코 행동하지 않는다는 것이다. 둘째, 행동하는 사람은 외부로부터 자신에게 강요되는 규칙과 리듬과 도식에 따라 행동할 수밖에 없다는 것이다. 셋째, 행동하는 사람은 실행의 신속성 때문에 자신의 동작에 대해 숙고할 수 없다는 것이다. 그 때문에, 행동이 완벽하게 자동으로 이루어지는 것이 이상적으로 나타난다. 그래서 행동의 자동성은 노동자에게 엄청난 이점으로 부각된다. 노동자는 행동하면서 다른 것을 꿈꾸며 사고할 수 있다는 것이다. 하지만 하루 노동 시간인 8시간이나 지속되는 그런 분열 상태는 나머지 행동 전체에 반드시 흔적을 남긴다. 그런데, 그런 사실이 고려되지 않는다는 것이 문제이다.

여기서 결정적인 역할을 하는 다른 요소는 바로 선전이다. 선전은 인간의 사고를 없애면서 행동과 가담과 참여를 얻어내려고 한다. 한 마디로, 인간이 사고하는 것은 쓸데없으며 해롭다는 것이다. 또한 행동은 깊은 무의식으로부터 직접 나와야 하고, 긴장을 표현해야 하며, 반사작용과 비슷해야 한다는 것이다. 하지만 이는 인간의 사고가 완전히 비현실적 측면에서 전개됨을 전제로 한다. 결국, 인간이 사고하는 바는 근본적으로 효과가 없거나 혹은 순전히 내적으로 남아 있어야 한다는 것이다.

특히, 선전에서의 언어의 변모를 통해, 선전에서 인간의 사고가 근본적으로 평가절하되는 사례를 들 수 있다. 사고의 도구인 언어가 감정과 반사작용과 상징을 직접 일깨우는 '순수한 소리'가 되고 마는 것이다. 그런데, 이는 선전이 인간 안에 저지르는 가장 심각한 분열 중 하나이다. 게다가, 그런 분열은 다른 분열을 수반한다. 이는 '선전이 인간에게 만들어 내는 언어 세계'와 '인간의 현실' 사이의 분열이다. 어떤 경우, 선전은 선전 자체가 만들어 내는 언어 세계와 인간의 실제 세계를 의도적으로 분열시킨다. 그래서 선전은 인간의 의식을 파괴하는 경향이 있다.

심리적 영향 - 선전에 대한 욕구 생성[177]

선전의 마지막 심리적 영향은 선전에 대한 욕구를 만들어 낸다는 것이다. '선전에 대한 욕구 생성'은 선전에 예속된 개인이 선전 없이는 더는 살아갈 수 없다는 것이다. 선전이 더 있을수록 대중은 선전을 더 요구하고, 선전의 규모가 더 커지기를 요구한다. 여기서 모순되는 듯한 두 가지 현상이 있는데, 이는 '선전에 대한 면역'과 '선전에 대한 민감함'이다.

우선, 잘 알려진 사실인 '선전에 대한 면역'은 선전의 영향 아래에서 개인은 점차 마음을 닫는다는 것이다. 개인은 심리적 제약을 거부하고 더는 주의를 기울이지 않는다. 그렇지 않으면, 개인은 선전의 지나친 충격을 겪고 나서 선전에 무감각해지고 익숙해진다. 하지만 개인은 자신의 면역에 의해 독립적이 된 것이 아니다. 실제로 개인은 선전의 객관적이고 지적인 내용에 대해 무감각해진다. 선전의 주제, 사고, 논쟁, 전개, 입증처럼 개인의 견해를 구성하는 모든 것에 대해 무관심해진다는 것이다. 개인은 일정 시간이 지나면 선전에 무관심해지는 것은 사실이다. 하지만 이는 개인이 선전에 무감각해진다거나 선전으로부터 등을 돌렸음을 결코 의미하는 것이 아니라, 정확히 그 반대를 의미한다. 다시 말해, 개인은 선전의 이데올로기적 내용에는 면역이 된 반면, 선전 그 자체에는 민감해진다.

다음으로, '선전에 대한 민감함'과 관련하여, 개인이 선전에 사로잡힐수록 개인은 선전의 내용이 아니라 선전이 주는 충동과 선전에서 깊이 느끼는 자극에 더 민감해진다. 그런 상황으로부터 개인은 선전에 대한 억제할 수 없는 지속적인 욕구를 느낀다. 그래서 개인은 선전이 그치는 것을 받아들일 수 없다. 개인이 처한 상황과 관련하여 그 이유를 다섯 가지로 설명할 수 있다. 첫째, 개인은 불안 속에 사는데, 선전은 이런 개인에게 확신을 주기 때문이다. 둘째, 선전은 일종의 열등한 인간 상황으로부터 개인을 끌어내는 듯이 보이기 때문이다. 셋째, 선전은 개인의 중요성이라는 감정을 부여하기 때문이다. 넷째, 선전은 적극적인 참여 욕구를 충족시켜 주기 때문이다. 다섯째, 선전은 개인에게 어떤 정당화를 부여하기 때문이다. 개인은 그런 정당화가 자신에게 끊임없이 새롭게 되기를 원한다.

사회·정치적 영향 – 여론의 구조에 미치는 영향[178]

개인들로 구성된 대중에게 영향을 미치기 위해 만들어진 선전을 통해 대중에 속한 개인들이 변모된다. 개인들이 선전의 영향을 받아 비슷하게 변모됨으로써, 이를 통해 반드시 여론의 변형이 일어난다. 그런데, 여기서 가장 중요한 것은 여론 내용의 변화라기보다 여론 구조 자체의 변화이다.

선전에 의해 이루어지는 여론 구조의 변화로서 '여론의 구체화', '여론의 조직화', '여론의 통일화'를 들 수 있다. '여론의 구체화'는 선전이 개입하기 전까지는 어렴풋한 경향에 불과하던 것이 개념의 형태를 띤다는 것이다. 그런데, 선전은 체계적 확신을 통해서보다는 감정적 충격을 통해 더 잘 작용한다. 그런 충격의 결과로, 선전은 여론에 엄청난 정확성과 안정성을 부여하는 이데올로기적 구상을 만들어 낸다. 선전은 일반화되고 분화되지 않은 여론을 형성하는 것이 아니라, 이와 반대로 어디에나 아무렇게나 옮겨질 수 없는 특별한 여론을 형성한다. 선전의 다소 엄청난 효력은 구체화 지점을 선택하는데 달려 있다. 다시 말해, 여론이 어떤 핵심 지점 위에서 고착되면, 이를 통해 그 여론의 활동 분야 전체가 통제될 수 있다. 심지어 어떤 사실이 입증되더라도 그 사실은 구체화된 여론에 맞서 아무것도 할 수 없다.

'여론의 조직화'는 '여론의 통일화'를 늘 지향한다. 선전이 작용할수록 여론은 더 일사불란해지고 덜 개별화된다는 것이다. 선전은 단순화 과정을 통해 여론이 더 빨리 형성되게끔 한다. 그런 단순화가 일어나지 않으면 여론 형성은 이루어질 수 없다. 다시 말해, 문제와 판단과 기준이 복잡할수록 여론의 분산은 더 커진다. 그리고 미묘한 차이와 단계는 여론이 형성되는 것을 가로막는다. 여론은 복잡할수록 도출하는데 더 오랜 시간이 걸린다는 것이다. 그런데, 그렇게 흩어진 유형의 여론 가운데로 선전은 단순화하는 힘을 가지고 개입한다.

선전은 내적 견해를 변화시키는 것을 목표로 하기보다는 행동으로 이끄는 것을 목표로 한다. 선전이 여론에 개입할 때, 선전은 개인들을 '행동하는 군중', 더 정확히 말해 '참여하는 군중'으로 변모시킨다. 흔히 선전은 '언어적 행동'으로 표현되기 때문이다. 여기서 중요한 것은 군중이 여론을 지닌 구경꾼의 상태에서 참여자의 상태로 넘어간다는 것이다. 선전을 통해 행동에 이르려면 선전에는 집단적 영향이 있어야 한다. 그런 집단적 영향을 두 가지 요인으로 분석할 수 있다. 첫 번째 요인은 선전을 통해 집단의 강한 개입이 일어나는 동시에, 그 집단의 관심사가 현실화된다는 것이다. 두 번째 요인은 선전을 통해 행동으로 이동하는 것이 선전이 여론에 부여하는 힘이라는 것이다.

2. 선전을 이용한 교회의 변질

교회가 택한 수단으로서의 선전[179]

 교황권이 정치권력이 된 순간부터, 교황권은 속세의 권력과 마주하여 심리적 종류의 수단을 통해 작용하게 된다. 그런 교황권이 '선전'이라는 수단을 사용하게 된다는 것이다. 실제로 교황권에는 왕이나 혹은 황제의 물질적 수단에 필적하는 물질적 수단이 없다. 이와 반대로, 교황권은 사회·심리학적 관점에서 작용하는 데는 놀랍게 무장되어 있다. 교황의 명령을 따르는 교회는 민중의 신앙에 영향을 미치고, 이를 토대로 교회의 명령에 대한 민중의 지지를 얻은 것이다. 그리하여 왕과 교황 사이의 갈등에서 교황권의 가장 큰 무기는 '선전'이 된다. 교황은 왕을 파문하든, 왕국에 대한 금지사항을 공표하든, 신하들을 복종의 의무에서 해방하기로 결정하든, 정치권력에 대한 충성으로부터 민중을 떼어놓으려고 애쓴다. 그런데, 민중은 교회 질서와 예배 의식에서 진리와 구원이라는 가치를 믿기에 교황의 결정을 따를 수밖에 없다.

 그런 교황권처럼 오늘날에도 세상에서 성공을 지향하는 교회가 수단으로 채택하는 것은 바로 '선전'이다. 교회 구성원도 다른 사람처럼 선전에 매몰되어 있고, 선전 망에 사로잡혀 있으며, 선전에 대해 거의 모든 사람처럼 반응한다는 것이다. 특히, 교회 구성원이 신봉하는 기독교와 교회 구성원의 행동은 거의 완전히 분리된다. 기독교는 정신적인 어떤 것과 순수하게 내적인 문제로 남아 있지만, 개인의 행동은 선전으로 결정되기 때문이다. 마찬가지로, 선전은 그 심리적 영향 때문에 기독교의 전파를 점점 더 어렵게 만든다. 선전에서 비롯된 심리 구조는 기독교에 거의 적합하지 않기 때문이다. 그리하여 교회는 선전을 해야 하느냐 하지 말아야 하느냐는 막다른 선택 앞에 놓이게 된다.

선전을 하지 말아야 하는 경우, 그리스도인이 어떤 사람을 힘들게 천천히 기독교로 이끌어 오는 동안 대중매체는 군중의 마음을 움직인다. 그래서 그리스도인은 시대를 벗어나 역사 흐름의 주변에 있을 경우 거기서 아무것도 변화시킬 수 없다는 인상을 받는다. 그렇지 않고 선전을 해야 하는 경우, 그 막다른 선택은 이제 교회가 마주한 가장 잔인한 것 중 하나가 된다. 선전으로 조종된 인간은 영적 실재에 점차 무감각해지기 때문이다. 또한 그런 인간은 그리스도인의 삶이 지닌 자율성에 접근하기가 점점 더 어려워지기 때문이다.

선전을 통해 세상의 권세가 된 교회[180]

교회가 효율성과 성공을 위해 선전이라는 수단을 이용하면 기독교는 이데올로기로 전락한다. 이데올로기로 전락한 기독교는 기독교로 간주될 수 없으며, 이렇게 전파된 기독교는 기독교가 아니라는 것이다. 다시 말해, 교회가 선전이라는 수단을 통해 활동하자마자, 기독교는 다른 모든 이데올로기나 혹은 다른 세속 종교의 수준으로 떨어진다. 역사의 흐름에서 교회가 그 시대에 받아들여진 선전을 통해 활동하려고 할 때마다, 기독교의 진리와 진정성은 하락하고 만다.

특히, 기독교가 선전이라는 수단을 이용하는 순간 자체의 모든 부분에서 제도화됨으로써, 뒤집어엎는 힘과 영적 모험이 더는 아니게 된다. 그런 기독교는 가장 간편하게 모두에게 사회적 이데올로기 노릇을 하고, 어떤 집단 기만이 되는 경향이 있다. 그리하여 기독교라는 특수한 이데올로기는 현대 세상에서의 다른 이데올로기와 거의 비슷한 특성을 띠게 된다. 그래서 일어난 일은 실제로 교회가 대중의 마음을 움직일 수 있었다는 것이다. 또한 교회가 자체의 이데올로기로 수많은 사람을 끌어올 수 있었다는 것이다. 그러나 그런 이데올로기는 더는 기독교가 아니다. 그런 이데올로기는 몇 가지 기독교 원리와 기독교적 어휘를 단지 담고 있는 그저 그런 교리에 불과하다.

그럼에도 교회가 선전을 이용할 때 다른 모든 조직체처럼 성공한다. 교회는 대중에게 다가가고 집단 여론에 영향을 미친다. 또한 교회는 사회 운동의 방향을 설정하고, 겉모습의 기독교 속으로 많은 사람을 들어오게 한다. 이는 오늘날 비(非)기독교화 된 세상에서조차 여전히 가능하지만, 그렇게 함으로써 교회는 거짓된 교회가 된다. 그리하여 교회는 전형적으로 세상에 속한 것인 힘과 영향력을 얻고, 그럼으로써 세상에 통합된다.

결국, 진리와 권세 사이에서 권세를 선택한 교회는 다음 같은 과정을 거쳐 세상의 권세가 된다. 우선, 교회가 선전이라는 수단을 이용하고 이 수단을 통해 성공하는 순간부터, 어김없이 교회는 단순히 사회적 조직체가 된다. 그렇게 변질된 교회는 거짓된 기독교만을 전달하기에, 교회에서 영적 부분이 사라진다. 더 나아가, 교회는 교회의 삶의 핵심에서 사회적 결정에 예속된다. 그렇게 예속된 교회는 이 세상에서 어떤 권세가 되기 위해 효율성의 법칙을 따르고, 그래서 교회는 사실상 성공한다. 이처럼 교회는 선전이라는 수단을 통해 세상에서 성공하고 세상의 권세가 된다. 하지만 교회가 이용하는 선전이라는 수단은 세상을 비(非)기독교화 하는 가장 강력한 요인 중 하나이다. 따라서 선전과 같은 어떤 수단의 결과로 이루어진 비(非)기독교화는 모든 반(反)기독교적 이론보다 훨씬 더 광범위하고 효율적이다.

3. 선전의 본질에 대한 자각

민주주의와 현대 국가에서의 선전의 실상[181]

오늘날 민주주의가 선전의 필연성에 사로잡혀 있음은 확실한 사실이다. 게다가, 더 심각한 문제는 정부의 선전이 아닌 사적인 선전이 민주주의에 연결되어 있다는 것이다. 역사적으로, 민주주의 체제가 자리를 잡는 순간, 다양한 형태로 어디서든 선전이 자리를 잡는다. 민주주의가 여론에 호소하고 여러 정당 사이의 경쟁을 전제로 하는 한, 그런 현상은 피할 수 없다. 정당은 권력을 잡으려 유권자의 지지를 얻으려 애쓰며, 그래서 정당은 선전을 발전시킨다. 더욱이, 민주주의의 발전을 통한 대중의 도래는 선전의 사용을 부추긴다.

특히, 사적 이익에 맞선 국가의 수호이든, 혹은 반민주적 정당에 맞선 국가의 수호이든 간에, 선전으로 동원된 국민에 대한 호소는 민주주의 국가를 수호하는 수단 중 하나이다. 따라서 현대의 대규모 선전은 민주주의 국가에서 시작된다. 그런데, '민주주의 원리'와 '선전 방식' 사이에는 모순이 있음은 분명한다. 그럼에도 민주주의 틀 안에서의 선전의 발전은 원리의 차원에서가 아니라 실제 상황의 차원에서 이루어진다.

물론, 선전은 파시스트 독재, 나치 독재, 공산주의 독재 같은 전체주의 체제에서 만들어지고 실행된다. 하지만 선전이라는 현상은 그런 전체주의 체제에만 관계된 것이 아니다. 선전이라는 현상을 통해 민주주의가 만들어지고, 민주주의에도 선전이라는 현상이 필요하기 때문이다. 그래서 다음 같은 사실이 동서 간의 냉전 상황과 관련된 자료를 근거로 입증된다. 즉, 민주주의도 공산주의 체제에 맞서 심리전에 돌입함으로써 공산주의 체제와 같은 무기를 사용할 수밖에 없다는 사실이다. 그런데, 선전의 힘을 빌리는 것은 인격과 진리와 자유를 훼손하면서 민주주의의 토대를 무너뜨린다. 그런 모방을 통해, 서구 민주주의는 자신이 맞서 싸운 전체주의 국가의 선전에 의해 오염된다는 것이다.

그래서 심지어 가장 민주적이고 자유로우며 인본주의적인 현대 국가일지라도 통치 수단으로서 선전의 힘을 빌릴 수밖에 없다. 이는 선전이 오늘날 인간의 진정한 욕구가 된 점에서 기인한다. 즉, 사회 구조와 전통 가치가 뒤집힌 나머지, 인간은 선전을 통해 야기되는 근본적인 소외에 지속적으로 빠지지 않고서는 현대 기술 사회에 적응할 수 없다. 따라서 선전에 동화된 사람은 무고한 희생자가 아니다. 그와 반대로, 그런 사람은 선전자의 음모에 완전히 공범이 되어 자신의 욕구를 충족시켜 주도록 선전자에게 요구하는 존재이다.

현실 정치에서의 선전의 폐해

이처럼 선전은 민주주의와 현대 국가에 심각하면서도 부정적인 영향을 미치고 있다. 따라서 선전에 대한 엘륄의 그런 분석을 현실 정치에서 흔히 이루어지는 선전 활동에 적용해 볼 수 있다. 현실 정치에서의 선전은 정당의 대표나 대변인, 혹은 정당의 관계자를 중심으로 진행되는 언론 브리핑이나 기자 회견을 통해 주로 이루어진다. 물론, 그런 선전은 언론 브리핑이나 기자 회견 외에도 다양한 매체와 소셜네트워크서비스 SNS를 통해 이루어지기도 한다. 여기서 문제는 그런 선전을 통해 어떻게 해서든 유권자의 지지를 조금이라도 더 얻는데 모두 혈안이 되어 있다는 사실이다. 즉, 어떤 정보에 대한 사실관계를 정확히 확인하지 않은 채 반대 정당을 헐뜯으면서 반대 정당의 후보나 유력 인사를 비난하기 위해 거짓일 가능성이 있는 정보조차 마구잡이로 사용하는 현실이다.

비록 허위 정보일지라도 선전을 통해 반복적으로 그런 정보를 발표하고 대중에게 주입하면, 대중은 그런 정보를 의심하면서도 거듭된 세뇌를 통해 결국 사실로 믿게 된다. 따라서 선전이 작용할수록 여론은 더 일사불란해지고, 선전은 정보를 단순화함으로써 여론이 더 빨리 형성되게끔 한다. 특히, 선전은 개인 주변의 모든 사람이 지지하는 듯이 보이는 분명하고 단순한 설명을 개인에게 제시한다. 그리하여 개인의 주관적 인상은 집단적 확신이나 신념이 됨으로써 객관성이라는 겉모습을 띤다.

이처럼 선전은 비판 정신과 개인적 판단을 사라지게 함으로써 개인이나 집단에 확증편향이 생겨나게 한다. 특히 개인이나 집단이 가진 고정관념이나 편견이 선전에 의해 강화되고 굳어지게 되면, 개인이나 집단은 이런 고정관념이나 편견을 가진 것이 옳았다고 인식하게 된다. 더 나아가, 다수가 그런 고정관념이나 편견을 공유하면, 개인이나 집단은 이런 고정관념이나 편견을 정당화하는 근거를 거기서 발견한다. 게다가, 사회적으로 갈등이 강하게 느껴질수록 고정관념이나 편견은 더 강해진다. 그런데, 선전은 그런 갈등을 더 강렬히 느끼게 하면서 고정관념이나 편견을 강화한다.

오늘날 여론은 순전히 대중매체를 통해 만들어지기에 그 자체로 존재하는 여론이란 없다. 어떤 사실이 대중매체를 통해 확산되면, 선전은 그런 사실과 관련하여 여론을 형성한다. 선전은 사실을 장악하여 재구성하는 여론의 움직임을 이용하면서 정치적 문제를 만들어 낸다. 그리하여 선전은 구체적 사실을 정치적 사실로 변형시킬 뿐 아니라 정치적 문제로 변형시킨다. 대중 대다수가 그 사실이 존재하지 않음을 알고 있더라도, 선전은 존재하지 않는 사실로부터도 그렇게 할 수 있다. 이처럼 하찮거나 심지어 의미 없는 출발점으로부터 온갖 종류의 중대한 문제가 만들어질 수 있다. 그리고 마치 그 문제에 가장 큰 중요성이 부여되는 식으로 여론은 조작될 수 있다.

그런 점에서, 현실 정치에서 마구잡이로 이루어지는 선전을 통해, 서로 대립하는 개인들이나 집단들이나 정당들 사이에는 갈등이 갈수록 심해지며, 심지어 상대에 대한 멸시와 증오까지 생겨난다. 그런 상황에서는 서로 간의 합의를 이끌어 내기 위한 정상적인 논의나 토론이 사실상 불가능해지고, 상대에 대한 오해와 이로 인한 적대감만이 쌓여갈 따름이다. 결국, 상대를 자신을 해치려 하는 일종의 적으로 간주하게 됨으로써, 민주주의에서 반드시 필요한 절차와 과정으로서의 문제 해결을 위한 논의나 토론이 실종되고 만다. 엘륄의 지적처럼, 선전의 힘을 빌려 그런 식의 선전 활동을 하는 것은 개인의 인격과 진리와 자유를 훼손하면서 민주주의의 토대를 무너뜨리는 일이 된다.

가장 무서운 권세로서의 선전[182]

민주주의 사회에서의 '교육', '정보', '광고'라는 세 가지 현상이 지향하는 목표는 인간을 전형(典型)에 따라 만들어 내는 것이고, 인간을 현대 기술 사회에 적합하게 만드는 것이다. 우선, '교육'이 이루어지는 학교는 아동을 현대 기술 사회의 모델에 순응시키는 가장 강력한 제도이다. 아동이 비판 정신을 습득하기 전에, 학교는 선전을 통해 아동으로 하여금 선전에 동화된 성인이 되도록 준비시킨다는 것이다. 특히, 독서 학습이 언제나 자유를 향한 진보를 나타내는 것은 아니다. 중요한 것은 읽을 줄 아는 것이 아니라, 자신이 읽는 것이 무엇인지 아는 것이기 때문이다. 특히, 분별력 없이 책을 읽는 것은 선전에 완전히 적응된 인간에게 주로 나타나는 현상이다. 그래서 엘륄은 "독서는 현대 세상에서 인간을 예속시키는 첫 번째 수단이다."[183]라고 선언할 정도로, 분별없이 이루어지는 독서의 폐해를 경고한다.

다음으로, 선전에 동화된 사람이 선전자의 공범이 되는 것을 가장 분명히 보여주는 예로서 '정보'와 '광고'를 들 수 있다. 정보 자체는 선전의 한 형태이며, 정보들 중 어떤 것도 개인과 직접 관련이 없는데도, 정보의 홍수는 현대 기술 사회에서 개인을 거기에 완전히 빠뜨린다. 그리고 광고는 결정적인 저항에 맞닥뜨리지 않고서 끊임없이 새로운 욕구를 창출한다. 물론, 광고는 상품 판매를 목표로 삼지만, 광고는 기술적 진보를 알려주고, 현대 사회에서의 새로운 기발한 제품을 알려준다. 특히, 광고는 삶의 방식을 제시한다. 그런 식으로, 광고는 정신을 속박하는데 엄청나게 기여하며, 개인이 현대 기술 사회에 의해 강요된 전형에 순응하는데 기여한다.

이처럼 선전에 의한 인간 파괴의 위험이 심각하기에, 선전에 맞서 해야 할 일을 권고할 필요가 있다. 선전을 다루는 사람들의 의도나 동기가 어떠하든 간에 선전은 그럴 수밖에 없기 때문이다. 첫째, 인간에 맞서 자행되는 선전의 효율성에 대해 인간에게 경고해야 한다는 것이다. 둘째, 선전 앞에서의 인간의 취약함과 허약함을 인간에게 자각시킴으로써, 인간이 자신을 방어하도록 부추겨야 한다는 것이다. 셋째, 가장 잘못된 환상으로 인간을 위로하는 대신 그렇게 자각시키고 부추겨야 한다는 것이다. 여기서 잘못된 환상이란 인간의 본성을 통해서도 선전 기술을 통해서도 더는 확보할 수 없는 안전에 대한 환상이다. 넷째, 인간을 위한 자유와 진리의 게임에서 아직 지지 않았음을 알아야 한다는 것이다. 하지만 그런 게임에서 실제로 질 수도 있음을 알아야 한다는 것이다. 결국, 그런 게임에서 선전이 오늘날 모든 권세 중 유일한 방향으로 활동하는 가장 무서운 권세임을 알아야 한다.

4장 정치적 무능과 정치적 환상

1. 정치적 무능의 양상

현대인의 정치화와 정치인의 무능[190]

오늘날 모든 문제는 정치의 영역 속에 포함된다. 현대인의 그런 정치화 현상의 가장 중요한 과정과 매개체는 국가의 성장이다. 따라서 정치화는 주로 네 가지 양상으로 나타난다. 첫째, 모든 것을 정치적 용어로 생각하고 모든 것을 '정치'라는 단어로 덮어버리는 것이다. 둘째, 모든 것을 국가의 수중 속에 넣어버리고 매사에 국가의 도움을 요청하는 것이다. 셋째, 개인의 문제를 집단으로 넘겨버리는 것이다. 넷째, 정치는 각자의 수준에 있으며 각자는 정치에 적합하다고 믿는 것이다.

특히, 오늘날 선과 악을 판단하는 기준으로 사용되는 것은 더는 가치가 아니다. 오늘날에는 '정치적인 것'이 탁월한 가치가 되고, '정치적인 것'과 관련하여 다른 가치가 정돈된다. 따라서 신화적 측면이 있는 정치는 '종교적 신심(信心)'으로 표현되며, 열정적인 양상을 쉽게 띠게 된다. 그리하여 "모든 것이 정치적이다."라는 판단은 대중의 견해가 될뿐 아니라, 이런 판단은 지식인에 의해 공식화되고 정당화된다.

정치는 가장 효율적인 선택에 대한 승인으로 요약된다. 하지만 정치인은 더 효율적일 수도 있는 것과 덜 효율적일 수 있는 것 사이에서 선택할 수 없으며, 선택은 정치인과 무관하게 이루어진다. 정치인은 자신의 판단이 틀릴 수 있으므로 자신보다 더 역량 있는 사람에게 선택을 일임할 수밖에 없고, 따라서 기술전문가의 손에 선택을 맡길 수밖에 없다. 그 때문에, 오늘날 정치적 문제에서 진정한 선택은 사실상 정치인에게 달려 있지 않고 기술전문가에게 달려 있다. 기술전문가는 정책 결정의 전 단계에서 관련 문제를 준비하고 정책 결정이 이루어진 후 그것을 실행하기 때문이다. 정책 결정에서의 정치인의 무능함은 그렇게 드러난다.

  그런 사실에 비추어 볼 때, 정치적 기능은 감소되고 정치인이 할 수 있는 혁신의 여지는 점점 더 축소된다. 사실상 대규모 선택은 제한되고, 그 선택의 실행은 기술적 수단을 요구한다. 그런데, 기술적 수단은 정당이 다르다거나 혹은 정부가 다르다고 해서 본질적으로 달라지지 않는다. 따라서 정치인은 정치적 선택을 주도한다는 환상만을 지닐 따름이다. 물론, 정치계에는 분주한 모임과 수많은 위원회가 있어, 거기에서 무수한 결정을 내리고 수많은 성명에 서명하기도 한다. 또한 협정을 체결하고 예산에 대해 토론하기도 한다. 그리고 절차와 도식을 정하고 행정 조직을 기획하기도 한다. 하지만 그런 차고 넘치는 활동 그리고 수많은 서류와 위원회 자체는 행동하고 결정한다는 어떤 환상을 주는 것에 불과하다.

  정부 각료도 다른 기술전문가에 의해 제시된 여러 변수 가운데서 선택하기 위해 자신에게 조언해 주도록 참모에게 요구할 수 있을 따름이다. 오늘날 진정한 결정은 여론을 뒤흔들고 엄청난 논란을 불러일으킬 수 있는 것과 관련되지 않는다. 또한 진정한 결정은 엄청나게 눈길을 끄는 것이나 사람들을 열광시키는 것과 관련되지 않는다. 근본적으로 나라의 미래와 연관되는 결정은 기술적 분야에 속하며, 그 수많은 결정은 기술전문가의 작업 결과이다. 정치인은 전문가가 아닌 한 그 분야에서 무능하므로, 정치인이 결정을 주도한다는 것은 잘못된 판단이다. 결국, 기술전문가가 그려 놓은 틀 속에서 정치인의 선택은 기술적 이유에서 이루어진다.

구경거리로서의 정치[191]

정치인의 그런 무능 때문에, 정치는 일시적인 '시사성'에 집착하게 되고, 이런 집착은 대중매체와 여론의 발전을 통해 강화된다. 그런데, 언론이 엄청난 정보를 쏟아내는 나머지 현대인은 그 정보들을 소화할 수 없다. 그러므로 현대인이 진지한 정치적 고찰을 할 때 그 정보들을 활용할 수 없다. 결국, 현시대의 인간은 '시사성'에 포위되어 있고, 정치인도 그날의 정보에 예속되어 있다.

더욱이, 정치 뉴스는 여론 변화의 일반적 과정에서 경우에 따라 각자와 관련될 수 있는 사건이 된다. 또한 그 사건에 따라 각자는 어떤 입장을 취할 수밖에 없다. 더 나아가, 각자는 제때 개입함으로써 그 사건을 변화시킬 수 있음을 알게 된다. 그렇게 되자, 각자에게 정보에 대한 욕구가 자리 잡는다. 정보에 대한 욕구는 놀라울 정도로 발전하고 눈덩이처럼 불어남으로써, 늘 더 많고 새로운 정보가 필요해진다. 그래서 새로운 정보는 기존의 다른 정보를 밀어내고, 이를 통해 어떤 정치적 연속성이든 가로막는다.

결국, '시사성'이 우위를 차지함으로써 통치자이든 대중이든 개인의 근본적인 정치적 무능력이 생겨난다. 그 결과, '시사성'에 빠진 대중은 예견 능력이 없고 더는 진실을 보지 못한다. 그렇게 됨으로써, 대중은 거짓 문제에 주의를 집중하면서 근본 문제를 도외시한다. 특히, 정보에 의해 강요되는 거짓 문제는 '정치적 구경거리'에 속한다. 사실상 오늘날 정치는 흔히 대중을 위한 구경거리의 형태를 띠면서 단순한 구경거리로 전락한다. 그런데, 이는 자신의 고객을 즐겁게 해주려고 정치인이 제공하는 구경거리이다.

2. 정치적 환상에 대한 비판

정치적 환상에 대한 자각

엘륄은 2차 세계대전 직후 6개월간 보르도 부시장을 맡게 되어 자신이 완전히 숙지하지 못한 30통 이상의 서류에 날마다 서명을 하면서 '정치적 환상'을 자각한다. 부시장의 업무로서 하루에 검토하고 분석해야 할 몇십 건의 문서나 보고서를 처리하는 일이 도저히 불가능하고, 심지어 허위사실로 된 보고서일지라도 사인해 줄 수밖에 없는 상황과 마주친 것이다. 마침내 그는 수많은 업무 처리를 효율적으로 하려면 부서장에게 의존할 수밖에 없는 관료주의에 한계를 느끼고 부시장을 사임한다. 그 짧은 시정 경험을 토대로, 그는 국민에 의해 선출된 정치인은 관료에 의해 좌우되고 정치는 기술 관료 체제 앞에서 무력하다는 결론을 이끌어 낸다.

그리하여 엘륄은 '정치적 환상'을 신랄하게 비판하면서 다음 같은 확신을 하게 된다. 첫째, 진정한 권한은 기술전문가에게 있고 정치인은 아무것도 할 수 없다는 확신이다. 둘째, 기술 관료나 기술전문가에 의해 거의 모든 정책 결정이 미리 이루어지는 상황에서, 정치인은 무능하며 실제 권한이 없다는 확신이다. 셋째, 정치 체제가 변화되거나 새로운 각료가 임명되더라도, 기술 사회가 앞으로 나아가는 데 아무런 영향을 미치지 않는다는 확신이다.

그런 확신 때문에, 엘륄은 평생 투표하지 않기로 결심한다. 정치적 우파나 좌파나 모두 경제 성장이라는 기술적 독단론에 매여 있는 한, 어느 정치인에게 투표하더라도 어떤 파급효과도 없다고 여긴 것이다. 결국, 그에게 기술은 대의 민주주의를 시대에 뒤진 것으로 만드는 요인일 뿐 아니라, 어떤 시민적 참여이든 그 참여를 시대에 뒤진 것으로 만드는 요인이다.

여론과 이미지 세계에서의 정치적 환상[184]

우선, 정치적 환상은 여론과 이미지 세계에 존재하면서 거기서 전개된다. 어떤 정치이든 여론의 뒷받침 없이는 더는 가능하지 않다는 것이 사회 통념이다. 그러므로 정치는 여론과의 일치를 전제로 한다는 의미에서, 민주주의 체제와 군주 체제 사이에 어떤 차이도 더는 없다. 심지어 독재자일지라도 경우에 따라 여론에 의거하고 의지할 수밖에 없다. 그래서 독재자는 민중이 자신을 부추기고 강요하는 한에서만 행동한다는 인상을 주도록 여론을 조작할 수밖에 없다. 민주적인 정부도 그 자체가 종속된 선전과 여론에 의해 유지되지 않으면 완전히 마비된다. 이처럼 오늘날 정치가 여론에 의존하고 있지만, 여론은 어떤 객관성도 없는 사실로 채워진 완전히 허구적인 세계에 남아 있다.

특히, 대중매체의 영향으로 나타나는 언어적 이미지나 혹은 시각적 이미지는 현대인이 사는 세계 전체를 형성한다. 따라서 여론은 심리적이고 언어적인 세계이다. 또한 여론은 실제 세상과 아무 관련이 없는 이미지 세계이며, 순전히 대중매체를 통해 만들어진 것이다. 그런데, 오늘날 그 자체로 존재하는 문제가 거의 없듯이, 그 자체로 존재하는 여론이란 없다. 즉, 표출되고 해석된 사실은 대중매체를 통해 확산되며, 선전은 그런 사실과 관련하여 여론을 형성한다. 여론은 사실을 장악하고 재구성하는데, 선전은 여론의 그런 움직임을 이용하면서 정치적 문제를 만들어 낸다.

결국, 이중적인 정치적 환상이 전개되는 것은 바로 이미지 세계에서이다. 한편으로, 여론이라는 이미지 세계 속에서 행동하는 정치인의 환상이다. 정치인은 그런 이미지를 만들어 낼 수 있고, 정보와 선전이라는 수단으로 이미지를 변모시킨다. 역으로, 그런 이미지 세계 속에서 형성되는 여론을 통해, 여론에 따라서만 통치할 수 있는 정치인이 결정지어진다. 특히, 정치인은 국가 기구 앞에서 무력한데도, 정치권력의 행사를 통해 오늘날 현실 자체를 변모시킬 수 있다고 믿는다. 다른 한편으로, 정치가와 비슷하지만 그와 반대되는 대중의 환상이다. 대중은 정치 게임 참여라는 방식을 통해 실제로는 아무 힘도 없는 의원들을 통제함으로써 국가를 제어하며 통제할 수 있다고 믿는다.

대의 민주주의와 정치 참여에 대한 환상[185]

여론과 이미지 세계에 존재하는 정치적 환상은 대의 민주주의와 정치 참여에 대한 환상으로 나타난다. 대의 민주주의의 기관은 전문가와 압력집단이 만들어 낸 결정 사항을 추인하는 데 소용될 따름이다. 또한 현대 국가는 중앙 집권화된 결정기관도 아니고 정치 기관의 총체도 아니라, 관료로 이루어진 거대한 기계장치이다. 그런데, 관료조직은 독자적인 길을 간다. 각료가 어떤 결정을 내리는 순간부터 그 결정은 각료의 손에서 완전히 벗어난다. 그 결정은 여러 부서를 돌아다니게 되고, 결국 모든 것은 행정 경로나 행정 과정에서 어떻게 이루어지느냐에 달려 있다.

특히, 관료는 정치인이 무능하다는 사실을 알고 있으므로, 정치인은 관료 앞에서 어떤 영향력도 없다. 정치인이 서명하는 모든 법령도 관료에게서 나오고, 정치인이 의회에서나 혹은 대중 연설에서 언급하는 모든 것도 관료에게서 나온다. 그 때문에, 정치인은 관료를 신뢰할 수밖에 없다. 더욱이, 정치인은 매일 자신이 실제로 읽을 수 없는 수백 건의 문서에 서명한다. 따라서 정치인은 자신이 실제로 모르거나 혹은 약간만 알고 있어 파악하지도 답변하지도 못하는 행위와 결정을 책임지기 위해 그 자리에 있는 것이다. 여론이나 혹은 의회가 보기에는 정치인은 책임자이지만, 그 역할을 위한 주도권과 결정 권한은 몹시 제한되어 있다. 따라서 실제로 결정 권한을 가진 것은 관료로서의 기술전문가이다.

정치적 환상의 다른 측면은 대중이 실제로 정치에 참여할 수 있다고 믿는 환상이다. 하지만 보통선거조차도 완전한 환상이다. 보통선거를 통해 대중 전체는 더는 진정으로 권력이 아닌 것에 참여하기 때문이다. 또한 정당이나 혹은 조합에 참여하는 것도 개인의 책임과 판단의 자유를 박탈하는 것이다. 그런 조직도 순응 행위를 만들어 내는 기구이기 때문이다.

정치적 환상의 또 다른 측면은 현대인의 마음에 뿌리내린 다음 같은 이중적인 확신에 있다. 한편으로, 모든 문제가 정치적이라는 확신이다. 다른 한편으로, 그 모든 문제가 유일한 실천 방법을 제시하는 정치를 통해 해결될 수 있다는 확신이다. 따라서 현대인은 모든 영역에서 현시대의 가장 비극적인 환상에 직면해 있다. 물론, 정치를 통해 행정 문제, 도시 관리 문제, 경제 문제가 해결될 수 있는데,

이는 바람직한 일이다. 하지만 정치는 인간의 개인적 문제, 선과 악의 문제, 진실과 정의의 문제, 삶의 의미의 문제, 자유 앞에서의 인간의 책임이라는 문제에는 답할 수 없다.

정치적 환상에서 벗어남의 의미[186]

현대 기술 사회에서의 정치와 관련된 엘륄의 분석과 주장이 그렇더라도, 이는 정치에 전혀 관심이 없는 정치적 무관심이나 정치를 아예 하지 않는 비정치적 태도를 권유하는 것이 아니다. 그 목적은 정치성을 다시 띠게 하기 위해 정치에 무관심하게 만드는 것이다. 따라서 엘륄에게는 정치에 무관심하다는 것도 어떤 정치적 선택을 하는 것이다. 어쨌든 정치는 존재하고, 어떤 방식으로든 국가는 어떤 정치를 이끌어 나가며, 아무튼 대중은 정치에 연루되어 있다. 또한 국가는 대중의 지지 없이는 아무것도 할 수 없다고 일반적으로 여겨진다. 그 때문에, 비록 대중이 정치에 무관심하면서도 일례로 국민투표에서 투표할 때, 이는 국가에 반드시 필요한 정치적 행위가 된다.

따라서 정치에 무관심해지도록 권유하는 것은 완전한 정치적 무관심으로 이끄는 것도 아니고, 다른 일에만 전념하도록 부추기는 것도 아니다. 이와 반대로, 정치적 문제는 본질적이기에, 그런 권유는 인간으로 하여금 다른 관점에서 다른 각도로 정치적 문제를 파악하게끔 하는 것이다. 그렇다고 해서, 법규나 좋은 제도나 사회·경제적 변화를 통해 무언가가 결정적으로 변모된다는 희망을 버려야 한다.

특히, 인간에게 존재한다는 것은 저항하는 것이라는 사실을 인정해야 한다. 따라서 인간에게 무엇보다 중요한 점은 사회 환경의 유혹에 결코 빠지지 않는 것이다. 그렇게 자신의 정치적 환상을 벗어난 '시민'[187]이 진정으로 민주적인 태도로 사회를 이끌어 가는 것이 중요하다. 이는 '시민'으로 하여금 당파적 운동에 참여하기보다 살아가는 방식의 변화가 중요함을 자각하게 함으로써 가능하다. 그런 명철한 '시민'이야말로 국가에 대한 거부와 대항의 거점을 만들어 낼 수 있다. 또한 그런 '시민'이야말로 국가에 맞서 긴장과 저항의 중심이 될 지역 집단을 만들어 낼 수 있다.

그런 지역 집단을 만들어 내야 하는 것은 다음 같은 특성을 띤 사회·정치적인 혹은 지적인 혹은 예술적인 혹은 경제적인 조직체나 단체가 나타나게 하기 위함이다. 즉, 그런 지역 집단은 국가와 대립할 수 있는 역량을 지닌 채 국가의 압력과 통제와 지원을 거부하면서 국가와 완전히 독립된 조직체와 단체이다. 만일 그런 종류의 집단이 형성될 수 있다면, 이는 국가의 힘, 기술적 성장, 경제적이고 군사적인 경쟁과 관련하여, 그것들에 위협적 요인이나 그것들을 약화하는 요인이 된다. 그런 해결책이 이상주의적이라는 반박에 대해 엘륄은 다음 같이 응수한다. 단지 정치적 환상을 벗어나기 위한 유일한 길이면서 사회적이고 정치적인 삶의 조건이라고 자신이 생각하는 바를 제시할 따름이라는 것이다.

3. '인간적 민주주의'의 필요성

'법적 민주주의'의 한계[188]

민주주의에 대해 일반적으로 퍼져 있는 견해나 확신은 주로 다섯 가지로 나타난다. 첫째, 사람들이 어떤 정치적 유형을 원할 때 이는 민주주의라는 것이다. 둘째, 민주주의는 인간이 결국 바라는 정상적인 체제라는 것이다. 셋째, 비민주적 체제는 부자연스러운 것으로 나타난다는 것이다. 넷째, 민주주의는 필수적인 산물이며 필연적인 결과라는 것이다. 다섯째, 민주주의는 저절로 만들어지며 역사의 의미는 민주주의로 귀결된다는 것이다. 그런데, 그런 견해나 확신을 통해, 민주주의가 자연적으로 주어지고 결정적으로 얻어진 것으로 무의식적으로 여겨지는 점이 문제가 된다.

따라서 민주주의와 관련된 그런 일반적 견해나 확신에 대한 비판적 관점에서는, 민주주의란 각 '시민'에 의해 요구되고 각 '시민'에 의해 매일 이루어지는 것이다. 그 때문에, 민주주의는 기술과 조직의 자동성에 반대되고, 항상 더 커지는 엄밀한 사회적 조직화에 반대되며, 증가하는 경제의 복잡성에 반대된다. 그렇기에, 민주주의는 언제나 다시 취해야 하고, 다시 생각해야 하며, 다시 시작해야 하고, 다시 세워 나가야 하는 것이다. 결국, 민주주의는 어떤 결정의 결과이고, 세심한 실천의 결과이며, 자기 통제의 결과이다. 만일 각 '시민'이 그렇게 원하지 않는다면, 기존의 민주주의 체제는 반드시 귀족정치 유형의 체제가 되고, 기술적 진보에 연루된 전제적 유형의 체제가 된다.

이처럼 인간은 민주주의를 원할 수밖에 없는 상황임에도, 그런 진정한 민주주의가 과연 어디에 있느냐는 의문이 제기된다. 물론, 예전에 일어난 일반적인 변화를 통해 민주주의의 가능성이 변모했고, 민주주의적 목표가 더 깊어지는 것이 점차 요구되었다. 민주주의가 가장 피상적인 수준에서 출발했으나, 이제 가장 깊은 수준에 도달한 것이다. 처음에는 민주주의가 그 피상적 의미에서 순전히 정치적이었다. 이는 헌법, 중앙 권력 조직, 법과 법정, 규정과 원칙, 인권, 권력 분립 등에 관한 문제였다. 그리고 가장 적합한 선거 제도 모색과 정당 구조 등에서 언제나 동일한 경향이 추구되었다.

하지만 그 모든 것이 정말 피상적이며 민주주의를 결국 보장하지 못한다는 점이 알려진다. 제도란 어떤 사회·경제적 구조의 표현이어야 하기 때문이다. 특히, 사회가 그 자체로 민주주의적이 아니면 제도는 아무 소용이 없고, 결국 민주주의가 존재하지 않으며, 민주주의적 담론은 가식과 환상에 불과하기 때문이다. 결국, 그런 '법적 민주주의'는 하나의 출발점이므로 그 너머로 가야 했고, 민주주의는 다른 차원에서 설정되어야 했다.

'인간적 민주주의'의 수립 방향[189]

그리하여 제도적이고 정치적인 차원에서의 민주주의인 '법적 민주주의'를 넘어서 '사회적 민주주의'와 '경제적 민주주의'가 추구된다. 물론, 처음에는 그 둘 사이에 혼동이나 오해가 존재한다. '경제적 민주주의'를 언급한 대다수 사람에게 '경제적 민주주의'는 '사회적 민주주의'라는 의미로 받아들여진 것이다. 그런 결과로, 환경의 평등화, 안락한 시설의 확산, 하급자의 급여 인상, 급여 차이의 축소, 국가를 통한 급여의 재분배, 모든 종류의 안전의 제도화, 교육의 확산, 교육의 민주화, 건설적인 대중문화와 여가, 모두에게 알맞은 주거 등으로 방향이 설정된다. 하지만 사람들은 그러한 '사회적 민주주의'도 더 깊고 단단한 토대 위에 세워지지 않으면 무한히 취약하다는 것을 마찬가지로 깨닫게 된다.

'법적 민주주의'가 '사회적 민주주의' 없이는 아무것도 아니듯이,

'사회적 민주주의'도 '경제적 민주주의' 없이는 아무것도 아니다. 그러므로 '법적 민주주의'가 '사회적 민주주의'를 요구하고 '사회적 민주주의'로 귀결되듯이, 사회적 민주주의도 '경제적 민주주의'를 요구하고 '경제적 민주주의'로 귀결된다. 특히, 위에서 열거된 '사회적 민주주의'가 지향하는 것들이 이루어지면, 평범한 사람도 경제 활동에 더 폭넓게 참여하게 되며, 사회에서 자신의 힘을 더 키우게 된다. 그런데, '경제적 민주주의'가 이루어지지 않으면 그 모든 것이 쉽게 위태로워질 수 있다. 그 때문에, 대규모 경제적 결정, 기업 경영, 계획의 구상, 생산 방향, 고용 수준, 국가 수입의 재분배에 대한 '시민'의 참여가 필요하다.

물론, 오늘날 사람들이 '경제적 민주주의'를 위해 투쟁하고 서구의 많은 국가가 '경제적 민주주의'에 다가가고 있지만, 문제는 더 깊은 단계에 있다. '경제적 민주주의'가 '진보'라고 불리는 모든 것을 근본적으로 문제 삼아야 한다는 것이다. 만일 그렇게 하지 않고서, '진보'를 통해 인간에게 강요되는 역할을 인간이 잘 할 수 있도록, 인간의 적응 메커니즘, 순응 메커니즘, 내적 구조화 메커니즘을 적극적으로 사용할 경우 문제가 생겨난다. 그럴 경우, 인간은 '사회적 기계'의 한 요소에 불과하게 되고, '경제적 민주주의'는 조롱거리가 된다.

민주주의 정치 제도는 자유와 평등으로 저절로 귀결되지 않으며, 민주주의 정치 제도를 통해 '경제적 민주주의'가 그 필연적 결과로 이루어지는 것은 아니다. 마찬가지로, '경제적 민주주의'는 '인간적 민주주의'로 저절로 귀결되지 않으며, '경제적 민주주의'를 통해 민주주의적 인간이 그 필연적 결과로 만들어지지는 않는다. 특히, '경제적 민주주의'를 만들어 내는 것은 '법적 민주주의'를 만들어 내는 것보다 더 어려웠다. 오늘날 '인간적 민주주의'를 만들어 내는 것, 그리고 '인간적 민주주의'에 상응하는 인간을 기대하는 것은 더욱 어렵다. 모든 것이 더 불확실해진 깊은 차원에 우리가 있기 때문이다.

그래서 이제 우리는 진정으로 어떤 선택 앞에 놓여 있다. 이는 개인적으로 이루어질 수밖에 없는 선택이기는 하지만, 그와 동시에 정치적이고 경제적인 변화가 필요한 선택이다. '인간적 민주주의'를 만들어 내기 위한 모든 시도는 '시민'의 깊은 변화가 필요하다. 즉, '시민'이 자신의 안전과 삶의 안정과 복지 증대에만 관심을 쏟으면서 효율성이라는 강박관념에 사로잡혀 있는 한, '인간적 민주주의'에 대한 어떠한 기대도 품지 말아야 한다. 결국, '인간적 민주주의'는 '시민'의 회심이 필요하다. 그런데, 이는 어떤 정치적 이데올로기로의 회심이 아니라, 진정한 삶과 관련된 가장 깊은 차원으로의 회심이다.

4. 정치와 관련된 엘륄 분석의 적용[192]

메디아토르 Médiator 사건

프랑스에서 2010년에 벌어지기 시작한 '메디아토르 사건'에 정치와 관련된 엘륄의 분석을 적용해 볼 수 있다. 우선, 이해관계의 갈등이라는 관점에서, 이 사건을 통해 민주주의에서의 결정과 책임이라는 더 일반적인 문제가 제기된다. '메디아토르 사건'은 프랑스 제약회사 세르비에 Servier가 1976년부터 2009년까지 '메디아토르'라는 이름으로 시중 판매한 중독성 약품 벤플루오렉스 benfluorex의 복용으로 피해를 입은 것으로 판단되는 사람들과 그 가족이 제기한 소송 사건을 가리킨다.

제약회사 세르비에는 당뇨병 치료제 '메디아토르'를 다이어트용으로 처방되도록 한다. 그런데, 해당 약물의 주된 화학 물질은 벤플루오렉스로서 당뇨병 환자에게는 인슐린 저항성을 낮추는 효과가 있을 뿐 아니라 식욕 억제 효과가 있어, 당뇨병 환자의 체중 감량에 도움이 되는 것으로 처방된다. 이후 식욕 억제 효과가 있다는 사실이 인식되면서 의료진은 단순 다이어트용 일반 치료제로도 이를 처방하기 시작한다. 법적으로는 당뇨 환자용으로 승인을 받았음에도 살을 빼고자 하는 사람들이 손쉽게 약을 구할 수 있게 된 것이다. 하지만 당뇨병 환자가 아닌 일반인이 이를 복용하자 심장판막 손상이 일어난다는 연구 결과가 나오기 시작한다. 2010년에 나온 연구에 따르면, 이 약이 시판된 33년 동안 메디아토르 복용에 따른 심장 또는 폐 질환으로 인한 사망자는 2,000명에 달하는 것으로 추정된다. 사망에 이르지 않은 생존자들은 식욕 억제를 위해 이 약을 먹었다가 심장이식 등 의료 절차가 필요한 심각한 합병증을 경험한다. 세르비에 측은 그러한 위험에 대해 알지 못했다고 주장해왔지만, 약 6,500명에 달하는 원고들은 세르비에 측이 부작용에 대해 알고 있으면서도 이익을 우선시하느라 이를 묵인했다며 소송을 제기한다.[193]

특히, 호흡기 전문의 이렌느 프라숑 Irène Frachon이 그 약물의 위험성을 밝히고 고발하기 위한 자신의 투쟁을 그린 『메디아토르 150mg, 몇 사람이나 죽었는가? *Médiator 150mg : combien de morts?*』라는 책을 2010년에 펴냄으로써, 그 사건이 본격적으로 시작된다. 그 약품의 판매가 중지된 2009년 한 해에만 프랑스에서 30만 명이 그 약품의 처방을 받고, 2011년 '프랑스 약품 안전 보건 기구'의 공식 서류에 따르면 모두 합쳐 약 500만 명의 환자가 그 약품에 노출된다.[194]

정치적 무책임의 제도화[195]

'메디아토르 사건'을 통해 나타난 점은 제약회사의 힘이 부인되는 것도 아니고, 제품을 평가하는 국가기관에 대한 회사의 로비 능력이 부인되는 것도 아니다. 다시 말해, 보건당국 책임자와 세르비에 제약회사 사이에 금전상의 관계가 있다는 것이 그 사건을 설명하는 유일한 요소가 아니다. 그 사건을 통해 드러난 점은 다음과 같다. 즉, 약품의 환불 정책과 시중 판매 허가에 대한 책임이 관련 장관에게 있는데도, 통치상의 범죄행위를 고려하지 않고 정치적 책임을 형사상의 책임으로 대체함으로써, 정치적 무책임이 제도화되었다는 점이다.

특히, 약품 관리 기관의 기능장애라는 문제를 통해 공공 위생 체계 전체를 넘어 소위 민주주의 체제와도 관련된 몇 가지 질문이 제기된다. 즉, "공공 정책은 어떻게 누구에 의해 결정되는가?", "실제로 누가 결정을 내리며 누가 국민 앞에서 그 결정에 대한 책임을 맡아야 하는가?", "실제로 누가 국가의 꼭대기에서 통치하는가?"라는 질문이다.

결국, 정치와 관련된 엘륄의 분석을 통해 다음 같은 점이 드러난다. 즉, 이른바 '복합 사회'에서 취급해야 할 서류의 양과 전문성이 계속 증가하는 것을 고려하면, 장관이나 정치가는 다양한 부문의 고위 관료와 기술자와 전문가에 의해 사전에 이루어진 선택을 승인하고 결재할 수밖에 없다는 점이다. 고위 관료와 기술자와 전문가는 중앙행정부와 내각 한가운데서 선거가 아닌 자신의 전문화된 지식과 능력으로부터 자신의 적법성을 이끌어 낸다. 더욱이, 그들은 과학 기술적인 절대적 필요성이라는 이름으로 정치적 성격의 권력을 행사하면서 모든 형태의 통제에서 벗어난다. 따라서 '메디아토르 사건'은 "진정한 민주주의는 오래전부터 사라졌다."[196]라는 엘륄의 지적에 상응한다.

이처럼 정치가는 기술전문가에 의해 사전에 내려진 결정들을 집행할 수밖에 없고, 정치적 행위는 기술전문가에 의해 엄밀히 경계가 설정된 범위 속에 포함된다. 그렇지만 엘륄의 입장은 진정한 정치적 결정이 존재할 수 있음을 부인하는 것이라기보다는, 정치적 결정을 짓누르는 결정 요인이 늘어남을 드러내는 것이다.

5장 나오는 말

선전에 대한 분석에서, 엘륄은 현대인을 현대 기술 사회 속에 통합하는 데 절대 필요한 것으로 선전을 묘사한다. 그 때문에, 현대 기술 사회에서의 선전 대부분은 변화를 위한 선동을 목표로 하는 것이 아니라, 기성 질서로 개인을 통합하는 것을 목표로 한다. 그런 특성이 있는 선전은 권력에도 필요하지만 대중에게도 필요하다. 현대 기술 사회에서의 정보는 반드시 복잡하고 분산되어 있으며 확실하지 않고 비관적이다. 반면에, 선전은 상황을 정돈하고 단순화하며 대중에게 위안을 준다. 그래서 선전자와 피선전자 사이에는 겉으로 드러나지 않는 동조 관계가 자리 잡는다.

따라서 정보도 그 자체로 선전에 맞서는 보장책이 되지 않는다. 여론도 선전에 대한 받침대 구실을 하기 전에, 정보에 의해 인위적으로 만들어진 것일 따름이다. 그 때문에, 정보는 선전의 존재 조건이다. 따라서 개인이 정보를 얻을수록 선전에 더 잘 저항한다는 것은 틀린 사실이다. 게다가, 현대 기술 사회에서의 정보는 심지어 개인의 인간성을 박탈하기도 한다. 특히, 선전은 가장 교양 있고 가장 정보가 많은 개인, 곧 지식인을 우선으로 겨냥한다. 정보를 얻는 채널이 더 많을수록 선전의 조작에 더 취약하다는 것이다.

더욱이, 선전은 정치를 이미지 세계로 들어가게 하고, 민주주의적 작용을 눈속임 행위로 변화시키는 경향이 있다. 민주주의는 존속하기 위해 선전을 만들어 낼 수밖에 없지만, 선전은 민주주의를 부정한다. 그런데, 선전의 대상인 민주주의는 자체를 선전의 형태와 동일시하는 경향이 있다. 이처럼 선전으로 인간과 민주주의가 파괴되는 위험이 심각하다. 따라서 선전이 오늘날 모든 권세 중 유일한 방향으로 활동하는 가장 무서운 권세임을 자각하고 이를 극복하기 위한 행동에 나서야 한다.

'인간 기술' 가운데 선전은 일찍부터 엘륄의 관심을 끈 것으로서, 선전에 대한 엘륄의 분석은 현재에도 중요한 관심사로 남아 있다. 특히, 엘륄에게 대단한 무언가가 있다면 이는 바로 선전에 대한 분석이라고 평가되므로, 선전에 대한 분석은 오늘날에도 특별한 관심의 대상이 된다.[197]

정치와 관련된 엘륄의 분석에서, 모든 것은 정치적이지만 정치는 환상에 불과하며 위정자들은 자신에게 주어진 허울뿐인 주도권을 간직하기 위해 행동한다. 민중의 주권은 허구일 따름인데, 보통선거는 좋은 위정자를 선별할 수 없고 위정자의 행동을 통제할 수 없는 것으로 드러난다. 또한 민중이 자신의 대표자를 통제한다고 믿는 것만큼이나 선출된 의원이 전문가를 통제한다고 믿는 것도 착각이다.

현대 국가와 관련된 엘륄의 분석에서, 기술화된 국가는 본질적으로 전체주의적이며, 국가의 사법 형태와 이데올로기적 겉모습은 별로 중요하지 않다. 기술의 보편성이라는 결정적 사실 앞에서 정치 제도적 특수성은 부차적인 것으로 간주될 수밖에 없다는 것이다. 이는 모든 체제가 '효율성'과 '힘'이라는 같은 목적을 추구하기 때문이다. 이처럼 현대 국가와 기술적 이데올로기의 결합을 통해, 정치는 환상적이 될 뿐만 아니라 위험해진다.[198]

물론, 우리는 투표에 참여하고 정권교체와 변화무쌍한 정치적 변동을 지켜보면서, 민주주의 사회에서 살고 있다고 생각할 수도 있다. 그리고 정치가 정의와 자유를 실현해 주며 행복한 미래를 보장해 주는 것으로 생각할 수도 있다. 하지만 급격히 변화하는 현대 기술 사회에서, 인간과 인간의 존엄성은 조작 가능한 대상과 수단으로 점차 바뀌고 있는 현상이 나타난다. 특히, 오늘날 우리는 '효율성'을 산출하지 않는 모든 것이 배제되는 상황에 있다. 그와 같은 현실에서, 정의, 공정, 자유, 평등 같은 가치들이 정치 활동 속에 들어있으며 정치가 이 가치들을 구현한다는 주장이 나타난다. 하지만 그런 주장은 사실상 커다란 위선과 허망함을 숨기기 위한 구호일 때가 많다. 말하자면, 우리는 다음 같은 온갖 위선이 자행되고 있음을 늘 목격한다. 즉, '정의', '공정', '자유', '평등'이라는 이름으로 국민을 속이는 비인도적 정책과 더불어 자신의 정치진영의 이익만을 수호하는 위선이다. 정책을 실행하는 정부가 보수이든 진보이든 이는 마찬가지이다.

오늘날 진실과 사실은 점점 의미를 잃고 있다. 대중은 자기가 듣고 싶은 말만을 듣기 원한다. 그래서 문제가 많기는 하지만 비교적 검증장치가 있는 언론 매체를 통해 정보를 얻기보다 다른 매체나 소셜네트워크서비스 SNS를 통해 정보를 얻음으로써 확증편향만이 깊어지는 실정이다. 정당은 이미 '팬덤'[199]이 되어 버린 지지 집단에 의해 휘둘리고, 정치인의 공약과 모든 활동은 기술전문가에 의해 결정되고 있는 것이 현실이다. 특히, 자신의 정치진영 세력의 힘을 지나치게 과시하는 현상은 정치가 일종의 종교가 되어 버린 것을 잘 보여 준다. 그리하여 이제 자신의 정치진영을 문제 삼거나 비판하는 것을 지지 집단은 절대로 참지 못한다. 이처럼 정치가 우리의 문제들을 진정으로 해결할 수 없는 상황에서, 이제 정치를 단순히 투표하는 행위 이상으로 다시 규정해야 할 필요성이 제기된다. 그런 점에서,

정치와 관련된 엘륄의 분석은 현실 정치에서 우리가 실천할 일과 나아갈 방향을 알려주는 일종의 지시등 같은 역할을 할 수 있다.

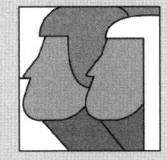

제3부

현대 기술 사회에서의 새로운 혁명

1장 들어가는 말

엘륄은 기술과 국가의 힘으로 특징지어진 현대 기술 사회에서 가능한 혁명의 유형이 무엇인지 질문을 제기한다. 그런 질문에 답하기 위해 그는 혁명과 '반란'에 대해 분석하고 전 세계에서의 혁명 상황을 살펴본 후, 혁명이 더는 가능하지 않은 현대 기술 사회에서 '반란'이 여전히 가능한지 고찰한다. 이어서 그는 현대 기술 사회에서 생겨난 새로운 프롤레타리아라는 문제를 제기한다. 더 나아가, 현대 기술 사회의 상황에서 유일하게 가능한 혁명인 '필요한 혁명'을 문제 해결책으로 제시하는 동시에 그 혁명 프로그램을 제안한다.

엘륄은 자신이 '필요한 혁명'이라고 부르는 진정한 혁명의 특성이 현시대의 근본 구조로부터 나와야 한다고 하면서 그 특성을 제시한다. '필요한 혁명'은 사회의 구조에 맞서는 것으로서, 현대 기술 사회에서 그 근본 구조는 바로 기술이다. 그렇기에, 오늘날 '필요한 혁명'은 기술화된 국가와 현대 기술 사회에 맞서 일어나는 것일 수밖에 없다. 그런 관점에서, 그는 현대 기술 사회에서의 인간 존재 자체와 관련되는 '필요한 혁명'이 인간에 대한 집단의 지배에 맞서 일어날 수밖에 없음을 강조한다. 여기서 인간에 대한 집단의 지배는 바로 집단과 기업의 이데올로기이다. 결국, 인간 해방 혁명으로서의 '필요한 혁명'은 '필연성'에 맞서는 혁명으로서, 그 혁명을 통해 인간은 자유에 이를 수 있다. 그런데, 인간에 대해 기술 체계에 의해 이루어지는 재앙과 같은 공격에서 스스로를 방어해야 하는 것은 바로 인간 자신이다.

엘륄은 젊은 시절 인격주의 운동에 참여함으로써 자신의 혁명 의지를 불태우고 혁명 의지를 실현하려고 애쓴다. 그런데, 그는 기존의 인격주의 운동과 결별하고 '혁명적 인격주의 운동'을 전개한다. 당시 그가 활발하게 이끌어 나가면서 치열하게 전개한 '혁명적 인격주의 운동'의 조직과 활동 및 그 의미와 방향을 살펴보면, 그가 현대 기술 사회에서 지향하는 진정한 혁명으로서의 '필요한 혁명'이 어떤 식으로 전개되고 이루어져야 할지 그 방향성을 짐작하고 파악할 수 있다.

엘륄은 그리스도인이야말로 현대 기술 사회에서의 '필요한 혁명'을 위한 지렛대라고 하면서, 그 지렛대의 변함없고 확고부동 받침대로서 '전적 타자'인 하나님을 제시한다. 그런데, 이는 혁명과 관련된 그의 사회학적 분석이 그의 신앙고백과 유기적으로 결합한 것이다. 그래서 그는 혁명을 일으켜 사회를 변화시킬 수 있는 진정한 기독교로서 '혁명적 기독교'에 대해 고찰한다. 자신들이 사는 사회를 변화시킬 능력이 있는 사람들이 있다면 그들은 바로 그리스도인이기 때문이다.

제3부에서는 혁명과 반란을 구분하여 분석하고, 전 세계에서 벌어진 혁명 상황을 살펴본 후, 현대 기술 사회에서 혁명은 불가능하나 반란이 가능한 상황에 대해 고찰해 볼 것이다. 다음으로, 전 세계에서 형성된 프롤레타리아의 상황을 살펴보고, 서구 사회에서 새롭게 나타난 프롤레타리아 문제에 대해 고찰하면서, 현대 기술 사회에서의 문제 해결책으로서 '필요한 혁명'이 구체적으로 무엇인지 알아볼 것이다. 마지막으로, 젊은 시절 엘륄이 참여한 인격주의 운동에 대해 알아보고, 그가 기존의 인격주의 운동과 결별한 후 치열하게 전개한 혁명적 인격주의 운동을 살펴보고 나서, 혁명적 기독교와 그리

스도인의 상관관계를 파악해 볼 것이다.

2장 혁명과 반란

1. 혁명과 반란에 대한 분석

혁명의 규격화를 통한 혁명의 왜곡[200]

역사상 일어난 다양한 사례의 혁명과 반란을 살펴보면, 1789년 프랑스 대혁명 이후부터 혁명의 어떤 모델이 수립되고 혁명에 어떤 이론이 적용됨을 확인할 수 있다. 이처럼 혁명 현상이 완전히 설명됨으로써 혁명 현상의 규격화가 그 결과로 나타나는데, 혁명 현상이 규격화되는 과정을 다음 같이 설명할 수 있다.

헤겔 Hegel과 마르크스와 더불어, 혁명은 역사에서 설명할 수 있고 비교적 예측할 수 있는 정상적인 국면과 양상이 됨을 보여준다. 그런데 그 순간부터, 아주 복잡하면서도 지적으로 기교적인 도식에 혁명이 포함됨으로써, 혁명은 예견할 수 없는 분노와 절망의 폭발이 더는 아니게 된다. 마르크스에 따르면, 19세기에 혁명은 진정으로 그 성격이 바뀐다. 그때부터 혁명은 실현할 수 있는 미래를 향해 방향을 설정하고, 예전의 적대 세력과 융화하려고 시도하며, 사회를 새롭게 통합한다. 따라서 혁명의 성공을 위해서는 모든 것이 합리적이 되어야 하고, 어떤 비합리적인 것이든 혁명에서 배제되어야 한다.

특히, 마르크스는 객관적 요인의 비중을 높이고 인간이 결코 자리 잡지 못하는 점점 더 가차 없는 메커니즘을 기술한다. 그렇게 됨으로써, 혁명은 인간들 사이의 관계나 계급들 사이의 관계로 점점 더 여겨지지 않게 된다. 그래서 혁명은 객관적인 세력들 사이의 관계에서 나온 결과가 되어 버리는데, 거기서는 사물과 사물에 내재된 필연성이 지배적 역할을 한다. 그리하여 인간은 혁명 도식에서 성가신 방해자가 될 따름이다. 특히, 사회주의가 더욱 과학적이 되고 계산에 의존함에 따라, 혁명에서 인간의 자발성은 더는 자리 잡을 수 없게 된다. 혁명이 그런 도식적인 역사 속에 끼워 넣어진다는 사실을 통해, 혁명에서 인간과 인간의 불확실성은 배제된다. 결국, 혁명에서 사실상 배제되는 것은 바로 인간 자신이 된다.

도식적인 역사 속에 끼워 넣어진 혁명에서 나타나는 객관적 메커니즘의 영향력은 인간적 요인을 말살함으로써 증대한다. 특히, 혁명이 역사의 방향에서 역사의 한 단계로 여겨질 때부터, 혁명은 한편으로 이론으로 변할 수밖에 없고 다른 한편으로 전술로 변할 수밖에 없다. 그리고 상대적으로 오랫동안 이론과 전술 사이의 통일을 유지하는 것은 실제로 불가능하다. 그래서 인간은 이론과 전술의 질을 떨어뜨리는 타협을 반드시 추구한다.

결국, 혁명이 역사의 방향 속에 있을 수밖에 없다면 왜곡될 따름이다. 다시 말해, 혁명이 자체의 목적을 상실하고 결국 체계가 되어 버릴 때 왜곡된다. 또한 혁명이 역사에서의 정상적인 현상이 되었을 때 왜곡된다. 따라서 역사의 방향에 대한 마르크스 해석의 오류로부터 그의 교리에 따라 만들어진 혁명은 왜곡된 혁명일 수밖에 없다. 반란은 인간의 충동적인 표현이었던 반면, 혁명의 결과로부터 나온 사회에서의 국가의 역할은 인간성이 상실된 혁명을 보여준다. 이처럼 혁명 현상이 규격화됨으로써 혁명은 왜곡된 상태에 빠진다.

'혁명'이라는 용어의 남발과 부풀림[201]

혁명은 오늘날 가장 익숙하고 진부한 표현이 되어 버리고, 풍요한 소비 사회의 일상적인 것이 되며, 세속적인 대화의 주 관심사가 된다. 특히, 오늘날 '혁명'이라는 용어가 남발됨으로써, 모든 것이 '혁명'으로 규정되거나 혹은 아무것이나 '혁명'으로 규정되는 상황이다. '혁명'이라는 용어에는 실체가 없는데도 이 용어를 그렇게 부풀려 사용하는 이유로서 두 가지를 들 수 있다.

첫째 이유는 보잘것없고 흥미 없는 예측된 사실만을 마주치는 비교적 안정된 사회 속에 있는 인간의 상황과 관련된다. 현대 기술 사회에서 인간은 자신의 삶에서 하찮은 일이 주로 일어난다고 여긴다. 그런 인간이 폭발적인 사건을 어느 정도로 필요로 하는지 알아보려면, 언론 전체에서의 자극적인 기사와 뉴스를 살펴보는 것으로 충분하다. 어떤 사건이 일어나자마자 그 사건에다 인간이 그토록 필요로 하는 중요성과 찬란함을 부여하고자, 과장된 용어로 그 사건을 규정할 필요가 있다는 것이다. 결국, 그 현상은 '보상 메커니즘'으로 설명된다. 즉, 현대 기술 사회에서의 인간은 무미건조함, 권태, 의미 부재, 반복을 체험한다. 그 때문에, 이를 보상하려고 단어를 부풀리면서 화려하고 대단한 수식어를 동원하여 현실을 미화하게 된다. 그런데, 그렇게 하더라도 현실은 더욱 보잘것없어진다.

둘째 이유는 진보에 대한 믿음을 통해 인간은 아무런 것이나 모든 것과 관련하여 '혁명'이라는 용어를 사용한다는 것이다. 이는 '산업 혁명'이라는 용어를 써서 산업 발전을 '혁명'으로 규정하듯이, '혁명'이라는 용어를 무차별적으로 사용하는 현상이다. 결국, '혁명'이라는 용어가 이처럼 사용되기 때문에, '혁명'이라는 개념은 완전히 내용이 비어 버린다.

혁명과 반란의 구분[202]

'혁명'과 '반란'이라는 두 개념을 분명히 구분할 필요가 있다. 또한 여러 역사적 반란에서 드러나듯이, 반란의 두 가지 특성으로서 '참을 수 없는 감정'과 '비난'을 들 수 있다.

반란의 첫 번째 특성인 '참을 수 없는 감정'은 어떤 행위나 상황이나 관계가 참을 수 없는 한계에 도달할 때, 반란이 터지고 인간은 반란자가 되며 집단은 반란을 일으킨다는 것이다. 반란은 역사에 대한 거부와 관련된다. 다시 말해, 반란은 오늘처럼 되어 버릴 내일에 대한 거부와 관련된다. 그러므로 미래는 현재가 악화하는 것일 따름이기에 반란에는 미래가 없고, 반란자는 그런 현재를 원하지 않는다. 따라서 반란은 역사의 정상적 흐름을 바꾸려는 의지이다. 그 때문에, 반란은 반동적이고 광신적이며 완전히 절망적이고 자포자기적이다.

반란의 두 번째 특성인 '비난'은 반란이 존재하는 형태이다. 반란이 존재하려면 불행에 대한 책임자가 있어야 하고, 적에 대해 분명하게 명확히 인식해야 한다. 그렇기에, 반란은 어떤 대상을 희생양으로 삼아 희생양을 비난하는 것으로 특징지어진다. 그런 반란은 계급투쟁으로는 나타나지 않지만, 계급들 사이의 결속을 드러내기도 한다.

한편, 혁명은 성공했을 수도 있는 반란이 아니며, 혁명과 반란은 다른 범주에 속한다. 혁명과 반란이라는 두 현상의 유사점은 반란처럼 혁명도 역사에 맞서서 이루어진다는 것이고, 완전히 다시 시작하려는 노력을 기울인다는 것이다. 따라서 반란은 반동적 운동이고 혁명은 진보적 운동이라고 여기지 말아야 한다. 진보를 통해 인간에게 약속되는 것에 맞서 혁명이 이루어지기도 하기 때문이다. 따라서 경우에 따라 혁명도 미래를 향해 나아가기를 거부하는 것일 수도 있다. 결국, 혁명과 반란이라는 두 현상을 구분하는 것은 혁명을 특징짓는 두 요소인 '이론'과 '제도'이다.

반란은 애초에 어떠한 사상도 없이 본능적이고 즉각적이다. 그런 반란과는 달리, 혁명은 앞서 존재하는 사상에 근거를 두고, 현실에 적용될 수 있는 이론에 근거를 둔다. 간혹 반란에서 나타나는 사상도 있다. 그런데, 그 사상은 늘 우연한 것이고 반란이 전개되는 동안 반란 자체에서 생겨나는 것이다. 하지만 반란에 없는 지적인 힘의 노선이 혁명에는 존재한다. 그 때문에, 혁명은 절망적인 것이 아니라, 이와 반대로 희망으로 넘쳐난다.

게다가, 혁명은 제도화되려는 경향이 있는데, 이를 통해 혁명을 마무리 짓는 관리자로서의 새로운 유형의 주동자들이 부상한다. 그 주동자들은 광풍이 지나간 후 질서를 부여하는 조직자이다. 반란은 성공하면 그 성공 자체에 빠져 멈추어 버린다. 그렇지만 반란으로부터 혁명으로의 변화를 특징짓는 것은 새로운 조직화에 이르기 위한 노력이다. 따라서 반란이 하나의 운동에 불과하다면, 혁명은 정치 체제를 지향하고 이를 위해 강력한 국가가 필요하다.

2. 전 세계에서의 혁명 상황

혁명과 관련된 현대 서구 사회의 상황[203]

현대 서구 사회의 상황에서는 혁명에 대한 이야기만 되풀이될 뿐 어떤 혁명적인 힘도 더는 없다. 소비 사회에 완전히 통합된 프롤레타리아는 혁명 의지를 상실하여 혁명의 동인(動因)이 더는 아니다. 또한 대중매체에 몹시 길든 젊은이는 사회에 통합되려는 의지를 드러낸다. 그러한 젊은이는 사회의 관리체계를 접하자마자 자발성을 상실하여 혁명의 전위도 혁명의 기폭제도 아니게 된다. 그리고 지식인은 현대 기술 사회의 요구에 따라 점점 더 전문화되므로, 현대 기술 사회에 대해 어떤 포괄적인 고찰도 할 수 없다. 프롤레타리아, 젊은이, 지식인, 노동자 등 혁명적으로 간주되는 모든 집단은 사회적 소수가 된다. 특히, 실업자와 낙오자 같은 아웃사이더는 모두 사회적으로 취약한 소수이다.

더욱이, 혁명적이라고 여겨지는 다양한 소수 집단은 서로 충돌하는 의도와 경험이 있다. 예를 들어, 현대 기술 사회에서 성공을 추구하는 노동자는 기술 문명의 긍정적인 모든 측면을 자기 것으로 만들려 하기에, 기술 문명을 실현하고자 하는 사회에 의해 동화된다. 젊은이는 자신이 드러내고 싶은 일종의 원한을 통해 사회를 거부하지만, 대가를 치르려 하지 않으면서 지나친 소심함을 드러낸다. 따라서 그 다양한 힘은 전혀 합해지지 않고 서로 약화되는 경향이 있으며, 노동자와 젊은이의 결속은 완전히 비현실적이다. 그 때문에, 현대 서구 사회의 어떤 집단도 마르크스가 분석한 프롤레타리아 계급의 상황을 재현할 수 없으며, 혁명적일 수 있는 집단도 와해된다. 결국, 현대 서구 사회에서는 혁명 과정을 끌어들일 어떤 조직된 힘도 잠재된 힘도 없다.

그래서 엘륄은 제3세계, 중국, 미국 등 세계의 다른 지역에 관심을 기울여본다. 하지만 아프리카에서도, 남아메리카에서도, 중국에서도, 미국에서도, 서구 자체의 구조와 관련하여 서구에서 수행해야 할 '필요한 혁명'을 위한 어떤 교훈도 이끌어 내지 못한다. 이처럼 전 세계에서의 혁명적 상황을 분석한 결과, 진정한 혁명에 대한 희망이 사라진 것처럼 보인다. 그 때문에, 엘륄은 이제 혁명의 시대는 끝났다고 하면서, 현대 기술 사회에서 혁명이 더는 가능하지 않고 '필요한 혁명'에 대한 희망이 사라진 것처럼 간주한다.

제3세계에서의 혁명 운동[204]

제3세계에서 일어나는 혁명 운동은 제3세계의 민중 차원에서 반드시 필요하지만, 이를 통해 현대 서구에서의 불가피한 혁명이 유발되지 않는다. 또한 제3세계에서의 혁명은 서구의 구조와 관련하여 수행되어야 할 서구에서의 유일하게 중요한 혁명인 '필요한 혁명'과 아무런 관련이 없다. 고려되는 혁명 유형이 무엇이든, 가능한 개입 방식이 무엇이든, 제3세계 민중에게는 서구의 혁명 역량이 될 어떤 것도 없다. 그래서 제3세계는 세계의 혁명 근원이 아니라 들끓는 반란의 도가니인 것처럼 보인다. 특히, 남아메리카에서의 다양한 혁명적 경향과 표현은 현시대의 상황과 관련하여 서구에서의 '필요한 혁명'에 해당하는 것에 일치하지 않는다. 즉, 남아메리카에서의 혁명 운동은 서구에서의 '필요한 혁명'과 아무 상관이 없고, '필요한 혁명'에 아무것도 기여하지 않다.

하지만 아메리카 인디언 민족들에 대한 착취와 그들의 빈곤이라는 비극적 상황, 그리고 국가적 차원에서의 그들의 소외가 존재한다. 그런 관점에서, 그들 차원에서의 대규모 소유지에 맞선 투쟁이나 혹은 대기업에 맞선 투쟁, 그리고 제국주의와 압제에 맞선 투쟁은 분명히 하나의 혁명이다. 그 민족들은 그들의 차원과 상황에서 혁명을 이루기를 원한다. 하지만 이는 단지 대대로 내려오는 예전 유형의 혁명이다. 또한 이는 반란에서 출발하여 그 반란을 통해 충격 효과가 나타날 때 새로운 정치·경제적 구조를 향해 나아가는 혁명이다. 그런데, 그런 혁명을 이끄는 지도자들에 의해 국가와 기술화를 통해 현대 사회로 진입하려는 상황이 생겨난다. 새로운 혁명은 현대 사회에 맞서 이루어져야 하는데도, 그 지도자들은 자신들의 혁명 자체를 통해 '현대 사회'라는 덫에 걸리고 만다. 결국, 그들의 사회주의는 사회·경제적 진보가 아니라, 자본주의가 다른 곳에서 실현한 것을 더 빨리 이루는 수단이다.

결국, 제3세계 민중은 서구의 혁명을 만들어 내거나 유발할 수 없다. 물론, 그들은 어떤 난제를 유발할 수 있고, 서구 내에서의 여론을 뒤흔들 수 있으며, 극단적인 경우 전쟁을 촉발할 수 있다. 하지만 이는 서구에서의 '필요한 혁명'과 아무 상관이 없다. 사회 구조와 민중의 자각에 따라 혁명이 터질 수 있는 시점을 판단하기도 하고, 이루어야 할 혁명이 바로 그러하다고 선언하기도 한다. 하지만 그렇게 선언하는 것은 가장 피상적인 차원에 머무르는 것이다. 사실상, 빈곤, 사회 모순, 환경 파괴, 착취 때문에 제3세계 국가의 수많은 빈민이 반란 일보 직전에 있다. 그렇지만 오늘날 혁명은 그런 차원에 더는 있지 않으며, 그런 사람들에 의해 유발되지 않는다.

중국에서의 문화혁명[205]

1960년대 중반 중국에서 촉발된 '문화혁명'[206]은 문화혁명의 기본 교리를 통해서만 실제로 이해될 수 있다. 문화혁명의 기본 교리는 '영구 혁명' 개념에 속하는 '비(非)적대적 모순 이론'[207], 그리고 '주형

(鑄型) 이론'[208]이라는 두 가지 요소를 포함한다. 마오쩌둥은 유일하게 수정주의를 피할 수 있는 것처럼 보이는 영속된 투쟁의 길인 '영구 혁명' 이론을 택한다. 그런데, 이는 어떤 혁명 단계를 넘어서자마자 또 다른 혁명 단계를 찾아야 함을 전제로 한다. 그래서 그는 '영구 혁명'에 대한 비전을 자신의 '비(非)적대적 모순 이론' 속에서 표현한다. 오래전부터 마오쩌둥의 교리에 속하면서 문화혁명 시기에 적용된 그 두 가지 기본 교리는 문화혁명의 토대가 되고 문화혁명을 이해하는 열쇠가 된다.[209]

국가 및 기술과 관련하여, 또한 '필요한 혁명'과 관련하여 문화혁명을 살펴볼 필요가 있다. 문화혁명을 통해 국가의 권력과 관료주의의 권력이 깊이 축소되었다고 흔히 말해진다. 하지만 문화혁명에서는 강력한 중앙 집중 운동과 개인에 대한 철저한 숭배가 나타난다. 즉, 마오쩌둥은 공산주의, 중국, 혁명, 인민과 동일시된다. 어떤 식으로 정당화되든지 간에, 한 인간이 정치 조직에서 그러한 위상을 차지하여 그런 역할을 할 때 독재가 이루어진다. 그런데, 이는 국가 권력의 강화를 전제로 한다. 그렇게 중앙집권화된 단일한 독재 국가는 마오쩌둥 같은 비교할 수 없는 위엄을 지닌 인물이자 천재 전략가인 인물이 맨 앞에 존재하는 데서 기인한다. 그렇지만 마오쩌둥이 사라지면서 이를 대체하는 것은 바로 기구이며, 그래서 전체주의적 관료주의가 발달하게 된다.

기술이라는 문제와 관련하여, 문화혁명은 기술의 제어나 혹은 기술의 사용 같은 중심 문제를 제기하지 않는다. 하지만 거기서 제기된 문제 중 하나는 다음 같은 것이다. 즉, 중국 인민을 엄격한 금욕적 소비 수준에 오랫동안 머물러 있게 하면서, 서구 세계의 사치스러운 소비와 동떨어진 상태에 오랫동안 있게 할 수 있느냐는 문제이다. 그런데, 그런 문제는 완전히 지적이고 도덕적인 순응을 토대로 풀릴 수 있다. 또한 그런 문제는 가장 전체주의적 교육과 가장 절대적인 선전을 통한 심리적 조작을 토대로 풀릴 수 있다. 특히, 모든 대립과 비판 정신을 없애는 것은, 항의를 제기하고 교화되기를 거부하는 지식인을 없애는 일과 관련된다. 그리하여 피곤 때문에 어떤 정신의 자유도 고찰 능력도 없는 상태에 지식인을 두려는 목적에서 지식인은 공장과 시골로 보내진다.

하지만 그렇게 진행된 문화혁명의 상황에서, 기술 사회가 발전하는 가운데 기술과 계획경제를 통해 인간을 지배하는 것은 다음 같은 대가를 치르고 이루어진다. 즉, 인간에 대한 심리·사회학적 기술의 완전한 승리라는 대가이다. 따라서 문화혁명 자체는 조작 기술과 선전 기술과 정치적 전략 기술을 적용한 데서 나온 산물이다. 결국, 문화혁명은 서구에서의 '필요한 혁명'과 아무 상관이 없으며, '필요한 혁명'에 어떤 도움도 되지 않는다.

미국에서의 혁명 운동[210]

미국에서 벌어지는 혁명 운동 가운데 가장 눈길을 끄는 세 가지 흐름으로는 히피, 흑인 민권운동, 새로운 정치 조직이 있다. 우선, 히피와 관련하여 세 가지 태도를 히피의 태도로 간주해야 한다. 첫째, 새로운 삶의 방식을 찾으려는 확고한 의지이다. 둘째, 어떤 새로운 문화에 대한 추구이다. 셋째, 기계화되고 정치화된 기술 사회 전체와의 결별이다. 다음으로, 흑인 운동과 관련하여 마틴 루터 킹 Martin Luther King과 맬컴 엑스 Malcom X로 대표되는 두 가지 중심적인 경향이 있다. 마지막으로, 새로운 정치 조직의 출현으로서 과격 학생 운동단체인 '민주 사회를 위한 학생'sDs이 있다. 또한 미국적 이데올로기의 맥락에서 마르크스를 적응시키려는 시도인 '뉴 레프트' The New Left가 있다.

그런 혁명 운동들의 특성은 세 가지로 나타난다. 첫째, 그 혁명 운동들이 기존의 지배 문화를 부정하는 문화 풍조인 '반(反)문화'의 성향을 띤다는 것이다. 둘째, 그 혁명 운동들이 정치 구조와 관련되기보다는 삶의 양식과 관련된다는 것이다. 셋째, 그 혁명 운동들이 자신의 환경 전체와 함께 있는 인간의 존재 자체와 관련된다는 것이다. 따라서 그 혁명 운동들은 인간이 다음 같은 상황에 직면한 데서 비롯된다. 즉, 현대적인 삶의 불합리한 상황으로서, '생산과 소비'라는 닫힌 회로 속에서 계속 살아갈 수 없는 상황이다. 결국, 그 혁명 운동들이 내세우는 바는 세 가지 측면으로 나타난다. 첫 번째 측면은 경제에 자신을 더는 맡기지 말아야 한다는 것이다. 두 번째 측면은 기술적 매개를 통해 더는 살아가지 말아야 한다는 것이다. 세 번째 측면은 제도에서 벗어나야 한다는 것이다.

그렇지만 그 혁명 운동들을 약화시키는 요인이 있다. 미국인들은 수많은 다양한 문제와 반항 행동에 시달린다는 것이다. 미국인들은 장래에 있어 흑인과의 관계로 불안에 사로잡히고, 폭력으로 불안해한다. 또한 히피 앞에서 조마조마하고, 학생 운동에 몹시 놀란다. 그리고 세대 갈등으로 혼란스럽고, 증가하는 도시 생활의 어려움에 화가 나며, 물가상승과 실업과 통화위기를 염려한다. 그런데, 그 모든 것에는 일정하고 일관된 것이 아무것도 없다는 사실이다.

결국, 중심 문제는 국가의 힘과 기술 체계를 변화시키는 것이다. 그런데, 수십만의 젊은이와 수백만의 흑인이 반항하더라도, 심지어 그 문제의 시작에도 이르지 못한다. 모든 젊은이가 기술 구조에서 나오는 상품을 사용하기를 단지 거부하는 것으로는 문제 해결에 이를 수 없기 때문이다. 따라서 모든 젊은이가 기술 구조 속으로 들어가는 것과 기술 구조를 섬기는 것을 근본적으로 거부하는 한에서만, 기존의 기술 구조를 문제 삼을 수 있다.

3. 혁명의 불가능성과 반란의 가능성

현대 기술 사회에서의 혁명의 불가능성[211]

당시 지구 전체에서의 혁명 운동을 그렇게 둘러본 다음, 엘륄은 서구 현대 기술 사회의 현실로 되돌아와서 서구에서 혁명을 할 수 없다고 선언한다. 실제로 서구에서의 혁명에는 목적이 상실되어 있다. 우선, 정치에 대한 열광은 실제로 혁명의 목적을 명확히 밝히지 못하는 이유 중 하나이다. 정치라는 강박관념에 일단 사로잡히면, 혁명은 사회의 구조 전체와 관련된다는 사실을 이해할 수 없게 되기 때문이다. 또한 정치에 열광하는 사람은 국가를 문제 삼을 수 없기 때문이다.

특히, 오늘날 혁명의 목적이 기술적 맹목성 속에 빠져 있다는 사실이 문제이다. 그런 사실은 이루어야 할 혁명이란 인간을 기술에 적응시키고 기술을 더욱 촉진하는 것이라는 주장으로 나타난다. 즉, 인간이 자신의 숙명에 적응하는 것, 그리고 기술적 성장이 오늘날 혁명의 핵심이라는 주장이다. 그런 주장은 서구인을 진정한 문제로부터 떼어놓기 위해 현대 기술 사회의 새로운 부르주아가 행하는 가장 끔찍한 교란작전일 수 있다.

더욱이, 오늘날 혁명가들은 시대에 뒤처진 낡은 혁명 모델을 기준으로 삼으면서, '필요한 혁명'을 약화하는 힘인 유토피아 속에서 길을 잃고 헤맨다. 그 내용이 무엇이든 유토피아는 모든 차원과 관점에서 반(反)혁명일 수 있는데도 상황은 그러하다. 더욱이, 현대 국가의 특별한 변화는 전혀 고려되지 않은 채, 권력 쟁취를 지향하는 정치적 영역의 수단만이 단지 고려될 따름이다. 특히, 혁명 과정상의 폭력은 국가 앞에서 무력한데도, 폭력적인 수단이 늘 언급된다. 하지만 혁명 과정상의 폭력을 통해 국가를 중심으로 한 사회의 결속이 강화될 따름이다. 그리하여 국가는 혁명 운동을 분쇄하기 위한 자체의 엄청난 수단을 사용할 권한이 있다고 느끼게 된다.

현대 기술 사회에서의 반란의 가능성[212]

이처럼 혁명에 어떤 목적도 수단도 없다면, 혁명은 현대 기술 사회의 새로운 구조에서 기인한다는 난관과 마주친다. 그렇듯이, 현대인에게는 혁명의 분명한 의미가 없다는 난관에도 봉착한다. 국가의 개입 능력은 너무 크고, 현대 기술 사회의 구조는 너무 복잡하다. 또한 사회적 요소들은 지나치게 서로 뒤얽혀 있고, 사회의 통합 역량과 동화 역량은 지나치게 높다. 그런 상황에서, 이제부터 혁명을 통한 급격한 단절은 가능하지 않다는 것이다. 게다가, 현대 기술 사회에서 현대인에게 혁명은 아무것도 더는 의미하지 않는다. 더욱이, 현대인의 의식을 마비시키려는 노력이 온통 기울여진다. 따라서 그런 현대 기술 사회에서는 진정한 혁명 의식을 발견할 수 없다.

그 때문에, 엘륄은 "이제 혁명의 시대는 끝났다."[213]라고 하면서, 현대 기술 사회에서 혁명이 더는 가능하지 않음을 내비친다. 그래서 그는 '필요한 혁명'에 대한 희망이 사라진 것처럼 간주하면서 이렇게 언급한다.

> '필요한 혁명'의 순간은 지나갔다. 기술 사회가 그 발전에 이르지 않았을 때, '필요한 혁명'을 일으켜야 했다. 30년 전에는 그것이 가능했다. 이미 시대에 뒤떨어진 마르크스주의 혁명과 더불어 시간을 허비했다. 방향을 바꿀 수 있었으나 이는 이루어지지 않았다. 이제 이 사회는 진정으로 문제 제기의 대상이 더는 될 수 없다. 단지 이 사회의 겉모습만이 문제 제기의 대상이 될 수 있다.[214]

그럼에도 엘륄은 혁명이 더는 고려될 수 없다면 '반란'은 아직 가능하다고 주장한다. 현대 기술 사회에서 인간은 쉽사리 적을 식별할 수 없더라도 여전히 '반란'을 꾀할 수 있다는 것이다. 또한 인간은 자신에게 강요되는 것을 본능적이고 자발적으로 거부할 수 있다는 것이다. 현대 기술 사회의 전적인 새로움을 통해 혁명 과정은 완전히 새롭게 되는데, 이는 무(無)에서 다시 출발하는 것, 다시 말해, 개인으로부터 출발하는 것이다. 엘륄은 그런 출발점에서 벗어나면 모든 것이 쓸데없는 일임을 강조한다. 완전히 새로운 현대 기술 사회에서 지나간 혁명 모델은 전혀 유용하지 않다는 것이다. 또한 유일하게 혁명이 이루어지는 장소는 개인의 의식이라는 것이다. 그리하여 그는 현대 기술 사회에서의 인간의 상황과 여건이 아무리 어렵더라도 자유로운 인간에 의한 혁명 수행이 가능하다는 희망의 빛을 남겨 둔다.

역사 법칙의 자동성이나 혹은 진화 법칙의 자동성을 통해서는 아무것도 얻어지지 않음을 깨달아야 한다. 또한 우리는 끝까지 따라가야 할 혁명의 길에서 이미 벗어나 있음을 깨달아야 한다. 그 혁명의 길을 열어야 한다. 따라서 나는 그 일이 아무리 어렵더라도, 자유로운 인간이 여전히 존재하는 한 그 일이 절대로 불가능하지 않음을 확신한다.[215]

3장 프롤레타리아와 '필요한 혁명'

1. 전 세계에서의 프롤레타리아

프롤레타리아에 대한 마르크스의 분석[216]

엘륄은 프롤레타리아와 관련된 문제를 분석하기 위해, 자본주의에 내재된 모순에 관한 마르크스의 이론을 제시한다. 마르크스의 이론에 따르면, 자본의 존재와 자본의 생성과정을 통해 프롤레타리아가 생겨난다. 축적된 자본을 통해 고용된 노동자는 자신의 노동력 구매 비용을 넘는 경제적 가치를 만들어 낸다. 자본주의 체제에서 노동은 시장가격으로 팔리는 상품이다. 또한 노동의 상품 가치 혹은 교환가치는 모든 상품에서와 마찬가지로 그 상품을 만들어 내는데 필요한 노동의 양에 따라 측정될 수밖에 없다. 노동의 양은 식량, 주거, 난방, 의복 같은 노동자의 삶을 유지시키는 것이고, 노동자가 다시 일할 준비가 되는 데 필요한 모든 것이다.

그런데, 노동력을 재생하는 데 필요한 비용은 훨씬 더 적은 노동시간으로 충당될 수 있다. 만일 노동자가 자유롭고 자신의 노동력을 재생하기 위해서만 단지 일한다면, 소정의 시간을 일하더라도 이는 자신과 가족의 식량과 의복을 충당하는데 충분하다. 다시 말해, 소정의 노동 시간 동안에 노동자는 자기 노동력의 가격으로서 지급된 임금에 상응하는 가치를 충분히 제공할 수 있다. 그렇지만 노동자는 자신의 노동력을 고용주에게 판 상태여서, 고용주는 노동력이 활용되는 한 노동자로 하여금 계속 일하게 한다. 그 순간부터 노동력은 고용주에게 정상적으로 귀속되는 가치를 계속 만들어 낸다. 하지만 고용주는 그 가치의 대가를 지급할 필요가 없다.

따라서 노동력을 재생하기 위한 노동과 관련되는 초과 노동이 존재하고, 추가 가치인 잉여가치가 존재한다. 그런데, 추가 가치는 결코 고용주의 도둑질이나 강요나 속임수로 생겨난 것이 아니다. 추가 가치는 고용주의 수중에 불가피하게 남아서 결국 고용주에게 돈으로 귀속되는데, 그것이 바로 이윤이다. 따라서 노동자는 더 일할수록 더 많은 잉여가치를 만들어 낸다. 그런 잉여가치를 통해 노동자는 자신을 착취하고 박탈하는 힘을 증가시키는 동시에, 더 많은 노동자를 노동에 투입할 수 있는 수단을 고용주에게 주게 된다. 이처럼 노동자와 관련된 문제는 노동이 상품으로 변모한 데 연결되어 있으며, 이는 프롤레타리아가 놓인 상황의 특징 중 하나이다.

엘륄은 마르크스의 이론에 따라 생겨나는 프롤레타리아를 세 가지 측면으로 규정한다. 첫째, 프롤레타리아는 삶의 터전으로부터 뿌리 뽑히고 착취당하는 사람이다. 둘째, 프롤레타리아는 자신으로부터 소외되고 자신의 개성도 박탈당한 사람이다. 셋째, 프롤레타리아는 고향도 가정도 문화도 건강도 없이 기계의 부속품으로 전락한 사람이다. 그런데, 프롤레타리아는 자본가의 탐욕의 산물이나 혹은 착취 정신의 산물이 아니라, 생산력을 발전시키는 불가피한 역사적 필연성의 산물이다. 특히, 자본가들 사이의 경쟁을 통해 영세 상인과 영세 수공업자의 파산과 더불어 가장 약하고 무능한 사람들이 끊임없이 프롤레타리아로 전락한다.

반면에, 자본 전체는 매우 한정된 수의 개인 수중에 집중되지만, 자본이 더 통합될수록 이윤은 늘 줄어든다. 다시 말해, 자본주의가 자본을 더 축적하고 상품을 더 생산하는데도, 구매력은 사라지고 상품을 구매할 수 있는 사람의 수가 줄어든다. 그리하여 초과생산의 위기나 혹은 저소비의 위기라는 파국을 초래하는 자본주의의 내적 모순에 직면한다. 기계화와 경제 발전은 자본화를 통해서만 가능한데, 그런 자본화에 의해 반드시 프롤레타리아가 생겨난다. 결국, 중요한 세력이 된 프롤레타리아는 혁명을 유발하고, 자본주의를 붕괴시키며, 사회주의로 넘어가게 한다. 엘륄은 "나는 마르크스의 그런 분석이 정확하다고 굳게 믿는다."[217]고 하면서, 마르크스의 이론에 동의한다.

마르크스의 도식을 뒤집은 두 가지 사건[218]

엘륄은 프롤레타리아와 관련된 마르크스의 이론에 동의하면서도, 마르크스의 분석과 관련하여 마르크스의 도식을 뒤집는 예기치 못한 두 가지 사건이 일어난다고 지적한다.

첫째, 1917년 볼셰비키에 의해 이루어진 러시아 혁명은 프롤레타리아가 거의 존재하지 않는 나라에서 일어난다. 마르크스가 언급한 바와 달리, 공산주의 혁명이 프롤레타리아가 가장 많고 가장 산업화된 나라에서 일어난 것이 아니라, 프롤레타리아의 수가 미미하고 미약하게 산업화된 나라에서 일어난 것이다. 그 때문에, 소련에서 프롤레타리아를 만들어 내기만 할 뿐 프롤레타리아의 상황을 전혀 없애지 못한 것이 바로 공산주의 체제이다.

둘째, 서구 선진국에서 기술은 사람들이 상상하던 바와 전혀 다른 것이 되고, 그런 기술이 존재하는 기술 사회가 산업사회의 뒤를 잇게 된다. 산업사회에서와 달리, 기술 사회에서는 산업에 적용된 자동화와 정보화를 통해 기계들 전체는 인간의 조작과 개입 없이도 작동할 수 있다. 그러므로 노동력이 절대적으로 절감되고, 이제 가치를 창출하는 것은 인간의 노동이 더는 아니다. 결국, 자본주의 국가에서 인간의 노동을 대신하여 가치를 창출하는 진정한 힘이 된 것은 바로 기술이다.

그래서 엘륄은 "마르크스 이론 전체는 단순한 기술적 과정에 의해 뒤집힌다."[219]라고 언급한다. 또한 "프롤레타리아 상황을 없애려고 프롤레타리아에 의해 혁명이 일어난 공산주의 국가에서 어떻게 프롤레타리아가 있을 수 있는가?"[220]라는 의문을 제기한다. 그런 의문과 관련하여, 그는 전 세계에서 프롤레타리아가 엄청나게 증가한다는 사실을 보여주기 위해, 소련, 중국, 제3세계에서의 사례를 차례로 든다. 그 사례들은 세 가지 현상으로 나타난다. 첫째, 소련에서 산업화와 기술화를 통해 프롤레타리아가 증가한 현상이다. 둘째, 중국에서 프롤레타리아가 불가피하게 형성되고 증가한 현상이다. 셋째, 제3세계가 프롤레타리아화됨으로써 제3세계에서의 프롤레타리아가 심각하고 열악한 상황에 놓인 현상이다.

소련에서의 프롤레타리아의 증가[221]

러시아에는 다수의 프롤레타리아 노동자가 없었다는 것이 어려운 문제이다. 자유노동자는 소비에트 체제로 넘어옴으로써 더는 프롤레타리아가 아니었다는 것이다. 그렇지만 산업화와 자본의 원시 축적은 프롤레타리아가 생겨나는 것을 전제로 한다. 그런데, 그 법칙은 강제노동수용소 덕분에 지켜지며, 소련은 수용소에서 강제 노동을 하는 프롤레타리아에 힘입어 산업사회로 넘어온다.

물론, 소련에서의 노동자는 고용주에 의해 착취당하지 않고 자본가의 이익을 위해 더는 일하지도 않는다. 하지만 팔 수 있는 것은 노동력밖에 없는 노동자는 국가를 위해 일하고 모든 면에서 국가라는 고용주에 종속된다. 따라서 공산주의 체제의 결과로서 프롤레타리아가 늘어난다. 또한 자본주의 국가의 프롤레타리아가 어렵게 쟁취한 '형식적 자유'도 소비에트 프롤레타리아에게는 상실된다. 즉, 소비에트 프롤레타리아는 추상적으로 프롤레타리아 국가의 주인이지만, 프롤레타리아를 위해서는 실제로 아무것도 변하지 않는다.

소련뿐만 아니라 많은 공산주의 국가에서의 강제노동수용소는 정치적 외양을 띠고 있지만 실제로 거기에는 경제적 현실이 있다. 강제노동수용소는 아무 비용도 들지 않고 완전히 마음대로 부릴 수 있는 노동력, 곧 프롤레타리아를 얻기 위한 경제적 필요의 산물이라는 것이다. 공산주의 국가는 스스로 자체의 산업 기반을 구성해야 했기에, 자체의 생산 수단, 곧 프롤레타리아를 구성할 수밖에 없었다. 다시 말해, 공산주의 국가가 자본주의 국가와 경쟁하는데 반드시 필요한 기술을 채택함으로써 프롤레타리아를 그렇게 구성할 수밖에 없었다. 특히, 프롤레타리아를 만들어 내려는 의도가 없음에도 프롤레타리아가 생겨난 것은, 무급 노동력에 대한 경제적 필요성이 급속히 증가한 데서 비롯된다.

기술화는 산업화 없이는 일어날 수 없고, 산업화는 자본 없이는 실현될 수 없으며, 자본은 원시 축적 과정 없이는 형성될 수 없다. 하지만 자본의 원시 축적을 통해 프롤레타리아가 불가피하게 생겨난다. 그런데, 자본의 원시 축적이 사적 자본주의의 경우이든 사회주의 국가의 경우이든 이는 동일한 것으로 귀결되고 그 결과는 마찬가지이다. 따라서 프롤레타리아는 자본주의의 직접적 산물이 아니라 산업화의 산물이며, 기계들의 증가와 분업의 결과이다. 그렇기에, 프롤레타리아의 특성을 자본주의 체제로 국한시키지 말아야 한다. 소비에트 세계의 소위 '사회주의 국가 자본주의'도 강제노동수용소와 억압 체계라는 특성을 자체의 프롤레타리아에게 부여하기 때문이다. 결국, 경제에 의해 촉진된 현대화를 향해 방향을 설정하고 산업화와 도시화를 향해 방향을 설정하는 세상 어디서든 프롤레타리아가 생겨나게 된다.

중국에서의 프롤레타리아의 형성과 증가[222]

중국에서도 새로운 프롤레타리아가 형성되고 엄청나게 증가한다. 마오쩌둥은 러시아 혁명이 어떤 점에서 실패했는지 이해하면서, 대규모 산업화의 길로 들어서면 러시아에서 벌어진 동일한 일이 일어날 것이라고 정확히 파악한다. 자본주의화의 필요성 때문에 프롤레타리아가 출현한다고 예견한 것이다. 그래서 그는 자본주의화의 덫을 피하려고 모든 것을 시도한다. 그뿐 아니라, 국가 자본주의라는 소비에트 식의 길을 거치지 않고서 산업화와 기술화에 이르는 가능성을 모색한다. 중국에서는 객관적으로 마르크스 혁명의 기준이 될 수 없는 경제 상황으로부터 출발하기 때문이다, 그래서 프롤레타리아를 만들어 내지 않고서 후진성을 극복해야 하는데, 이는 마오쩌둥 정책 전체의 열쇠이다. 서구와 러시아 공산주의와 무관한 새로운 길을 통해, 서구에서 벌어진 온갖 비극을 피하면서 서구 과학기술의 이로운 결과를 얻을 수 있어야 한다는 것이다.

그런데, 이는 완전히 새로운 원리와 방법과 더불어 인간과 국가와 사회를 완전히 개조하는 것이다. 따라서 마오쩌둥 사상에서 나온 핵심 지도 원리는 일곱 가지 측면으로 나타난다. 첫째, 경제 지상주의와 효율성을 거부하는 것이다. 둘째, 사상이 우위에 있고 계급들이 융합되는 것이다. 셋째, 정치사회 구조와 경제 성장이 일치되어 그 둘이 통합되어 발전하는 것이다. 넷째, 현대화에 필요한 재정적 탕진을 거부하는 것이다. 다섯째, 새로운 부르주아가 잠재적으로 생겨나는데 맞서 투쟁하는 것이다. 여섯째, 전문가와 관리자의 급속한 증가를 거부하는 것이다. 일곱째, 도시와 농촌 사이의 격차 해소를 위해 투쟁하는 것이다.

마오쩌둥 사상의 그런 지도 원리를 통해, 서구 기술과 기계는 공산주의 사회 건설 및 행복과 평등의 달성을 위해 필요하지 않게 된다. 이는 사상의 우위를 확인하는 것으로서, 공산주의 세계에서 사상이 전면에 나선 것이다. 그래서 그런 지도 원리에서 비롯되는 결과는 다섯 가지로 예견된다. 첫째, 서구의 기술적 효율성이라는 피곤한 도식에서 벗어나는 것이다. 둘째, 육체노동과 정신노동이 더는 분리되지 않는 것이다. 셋째, 분업과 전문화를 토대로 하는 서구적 효율성의 수단이 완전히 재검토되는 것이다. 넷째, 부르주아는 제거되기보다는 재교육을 받고 나서 통합되는 것이다. 다섯째, 농업생산을 산업에 희생시키지 않는 식으로 경제 분야가 균형적으로 발전하게 되는 것이다. 결국, 그런 지도 원리에 따른 혁명은 포괄적이면서 모든 측면에서 동시에 일어나야 한다. 이는 혁명이 멈추지 않기 위한 조건이 될 뿐 아니라, 그런 혁명으로 특징지어지는 사회가 서구 자본주의 모델로부터 점점 더 멀어지기 위한 조건이 된다.

하지만 자본주의화의 길로 들어가지 않겠다는 그런 확고한 의지에도 불구하고, 마오쩌둥은 강제노동수용소를 기반으로 하는 프롤레타리아의 형성을 피하지 못한다. 강제노동수용소에서의 수많은 희생자가 생겨날 뿐만 아니라, 수많은 젊은이가 가난한 농부들로부터 재교육을 받도록 강제로 이주된다. 또한 수많은 농민이 강제로 이주되어 무급으로 노예처럼 강제노동에 처해진다.

그 때문에, 마오쩌둥은 자신의 심오한 혁명적 의도를 드러내면서, '경제 성장-자본주의화-프롤레타리아'라는 족쇄에서 벗어나려는 노력을 기울인다. 그런 노력에도 불구하고, 공산주의 세계의 새로운 프롤레타리아이면서도 예전의 자본주의 프롤레타리아의 기능을 정확히 수행하는 프롤레타리아의 형성을 피하지 못한다. 마오쩌둥은 오랫동안 기술에 맞서 싸우면서 이데올로기적이고 초월적인 삶의 모델이 우세하도록 애쓰지만 결국 실패한다.

그리하여 문화혁명 기간에는 억눌려 있던 기술 이데올로기가 그 이후로 형성되고 기술적 탁월함은 모든 행동과 사회의 모델이 된다. 중국인은 서구의 성공이 단지 기술을 기반으로 하고 현대 세계의 모든 발명은 서구에서 비롯됨을 알게 된다. 따라서 그런 독점 체제와 경쟁하는 유일한 길은 기술적 성장이기에, 중국은 재빨리 거기에 전념할 수밖에 없다. 결국, 서구에 종속된 중국은 기술의 주인인 서구에 동조할 수밖에 없고, 그와 동시에 산업화되고 기술화될 수밖에 없게 된다. 그런데, 이는 중국 민족을 선진 산업 프롤레타리아로 변모시키는 결과로 나타난다.

제3세계에서의 프롤레타리아화[223]

제3세계 국가가 프롤레타리아화되는 원인을 다음 같이 설명할 수 있다. 우선, 자기 나라에서는 생존할 수 없어서 일자리를 구할 수 있는 나라로 가기 위해 조국을 떠날 수밖에 없는 사람이 진정한 프롤레타리아가 된다. 제3세계 국가가 프롤레타리아화되는 다른 측면은 한 나라 전체나 한 지방 전체가 원자재를 헐값에 사들이는 제국주의 방식의 수탈로 그렇게 되는 것이다. 부유한 나라는 노동력 외에 원자재만이 유일한 부(富)가 되는 나라에 원자재를 생산하고 수출하도록 강요한다. 그와 동시에, 경제적 종속을 벗어날 수 없도록 원자재 가격을 낮추어 지급한다. 원자재를 수출하는 나라는 재정적으로 원조를 받을 수밖에 없는 나머지 끊임없이 부채를 더 지게 되고, 수출 전체는 단지 부채의 이자를 갚는데 결국 충당된다.

제3세계 국가가 프롤레타리아화 되는 다른 원인 중 하나는 예전의 식량 경작을 카카오, 커피, 목화, 사탕수수 같은 산업 경작으로 대체한 데 있다. 물론, 3세계 국가의 내적인 프롤레타리아화는 단지 제국주의에서만 기인하는 것이 아니다. 인구의 급속한 증가는 제3세계 국가의 빈곤화에 큰 역할을 하는데, 빈곤화는 프롤레타리아화의 요인 중 하나이다. 그리고 프롤레타리아화의 다른 본질적 측면 중 하나는 실업의 증가이다. 실업은 기근과 산업화 자체에서 기인하는 인구 이동과 도시화에 연결되어 있다.

프롤레타리아화의 가장 중요한 원인은 19세기 서구 부르주아와 똑같은 역할을 하는 지역 부르주아의 출현과 발달이다. 지역 부르주아는 매우 다양한 형태를 취한다. 즉, 전통적 의미에서 상업 부르주아나 산업 부르주아 이외에, 권력을 차지한 군대 간부들이 자신들의 이익을 위해 권력을 행사하면서 나머지 주민을 프롤레타리아 상태로 전락시킨다. 특히, 소수 권력자는 경제적 관점에서 터무니없는 권력을 행사한다. 그들은 대중의 구매력을 신장하는 데는 거의 아무것도 하지 않으면서, 지배계급과 가난한 자 사이의 격차를 훨씬 더 벌림으로써 가난한 자는 프롤레타리아가 된다.

　제3세계에서 프롤레타리아가 엄청나게 증가하는 현상을 막기 위해 반드시 충족되어야 할 네 가지 조건을 제시할 수 있다. 하지만 그런 조건들이 실제로 충족되기를 기대하기가 사실상 어려운 현실이다.

　첫째, 선진국이 제3세계 국가에 대해 절대적으로 무상으로 이루어지는 경쟁적이지 않은 원조 정책을 펴는 것이다. 또한 그 원조로부터 이익을 취하지 않는 것이다.

　둘째, 선진국은 제3세계 국가의 원자재를 더는 극도로 착취하지 않는 것이다. 또한 제3세계 국가가 산업적 단일 경작에 매달리지 않게 하는 것이다.

　셋째, 그런 정책을 통해 제3세계 국가가 실제로 필요로 하는 바를 제공하는 것이다. 하지만 이는 수익성 있는 수출 미개척 분야를 차지하는 첨단 제품의 생산을 위해서는 아니다. 이는 제3세계 국가의 필요를 위해, 선진국의 경제를 재전환하고 선진국의 생산력을 변화시키는 것을 전제로 한다.

　넷째, 제3세계 국가에 제공되는 장비는 자연 에너지와 자연 기술 유형에 속하면서도 최신의 기술적 진보와 더불어 매우 자동화된 생산 설비여야 한다는 것이다. 이는 최소한의 노동력을 사용하면서 대규모 인구 이동이나 거대한 도시화를 유발하지 않기 위함이다.

2. 서구 사회에서의 새로운 프롤레타리아

새로운 프롤레타리아의 출현[224]

서구 기술 사회에도 프롤레타리아 상황에 놓인 집단이 남아 있다. 기술과 소비와 순응 행위에 연결된 새로운 프롤레타리아가 출현한 것이다. 특히, 기술적 진보를 통해 '실업자'와 '덜 전문화된 저질의 노동자'라는 이중의 프롤레타리아가 생겨난다. 따라서 실제로 노동이 절감되어 실업에 떨어진 프롤레타리아가 있다. 그런데, 이는 새로운 생산방식과 더불어 새로운 유형의 사회로 옮겨가는 것과 연결된 문제이다.

소위 '기술적 실업'은 일시적 고용 창출이나 새로운 공장 설치로 해결될 수 없다. 특히, 다른 분야에서의 자동화의 급속한 발달을 통해 새로운 실업자가 생겨난다. 또한 '기술적 실업'은 주당 노동 시간 단축에 의해서도 효과적으로 줄지 않는다. 그 때문에, '기술적 실업'을 줄이려면 노동 시간을 정말로 획기적으로 줄여야 한다. 그렇지만 이를 위해서는 사회 전체 구조의 완전한 변화가 필요하다. 그런데, 서구 기술 사회에서는 '기술적 실업'에 대한 적극적인 대비가 이루어지지 않고 있으며, '기술적 실업'을 해결하기 위한 체계적인 프로그램도 준비되지 않은 실정이다.

서구 기술 사회에서 생겨난 새로운 프롤레타리아는 빈곤을 제외하고는 산업사회의 프롤레타리아와 동일한 특성과 소외를 드러낸다. 그 새로운 프롤레타리아를 특징짓는 것은 시간의 박탈, 예속, 통제, 뿌리 뽑힘, 만성 피로이다. 따라서 서구 기술 사회에서의 새로운 프롤레타리아는 삶의 터전에서 뿌리 뽑히고, 자기 자신으로부터 박탈되며, 기술에 의해 마비되고, 자신의 운명에 전반적으로 만족하는 인간이다.

프롤레타리아 문제의 해결 방안[225]

현대 기술 사회에서의 새로운 프롤레타리아 문제 같은 심각한 문제에 대한 해결 방안을 모색할 필요가 있다. 기술을 통해 이루어진 '진보 사회'는 경직되어 있고, 타산적이며, 기술화되어 있다. 또한 그런 '진보 사회'는 중앙집권화되어 있으며 전체주의적이다. 따라서 현대 기술 사회에서의 프롤레타리아는 그러한 '진보 사회'의 모순을 드러낸다. 특히, 현대 기술 사회는 여러 장애에 봉착함으로써 헤매고 있다. 그런데, 더 많은 기술과 계획경제에 의해서도, 더 많은 통제와 조직에 의해서도 아무것도 해결되지 않고 있다. 그와 반대로, 현대 기술 사회가 그런 방향으로 나아갈수록 위험은 더 커진다. 그 때문에, 진정한 진보는 현대 기술 사회의 가치와 원리를 이루는 모든 것과의 결별을 전제로 한다.

현대 기술 사회에서의 프롤레타리아의 존재는 문명 위기의 요인인 동시에, 그런 위기가 실제로 있음을 방증하는 것이다. 따라서 프롤레타리아 문제를 해결하는 데 있어 시급한 일은 새로운 도덕과 법을 만들어 내는 것이다. 이는 프롤레타리아 문제에서 결정적인 일이다. 특히, 사회를 변모시키려고 하면서 프롤레타리아를 회유하거나 없애거나 무력화시키거나 흡수하거나 순응시키지 말아야 한다. 그 대신, 프롤레타리아가 자신의 특수성을 지니면서 그 사회에서 어떤 관계를 갖고 자리를 잡도록, 사회는 프롤레타리아 집단과 관계를 설정해야 한다. 다시 말해, 프롤레타리아 집단을 배제하는 것이 아니라,

사회의 변화 가운데서 그 역할을 하게끔 해야 한다.

프롤레타리아 문제의 해결을 위해 시행해야 할 경제적이고 제도적인 변화가 있다. 그중 상대적으로 단순한 변화의 예로서 네 가지를 들 수 있다. 첫째, 교도소에서 출소한 사람을 사회에서 체계적으로 재활하는 것이다. 둘째, 정신병원 시스템을 재편성하는 것이다. 셋째, 작업 속도를 따를 수 없는 사람이나 장애를 지닌 사람에게 가능한 노동을 효율적으로 제공하는 것이다. 넷째, 현재의 프롤레타리아를 만들어 내는 구조와 다른 구조를 만들어 내는 것이다. 그런 변화의 사례보다 훨씬 더 어려운 것은 현재의 경제 체계를 바꾸고 극도의 분배 불평등 구조를 개편하는 일이다.

프롤레타리아 문제의 해결과 관련되는 두 가지 중심 조건은 새로운 도덕과 법이다. 새로운 도덕과 법 없이는 어떠한 제도적 개혁이나 혹은 경제적 개혁도 프롤레타리아 문제의 해결에는 효과가 없다. 우선, 새로운 도덕의 수립 방향을 세 가지로 제시할 수 있다. 첫째, '뿌리 내림'이라는 방향이다. 현시대의 도덕적 재난인 '뿌리 뽑힘'을 통해 인간의 불행이 초래되고 프롤레타리아가 증가한다. 따라서 프롤레타리아에게 이웃 사람과 안정된 인맥이 필요하며, 어떤 주어진 장소의 어떤 사람이 되어주는 것이 필요하다. 둘째, 가족이라는 방향이다. 일탈을 받아들이지 않는 불관용은 균형 잡힌 가족이 없는 것과 밀접한 관계가 있기 때문이다. 셋째, '관용'과 '다원주의'라는 방향이다. 프롤레타리아 문제에 맞서 싸우는 것은 다양성의 도덕, 관용의 도덕, 차이를 받아들이는 도덕을 전제로 한다.

프롤레타리아 문제를 해결하고 프롤레타리아를 줄이려면 도덕의 변화로는 충분하지 않고 법과 행정이 근본적으로 변해야 한다. 법의 변화에서 첫 번째 원칙은 법은 모든 사람이 이해할 수 있는 단순하고 명확한 규범과 원리로 환원되는 것이다. 또한 모든 사람은 자신이 사는 집단을 규제하는 법률을 적어도 일반적 방식으로 알 수 있어야 한다. 따라서 프롤레타리아 문제를 줄이기를 원한다면 대중과 평범한 사람이 법률적 결정과 행정적 결정의 이유를 이해해야 한다. 사법과 행정의 근본적인 변화가 일어나지 않는다면, 프롤레타리아 문제는 점점 더 넓은 부분으로 확대되며, 다양한 형태를 취하게 된다. 그리하여 사회적 다수가 된 프롤레타리아는 현대 기술 사회를 근본적으로 뒤흔들 것이다.

3. 현대 기술 사회에서의 '필요한 혁명'

'필요한 혁명'의 가능성[226]

엘륄은 자신이 '필요한 혁명'이라고 부르는 진정한 혁명이 오늘날 현대 기술 사회에서 여전히 가능하냐는 의문을 제기한다. 그러면서도, 다음 같은 상황에 있는 사람들에게는 혁명이 분명히 필요함을 인정한다. 첫째, 상품이 넘쳐나는 가운데 단 한 푼도 없이 대도시의 거리에서 방황하는 사람이다. 둘째, 제3세계 국가에서 굶어 죽어가는 사람이다. 셋째, 피부색 때문에 차별받고 모욕당하는 사람이다. 넷째, 이웃을 사랑하고 무기 들기를 거부하나 강제로 징집당하고 전쟁에 끌려가는 사람이다. 그 모든 사람에게 혁명의 동기는 즉각적으로 체험된다는 것이다. 그래서 절대화된 불의와 불평등과 착취에 맞서 항거해야 한다. 그런 항거는 각각의 사회와 집단과 시대에서 가치가 있기 때문이다.

이처럼 인간이 그 모든 것에 대항하여 일어서고 그 모든 것을 받아들이지 않는 것은 당연하다. 하지만 그 모든 것은 현시대에서의 인간의 운명을 실제로 바꾸기 위해 실행해야 할 혁명, 곧 '필요한 혁명'과 관련하여 중요한 어떤 것에도 해당하지 않는다. 물론, 세상에서 굶주림으로 죽어가는 아이들과 정당한 이유 없이 유발된 광기 어린 전쟁을 걱정하면서 거기에 맞서 투쟁해야 한다. 하지만 이는 진정한 혁명과는 아무 상관이 없다. 또한 우리는 제3세계 문제와 가난한 나라 문제로 계속 혼란스러워한다. 물론, 그 문제는 본질적인 동시에 비극적인 인류의 문제이기는 하지만, 진정한 혁명과 아무 관련이 없다. 몹시 걱정스러운 그런 상황을 해결해 줄 수 있는 것은 혁명이라는 현상도 아니고 사회주의의 실현도 아니다.

그런 관점에서, 그런 비참함의 원인으로 인식되는 것에 맞서 투쟁하는 것은 더는 혁명이 아니다. 또한 부의 분배에서의 불평등의 원인에 맞서 투쟁하는 것도 혁명적이지 않다. 왜냐하면 전 세계가 그런 비극과 불의를 자각했기 때문이다. 또한 그런 문제를 해결하기 위한 수단이 기술에 힘입어 점차 나타나기 때문이다. 그리고 많은 사람이 그 문제를 용기 있게 지속적으로 떠맡아 해결하려고 하기에, 그 문제가 잠재적으로 해결될 가능성이 있기 때문이다.

그런데, 전 세계적으로 나타나는 심각한 부(富)의 불평등 문제, 그리고 기아와 질병으로 고통받는 제3세계 민중의 비참한 상황이 잠재적으로 해결될 가능성이 있다는 엘륄의 인식은 분명히 비판의 대상이 된다. 비록 그런 불의와 비극에 대해 자각하더라도, 또한 문제 해결을 위한 기술이 나타나더라도, 그 문제를 해결하려는 지속적인 의지가 있더라도, 그런 문제와 상황이 쉽사리 해결될 기미가 보이지 않기 때문이다. 특히, 소수의 부자가 더욱 부를 독점하고 극소수에게 부가 편중됨으로써 부의 불평등 문제는 갈수록 심각해지는 실정이다. 특히, 아프리카 일부에서의 심각한 기아 문제는 복잡한 현지 상황과 맞물려 어떤 식으로 해결책을 찾아야 할지 난감한 상태이다. 또한 현재의 '코로나19' 팬데믹 상황에서 나타나듯이, 부국과 빈국 사이의 백신 수급의 불평등 문제는 뿌리 깊은 국가 이기주의 때문에 해결의 실마리를 찾기 어려운 상황이다. 결국, 문제에 대한 자각 및 문제 해결을 위한 기술과 의지가 있더라도 사실상 문제 해결의 가능성은 희박하다는 것이다.

그럼에도 엘륄은 사회적, 정치적, 경제적 구조의 문제보다 훨씬 더 깊고 중요한 문제가 있다고 주장한다. 지금 문제가 되는 것은 바로 다른 힘에 의해 위협받는 인간 총체라는 것이다. 그런데, 인간의 체험이 그런 문제를 즉각적으로 직접적으로 느끼지 않는 데서 어려움이 생겨난다. 즉, 인간은 그런 위협을 굶주림처럼 느끼지 않는다. 또한 현대 기술 사회에서의 모든 것이 더 모호해지듯이 인간 총체를 짓누르는 위협은 오늘날 더 은밀해진다. 따라서 인간이 현상의 본질로서 간주하는 것은 그 현상의 겉모습일 따름이다.

'필요한 혁명'의 조건과 특성[227]

현대 기술 사회에서 '필요한 혁명'을 수행하는데 반드시 필요한 두 가지 조건을 제시할 수 있다.

첫 번째 조건은 인간이 그 이유를 정확히 모르더라도 그런 식으로 계속 살아갈 수 없음을 깊이 느끼는 것이다. 그런데, 첫 번째 조건이 과연 존재하느냐는 문제가 제기된다. 즉, 국가 관리주의와 관료주의에 맞서고 소비 사회와 '억압 사회'에 맞서며 기술의 비인간성에 맞서는 담론이 간혹 있더라도, 얼핏 보기에는 현대인이 그 모든 것을 거부한다고 할 수는 없다. 특히, 그 모든 것이 지닌 문제는 대다수 현대인에게 강하게 체험되지 않는다. 이와 반대로, 대다수 현대인은 더 많이 소비하는 데 만족하고, 매사에 국가의 도움을 요청하며, 기술적 진보를 자랑스러워한다. 그 때문에, 그 모든 것은 대다수 현대인에게 심각하지 않게 여겨진다.

'필요한 혁명'의 두 번째 조건은 사회의 근본 구조가 차단되는 것이다. 그런데, 기술과 국가라는 더 본질적이고 더 깊은 구조가 사회의 근본 구조에 해당한다. 기술과 국가라는 사회의 근본 구조는 인간의 절실한 필요를 충족시키는 방향으로 나아갈 수도 없으며, 가능성을 향해 열려진 방향으로 나아갈 수도 없다. 그 이유는 세 가지로 나타난다. 첫째, 기술과 국가라는 구조는 자율적인 방식으로 자체의 방향으로 나아가기 때문이다. 둘째, 기술과 국가라는 구조는 그 자체 외에는 다른 아무것에도 의존하지 않기 때문이다. 셋째, 기술과 국가라는 구조는 자체에 내재된 법칙을 따르기 때문이다.

'필요한 혁명'의 특성은 역사 과정에서의 혁명의 특성으로 식별된 것에서 나와야 한다. 그와 동시에, '필요한 혁명'의 특성은 현시대의 근본 구조로 인식되는 것에서 나와야 한다. '필요한 혁명'의 그런 특성을 세 가지로 들 수 있다.

첫째, '필요한 혁명'은 '필연성'에 맞서서만이 일어날 수 있다. '필연성'은 기술과 국가라는 구조처럼 자율적인 방식으로 자체의 방향으로 나아가고, 그 자체 외에는 다른 아무것에도 의존하지 않으며, 자체에 내재된 법칙을 따르는 현상을 가리킨다. 그렇기에, '필연성'

은 그 자체로 자유를 부정하는 것이다.

둘째, '필요한 혁명'은 무언가에 맞서는 것이다. 무엇에 맞서 결국 행동해야 하는지 분명히 식별한다면 혁명적 폭발은 일어날 수 있다.

셋째, '필요한 혁명'이 무언가에 맞설 수밖에 없는 것이라면, '필요한 혁명'은 현재의 사회 구조에 따라 구상될 수밖에 없다. 여기서 두 가지 요소를 고려해야 한다. 첫 번째 요소는 혁명이 구조와 관련될 수밖에 없다는 것이다. 두 번째 요소는 혁명이 특정 사실과 연관된 것, 눈길을 끄는 것, 일상적인 것, 당대의 관심사를 넘어설 수밖에 없다는 것이다. 따라서 공격의 대상이 되는 구조는 바로 이 세상의 구조여야 하고 이 사회의 구조여야 한다.

그렇기에, '필요한 혁명'은 이 세상과 사회의 구조에 맞서는 것으로서, 그 근본 구조는 바로 기술이다. 국가, 도시, 교통수단, 조직처럼 마찬가지로 결정적인 다른 요인도 기술에 종속되어 있다. 결국, 오늘날 '필요한 혁명'은 경제적 혹은 정치적 현상이나 문제가 아니다. '필요한 혁명'은 사회와 문명 전체와 관련되고, 기술화에 직접 연결되어 있으며, 기술 환경 속에서의 인간 존재 자체와 관련된다.

'필요한 혁명'의 대상과 목표[228]

현대 기술 사회는 산업사회, 소비 사회, 거대 사회, 풍요 사회, 억압 사회, 구경거리 사회, 관료주의 사회, 서비스 사회, 부르주아 사회, 계급 사회 등으로 규정될 수 있다. 하지만 그 모든 규정은 단편적이거나 혹은 불충분하고 부분적일 수 있다. 더 결정적이고 특징적인 요인이 있다는 것이다. 현대 기술 사회는 근본적으로 기술적이고 국가적이며, 현대 기술 사회의 모든 특징은 거기로 귀결된다.

따라서 이루어야 할 '필요한 혁명'이 있다면, 이 혁명은 '기술화'에 맞서는 동시에 '국가화'에 맞서는 혁명일 수밖에 없다. 국가는 근본적으로 기술화되었기에, 기술을 비판하지 않으면서 국가에 맞서는 혁명이란 있을 수 없다는 것이다. 국가는 기술적 발전에 부합하는 유일한 요인이기 때문에, 오늘날 국가라는 문제는 가장 결정적이 된다. 따라서 현대 국가와 기술 사회의 결합은 불가피하게 일어난다. 그런데, 그런 결합을 통해 소외되고 사물화된 인간이 반드시 생겨날 수밖에 없다.

그런 관점에서, '필요한 혁명'은 개인에 대한 집단의 지배에 맞서 일어날 수밖에 없다. 개인에 대한 집단의 지배는 공동체와 기업의 이데올로기로서, 이 이데올로기는 세 가지 측면으로 나타난다. 첫째, 개인은 자신이 속한 집단 없이는 아무것도 아니라는 것이다. 둘째, 오늘날 팀으로만 지적이고 과학적인 작업을 할 수 있다는 것이다. 셋째, 결국 혼자인 인간은 아무것도 할 수 없다는 것이다.

특히, 기술을 문제 삼는 것은 '풍요 사회'를 문제 삼는 것이고, 더 나아가 '소비사회'를 문제 삼는 것이다. 물론, '풍요 사회'에서는 인간에게 큰 기쁨과 만족이 주어진다. 하지만 '풍요 사회'에서는 인간의 욕구를 상쇄하면서 거짓된 편리함과 성취를 만들어 내며 몰려드는 물건이 지나치게 넘쳐난다. 또한 '소비사회'에서는 모든 것이 단지 소비 대상이며 소비가 가치와 의미가 된다.

인간에 대해 기술 체계에 의해 이루어지는 재앙과 같은 공격에서 스스로를 방어해야 하는 것은 바로 인간 자신이다. 그 때문에, '필요한 혁명'에는 프로그램도 전략도 없지만, 그럼에도 '필요한 혁명'에는 아주 분명한 목표가 있다. '필요한 혁명'은 바로 '필연성'에 맞서는 혁명으로서, 이런 혁명을 통해 인간은 자유에 이를 수 있다. 결국, '필요한 혁명'은 기술화된 국가와 기술 사회에 맞서 일어나는 것일 수밖에 없다. 그런 '필요한 혁명'은 현대 기술 사회에서의 유일한 인간 해방 혁명이다.

그런 '필요한 혁명'의 결과를 네 가지로 제시할 수 있다. 첫째, 수익과 생산성과 같은 모든 영역에서 효율성을 감소시키는 것이다. 둘째, 개인적인 안락함을 퇴보시키는 것이다. 넷째, 대규모 집단 작업을 저하하는 것이다. 셋째, 대중문화를 점진적으로 사라지게 하는 것이다. 그래서 엘륄은 "만일 그 네 가지 구성요소의 결합이라는 대가를 치를 각오가 되어 있지 않다면, 오늘날 유일한 '필요한 혁명'을 위한 준비가 되어 있지 않다."[229]라고 언급한다.

이처럼 엘륄은 '필요한 혁명'에 따르는 대가를 제시하면서, 그런 대가를 치르지 않고서는 진정한 혁명이 성공할 기회가 거의 없다고 지적한다. 하지만 '필요한 혁명'에 수반되는 효율성의 감소, 안락함의 퇴보, 대중문화의 점진적 사라짐 같은 대가는 현대인이 정말 받아들이기 어려운 것에 해당한다. 특히, 효율성과 안락함과 대중문화에 깊이 젖어 있는 서구 기술 사회의 현대인이 그런 엄청난 희생을 감수하면서까지 '필요한 혁명'에 뛰어들기란 거의 불가능하다. 그렇기 때문에, 혁명과 관련된 엘륄의 사회학적 분석은 그리스도인으로서의 그의 신앙고백으로 연결되어 거기로 이어질 수밖에 없다.

4. 문제 해결책으로서의 '필요한 혁명'

'필요한 혁명'의 다섯 가지 프로그램[230]

오늘날 현대 기술 사회와 제3세계 문제를 해결할 수 있는 해결책을 제시할 수 있다. 그런데, 그런 해결책이 제시될 수 있는 것은 기술적 요인과 역사적 요인이 놀랍게 결합하기 때문이다. 마이크로컴퓨터 정보처리기술의 발전과 비국가적인 사회주의 운동이 그런 역사적 기회를 포착하기 위해 서로를 풍요롭게 할 수도 있다는 것이다. 이는 유일한 혁명으로서의 '필요한 혁명'을 실현하는 것일 수도 있다. 그런 점에서, 현대 기술 사회에서의 '필요한 혁명'의 프로그램을 다섯 가지로 제시할 수 있다.

첫째, 제3세계의 실제적인 필요와 충족을 위해, 이자 없이, 채무의 상환 없이, 간섭 없이, 군사적 침략이나 문화적 침략 없이 완전히 이해관계를 떠나 제3세계에 원조하는 것이다. 그럼으로써, 서구 세계의 생산력을 완전히 다시 전환하는 것이다. 제3세계에 대한 그런 원조는 제3세계에 생존 가능성을 주기 위함이 아니다. 그런 원조는 현존하는 사회 구조와 잔존하는 특수한 문화를 토대로 제3세계가 스스로 조직될 수 있도록 서구의 기술적 진보를 이용할 가능성을 주기 위함이다.

둘째, '비무력'(非武力)[231]을 의도적으로 용기 있게 선택하는 것이다. 이는 경제를 망가뜨리는 군사적 수단을 포기하는 것을 전제로 할 뿐 아니라, 관료주의적 중앙집권 국가를 근본적으로 없애는 것을 전제로 한다. 따라서 '비무력'은 성장에 대해 기필코 거부하는 것을 전제로 한다. 또한 '비무력'은 소규모 생산단위, 자연 에너지, 유연한 방법, 느슨한 삶의 유형을 추구하는 것을 전제로 한다. 그리고 '비무력'은 모두를 위한 삶의 질을 위해, 그리고 노동과 소득의 균등을 위해 최소한의 소비를 전제로 하고 생활 수준의 축소를 전제로 한다.

셋째, 모든 영역에서 분산과 다양화를 시행하는 것이다. 이는 사회적 행동 양식에서와 마찬가지로 행정 단위와 산업 단위에서, 정보 수단과 소통 수단에서, 문화 창조에서 이루어져야 한다.

넷째, 노동 시간을 획기적으로 단축하는 것이다. 예를 들어, 하루 2시간 노동은 당장의 목표이고 당장 실현할 수 있다. 이는 기초 재화 생산을 위한 자동화와 정보화를 통해 실제로 가능해진다. 노동 시간의 단축은 새로운 일자리를 만들어 냄으로써, 저질 노동의 부담을 줄여주고, 저질 노동을 모두에게 배분하며, 모든 사람에게 이익을 준다. 그런데 이를 시행하려면 '노동 조직', '생산성', '급여비용과 사회적 비용의 변화', '새로운 일자리 창출 일정' 같은 겉으로 보기에 모순되는 네 가지 변수를 고려해야 한다. 하지만 정보처리기술은 극도로 복잡한 그런 조정을 가능하게 한다. 노동 시간 조정, 노동 시간 단축, 파트타임 노동이라는 세 가지 변화를 결합함으로써, 시간선택제 혁신과 시간 자율관리가 가능해진다. 그런데, 그 모든 것은 자동화와 정보화를 대거 도입함으로써만 가능하다.

다섯째, 임금제도를 폐지하는 것이다. 이는 임금으로 노동의 대가를 지급하지 않고, 자동화되고 정보화된 공장에 의해 생산된 부의 연간 생산을 사회의 모든 구성원에게 분배함으로써 임금제도를 대체하는 것이다.

엘륄은 자신이 내세운 주장이 완전히 환상적이고 비현실적으로 보인다는 점을 인정한다. 하지만 그것이 혁명과 관계된 것이며, 혁명은 정치 구조와 경제 구조의 근본 변화가 필요함을 강조한다. 결국, 그런 다섯 가지 프로그램을 통해 현시대에서의 '필요한 혁명'이 실제로 이루어진다는 것이다. 그런데, 유일한 혁명으로서의 '필요한 혁명'은 권력을 차지하는 것이 아니다. '필요한 혁명'은 현대 기술의 긍정적 잠재력을 확보하면서 현대 기술의 방향을 인간 해방이라는 유일한 방향으로 돌려놓는 혁명이다. 그런 혁명을 통해 기술이 인간에게 종속될 수 있는 동시에, 체계로서의 기술 체계가 파괴될 수 있다. 또한 그런 혁명을 통해 국가의 권력이 사라질 수 있고, 평등이 실현될 수 있으며, 소외가 그칠 수 있다.

엘륄은 마이크로컴퓨터 정보처리기술을 통해 그런 변화가 가능하다고 주장한다. 그리고 마이크로컴퓨터 정보처리기술이 기술 체계에 의해 장악되기 전에 그런 역사적 기회를 포착해야 한다고 역설한다. 그러나 이후에, 그는 "이제, 나는 싸움에 졌다고 판단한다. 정보처리 능력에 의해 고조된 기술 체계는 인간의 방향 지시 의지를 결국 벗어났다."[232]라고 하면서, 역사적인 좋은 기회가 포착되지 않았음을 아쉬워한다.

'필요한 혁명'을 위한 지렛대와 받침대[233]

엘륄은 기술의 자율성, 정치의 무능함, 혁명의 불가능성을 주장한 바 있다. 그런데, 그가 오늘날 인간은 마이크로컴퓨터 정보처리기술에 힘입어 현대 기술 사회를 통제하고 그 방향을 설정할 수 있다고 선언하는 것은 모순처럼 보인다. 서구 사회의 가치들은 이미 반세기 전부터 다른 사회에 의해 거부된 상황이다. 또한 당분간 다른 사회에는 서구 사회가 말려든 그런 비극 속에서 서구 사회를 인도할 수 있는 도덕적 가치나 혹은 종교적 가치가 없다. 그 때문에, 이제 극히 강력한 지렛대와 같은 원동력 및 변함없는 받침대와 같은 근거가 필요하다. 그러한 지렛대와 받침대와 관련하여, 엘륄은 자신에게는 그 일이 명백한 신앙의 문제임을 강조하면서 이렇게 선언한다.

이제 나는 사실 확인과 엄밀함의 영역을 벗어나서 개인적 확신과 증언의 영역 속으로 들어간다. 나는 예수 그리스도 안에서의 하나님의 계시만이 결국 그런 지렛대와 받침대를 동시에 줄 수 있다고 믿는다.[234]

그런데, 기독교적 실천은 수 세기 동안 완전히 변질되고, 성서 메시지는 기독교 도덕이 더는 아니다. 엘륄은 그런 점을 고려하여 그런 지렛대가 필요로 하는 아홉 가지 자질을 제시한다.

첫째, 인간이 자기 자신에게 우상으로서 부여하는 모든 것에 대한 신성 박탈이다.

둘째, 완전히 이해관계를 떠난 인간관계이다. 그런 인간관계는 자신이 아닌 타인에 대한 관심, 사랑, 자기희생 속에서 이루어진다.

셋째, 완전한 '비무력' 정신이다. '비무력' 정신은 사랑이라는 결과를 통해 지배하지 않고 착취하지 않기로 하는 것이다. 또한 자신이 지니는 힘의 수단을 사용하지 않기로 하는 것이다.

넷째, 소망이다. 소망은 절망적인 상황에서 무한히 다시 시작하는 것을 전제로 하며, 변화의 위험을 전제로 한다.

다섯째, 변화에 대한 요구이다. 실제로 모든 것은 늘 다시 시작되어야 하고, 새로 이루어져야 한다.

여섯째, 자유이다. 이스라엘의 하나님은 무엇보다 해방자로서 계시된다. 이를 통해 인간은 자유의 길에 들어서게 된다.

일곱째, 현실주의이다. 이상주의나 환상 없이 사람과 사물을 있는 그대로 그 자체로 보는 것이다.

여덟째, 정의이다. '사법적 정의'나 혹은 '보상적 정의'가 아니라, 정당한 '평화적 정의'이다. 하지만 그런 정의는 사랑에 예속된다.

아홉째, 진리이다. 교조적 진리나 혹은 과학적 진리도 아니고 심지어 지적 진리도 아니다. 이는 투명한 관계와 인격 속에서 실천된 진리이다. 하지만 그런 진리도 사랑에 예속된다.

그와 같은 아홉 가지 자질을 지닌 사람이야말로 예수 그리스도 안에서 우리에게 보여준 '참된 그리스도인'이고, 스스로 '참된 그리스도인'이라 할 수 있다. 그렇지만 교회와 그리스도인은 새로운 '신성한 것'을 만들어 내고, 인간을 억누르며, 인간을 죄의식 속에 가둔다. 또한 힘을 발전시키고, 가장 나쁜 교조주의를 확립하며, 불의를 옹호한다. 그리고 진리를 무너뜨리고, 인간을 기만적인 이상주의 속에서 살아가게 한다. 이는 힘, 성공, 돈, 효율성, 절망 같은 이 세상의 정신에 종속되는 결과로 나타난다.

그럼에도 엘륄은 소망이 기독교 진리의 중심에 있기에, 그리스도인은 거기서 벗어날 수 있는 원동력으로서의 지렛대가 될 수 있다고 밝힌다. 또한 그 받침대가 '전적 타자'인 한 받침대는 변함없고 확고부동하며 매우 견고하다고 역설한다. 그런데, 그 모든 것은 근본적인 '영적 회심'을 통해서만 주어질 수 있고 이루어질 수 있다. 결국, 아브라함과 이삭과 야곱과 예수 그리스도의 하나님이 존재하고, 그런 하나님은 해방자이다. 그 때문에, 마침내 인간은 노예와 같은 프롤레타리아가 없어지기 시작하는 시대로 들어갈 수 있다. 또한 불가피하게 생겨난 프롤레타리아는 그 거대한 움직임 속에서 사라질 것이다.

4장 인격주의 운동과 혁명적 기독교[235]

1. 인격주의 운동에의 참여

인격주의 운동과의 만남

엘륄은 1930년대에 친구 베르나르 샤르보노[236]와 함께 인격주의 운동을 활발하게 이끈다. 젊은 시절에 엘륄과 샤르보노가 인격주의 운동에 적극적으로 뛰어든 것은 매우 격동적인 당시의 사회·정치적 상황과 무관하지 않다. 그들은 파시즘의 등장과 히틀러의 정권 장악 같은 정치적 격변기라는 상황 때문에 정치에 사로잡힐 수밖에 없었다. 물론, 그들은 이런 상황에서 정치적 방향을 분명히 정해야 하는데도, 맹목적으로 어떤 진영에 가담하기를 거부하면서, 자신들의 정치적 신념을 구현할 수 있는 다른 정치 노선을 모색한다. 그래서 그들은 일련의 사건을 겪은 후 반(反)파시스트주의 노선을 걷기로 결심한다.[237]

특히, 히틀러가 권력을 잡고 비극의 시대가 닥쳐오기 시작한 1933년 이후 엘륄과 샤르보노는 정치에 깊이 관여한다. 1934년에는 프랑스에서 최초로 대규모 파시스트 폭동이 일어나자, 그들은 파시스트 쿠데타의 위험에 맞서 싸우려고 파리에 모인 군중 가운데 합류한다. 1935년에는 이탈리아가 에티오피아를 침공함으로써 최초의 반(反)파시스트 운동이 일어나자, 그들은 이 운동에도 적극적으로 참여한다. 또한 프랑스 정부로 하여금 이탈리아를 지지하도록 강요하는 대규모 우익 파업이 일어나는데, 그들에게는 그들과 맞서 싸울 별다른 수단이 없지만 여러 투쟁에 참여한다. 그리고 그들은 1936년 인민전

선에 참여하고, 스페인 내란이 일어나자 1937년 후반까지 거기서 모종의 역할을 담당한다. 따라서 그들에게 있어 이 기간은 매우 격렬한 정치적 활동기가 된다.[238]

자신들의 그런 혁명 의지를 어디에 연결할지 찾던 엘륄과 샤르보노는 프랑스 남서부 지역에서 '남서부 인격주의 운동 그룹'이라는 소그룹을 결성한다. 그와 동시에, 과학적이고 기술적인 진보를 통해 초래되는 온갖 변화와 문제를 고찰하고자, 정기간행물을 펴내는 클럽과 토론 그룹을 만든다. 그런 활동을 활발히 전개해 나가던 중, 그들은 당시 인격주의 운동 지도자인 에마뉘엘 무니에 Emmanuel Mounier의 주도로 간행된 잡지 『에스프리 Esprit』를 중심으로 하는 가톨릭 성향을 띤 인격주의 운동에 가담한다.

그들은 그 인격주의 운동 모임에서 자신들이 프랑스 남서부 지역에서 결성한 소그룹에서 이미 행한 현대 사회에 대한 비판과 마찬가지의 비판을 하는 인격주의 운동가들을 만난다. 반(反)자본주의적인 혁명적 비판을 통해 당시 좌파나 우파 모두에게 있던 사회에 대한 순응적 태도를 넘어서려는 열망을 가진 그 운동가들의 주된 목표는 '인격'에 바탕을 둔 공동체를 만드는 것이었다. 그 운동가들에게 '인격'이란 자신의 독특성이 풍부할 뿐 아니라 세상에서 자신의 소명을 의식하는 개인을 가리키는데, 그러한 개인, 곧 '인격'은 앞으로 다가올 문명을 미리 나타내 보이는 존재이다.[239]

이처럼 샤르보노와 함께 1930년대 비(非)순응주의자들의 인격주의 운동에 참여한 엘륄은 이 운동을 기독교적인 토대 위에서 시작한다. 하지만 그들의 정치적 입장은 어려운데, 그들은 스탈린주의자도 아니고 파시스트도 아니며, 자유로운 자본주의를 지지하지도 않기 때문이다. 그래서 그들은 그런 어려움을 이기고 그런 모순을 극복하기 위해 노력한다. 매우 풍성한 모임으로 이루어진 대단히 열정적인 인격주의 운동은 모든 것이 새로운 하나의 철학이다. 또한 그 자체가 19세기의 부르주아에게 깊이 박힌 개인주의를 거부하면서도 집단주의도 거부한 철학이다. 인격주의 운동에서는 인간 존재를 '인격'이라고 여기는데, 이 말은 인간이 경제적인 존재인 동시에 영적인 존재임을 의미한다. 다시 말해, 사회가 전적으로 이러한 개성을 개발시키고 소외를 거부하는 쪽으로 구성되어야 한다고 믿는 것이다.[240]

『에스프리』 인격주의 운동과의 결별

엘륄과 샤르보노는 잡지 『로르드르 누보 *L'Ordre nouveau*』를 중심으로 한 인격주의 운동과 관계를 맺게 된 이후, 잡지 『에스프리』를 중심으로 한 인격주의 운동과는 비판적인 거리감을 두기 시작한다. 물론, 그들은 『에스프리』 인격주의 운동의 가톨릭 성향에도 불편함을 느끼고, 『로르드르 누보』 인격주의 운동의 계획경제 정신에도 동의하지 않는다. 하지만 『로르드르 누보』 인격주의 운동은 아주 구체적인 관점을 지니고 있는데, 예를 들어 그 당시에는 아주 새로운 최저소득 보장 문제를 논의할 정도이다. 따라서 『로르드르 누보』 인격주의 운동이 더 구체적인 혁명적 개입 의지와 혁명적 활동 의지를 나타내는 듯이 보이기 때문에, 그들은 『로르드르 누보』 인격주의 운동에 더 끌리게 된다.

하지만 그 둘 사이에는 미묘한 차이만이 있을 따름인데, 예를 들어 연방제는 『로르드르 누보』 인격주의 운동의 토대 중 하나인 반면, 『에스프리』 인격주의 운동도 연방제를 권장하지만 부수적 요소로서 권장한다. 이와 반대로, 공동체적 요소는 『에스프리』 인격주의 운동에서는 본질적이지만, 『로르드르 누보』 인격주의 운동에서는 부수적이다. 그럼에도 결국 그들이 『에스프리』 인격주의 운동에 아주 가까이 가게 되는 것은 가톨릭 성향을 띤 이 운동의 영적 뿌리 때문이다. 그들은 『에스프리』 인격주의 운동을 기초부터 조직된 혁명 운동을 향하도록 밀고 나가면서, 이 운동의 방향을 변화시키려고 노력한다.[241]

그런 노력에도 불구하고, 엘륄과 샤르보노는 그 운동의 방법에 있어 무니에와 심각한 견해 차이 때문에 무니에와 결국 결별한다. 즉, 혁명적인 충격을 줄 수 있는 구체적인 운동을 만들어 나갈지, 아니면 잡지 『에스프리』를 통해 지식층이나 이념적인 사람들에게 제한적으로 세력을 펴 나갈지가 그들 사이의 논쟁거리가 된다. 엘륄과 샤르보노가 보기에, 『에스프리』는 파리 Paris 지식인들의 잡지로 남아 있을 따름이다.

결국 엘륄과 샤르보노는 직접 민주주의를 실행할 지역 그룹들을 연방식으로 결집할 수 있는 진정한 혁명 운동을 전개하기를 원하기에, 그들의 입장에서 혁명 임무를 수행하려면 기존의 정치 정당이나 부패한 노동조합을 거부하는 것이 혁명의 출발점이다. 또한 그들은 개인과 집단의 변혁을 동시에 수행해야 하기에, 이러한 변혁은 자치적으로 조직과 전략을 고안할 능력을 갖춘 소그룹이 결성되는 상황에서만 일어날 수 있다고 생각한다. 그래서 그들은 효과적인 혁명 활동의 기반과 훈련에 도움이 되는 구성원들을 단체로 끌어들여 연합단체를 결성할 것을 주장하면서, 이런 지방단체를 여러 개 조직하여 활동한다. 하지만 지식층이 읽는 잡지 발간에 치중하는 무니에는 그런 연방 단체의 결성을 절대 반대하면서 그런 방향을 단호히 거부

한다.[242]

　특히, 엘륄과 샤르보노는 과학기술적인 지배 앞에서의 정치의 무력함을 자신들의 견해의 핵심으로 삼으면서, 인격주의 운동에서 가장 무정부주의적이고 지방분권주의적이며 연방제적이고 자연보호적인 소그룹을 구현하는 데 힘을 쏟게 된다. 그렇지만 무니에와 근본적으로 의견이 엇갈림으로써, 결과적으로 그들은 1930년대 프랑스 사회의 인격주의 운동에서 소수의 흐름 가운데로 밀려난다.[243]

2. 혁명적 인격주의 운동의 전개

혁명적 인격주의 운동의 조직과 활동

　엘륄에게 혁명이란 근본적으로 사회를 변혁시키는 것이다. 그래서 그는 언론, 중앙집권화, 광고, 산업 조직 등과 같은 이 사회의 구조적 실재의 차원에서 행동해야 한다고 주장한다. 인간의 사고방식, 온갖 종류의 중앙집권화 구조, 인간의 경험 기준, 인간 상호 간의 관계가 변하지 않는다면, 혁명적인 것은 아무것도 이루어질 수 없다는 것이다.[244]

　특히, 샤르보노는 현대 사회를 분석하고 경제와 기술 발전이 지닌 절대적 힘을 비판하면서, 20세기의 이데올로기와 근본적으로 다른 사회 조직 형태를 구상할 것을 제안한다. 더욱이, 그는 자연을 사랑하고 자유에 매료된 나머지, 더 많은 조직을 만들어 내는 근원이자 자유를 더욱 제한하는 원천인 기술적인 진보를 경계한다. 따라서 엘륄과 샤르보노는 당시 미국식 생산방식인 '테일러 방식'[245]과 '포드 방식'의 원칙에 따라 구조화된 생산도구에 의해 초래된 심리적 장애에 대한 비판 및 미국 사회에 대한 비판에 초점을 맞춘다.

엘륄과 샤르보노는 『에스프리』 인격주의 운동과 결별하고 나서, 다음 같은 출발점에서 혁명적 인격주의 운동을 시작한다. 즉, 혁명 활동을 수행하기 위해서는 현존하는 모든 모델, 곧 민주 정당이나 각종 연맹이나 전체주의 정당의 모델에서 벗어나야 한다는 것이다. 게다가, 일종의 근본적인 문화혁명을 목표로 하는 한, 이미 부패한 노동조합 체제는 적합하지 않다는 것이다. 결국, 개인적인 동시에 집단적인 변혁을 이루어야 하고, 그 변혁에는 공동체적 방식만이 적용되어야 한다는 것이다.

그런 출발점을 토대로 엘륄과 샤르보노는 15명 내지 20명의 사람들로 이루어진 소그룹들을 결성하는데, 이 소그룹들은 프랑스 여러 지역의 인격주의 운동 그룹과 연계된 '에스프리 보르도 그룹'이 된다. 그들은 그런 소그룹들을 더 결성하기 위해 프랑스 전역을 순회하기도 한다. 이때, 샤르보노는 개인적이면서도 집단적인 변혁에 초점을 맞춘 프로그램의 초안을 짠다. 그 프로그램에는 자체의 조직과 전략을 지역에 따라 각자 만들어 낼 수 있는 소그룹들의 연방제적 공동체 방식이 적용된다. 자연과 접촉하면서 전혀 다른 인간관계에 토대를 둔 그 새로운 공동체들은, 인간을 소외시키고 인간성을 말살하는 사회에 대한 신빙성 있는 대안으로서 차츰 자체의 존재를 뚜렷이 드러낸다.

그리하여 '에스프리 보르도 그룹'은 절대 자유주의적 사상을 구체적으로 실천할 뿐 아니라, 전원과 자연 속에서 삶과 교제를 통해, 인간으로 하여금 구체적인 삶의 원천인 땅과 이웃과의 접촉을 유지시키는 데 힘을 쏟게 된다.[246] 그 소그룹 모임들이 근본적으로 중요한 것은, 한편으로 그 모임들이 파리 Paris 식의 중앙집권화에 반대하기 때문이다. 또한 다른 한편으로, 그 모임들이 잡지 『에스프리』나 『로르드르 누보』에서 제시된 의견이나 프로그램이 타당한지 구체적으로 검증할 수 있는 장이 되기 때문이다. 그런 모임들은 소수의 구성원으로 이루어지기 때문에, 이 모임들에서는 완전한 민주주의가 실현될 수 있다. 그래서 엘륄과 샤르보노는 그 모임들이 사회·정치적 창조와 혁신의 장이 되고, 더 나아가 경제적 창조와 혁신의 장이 되기를 기대한다. 그런 종류의 상당수 모임은 일종의 대항 세력과 비밀 조직이 될 수 있기 때문이다.[247]

엘륄은 정치적 환상을 벗어난 명철한 '시민'이야말로 국가에 대한 거부와 대항의 거점을 만들어 낼 수 있음을 강조한다. 그런 '시민'이야말로 국가에 맞서 긴장과 저항의 중심이 될 '지역 집단'을 만들어 낼 수 있다는 것이다. 여기서 그가 언급하는 국가에 대한 저항의 거점으로서의 '지역 집단'은 바로 자신이 혁명적 인격주의 운동을 전개하면서 결성한 대항 세력과 비밀 조직으로서의 모임에 해당한다고 볼 수 있다. 만일 오늘날의 현실에서 그런 모임이나 지역 집단의 조직과 결성이 가능하다면, 이를 통해 현대 기술 사회에서의 '필요한 혁명'을 이루어내는 데 한층 다가갈 수 있을 것이다.

혁명적 인격주의 운동의 의미와 방향

그 같은 혁명적 인격주의 운동의 방향을 토대로, 엘륄은 샤르보노와 함께 「인격주의 운동 강령 Directives pour un manifeste personnaliste」을 집필하여 당시 프랑스 남서부 지역의 인격주의 운동 그룹에 배포한다. 그들은 그 강령을 기반으로 활발한 활동을 펼치면서, 개인과 집단의 철저한 변화를 통해 사회의 근본적인 변혁을 시도한다.

엘륄과 샤르보노가 그 강령을 집필한 지 이미 80년 이상이 지났기 때문에, 어쩔 수 없이 그 강령에는 현시대 상황이나 현대 기술 사회에 정확히 잘 들어맞지 않는 부분이 있다. 하지만 그 강령에는 현대 기술 사회에서 여전히 적용하고 실천할 수 있는 상당히 많은 내용이 있음은 사실이다. 특히, 엘륄의 기본 사상 중 하나는 '기술의 중립성'이라는 개념을 근본적으로 문제 삼는 것이다. 기술적 진보이든, 과학적 진보이든, 어떤 진보를 통해 반드시 힘의 발달이 이루어지기 마련이다. 그런데, 그 힘을 통해 어떤 해방이 이루어지기는커녕, 그 힘을 통해 불균형이 초래되고, 그 힘은 통제할 수 없게 된다. 그 힘은 중앙집권화와 '거대함' le gigantisme을 반드시 요구하기 때문이다.

그 강령에서 나타나듯이, 엘륄은 그런 과정과 관계를 단절하기 위해, 대형 공장, 대도시, 전체주의 국가, 광고회사, 이윤, 군수산업에 맞서는 '문명 혁명'을 촉구한다. 특히, 제도적인 면에서 혁명적 개혁을 촉구하면서 그 실천 방향을 제시한다.[248]

첫째, 정치적 측면에서, 대규모 국가를 지리적 특성과 특별한 경제·문화적 특성에 상응하는 자율적인 지역들로 나누는 연방제를 만들어야 한다. 그런 연방제에서의 각 지역의 행정부와 재정과 군대는 완전히 자율적이어야 하고, 중앙 정부는 통계 업무, 법률 자문, 경제 회복 같은 업무를 맡으며, 지역들 사이의 갈등에서 실제적인 중재자 역할을 해야 한다. 그리하여 인간이 그 안에서 진정한 역할을 할 수 있는 유일한 정치 조직으로서 연방제가 필요하다. 경제적 측면에서도 그런 연방제를 통해서만이 경제 위기의 심각함이 줄어들 수 있고, 기술이 효과적으로 관리될 수 있으며, 돈이 통제될 수 있다. 기술을 효과적으로 관리하고 돈을 통제한다는 두 가지 목적은 새로운 사회를 위해 추구해야 할 본질적인 목적이다.

둘째, 기술을 효과적으로 관리해야 한다. 기술에 의해 과잉생산이 일어나고 다양한 생산 사이에 불균형이 생겨난다. 또한 경제 문제를 통해 다른 모든 문제가 밀려날 정도로 경제 전체의 규모가 커진 것도 기술에 의해서이다. 그런데, 지금까지 국가 주도의 계획경제가 문제였지만, 경제의 조건 자체인 기술을 관리하는 데 전념하지 않았다. 따라서 기술에 대한 통제는 기술의 방향 설정을 통해 경제적 생산 분야에서 균형을 회복하는 것이다. 기술은 그 자체로 어떤 목적이 아니다. 기술은 인간에게 유용한 한에서만 관심을 끌 따름이다. 물론, 기술을 통해 양적인 과잉생산이 가능해지지만, 어떤 과잉생산이든 인간에게 유용하지 않다. 따라서 우리의 노력은 질적인 정상 생산으로 넘어가기 위해 과잉생산을 이용하고 활용하는 것이어야 한다.

셋째, 현 세상에서 돈에 대한 투쟁은 돈의 수익에 대한 투쟁, 금융 개혁, 이윤의 제거 같은 세 가지 항목을 포함해야 한다. 돈을 통해 수익이 만들어지지 말아야 한다는 것이다. 수익은 투기와 같이 부당하게 비인간적으로 세상을 뒤집어놓는 사실상의 원인 중 하나이기 때문이다. 물론, 수익은 그 자체로 비난받아야 하는 것이 아니다. 수익은 투기 매매나 주식과 같은 그 결과들 때문에 비난받아야 한다. 따라서 주식시장, 어음할인은행, 융자은행, 주식회사 등을 없애야 한다.

넷째, 이윤을 없애는 것은 본질적인 요소이다. 이윤은 누가 뭐라 하든지 노동자의 잉여 노동이다. 그런 잉여분이 국가나 혹은 고용주에게 돌아가는 것은 부당하다. 따라서 잉여분의 생산물은 노동자들 사이에 분배되어야 한다. 잉여분의 생산물은 노동이 이루어진 이후에만 알려지기에, 이미 이루어진 분배를 기준으로, 잉여분의 생산물은 제공된 노동에 비례하여 분배되어야 한다. 이는 협동 생산 조직에서만 가능하다.

다섯째, 신용 개혁을 해야 한다. 신용 위에 신용을 쌓지 말아야 하고, 신용이 채권자의 수익 가운데 이루어지지 말아야 하며, 신용이 대기업가나 혹은 대(大)상인에게 더 쉬워지지 말아야 한다. 신용 은행을 유지해야 하지만, 신용 은행의 정책이 통제되도록 국가와 지역 집단과 직업 대표자의 통제 아래 그렇게 해야 한다. 생산을 지방으로 분산하게 되는 것은 신용을 통해서이고, 민간 부문을 재정적으로 안정시키게 되는 것도 신용을 통해서이다. 그렇기에, 신용을 지방 분산의 수단으로 삼아야 한다.

여섯째, 언론 문제는 문화 문제와 직접 결부되어 있다. 따라서 사회면 기사 같은 소위 인간적 이해관계를 다루는 언론을 폐지해야 한다. 자유롭지만 국가에 종속된 조직체에 의해 정보 언론을 통제해야 한다. 그리고 수많은 지역 신문을 창간해야 하고, 민중을 위한 언론과 대자보를 창간해야 한다.

일곱째, 혁명은 인간을 위해, 그리고 인간이 자신 속에 지닌 더 나은 것을 위해, 인간에 의해 이루어져야 한다. 혁명은 빈곤과 부에 맞서 이루어져야 하고, 제도에 맞서 이루어져야 한다. 혁명은 계급투쟁이 아니라 인간의 자유를 위한 투쟁이어야 한다. 이는 각 사람이 삶을 살아가는데 필요한 것을 제약받지 않도록 하기 위함이다.

3. 혁명적 기독교와 그리스도인

현시대의 본질적인 특성[249]

현시대 사람들은 혁명의 필요성을 절감하고 혁명의 실현을 확신한다. 사람들이 세상의 상황에서 문명의 심층적이고 근본적인 변화의 필요성을 느끼고 있다는 것이다. 또한 온갖 형태의 불행이 어느 때보다 지구 전체에 밀려든 현실을 볼 때, 세상은 혁명적 상황에 놓여 있다는 것이다. 전면전(全面戰), 구조화된 기근, 개인적 차원과 사회적 차원에서 도덕의 붕괴, 극심한 빈부 격차, 국가와 자본주의로의 완전한 예속, 비인간화 같은 상황에서, 안전이 보장되지도 않고 희망도 없는 인간은 변화를 요구한다. 하지만 인간은 변화를 시도하면서 나아갈수록, 더욱더 해결책이 비효율적임을 알게 되는데, 해결책은 모두 실패할 뿐 아니라 어려움을 더욱 심각하게 만든다.

이처럼 현시대가 혁명적이라는 확신에도 불구하고, 허울뿐인 발전과 표면상의 움직임 아래에서 인간은 완전한 정체 상태 속에 살고 있다. 세상의 구조들이 완전히 고정되어 있고 세상의 발달이 혁명적 방향이 아닌 철저히 논리적 방향에 따라 이루어진다는 것이다. 그렇기에, 기술적 진보가 이루어지고 사회·정치적 실험이 행해지지만 세상은 움직이지 않는다. 그리하여 생산의 우위, 국가 권력의 지속적 증대, 기술의 독자적 발전이 전 세계적 문명에서 결정적인 힘과 가치가 된다. 그 때문에, 현시대의 전 세계적 재난은 우연이나 불운의 산물이 아니라, 문명 구조 자체에서 비롯된 불가피한 산물이다.

따라서 그 구조들을 바꾸지 않고서 해결책을 발견하려는 것은 무의미하며, 그 구조들이 '실재' 속에서 파악되지 않고 밝혀지지 않는다면 혁명에 대한 논의는 쓸모없다. 그렇기에, 예견되는 혁명이란 국가 권력을 더 크게 강화하는 것이고, 인간을 경제적 기능에 더 철저히 예속시키는 것이다. 그런데, 그런 혁명은 세상의 구조들을 공고하게 할 따름이다. 그 외의 다른 어떤 혁명도 현재로서 불가능한 것은, 혁명이란 성공과 실현을 위해 현 세상의 수단을 사용할 수밖에 없기 때문이다. 세상이 제공하는 것을 사용하면, 세상을 변혁시킨다고 하면서도 세상의 노예가 된다. 결국, '필요한 혁명'을 시도하려는 갈망에 대립하는 문명의 깊은 정체 상태, 그리고 진정한 혁명이 불가능하다는 사실이야말로 현시대의 본질적인 특성이다.

그리스도인의 혁명적 상황의 조건[250]

인간이 세상을 맹목적으로 따르는 동기로서 '사실'에 대한 존중을 들 수 있다. '사실'에 대한 존중은 인간이 문명의 구조를 문제 삼지 못하게 하고, '필요한 혁명'의 길로 뛰어드는 것을 막으면서 인간을 짓누르는 가장 강력한 동기이다. 따라서 '기정사실'이든 '객관적 사실'이든 '사실'은 궁극적 이유와 진리의 기준이 되며, '사실'인 모든 것은 정당화된다. 예를 들어, 기술, 국가, 생산, 돈은 '사실'이기 때문에, 그것들을 '사실'로서 숭배해야 하고 받아들여야 한다.

이처럼 인간이 그런 '사실'에 예속되어 있기에 '필요한 혁명'이 일어나지 않는다면, 모든 것이 끝장이고 인간의 어떤 문명도 불가능하다. 그래서 인간은 지금 선택 앞에 놓여 있다. 즉, 기술적이고 순응적인 대중 문명, 곧 단지 인간의 육적인 행복을 위해 지상에 세워진 지옥을 택할 것인가, 아니면 다른 문명을 택할 것인가라는 선택이다. 그리스도인이 그 둘 사이에서 선택할 줄 모르고 역사가 흘러가는 데로 자신을 내맡긴다면, 그리스도인의 선택은 세상 중심에 있는 자살의 힘을 위한 선택이 된다.

결국, 근본 문제는 국가 형태나 경제 형태를 바꾸는 것이 아니라, 끊임없이 문제를 제기해야 할 세상의 문명 구조를 변화시키는 것이다. 그렇기에, 그리스도인은 혁명적 상황에 있는데, 이 혁명적 상황의 조건을 두 가지로 제시할 수 있다.

첫 번째 조건은 "그리스도인이 두 도성(都城)에 속해 있다."라는 것이다. 그리스도인은 이방인과 나그네로서 세상과 완전히 다른 세계에 속해 있다. 그런 상태에서 그리스도인은 본래의 도성으로 돌아가기를 원하지만, 이 땅에 있는 한 어느 것도 포기할 수 없다. 이는 사회적·정치적·경제적 현실에서 나타나는 '긴장'이다. 특히, 그리스도인은 '이 세상 군주'와는 다른 주인의 대표자로서 세상에 관여한다. 그런데, 두 권세는 양립할 수 없고 세상과 천국 사이의 대립이 전면적이므로, 그리스도인은 '긴장'과 대립을 받아들여야 한다.

두 번째 조건은 "예수 그리스도의 영광스러운 재림 약속"이다. 그리스도인은 '기다림' 속에서 사는 존재이다. 주(主) 예수 그리스도의 재림에 대한 '기다림'은 최후의 심판과 함께 오며 천국을 알린다. 따라서 세상의 모든 '사실들'은 다가올 천국과 최후의 심판과 주(主) 예수 그리스도의 승리에 비추어 볼 때 가치를 띤다. 세상의 현재 사건들은 다가올 천국의 관점에서 볼 때만 가치가 있다는 것이다. 그렇기 때문에, 그리스도인의 역할은 '그리스도의 재림'이라는 사건을 자신의 행동과 생각을 통해 세상에 현재화하는 것이다. 성령을 받은 각 그리스도인은 이제 예수 그리스도의 재림에 대한 예언자이고, 이를 통해 그리스도인은 세상에서 혁명적 사명이 있다. 예언자는 다소 먼 사건을 다소 정확하게 알리는데 그치는 존재가 아니기 때문이다. 다시 말해, 예언자는 자신을 둘러싸고 있는 세상을 위해 그 사건을 체험하고 그 사건을 현실화하는 존재이기 때문이다.

현시대에서의 인간의 문명은 정체된 사회 구조와 정치 구조 아래에서 점차 시들어가고 사라지며 숨이 막히는 상황에 있다. 그런 상황에서, 그리스도인은 비록 엄청난 정치적 미사여구를 늘어놓거나 혹은 자신의 혁명적 역량을 드러내지 않더라도, 예수 그리스도의 능력을 실제로 체험함으로써 그런 사회 구조와 정치 구조를 유일하게 뒤집어엎을 수 있다.

그리스도인의 혁명적 상황의 결과[251]

그리스도인이 예수 그리스도의 능력을 실제로 체험하고 소망을 통해 천국의 도래를 현실화한다면 가장 혁명적인 상황을 맞이한다. 그리스도인의 그런 혁명적 상황에서 나오는 결과를 두 가지로 제시할 수 있다.

첫째, 그리스도인은 원리가 아니라 '지금 여기서 체험된 종말의 실재'에 따라 판단하고 행동하며 살아간다는 것이다. 모든 것의 원리인 예수 그리스도가 있으므로, 기독교를 논리적으로 결과를 끄집어낼 수 있는 몇몇 원리로 한정시키지 말아야 한다. 하나님은 자신이 약속한 천국을 향해 인간의 일들을 사용하면서, 이 일들을 하나님의 활동 속으로 이끌어 간다. 그러므로 그리스도인은 인간의 어떤 활동에도 열려 있어야 하고, 이 활동들을 받아들여야 한다.

둘째, 그리스도인이 과거나 원리에 연결될 수 없다는 것이다. 그리스도인은 전도서에 나오는 원리, 곧 "모든 것에는 때가 있고 하나님은 그때를 따라 각각의 것을 좋게 만들었다."[252]라는 원리를 정치권에 적용해야 한다. 모든 때마다 가치 있는 그리스도인의 태도란 없으며, 때에 따라 명백히 모순된 태도들도 하나님의 계획에 충실한 한 이 태도들 역시 좋을 수 있다는 것이다. 그리스도인은 그 시대에 어떤 입장이 하나님의 뜻에 가장 일치하는 것처럼 보여 이념적·정치적 입장을 달리할 수 있다. 그런 입장들은 인간적 관점에서는 모순되지만, 다가올 하나님 나라를 추구하는 데 일치되어야 한다.

현시대의 주된 문제는 문명의 심층 구조들이라는 현상에 의해 제기된다. 인간이 겪는 재난은 그런 심층 구조들에 의해 결정될 뿐 아니라, 어떠한 혁명이든 그런 심층 구조들에 의해 방해받는다는 것이다. 하지만 예수 그리스도를 구주로 고백하는 사람은 그리스도인의 상황이 본질적으로 혁명적임을 인식하면서 자신의 근본적인 상황을 증언하는 책임 앞에 놓인다. 일상 현실에서 나타나는 그런 혁명적 힘은 시대의 근본 문제를 공격하고 문명의 심층 구조들을 변화시키는 데 사용되어야 한다. 하지만 이는 세상에 대한 인식과 '자각'을 통해 이루어진다.

결국, 그리스도인이 추구해야 할 삶의 방식은 그런 심층 구조들의 중압에서 벗어나게 하는 것이다. 그러므로 그런 심층 구조들에 대한 유일한 효과적인 공격은 심층 구조들을 피하는 것이다. 그런데, 그런 공격은 사회를 단순히 거부하는 것이 아니라, 사회를 자세히 검토하면서 그 테두리 바깥에서 사는 것이다. 하지만 그리스도인이 떼야 할 첫걸음은 세상에 대한 '자각', 곧 혁명적 상황의 조성이다.

그리스도인의 혁명적 역할

그런 혁명적 상황에서 그리스도인은 이 세상에서의 혁명적 역할, 곧 반죽 속의 '누룩'과 '효모'의 역할을 하도록 부름을 받았다. 그래서 엘륄은 그리스도인이 새로운 삶의 방식을 추구해야 함을 강조한다.[253] 복음은 근본적인 차원에서 혁명적이며 다른 운동들보다 더 급진적일 뿐 아니라, 특히 복음은 '영원한 혁명'을 요구한다. 달리 말해, 어떤 제도나 혹은 구조들을 변화시키는데 만족할 수 없고, 신심과 편견을 근본적으로 변화시켜야 한다는 것이다. 이는 우리 사회의 거짓 신들을 파괴하는 것이다. 혁명적 결단이 자리하는 것은 단지 경제 조직을 변화시키는 데 있는 것이 아니라, 근본적인 변화라는 그런 깊은 차원에 있기 때문이다. 하지만 이와 동시에, 인간이 그런 것들을 문제 삼는 용기와 통찰력을 가지게 해야 한다. 그런데, 그 모든 것은 복음서와 예언서로부터 나오는 불가피한 결과이다. 이는 지적 변화나 혹은 이데올로기적 변화에 그치는 것이 아니라, 그 결과로서 정치 사회적 혁명을 전제로 한다.[254]

엘륄은 왜곡되고 뒤집힌 '기독교'라는 용어와 구분하기 위해 '참된 기독교'를 나타내는 '엑스'x라는 용어를 사용한다. '엑스'는 "예수 그리스도 안에서 성취된 하나님의 계시와 일, 예수 그리스도의 몸으로서 교회의 참된 존재, 진리와 사랑 안에서의 그리스도인의 신앙과 삶"[255]을 의미한다. '기독교'라는 용어를 대체하는 '엑스'는 모든 방향에서 모든 것을 뒤집어엎는데, 특히 '엑스'는 정치권력을 뒤엎는다. 예를 들어, 고대 로마에서의 초기 그리스도인은 병역거부자이고, 행정 반대자이며, 황제숭배 반대자이다. 따라서 '엑스'는 정치를 뒤엎을 정도로 급진적인데, 이는 '엑스'가 모든 정치적 권세와 권력을 문

제 삼기 때문이다.[256]

그리스도인은 모든 사회적 순응과 완전히 결별한 상태에서 자신의 사고와 행동을 통해 예언적 사명을 부여받기에, 현실 속에서 종말론의 힘을 지니고 있다. 그렇기에, 예수 그리스도의 영광스러운 재림에 대한 소망은 그리스도인을 기술적인 독재에 맞설 수 있게 하는 혁명적인 상황에 놓이게 한다.[257] 그렇기 때문에, 엘륄은 사회를 혁명적으로 변화시킬 수 있는 진정한 기독교를 '혁명적 기독교'라고 지칭한다.[258] 또한 그는 자신들이 사는 사회를 진정으로 변화시킬 능력이 있는 사람들이 있다면, 그들은 바로 그리스도인이라고 생각한다.

그렇지만 엘륄은 그리스도인이 '행동하는' 것이 아니라 '존재하는' 것을 실천에 옮겨야 함을 강조한다. 즉, 세상은 '행동'을 향해 완전히 방향이 설정되어 있고 모든 것이 '행동'의 용어로 표현된다. 그러므로 그리스도인에게 필요한 자세는 세상이 제시하는 '행동'을 거부하고 '살아가는' 것이다. 이는 '삶'을 요구하지 않고 '행동'을 요구하는 세상에서의 혁명적 자세이다.[259] 엘륄은 "존재한다는 것은 저항하는 것이다."[260]를 신조로 삼아 기술 체계가 지배하는 세상에 순응하는 삶과 태도를 비판하면서 거기에 맞서 치열한 투쟁을 벌이다. 결국, 그의 그런 삶과 투쟁, 그리고 그런 삶과 투쟁을 뒷받침하는 그의 사상은 그리스도인이 취해야 할 혁명적 자세를 잘 드러내는 것이라고 할 수 있다.

5장 나오는 말

엘륄은 규격화되고 왜곡된 상태에 빠진 전통적인 혁명에 대해 회의적인 입장을 취한다. 그래서 그는 혁명 자체에 대한 전통적인 접근 방식을 자신이 '필요한 혁명'이라고 지칭하는 진정한 혁명에 대한 장애물로 간주한다. 그에게 진정한 혁명이란 인간의 삶을 변화시키면서 세상의 구조와 체계와 토대를 완전히 뒤바꾸는 혁명이다. 그는 진정한 혁명이 오늘날 여전히 가능하냐는 의문을 제기한다. 그러면서도, 진정한 혁명의 특성이 우리 시대의 근본 구조를 인식되는 데서 나와야 한다고 주장한다.

그러므로 그의 관점에서, 진정한 혁명은 먼저 '필연성'에 맞서는 것이어야 한다. '필연성'은 기술과 국가 같은 구조처럼 자율적인 방식으로 자체의 방향으로 나아가는 것이므로, '필연성'은 그 자체로 자유를 부정하는 것이기 때문이다. 다음으로, 진정한 혁명은 이 세상의 구조와 이 사회의 구조에 맞서 그것들을 공격 대상으로 삼아야 한다. 따라서 오늘날 진정한 혁명은 사회 및 문명 전체와 관련되고, 기술화에 직접 연결되어 있으며, 기술 환경 속에서의 인간 존재 자체와 관련된다. 결국, 현대 기술 사회에서 '필요한 혁명'은 기술화된 국가와 기술 사회에 맞서 일어나는 것일 수밖에 없다.

엘륄은 소련에서의 프롤레타리아의 증가, 중국에서의 프롤레타리아의 형성과 증가, 제3세계와 서구 사회에서의 프롤레타리아의 상황, 현대 기술 사회와 제3세계 문제에 대해 분석한다. 또한 그 문제에 대한 해결책으로서의 진정한 혁명으로서의 '필요한 혁명'을 중심으로, 현대 기술 사회에서의 새로운 혁명의 가능성을 타진하면서 새로운 혁명을 모색한다. 그리고 그런 상황에서 유일하게 가능한 혁명을 제시하면서 혁명 프로그램을 제시한다.

그 혁명 프로그램은 이해관계를 떠난 제3세계에 대한 원조, 비무력(非武力)의 의도적인 선택, 모든 영역에서의 분산과 다양화, 노동 시간의 획기적 단축, 임금제도의 폐지 등으로 이루어진다. 그런 유일한 혁명은 인간 해방이라는 방향으로 현대 기술들의 방향을 설정하는 것이다. 그런 혁명을 통해 기술이 인간에게 종속될 수 있는 동시에, 체계로서의 기술이 파괴될 수 있다. 그리고 그런 혁명을 통해 국가의 권력이 사라질 수 있고, 평등이 실현될 수 있으며, 소외가 그칠 수 있다.

그럼에도 엘륄은 마이크로컴퓨터 정보처리기술이 기술 체계에 의해 장악됨으로써 역사적인 좋은 기회가 사라져 버렸다고 판단한다. 그리하여 그는 이제 자신에게 그 일이 명백한 신앙의 문제임을 강조한다. 예수 그리스도 안에서의 하나님의 계시만이 거기에서 벗어날 수 있는 원동력으로서의 지렛대를 줄 수 있고, 그 지렛대를 받쳐주는 견고한 받침대를 줄 수 있음을 확신한 것이다. 소망이 기독교 진리의 중심에 있기에 그리스도인은 그 지렛대가 될 수 있으며, 그 받침대가 '전적 타자'인 하나님인 한 그 받침대는 변함없이 확고부동하다는 것이다.

젊은 시절 엘륄은 인격주의 운동에 적극적으로 뛰어들어 인격주의 운동을 활발하게 이끈다. 하지만 혁명적인 충격을 줄 수 있는 구체적인 운동을 만들기 위해 기존의 인격주의 운동과 결별하고 혁명적 인격주의 운동에 뛰어든다. 그 출발점은 혁명 활동을 수행하기 위해 현존하는 모든 모델에서 벗어나는 것이고, 개인적인 동시에 집단적인 변혁을 이루는 것이며, 그 변혁에는 공동체적 방식만이 적용되는 것이다. 그리하여 개인적이면서도 집단적인 변혁에 초점을 맞춘 프로그램이 만들어진다. 그 프로그램에는 자체의 조직과 전략을 지역에 따라 만들어 낼 수 있는 소그룹 모임들의 연방제적 공동체 방식이 적용된다.

특히, 그런 모임들은 소수의 구성원으로 이루어지기에, 이 모임들에서는 완전한 민주주의가 실현될 수 있다. 따라서 그런 모임들은 사회·정치적 창조와 혁신의 장이 될 수 있으며, 더 나아가 경제적 창조와 혁신의 장이 될 수 있다. 그런 종류의 상당수 모임은 기술화된 국가에 맞서 일종의 대항 세력과 비밀 조직이 될 수 있기 때문이다. 물론, 그의 혁명적 인격주의 운동은 그 이후에 지속되지 못하고 어떤 구체적인 결과로 나타나지는 않는다. 그럼에도 현대 기술 사회에서의 새로운 혁명으로서의 '필요한 혁명'과 관련하여, 그의 혁명적 인격주의 운동 및 혁명적 개혁을 위한 실천 방향은 현대 기술 사회에서도 적용할 만한 충분한 가치가 있는 것은 사실이다.

엘륄은 그리스도인이 혁명적 상황에 놓여 있음을 강조한다. 그리스도인이 예수 그리스도의 능력을 실제로 체험하고 소망을 통해 하나님 나라의 도래를 현실화한다면, 가장 혁명적인 상황을 맞이한다는 것이다. 따라서 예수 그리스도를 구주로 고백하는 사람은 그리스도인의 상황이 본질적으로 혁명적임을 인식하면서, 자신의 근본적인 상황을 증언하는 책임 앞에 놓인다. 그리스도인은 모든 사회적 순응과 결별한 상태에서 자신의 사고와 행동을 통해 예언적 사명을 부여받기 때문에, 현실 속에서 종말론의 힘을 갖고 있다. 다시 말해, 예수 그리스도의 재림에 대한 소망은 그리스도인을 현대 기술 사회에서의 기술적인 독재에 맞설 수 있게 하는 혁명적인 상황에 놓이게 한다.

이처럼 사회를 변화시킬 수 있는 참된 기독교는 '혁명적 기독교'이며, 자신들의 사회를 변화시킬 수 있는 사람들은 바로 그리스도인이다. 혁명적이지 않은 기독교는 무가치하며, 그리스도인의 상황은 혁명적일 수밖에 없다. 신앙이 혁명적이지 않다면, 다시 말해 신앙이 주어진 상황을 지속적으로 문제 삼지 않는다면, 신앙은 체험되지 않는다는 것이다. 따라서 신앙이 어떤 사회 속에 안주할 때, 또한 신앙이 개인의 상태와 사회의 상태를 더는 뒤집어놓으려 하지 않을 때, 계시에 대한 왜곡이 이루어진다. 그 때문에, 그리스도인은 특별한 결단을 통해, 지속적이고 진정한 혁명을 주도적으로 해야 한다. 진정한 혁명이란 어떤 사회와 문화의 본질적인 여건을 끊임없이 공격하는 근본적인 혁명을 말한다.[261] 결국, 그리스도인의 혁명적 자세는 기술 체계가 지배하는 세상에 순응하는 태도에서 완전히 벗어나서, 거기에 맞서 저항하고 치열한 투쟁을 벌이며 살아가는 것이다.

책을 마무리하며

엘륄은 사회학적 측면과 신학적 측면이라는 두 측면으로 뚜렷이 구별되면서도, 하나의 전체를 이루는 자신의 저서들의 일관성을 내세운다. 만일 신학적 영역만을 고려한다면 구체적인 요소가 부족할 것이고, 사회·정치적 영역에만 단지 관심이 있다면 대답과 출구가 없는 상황에 끊임없이 부딪힌다는 것이다.[262] 이처럼 엘륄의 저서 전체는 두 측면으로 구분되면서도 통일성을 유지한다는 것이 그 특징이다.

그중 사회학적 측면은 기술, 정치, 선전, 혁명, 국가, 예술과 같은 다양한 분야에서 현대 사회를 묘사하면서, 현대 사회의 다양한 현상을 분석하는 사회학적 저술로 나타난다. 그리고 신학적 측면은 신구약성서 몇 권을 대상으로 한 성서 연구뿐만 아니라, 그리스도인의 삶과 관련된 다양한 주제를 중심으로 한 신학적 고찰 혹은 윤리적 고찰로 나타난다. 그런데, 신학적 측면을 통해서는 다양한 사회 현상을 구체적으로 묘사하거나 분석할 수 없다. 그 때문에, 사회학적 측면은 엘륄의 표현에 따르면 '구체적 요소'에 해당한다. 물론, 그는 현대 사회를 영적으로 고찰하는 작업인 신학적 연구 없이는 현대 사회를 전체적으로 바라보고 연구할 수 없음을 확신한다. 하지만 사회학적 측면을 통해 우리가 사는 세상에 대한 고찰이 이루어지지 않고서는 그런 신학적 연구를 수행할 수 없음을 강조한다.

사회학적 측면에서의 엘륄의 연구는 '기술, 선전, 정치, 혁명'이라는 중심 주제를 비롯하여, 현대 기술 사회에서 나타나는 여러 쟁점을 다룬다. 즉, 이미지에 짓밟힌 말, 새로운 신화들의 의미와 기능, 현대 예술의 특징과 의미, 일탈과 일탈자 문제, 부르주아의 교묘한 변모 등이다. 그 모든 주제를 관통하면서 관련되는 핵심어는 바로 '현대 기술 사회'이다. 다시 말해, '기술, 선전, 정치, 혁명'이라는 중심 주제를 포함하여 사회학적 분석에서 그가 다루고자 한 것은 바로 '현대 기술 사회'에서 나타나는 다양한 현상과 문제이다. 결국, 엘륄의 사회학적 분석에서 핵심 주제는 기술 체계가 그 안에 자리 잡은 '현대 기술 사회'라고 할 수 있다.

'현대 기술 사회'로 특징지어지는 현대 세상의 유일한 궁극목적은 효율성을 증가시키기 위해 새로운 기술적 수단을 끊임없이 추구하는 것이다. 그런데, 그렇게 기술적 수단이 과도하게 증가함으로써 새로운 예속이 생겨난다. 여기서 인간은 자기 자신이 그 방향을 정할 수도 멈출 수도 없는 변화를 그냥 바라보고 있다. 더욱이, 현대 기술 사회는 이윤이 지배하는 세상, 곧 인간의 모든 행동이 오직 이윤 창출을 위해 이루어지는 세상이다. 그런 세상에서 인간의 행동은 이윤의 극대화를 위해 미리 결정지어진 합리적이고 도식화된 기능에 맞추어진다. 그 결과, 인간의 행동은 규격화되고, 인간의 창조적 자유는 사라진다. 인간은 그런 세상에서 살아남기 위해 어쩔 수 없이 그런 획일화를 받아들여야 한다. 그러한 인간은 자신의 개성을 포기할 수밖에 없고, 그 획일화를 통해 개인 자신의 삶이 사라지고 만다.

인간은 정보통신기술 ICT의 융합으로 이뤄지는 차세대 산업혁명인 소위 '4차 산업혁명'이 도래하는 현대 기술 사회에서 살아간다. 특히, 인간은 블록체인, 사물인터넷, 스마트폰, 인공지능, 빅데이터, 로봇 공학, 가상현실, 메타버스 기술로 대표되는 기술 문명에 완전히 사로잡혀 거기서 헤어 나오지 못하고 있다. 인간은 무엇이 자신을 통제하고 조종하는지 모른 채, 맹목적으로 체계와 조직에 순응하며 살아갈 따름이다. 어쩌면 인간은 진리나 진정한 현실이 무엇인지 지각하지 못한 채, 마치 영화 〈매트릭스〉에 나오는 행렬 속의 한 점으로서 가상 세계가 진짜 현실인 줄로 착각하고 살아가는지도 모른다.

이처럼 현대 기술 사회에서 인간은 자신이 결코 따라잡을 수 없는 엄청난 속도로 발전하는 기술 문명에 사로잡혀 옴짝달싹하지 못하고 있다. 그런 인간은 현대 기술 사회의 거대한 체계와 조직에 순응하며 살아갈 따름이다. 더욱이, 치밀하게 촘촘히 짜인 그런 체계와 조직이 어떻게 구성되어 있는지 알 수 없으며, 그 체계와 조직의 실체가 무엇인지 전혀 가늠할 수 없다. 단지 인간은 그런 체계와 조직을 구성하는 한 부품으로서 체계와 조직이 잘 작동하도록 자신의 기능을 수행할 따름이다. 현대 기술 사회에서 인간이 놓인 그런 현실 상황에 비추어 볼 때, 현대 기술 사회와 관련된 엘륄의 사회학적 분석을 토대로 인간이 나아갈 방향을 모색하고 설정할 필요성이 제기된다. 만일 그렇게 설정된 방향에 따라 행동을 실천에 옮길 수 있다면, 현대 기술 사회의 기술 문명에 사로잡혀 헤어 나오지 못하는 인간에게 새로운 해결책이나 돌파구를 제시할 수 있을 것이다.

주(註)

1) *La Technique ou l'Enjeu du siècle,* 1954, Armand Colin ; Economica, 2008(3판). *『기술 혹은 시대의 쟁점』의 한국어 번역본으로는 『기술의 역사』(한울, 1996)가 있다. 그런데, 이 한국어 번역본은 영어 번역본 *The Technological Society*를 번역한 것이어서 이 한국어 번역본을 참고하면 용어나 내용 면에서 상당한 혼란을 가져올 가능성이 있다. 따라서 이 책에서 저서의 인용 출처를 나타낼 때 이 한국어 번역본을 병기하지 않기로 한다.
2) *Le système technicien,* Calmann-Lévy, 1977(초판) ; Le Cherche Midi, 2012(3판) ; 『기술 체계』, 도서출판 대장간, 2013.
3) *Le bluff technologique,* Hachette, 1988(초판) ; 2004(2판) ; 2012(3판).
4) 파트릭 트루드 샤스트네 Patrick Troude-Chastenet는 "기술에 관한 삼부작을 통해 엘륄은 일종의 프랑스의 하이데거 Heidegger가 된다."라고 서슴없이 언급하기까지 한다.(Troude-Chastenet, 2005a: 358)
5) *Propagandes,* Armand Colin, 1962(초판) ; Economica, 2008(2판) ; 『선전』, 도서출판 대장간, 2012.
6) *Histoire de la propagande,* Presses Universitaires de France, collection «Que Sais-je?», 1967(초판) ; 1976(2판).
7) *L'Illusion politique,* Éditions Robert Laffont, 1965(초판) ; La Table Ronde,

2012(4판) ; 『정치적 착각』, 도서출판 대장간, 2012.

8) *Autopsie de la révolution,* Calmann-Lévy, 1969(초판) ; La Table Ronde, 2008(2판) ; 『혁명의 해부』, 도서출판 대장간, 2013.

9) *De la Révolution aux Révoltes,* Calmann-Lévy, 1972(초판) ; La Table Ronde, 2011(2판) ; 『혁명에서 반란으로』, 도서출판 대장간, 2019.

10) *Changer de Révolution, L'Inéluctable prolétariat,* 1982 ; 『인간을 위한 혁명』, 도서출판 대장간, 2012.

11) 애초에 엘륄은 이 저서의 제목을 '기술 사회'La société technicienne로 붙이기를 원한다. 하지만 당시 이 저서의 편집자는 그 제목이 상업적으로 충분히 주의를 끌지 않는다고 판단한다. 그래서 이 저서의 제목은 '기술 혹은 시대의 쟁점'La Technique ou l'Enjeu du siècle이 된다. 그런데, 이 저서가 10년 후 미국에서 번역될 때, 그 제목은 엘륄이 바라던 바대로 '기술 사회'The Technological Society가 된다.

12) Garrigou-Lagrange, 1981: 155.

13) Ellul, 2008b: 18-19.

14) 엘륄은 『기술 혹은 시대의 쟁점』에서 '현대 기술의 특성'으로서 '합리성, 인위성, 기술적 선택의 자동성, 자가 증식, 단일성 혹은 불가분성(不可分性), 기술들의 연계, 기술적 보편주의, 기술의 자율성'을 든다. 그런데, 『기술 체계』에서는 '기술 현상의 특성'으로서 '자율성, 단일성, 보편성, 전체화'를 제시하고, '기술적 진보의 특성'으로서 '자가증식, 자동성, 인과적 발전과 궁극목적의 부재, 가속화'를 제시한다. 따라서 그 모든 개념을 일관성 있게 정리하기 위해 여기서는 『기술 혹은 시대의 쟁점』에서의 '현대 기술의 특성'을 『기술 체계』에 나오는 '기술 현상의 특성'과 '기술적 진보의 특성'에 따라 나누어 거기에 포함하기로 한다.

15) Ellul, 2008b: 1-5.

16) Ellul, 2008b: 72-74, 102-106.

17) Ellul, 2004e: 133-162 ; 이상민(역), 2013: 233-280 / Ellul, 2008b: 121-135.

18) 기술이 새로운 가치와 윤리를 만들어 내는 것에 대해, 엘륄은 『원함과 행함 *Le vouloir et le faire*』의 2부 6장 〈기술적 도덕 La morale technicienne〉에서 자세히 설명한다.(Ellul, 2013b 209-222 ; 김치수(역), 245-260)

19) Ellul, 2008b: 87-102.

20) Ellul, 2004e: 163-175 ; 이상민(역), 2013: 281-300.

21) Ellul, 2004e: 177-205 ; 이상민(역), 2013: 301-345.

22) Ellul, 2004e: 207-211 ; 이상민(역), 2013: 346-353 / Ellul, 2008b: 106-121.

23) Ellul, 2008b: 5-20.

24) 이처럼 과학은 기술의 수단이 되어 버리기에, 엘륄은 '과학'이라는 표현 대신 '기술'이라는 표현을 흔히 사용하면서, '과학적'으로 규정되는 작업을 '기술적 작업'으로 흔히 지칭한다.

25) Ellul, 2008b: 138-146.

26) Ellul, 2008b: 178-179, 199-200.

27) Ellul, 2008b: 209-221.

28) '국민국가'État-Nation는 공통의 사회, 경제, 정치 생활을 영위하고 공통의 언어, 문화, 전통을 지닌 국민공동체를 기초로 하여 성립된 국가를 말한다. 구성원 중심 개념인 '국민'Nation과 통치기구 중심 개념인 '국가'État의 합성어이며, '민족 국가'라고 번역하기도 한다.

29) Ellul, 2008b: 222-232.

30) Ellul, 2008b: 289-300.

31) Ellul, 2008b: 304-367.

32) Ellul, 2008b: 389-392.

33) Ellul, 2004e: 13-22 ; 이상민(역), 2013: 49-66.

34) Aron, 1986.

35) 엘륄은 젊은 시절인 1930년대에 마르크스주의자였으나, 소련에서 벌어진 '모스크바 공판'사건 이후부터 마르크스주의를 포기한다. 더욱이, 그에게 '크론슈타트 반란'과 '우크라이나 반란'진압 사건은 마르크스의 방향과 반대되는 듯이 보인다. 마르크스 사상과 자신이 소련에서 목격한 사건들 사이의 모순 때문에 공산주의에서 멀어진 것이다. 그런 가운데서, 그는 새로운 면모를 띤 마르크스 사상으로서 체코 마르크스주의를 접하게 된다. 그는 이 사상을 만일 마르크스가 살아 있다면 제시할 수 있는 기술 사회의 문제에 대한 해답으로 간주한다. 그는 그런 체코 마르크스주의의 대표적 인물로서 라도반 리히타 Radovan Richta를 든다.(Ellul, 2007: 153-154 ; 안성헌(역), 2015: 151-152)

36) Bell, 1974 / Touraine, 1969.

37) Baudrillard, 1970.

38) Lefebvre, 1975.

39) McLuhan, 1964.

40) Ellul, 2004e: 22-31 ; 이상민(역), 2013: 66-82.

41) Ellul, 2004b: 17 ; 이상민(역), 2009: 49.

42) Ellul, 2004e: 35-44 ; 이상민(역), 2013: 85-101.

43) Ellul, 2004e: 45-61 ; 이상민(역), 2013: 102-127.

44) Ellul, 2004e: 63-85 ; 이상민(역), 2013: 128-163.

45) Ellul, 2004e: 87-116 ; 이상민(역), 2013: 164-210.

46) Ellul, 2004e: 117-129 ; 이상민(역), 2013: 210-229.

47) Ellul, 2004e: 137-148 ; 이상민(역), 2013: 240-259.

48) Ellul, 2004a: 203-204.

49) Ellul, 1982: 224 ; 하태환(역), 2012: 258.

50) Ellul, 2004a: 203.

51) Ellul, 2004a: 204-209.

52) Ellul, 2004a: 209-212.

53) '아리안 Ariane 로켓'은 프랑스, 서독, 영국 등 유럽 11개국으로 구성된 '유럽우주기구'ESA가 개발하여 발사한 로켓이다. 프랑스가 기술 개발의 총 책임을 맡은 아리안 로켓은 1979년 12월 24일 유럽우주기구의 발사기지인 프랑스령 기아나 Guyane의 쿠루 Kourou에서 1호가 성공적으로 발사된다. 우주에서 유럽의 자주성 보장이라는 정치적 목적에서 시작된 아리안 로켓의 개발은 엄청난 경제적 파급효과를 가져온다. 아리안 로켓은 1980년에 세계 최초의 위성 발사 대행 회사인 '아리안 스페이스'Arianespace가 설립되면서 지속적인 개량과 개발을 거듭해온다. 특히, 독보적인 능력을 과시한 4호가 1988년부터 2003년까지 113번에 걸친 발사에 성공하면서 세계 상업 위성 발사 시장의 50%를 장악하게 된다.

54) 다수의 생산자와 소비자가 존재하는 경쟁 시장에서는 '외부성'l'externalité으로 인해 편익이나 비용을 시장가격이 정확히 반영하지 못하는 경우가 있다. 이 경우 생산자와 소비자는 편익과 비용에 대해 일부만을 얻거나 부담할 수 있다. 그 결과 사회적으로 재화나 용역이 적정수준으로 생산되지도 않고 소비되지도 않아 비효율적인 자원 배분이라는 문제를 초래한다. 예를 들어, 공장에서 제품 생산을 할 때 발생하는 환경 오염은 공장뿐만 아니라 인근 주택에도 공해를 초래하지만, 공장이 정화 장치를 설치한다면 공장 자체뿐만 아니라 인근 주택의 공해도 줄이게 된다. 그러나 공장은 전체적 편익과 비용을 고려하지 않기 때문에, 오염물질을 초래하는 생산을 지나치게 많이 하거나 정화 장치를 설치하지 않게 된다. 공공의 이익과 관련된 재화나 용역의 경우에도 생산자와 소비자는 그 편

익과 비용을 전부 고려하지 않기 때문에 사회적으로 바람직한 생산, 소비 상태를 달성하지 못하게 된다.

55) Ellul, 2004e: 319-322, 334 ; 이상민(역), 2013: 519-524, 544.

56) Ellul, 2004e: 322-333 ; 이상민(역), 2013: 524-543.

57) *Éthique de la liberté, tome I*, Labor et Fides, 1973 ;『자유의 윤리 1』, 도서출판 대장간, 2018 / *Éthique de la liberté, tome II*, Labor et Fides, 1974 ;『자유의 윤리 2』, 도서출판 대장간, 2019.

58) *L'espérance oubliée,* Gallimard, 1972(초판) ; La Table Ronde, 2004(2판) ;『잊혀진 소망』, 도서출판 대장간, 2009.

59) Ellul, 2004e: 217-237 ; 이상민(역), 2013: 357-391 / Ellul, 2008b: 79-87.

60) Ellul, 2004e: 239-261 ; 이상민(역), 2013: 392-429 / Ellul, 2008b: 74-87.

61) Ellul, 2004e: 263-290 ; 이상민(역), 2013: 430-474.

62) Ellul, 2004e: 291-318 ; 이상민(역), 2013: 475-515.

63) Ellul, 2004a: 90-110.

64) Ellul, 2004a: 110-124.

65) Kempf, 2007: 8-10 ; 진민정(역), 2008: 6-10.

66) 김재경(역), 2020.

67) Latouche, 2010b, 40 ; 양상모(역), 2014, 50-51.

68) Ellul, 2004a: 124-134.

69) Ellul, 2004a: 134-174.

70) Ellul, 2004a: 152.

71) Ellul, 2004a: 156.

72) Ellul, 2004a: 175-180.

73) Ellul, 2004a: 180-196.

74) Ellul, 2004a: 196.

75) Ellul, 2004a: 196-200.

76) Ellul, 2004e: 38 ; 이상민(역), 2013: 90.

77) Ellul, 2004a: 25.

78) Ellul, 2004a: 25-26.

79) Ellul, 2004a: 26.

80) Ellul, 2004e: 328 ; 이상민(역), 2013: 535.

81) Ellul, 2004a: 243-253, 281.

82) 창세기 3:17-19.

83) Ellul, 2004a: 281-300.

84) Ellul, 2004a: 301-320.

85) Ellul, 2004a: 365-404.

86) Ellul, 2004a: 405-417.

87) Ellul, 2004a: 417-425.

88) Ellul, 2004a: 425-429.

89) Ellul, 2004a: 428.

90) Ellul, 2004a: 430-436.

91) Ellul, 2004a: 475-518.

92) Ellul, 2004a: 519-544.

93) Ellul, 2004a: 581-595.

94) Ellul, 2004a: 595-607.

95) Ellul, 2004a: 621-639.

96) Ellul, 2004a: 641-672.

97) 텔레마티크 la télématique는 통신과 컴퓨터에 의한 정보처리의 융합을 가리키는 용어이다.

98) Ellul, 2004a: 685-731.

99) Ellul, 1981: 125-171 ; 박동열·이상민(역), 2014: 217-287.

100) Ellul, 1981: 172-201 ; 박동열·이상민(역), 2014: 289-333.

101) Ellul, 1981: 225-245 ; 박동열·이상민(역), 2014: 369-397.

102) Ellul, 1981: 105-124 282-299 ; 박동열·이상민(역), 2014: 187-216, 451-478.

103) Ellul, 2003: 103-118 ; 박동열(역), 2021: 127-142 / Ellul, 2004a: 243-253, 281.

104) Ellul, 2003: 303-310 ; 박동열(역), 2021: 315-321.

105) Ellul, 2004d: 35-55 ; 하태환(역), 2021: 33-52.

106) Ellul, 1979: 20-28.

107) Gill, 2014: 117-120.

108) '자기원인'Causa sui은 스콜라 철학에서 비롯되었는데, 스피노자의 철학에 의해 잘 알려진 용어이다. 대개 존재하는 것이 그 자체 이외의 어떤 것에 의해서가 아니라 그 자체 스스로가 존재의 원인으로 되는 것, 다시 말하면 그 자체의 본질에 존재를 포함하고 있는 것이다. 요컨대 자기가 자기 존재의 원인이라는 것을 의미한다. 스콜라 철학에 따르면, 그와 같은 것은 신(神)이다.(철학사전편찬위원회, 2009: 765)

109) Ellul, 2004a: 365-404.

110) Ellul, 2004a: 654-663.

111) Ellul, 2004e: 319-322, 334 ; 이상민(역), 2013: 519-524, 544.

112) Ellul, 2004a: 495-518.

113) Ellul, 2003: 315-316 ; 박동열(역), 2021: 326-328.

114) Ellul, 2003: 80-89 ; 박동열(역), 2021: 104-113.

115) Ellul, 1988a: ⅴ-ⅺ.

116) Ellul, 1963: 55.

117) Ellul, 1988b: 107-113 ; 박동열(역), 2010: 163-171.

118) Ellul, 1988b: 116-118 ; 박동열(역), 2010: 174-177.

119) Ellul, 1981: 32 ; 박동열·이상민(역), 2014: 78-79.

120) 지적 탐구가 '신성불가침의 것'의 경계를 넘어가는 대표적인 사례로는 유전공학의 일탈과 '밀실 생명공학'에서 비롯된 문제가 있다. 특히, 인류의 행복을 위해서라면 그런 기고만장한 연구에 대해 최소한의 제한도 둘 필요가 없다는 주장이 문제가 된다. '신성불가침의 것'의 경계를 넘어 "이루어질 수 있는 모든 것은 이루어질 것이다."라고 선언하는 기술 문명의 근본 법칙이 거기서 발견되기 때문이다. 이에 대해서는 이 책의 제1부 7장에 나오는 〈3. 기술 사상의 적용 - 기술적 진보〉에서 자세히 설명된다.

121) Ellul, 1988b: 118-121 ; 박동열(역), 2010: 177-181.

122) Ellul, 1980: 59-103 ; 하태환(역), 2013: 67-110.

123) Ellul, 1980: 105-118 ; 하태환(역), 2013: 111-124.

124) Ellul, 1980: 159-213 ; 하태환(역), 2013: 163-216.

125) Ellul, 1980: 227-286 ; 하태환(역), 2013: 227-280.

126) Ellul, 1980: 273 ; 하태환(역), 2013: 268.

127) Ellul, 2013a: 17-25, 149-150.

128) Ellul, 2013a: 35-57, 80-98.

129) Ellul, 2013a: 103-118, 153.

130) Ellul, 1998: 11-60.

131) Ellul, 1998: 61-123.

132) Ellul, 1998: 124-149, 165-184.

133) Ellul, 1998: 189-198, 221-233.

134) Chabot, 2005: 276-282.

135) Sfez, 1994: 243-249.

136) Sfez, 2005: 42-44.
137) '탈성장'에 해당하는 프랑스어 표현은 'la décroissance'인데, 우리말로는 '감소, 감퇴'로 옮길 수 있다. 세르쥬 라투슈 Serge Latouche는 이 단어를 영어로 옮길 때 이 단어의 의미를 잘 드러내는 좋은 번역이 'the decreasing growh'(감소하는 성장)라고 밝힌다. 그러므로 'la décroissance'를 우리말로 '성장 감퇴'라고 옮길 수도 있지만, 현재 한국에서 일반적으로 통용되는 표현이 '탈성장'이므로 'la décroissance'를 '탈성장'으로 옮기기로 한다. 라투슈에 따르면, '탈성장'이라는 개념은 한편으로 환경위기에 대한 자각에서 형성되고, 다른 한편으로는 기술과 발전에 대한 비판의 연장선상에서 형성된다. 그렇지만 최근까지 '탈성장'이라는 단어는 어떤 경제학 사전이나 사회학 사전에도 등재되지 않은 채, '제로 성장'. '지속 가능한 성장', '정체 상태'등이 '탈성장'과 상관관계가 있는 표제어로 나타난다.(Latouche, 2010a: 15-16)
138) Rognon, 2012: 41-47.
139) Latouche, 1994: 110-111 ; Latouche, 2003: 19 ; Latouche, 2013: 9-11 ; Rognon, 2012: 218-219.
140) 이 부분은 필자의 저서『자크 엘륄, 시대를 앞서간 사상가』(도서출판 고북이, 2021)의 제5부 3장 〈현시대에서의 엘륄 사상의 적용〉에서 내용을 수정·보완해 옮긴 것이다.
141) Gizard·Du Ferrage, 2014: 44-46.
142) Ellul, 2004a: 451.
143) Gizard·Du Ferrage, 2014: 46-64.
144) Ellul, 2004e: 146 ; 이상민(역), 2013: 255.
145) 이 부분은 필자의 저서『자크 엘륄, 시대를 앞서간 사상가』(도서출판 고북이, 2021)의 제5부 3장 〈현시대에서의 엘륄 사상의 적용〉에서 내용

을 수정·보완해 옮긴 것이다.

146) Barrientos-Parra, 2014: 150-154.

147) '인간 동물'l'homme-animal은 동물이나 혹은 인간으로 변할 수 있는 능력이 있는 인간을 연상시키는 피조물을 가리킨다.

148) '키메라'는 그리스 신화에 나오는 사자의 머리, 양의 몸, 용의 꼬리를 가진 괴물을 가리킨다.

149) Barrientos-Parra, 2014: 155-156.

150) Ellul, 2008b: 88.

151) Ellul, 2008b: 102.

152) Ellul, 2004a: 89.

153) Ellul, 2008b: 101.

154) Ellul, 2008b: 87-90.

155) Porquet, 2004; 5-6.

156) Ellul, 2003: 316 ; 박동열(역), 2021: 327.

157) Ellul, 2004d: 297. *한국어 번역본 『정치적 착각』에는 프랑스어 표현 "Exister, c'est résister."(존재한다는 것은 저항하는 것이다)의 번역이 빠져 있다.

158) '사회적 민주주의'혹은 '사회민주주의'는 생산 수단의 사회적 소유와 사회적 관리에 의한 사회 개조를 폭력이 아닌 민주주의적 방법을 통해 실현하려는 주장 또는 운동을 가리킨다. 자본주의는 원래 개인 이윤을 목적으로 개인 소유 위에서 개인 경쟁으로 운영되는 경제적 '개인주의'이다. 그런데, 19세기 사회주의 사상가들은 '자본주의적 민주주의'가 자유와 평등을 실현하지 못하는 원인이 자본주의의 '개인주의'에 있다고 생각한다. 따라서 자유와 평등의 민주주의 사회를 실현하려면 자본주의의 '개인주의'를 그 반대의 원리인 '사회주의'로 바꾸어야 한다고 믿게

된다. 마르크스도 '사회적 민주주의'라는 개념을 제시한다.(Ellul, 2012: 206-211 ; 안성헌(역), 2012: 233-239) 그는 어떤 계급에 적대적인 계급에 맞서 그 계급을 보호하는 구실을 하는 국가 체제로서의 민주주의도 비판한다. 그래서 그는 민주주의가 '정치적 인간'과 '사회적 인간'을 결합하는 '사회적 민주주의'가 되어야 한다고 역설한다. '시민'은 자신의 노동과 개인적 기능에서 '사회적 인간'이 되어야 한다는 것이다. 또한 정치적이고 제도적인 변화가 필요할 뿐 아니라, 인간으로 하여금 '경제적 민주주의'를 달성할 수 있게 하는 경제적 변화도 필요하다는 것이다. 결국, 그는 '사회적 민주주의'로 이행하려면 혁명적 행동을 통해 국가를 소멸시켜야 한다고 하면서, '국가의 소멸'이라는 개념을 거론한다. 착취가 사라지고 그 결과로 계급이 사라지기에, 모든 사람이 화해하는 사회적 단일체가 형성되는 순간부터, 국가 체제는 존재 이유가 더는 없어진다.

159) '경제적 민주주의'혹은 '경제민주주의'는 '정치적 민주주의'에 대응하는 표현이다. '정치적 민주주의'는 18~19세기에 시민의 정치적 자유를 보장하기 위하여 마련된 것이다. 그러나 자본주의의 발전에 따르는 경제적 불평등의 심화와 프롤레타리아의 세력 확대 등으로 사회적 약자를 포함한 모든 국민의 인간다운 생활의 보장이 요구된다. 따라서 20세기의 국가들은 자본주의가 초래한 여러 폐단을 없애면서 모든 국민의 최저생활을 보장하려는 '경제적 민주주의'의 구현에 힘을 쓴다. 이는 각국의 헌법에서 생존권적 기본권의 보장, 경제조항의 설치, 사유재산권의 제한 또는 의무화 등의 규정으로 표현된다. 따라서 '경제적 민주주의'에는 크게 두 가지 측면이 있다. 그중 하나는 모든 국민이 인간다운 생활을 할 수 있도록 국가가 이를 보장하는 것으로서, 완전고용, 사회보장, 사회복지 등이 있다. 다른 하나는 경제 활동의 여러 분야나 단계에서 노동자가 이익분배나 기업의 의사 결정에 참여할 수 있는 권리를 보장하는 것으로

서, 근로자의 단결권, 단체교섭권, 단체행동권, 산업민주주의 등이 있다.
160) 엘륄은 '인간적 민주주의'에 대해 구체적으로 설명하지 않지만, '인간적 민주주의'는 '사회적 민주주의'와 '경제적 민주주의'의 단계를 넘어선 다른 차원의 민주주의라고 볼 수 있다. 엘륄은 '인간적 민주주의'를 만들어 내려면 '시민'의 깊은 변화가 필요할 뿐 아니라, 진정한 삶과 관련된 가장 깊은 차원에서의 '시민'의 회심이 필요하다고 밝힌다.
161) Ellul, 2008a: 75 ; 하태환(역), 2012: 95.
162) Real, 1981: 109-111.
163) Ellul, 2008a: 15-17 ; 하태환(역), 2012: 23-26.
164) Ellul, 2008a: 18-44 ; 하태환(역), 2012: 27-59.
165) Ellul, 2008a: 45-75 ; 하태환(역), 2012: 60-95.
166) Ellul, 2008a: 75-98 ; 하태환(역), 2012: 96-121.
167) Ellul, 2008a: 107-116 ; 하태환(역), 2012: 132-144.
168) 관례적으로, 흔히 개인주의 사회의 특성과 대중사회의 특성은 대립한다. 즉, 개인주의 사회는 개인이 집단 위에 있는 가치로서 명확히 드러나는 사회이면서, 개인의 행동 책임을 제한하는 집단들을 파괴하려는 경향이 있는 사회이다. 반면에, 대중사회는 개인에 대해 부정적이고 개인을 하나의 숫자로 간주한다. 하지만 엘륄은 그런 대립이 관념적이고 초보적이라고 지적한다.(Ellul, 2008a: 107 ; 하태환(역), 2012: 132)
169) '포괄적 사회'la société globale는 협회, 정당, 교회, 가문, 조합 같은 제한된 사회 집단보다 훨씬 범위가 넓으면서 그런 사회 집단들을 포괄하는 사회를 가리킨다.
170) Ellul, 2008a: 122-135 ; 하태환(역), 2012: 151-166.
171) Ellul, 2008a: 137-157 ; 하태환(역), 2012: 167-193.
172) Ellul, 2008a: 158-181 ; 하태환(역), 2012: 194-224.

173) Ellul, 2008a: 183-191 ; 하태환(역), 2012: 225-234.

174) Ellul, 2008a: 191-200 ; 하태환(역), 2012: 235-248.

175) Ellul, 2008a: 201-205 ; 하태환(역), 2012: 248-253.

176) '정신 공학'la psychotechnique은 개인의 적성이나 반응 등을 측정하는 기법을 총칭하는 표현이다.

177) Ellul, 2008a: 205-207 ; 하태환(역), 2012: 253-256.

178) Ellul, 2008a: 226-235 ; 하태환(역), 2012: 280-292.

179) Ellul, 2008a: 252-253 ; 하태환(역), 2012: 314-316 / Ellul, 1967: 36.

180) Ellul, 2008a: 253-255 ; 하태환(역), 2012: 316-318.

181) Ellul, 2008a: 255-273 ; 하태환(역), 2012: 319-344.

182) Ellul, 2008a: 273-281 ; 하태환(역), 2012: 344-354.

183) Ellul, 2004c: 258.

184) Ellul, 2004d: 143-187 ; 하태환(역), 2011: 141-184.

185) Ellul, 2004d: 191-252 ; 하태환(역), 2011: 189-248.

186) Ellul, 2004d: 271-272, 297-299 ; 하태환(역), 2011: 266-268, 290-292.

187) '시민'은 민주 사회의 구성원으로 권력 창출의 주체로서 권리와 의무를 가지며, 자발적이고 주체적으로 공공 정책 결정에 참여하는 사람이다. 고대 사회에서 시민은 일종의 특권 계급으로 존재한다. 또한 근대 사회에서 시민은 부를 축적한 부르주아 계급으로서 시민 혁명을 주도한 계층이다. 그리고 현대 사회에서 시민은 대다수의 사회 구성원 전체를 의미한다. 시민은 자발성과 비판적 사고와 합리적 의사 결정 능력을 갖추고 있다는 점에서 '대중'과는 대비되는 개념이다.

188) Ellul, 2004d: 306-309 ; 하태환(역), 2011: 300-303.

189) Ellul, 2004d: 309-311 ; 하태환(역), 2011: 303-305.

190) Ellul, 2004d: 35-78 ; 하태환(역), 2011: 33-75.

191) Ellul, 2004d: 89-97 ; 하태환(역), 2011: 86-94.

192) 이 부분은 필자의 저서『자크 엘륄, 시대를 앞서간 사상가』(도서출판 고북이, 2021)의 제5부 3장 〈현시대에서의 엘륄 사상의 적용〉에서 내용을 수정·보완해 옮긴 것이다.

193) 2021년 3월에 열린 재판에서 파리법원은 제약회사 세르비에에 과실치사, 가중 기만, 본의 아닌 기만 등의 혐의에 유죄를 선고한다. 판사는 해당 약품 판매로 사망한 사람이 최소 500명이라고 판단하고 피고 측에 벌금 270만 유로 및 가중 기만, 과실치사 및 본의 아닌 부상 등 다른 혐의에 대해서도 거액의 배상을 명령한다. 현지 언론은 제약업체 측이 이미 다수의 피해자와 최소 2억 유로에 이르는 합의금 지급에 서명한 것으로 알려져 있다.
(서울신문, 입력:2021.03.30 16:02 | 수정 : 2021.03.30. 16:02) https://nownews.seoul.co.kr/news/newsView.php?id=20210330601010&wlog_tag3=daum#csidx643835cc2fc1f31be01fc0d8f40ad12

194) Troude-Chastenet, 2014a: 21-23.

195) Troude-Chastenet, 2014a: 23-43.

196) Ellul, 2004d: 307 ; 하태환(역), 2011: 301.

197) Troude-Chastenet, 2005b: 26-27.

198) Troude-Chastenet, 2005b: 27-28.

199) '팬덤'fandom은 특정한 인물이나 분야를 열성적으로 좋아하는 사람들 혹은 그러한 문화 현상을 가리키는 표현이다. '광신자'를 뜻하는 '퍼내틱'fanatic의 '팬'fan과 '영지(領地), 나라'등을 뜻하는 접미사 '덤'-dom의 합성어이다.

200) Ellul, 1969: 79-201 ; 황종대(역), 2013: 97-159.

201) Ellul, 1969: 203-208, 232-234 ; 황종대(역), 2013: 235-241, 267-268.

202) Ellul, 1969: 14-31, 51-56 ; 황종대(역), 2013: 22-42, 64-70.

203) Ellul, 1972: 11-63 ; 안성헌(역), 2019: 25-91.

204) Ellul, 1972: 65-144 ; 안성헌(역), 2019: 92-179.

205) Ellul, 1972: 148-167, 191-198 ; 안성헌(역), 2019: 184-205, 233-242.

206) 마오쩌둥에 의해 이름이 붙여진 '문화혁명'은 '문명 대혁명'을 의미한다. 그런데, 이는 중국에서의 사회주의 혁명의 발전이라는 일반 노선에서, 프롤레타리아에게 적절한 새로운 사고와 문화와 풍속과 관습과 더불어 사회의 도덕적 면모를 변화시키는 것이다. 문화혁명에서는 여러 단계가 구별된다. 즉, 문화혁명은 우선 예술적이고 문학적인 차원에서 출발하고 당의 기구와 관련된다. 다음으로, 정치적 특성이 문화적 맥락에서 나타나는 동시에, 문화혁명은 대학으로 넘어간다. 마지막으로 문화혁명은 공장으로 진입하는 동시에 근본적으로 정치적 면모를 띠는데, 거기에서는 문화적인 것이 종속된다.(Ellul, 1972: 148-149 ; 안성헌(역), 2019: 184-185)

207) 문화혁명의 첫 번째 요소인 '비적대적 모순 이론'은 역사가 변증법적 과정에 따라 변한다는 가정 아래 일단 사회주의 혁명이 이루어지면 역사가 멈추지 않듯이 변증법적 과정이 계속되어야 한다는 것이다. 따라서 사회주의 사회에는 여전히 모순들이 있어야 한다. 하지만 자본주의 사회에 존재하는 모순들은 적대적이다. 다시 말해, 자본주의 사회에서의 모순들은 체계를 파괴하고 자본주의를 궤멸시킨다. 즉, 그 모순들은 근본적으로 서로를 인정하지 않고 다른 체계로 넘어가게 하는 힘과 관련된다. 반면에, 사회주의 사회에서 존재하는 모순들은 적대적이지 않다. 다시 말해, 그 모순들은 진보의 힘이고 긍정적이다. 사회주의 사회에서도 계급이 존재하지만, 과거의 착취 계급은 경제적 토대를 상실해 있다. 그러므로 계급의 대립은 특히 이데올로기 영역에 존재한다. 과거 이데올로

기의 영향력과 사회주의에 대한 그릇된 이해 같은 이데올로기는 늘 부정적으로 다시 작용할 수 있고, 자본주의로 돌아가는 출발점 구실을 할 수 있다. 따라서 혁명 투쟁은 모순의 표현인 이데올로기 영역에 위치할 수밖에 없다.(Ellul, 1972: 156-157 ; 안성헌(역), 2019: 193-194)

208) 문화혁명의 두 번째 요소인 '주형 이론'은 '공산주의 인간'이라는 이상적인 '주형'이 존재함을 전제로 한다. 또한 아무도 결코 '공산주의 인간'을 완전히 실현할 수 없기에 각자는 끊임없이 그 '주형'속을 다시 거쳐야 함을 전제로 한다. 그런데, 이는 단지 이데올로기 문제도 아니고 심지어 행동의 문제도 아니라, 깊은 도덕성의 문제이다. 문화혁명은 '주형 이론'을 직접적으로 표현한 것이다. 차지한 지위도, 제공한 봉사도, 신실함도, 당에 대한 소속도 고려되지 말아야 한다. 모든 사람이 테스트 되어야 하는데, 이는 진정성에 대한 광범위한 집단적 재검토이다.(Ellul, 1972: 159-160 ; 안성헌(역), 2019: 197-198)

209) 문화혁명은 '비적대적 모순 이론'과 주형 이론'이라는 두 가지 기본 교리에 토대를 두고 있다. 그럼에도, 문화혁명에서 드러난 문제점은 제도 개혁만으로 충분하지 않아, 사법적 유죄판결보다 인민재판을 통해 이루어진 숙청이 필요해진 것이다. 그런데, 이는 순교자를 만들어 내는 위험을 늘 초래한다. 즉, 여론에 의한 숙청이 이루어질 때, 제거되는 사람은 회복되기가 어렵고 모두에게 본보기가 되는데, 그런 숙청이 문화혁명의 핵심이 된 것이다.(Ellul, 1972: 166-167 ; 안성헌(역), 2019: 205)

210) Ellul, 1972: 211-237 ; 안성헌(역), 2019: 257-282.

211) Ellul, 1972: 243-311 ; 안성헌(역), 2019: 294-379.

212) Ellul, 1972: 312-379 ; 안성헌(역), 2019: 380-461.

213) Ellul, 1972: 373 ; 안성헌(역), 2019: 454.

214) Ellul, 1972: 373-374 ; 안성헌(역), 2019: 454.

215) Ellul, 1972: 378-379 ; 안성헌(역), 2019: 461.

216) Ellul, 1982: 7-21 ; 하태환(역), 2012: 9-25.

217) Ellul, 1982: 20 ; 하태환(역), 2012: 24.

218) Ellul, 1982: 35-42 ; 하태환(역), 2012: 42-51.

219) Ellul, 1982: 42 ; 하태환(역), 2012: 50-51.

220) Ellul, 1982: 48 ; 하태환(역), 2012: 59.

221) Ellul, 1982: 61-65, 82-96 ; 하태환(역), 2012: 75-79, 98-113.

222) Ellul, 1982: 98-101, 135-147 ; 하태환(역), 2012: 118-121, 156-168.

223) Ellul, 1982: 149-167, 178-179 ; 하태환(역), 2012: 174-193, 204-205.

224) Ellul, 1982: 199-210 ; 하태환(역), 2012: 229-240.

225) Ellul, 2013a: 173-206.

226) Ellul, 1969: 273-279 ; 황종대(역), 2013: 315-321.

227) Ellul, 1969: 279-290 ; 황종대(역), 2013: 321-357.

228) Ellul, 1969: 313-329 ; 황종대(역), 2013: 358-374.

229) Ellul, 1969: 329 ; 황종대(역), 2013: 375.

230) Ellul, 1982: 243-288 ; 하태환(역), 2012: 280-325.

231) 엘륄은 '무능력'l'impuissance과 '비무력'la non-puissance을 구분한다. '무능력'은 본래 힘과 능력이 없어서 힘과 능력에 의해 행동할 수 없는 상황을 가리킨다. 반면, '비무력'은 실제로 힘과 능력을 갖추고 있으면서도 이 힘과 능력을 쓰지 않겠다는 단호한 의지를 나타낸다. 전형적인 예는 체포되던 당시에 예수 그리스도가 취한 자세이다. 예수 그리스도는 "당장 12군단 이상의 천사들을 나에게 줄 수도 있는 나의 성부에게 내가 간청할 수 없다고 너는 생각하느냐?"라고 베드로에게 말한다. 예수 그리스도가 그렇게 말할 때, 예수 그리스도는 자신이 그렇게 할 수도 있었으나 그렇게 하지 않는다는 것이다. 마찬가지로, 예수 그리스도는 정복하고 쳐부수려는

목적으로는 자신의 힘을 결코 드러내지 않는다.(Ellul, 2004f: 10-11)

232) Ellul, 2004a: 203.

233) Ellul, 1982: 289-291 ; 하태환(역), 2012: 325-327.

234) Ellul, 1982: 289 ; 하태환(역), 2012: 325.

235) 이 부분은 필자의 저서『자크 엘륄, 시대를 앞서간 사상가』(도서출판 고북이, 2021)의 제4부 2장 〈엘륄의 인격주의 운동〉과 제4부 4장 〈엘륄의 혁명적 기독교〉에서 내용을 수정·보완해 옮긴 것이다.

236) 베르나르 샤르보노 Bernard Charbonneau는 프랑스의 사상가이자 환경운동가로서 에마뉘엘 무니에 Emmanuel Mounier와 함께 인격주의 운동 잡지『에스프리』를 창간한다. 샤르보노는 현대 사회를 분석하고 경제와 발전이 지닌 절대적 힘을 비판하면서, 20세기의 이데올로기와 근본적으로 다른 사회 조직 형태의 착상을 제안한다. 또한 과학 기술적인 진보를 통해 초래되는 변화와 문제를 고찰하고자 엘륄과 더불어 정기간행물을 펴내는 클럽과 토론 그룹을 만들기도 한다. 이처럼 샤르보노는 엘륄의 사상에 큰 영향을 끼치고 엘륄의 인생에서 중요한 역할을 한다. 엘륄은 샤르보노에 대해 그 시대에 보기 드문 천재인데도 완전히 진가를 인정받지 못하고 있다고 하면서 다음 같이 회고한다. 즉, 엘륄 자신이 학문 연구와 사상의 방향을 설정하는데 샤르보노가 결정적인 영향을 미쳤고, 샤르보노가 없었다면 자신이 그렇게 많은 일을 행할 수 없었을 것이며, 적어도 상당한 부분을 이루지 못했을 것이라고 회고한다.(Garrigou-Lagrange, 1981: 27)

237) Garrigou-Lagrange, 1981: 33-34.

238) Vanderburg, 1981: 18.

239) Garrigou-Lagrange, 1981: 34.

240) Vanderburg, 1981: 18-19.

241) Garrigou-Lagrange, 1981: 35-36.

242) Garrigou-Lagrange, 1981: 36-37.

243) Troude-Chastenet, 2005b: 24.

244) Garrigou-Lagrange, 1981: 39.

245) '테일러 방식'은 공장의 경영 합리화 방법으로서, 미국 기술자 테일러 F. W. Taylor의 이름에서 나온 작업 방식을 가리킨다. 기계공장 노동자로 출발하여 주임기사 자리에 오른 테일러는 1881년 미드베일 Midvale 제강공장에 시간 동작 연구를 도입한다. 이 연구계획의 성공으로 시간 동작 연구가 전문적 연구 분야로 확립되며, 이는 테일러 경영학 이론의 기초가 된다. 테일러의 이론은 본질적으로 개별 작업자를 주의 깊게 감독하는 동시에 조업 중에 발생하는 시간과 동작의 낭비를 줄임으로써, 작업장이나 공장에서 생산의 효율성을 급격히 높일 수 있음을 제시한 것이다. 테일러의 그런 경영체계가 극단적으로 실행되자 노동자들의 항의와 분노가 일어난다. 하지만 생산성 향상이란 측면에서 테일러 이론이 유용하다는 것은 명백하며, 이 이론이 대량생산기술의 발전에 미친 영향력은 매우 크다고 할 수 있다. 테일러는 '과학적 관리론'의 시조로서 산업관리에 대한 그의 이론은 근대산업 발전에 막대한 영향을 미친다.

246) 그 시기에 엘륄과 샤르보노는 선별된 소그룹을 조직하여 자연과 직접 접촉하면서 인격주의 사회의 모델을 실제로 구체적으로 체험하기 위해 특히 개신교 대학생들과 더불어 피레네산맥에서 여러 번 캠프를 운영한다.(Troude-Chastenet, 2005: 350-351)

247) Garrigou-Lagrange, 1981: 37-38.

248) Charbonneau B·Ellul J, 2003: 63-79.

249) Ellul, 1988b: 34-38 ; 박동열(역), 2010: 63-69.

250) Ellul, 1988b: 40-52 ; 박동열(역), 2010: 70-86.

251) Ellul, 1988b: 52-59 ; 박동열(역), 2010: 86-95.

252) 전도서 3:1-11.

253) Ellul, 1988b: 129-133 ; 박동열(역), 2010: 193-199.

254) Garrigou-Lagrange, 1981: 58-59.

255) Ellul, 1984b: 18 ; 박동열·이상민(역), 2012: 31.

256) Ellul, 1984b: 21-22 ; 박동열·이상민(역), 2012: 34-36.

257) Vanderburg, 1981: 14-16.

258) Ellul, 1988b: 34-59 ; 박동열(역), 2010: 63-95.

259) Ellul, 1988b: 73-88 ; 박동열(역), 2010: 116-135.

260) Ellul, 2004d: 297.

261) Ellul, 1984b: 169-169 ; 박건택(역), 2008: 326-327.

262) Troude-Chastenet, 1994: 40.

참고 문헌

Ellul J. (1963) *Fausse présence au monde moderne*, Les Bergers et Les Mages.

_____ (1967) *Histoire de la propagandes*, Presses Universitaires de France.

_____ (1969) *Autopsie de la révolution*, Calmann-Lévy.

_____ (1972) *De la Révolution aux Révoltes*, Calmann-Lévy.

_____ (1973) *Éthique de la liberté, tome I*, Labor et Fides.

_____ (1974) *Éthique de la liberté, tome II*, Labor et Fides.

_____ (1979) *L'Homme et l'argent*, Presses Bibliques Universitaires.

_____ (1980) *L'Empire du non-sens : L'art et la sociététechnicienne*, Presses Universitaires de France.

_____ (1981) *La Parole humiliée*, Éditions du Seuil.

_____ (1982) *Changer de Révolution, L'Inéluctable prolétariat*, Éditions du Seuil.

_____ (1984a) *Éthique de la Liberté, tome III : «Les Combats de la liberté»*, Labor et Fides & Centurion.

_____ (1984b) *La subversion du christianisme*, Éditions du Seuil.

_____ (1988a) "Préface" in : AndréVitalis, *Informatique, pouvoir et libertés*, Economica, pp. v - xi.

_____ (1988b) *Présence au monde moderne, Problèmes de la civilisation post-chrétienne*, Presses Bibliques Universitaires.

_____ (1998) *Métamorphose du bourgeois,* La Table Ronde.

_____ (2003) *Les Nouveaux Possédés,* Mille et une nuits.

_____ (2004a) *Le Bluff technologique,* Hachette.

_____ (2004b) *L'Espérance oubliée,* La Table Ronde.

_____ (2004c) *Exégèse des nouveaux lieux communs,* Calmann-Lévy, La Table Ronde.

_____ (2004d) *L'illusion politique,* La Table Ronde.

_____ (2004e) *Le Système technicien,* Le Cherche Midi.

_____ (2004f) "Les chrétiens et la guerre" in *Cahiers Jacques-Ellul, n°2, 2004.*

_____ (2008a) *Propagandes,* Armand Colin, Economica.

_____ (2008b) *La Technique ou l'Enjeu du siècle,* Economica.

_____ (2012) *La pensée marxiste. Cours professéàl'Institut d'études politiques de Bordeaux de 1947 à1979,* La Table Ronde.

_____ (2013a) *Déviances et déviants dans notre société intolérante,* Éditons Érès.

_____ (2013b) *Le Vouloir et le faire: Une critique théologique de la morale,* La Table Ronde.

Aron R. (1986) *Dix-huit leçons sur la société industrielle,* Folio.

Barrientos-Parra J. (2014) "De quelques aspects du progrès technique au début du XXIe siècle" in *Comment peut-on encore être ellunien au 21e siècle?,* La Table Ronde.

Baudrillard J. (1970) *La sociétéde consommation, ses mythes, ses structures,*

Édition Denol.

Bell D. (1974) *Coming of Post-industrial Society: Venture in Social Forecasting*, Heinemann Educ.

Chabot P. (2005) "*La Technique ou l'enjeu du siècle:* cinquante ans après" in *Jacques Ellul, penseur sans frontières*, L'Esprit du Temps.

Charbonneau B·Ellul J. (2003) "Directive pour un manifeste personnaliste" in *Cahiers Jacques Ellul n°1*, Association Internationale Jacques Ellul.

Garrigou-Lagrange, M. (1981) *Jacques Ellul, À temps et à contretemps, Entretiens avec Madeleine Garrigou-Lagrange*, Le Centurion.

Gill D W. (2014) "L'Importance durable de Jacques Ellul pour l'éthique des affaires" in *Comment peut-on (encore) être ellunien au 21e siècle?*, La Table Ronde.

Gizard B·Du Ferrage A C. (2014) "Les anticipations prophétiques de Jacques Ellul et l'évolution des marchés financiers" in *Comment peut-on encore être ellunien au 21e siècle?*, La Table Ronde.

Kempf H. (2007) *Comment les riches détruisent la planète*. Éditions du Seuil.

Latouche S. (1994) "Raison technique, raison économique et raison politique" in *Sur Jacques Ellul*, l'Esprit du Temps.

_____ (2003) "Pour une sociétéde décroissance" in *Le Monde diplomatique*, novembre 2003.

_____ (2010a) *Le pari de la décroissance*, Pluriel.

_____ (2010b) *Sortir de la sociétéde consommation : Voix et voies de la décroissance*. Les liens qui libèrent.

_____ (2013) *Jacques Ellul contre le totalitarisme technicien*, Le passager clandestin.

Lefebvre H. (1975) *Le temps des méprises*, Stock.

McLuhan M. (1964) *Understanding Media: The Extensions of Man*, McGraw Hill.

Porquet J-L. (2004) "Ellul l'éclaireur", "Préface" in : Jacques Ellul, *Le Bluff technologique*, Hachette.

Real M R. (1981) "Mass Communication and Propaganda in Technological Societies" in *Jacques Ellul Interpretive Essays*, University of Illinois Press.

Rognon F. (2007) *Jacques Ellul - Une Pensée en dialogue*, Labor et Fides.

_____ (2012) *Générations Jacques Ellul. Soixante héritiers de la pensée de Jacques Ellul*, Labor et Fides.

Sfez L. (1994) "Technique et communication" in *Sur Jacques Ellul, L'Esprit du Temp*.

_____ (2005) "Les stratégies paradoxals de Jacques Ellul" in *Jacques Ellul, penseur sans frontières*, L'Esprit du Temps.

Touraine A. (1969) *La société post-industrielle. Naissance d'une société*, Édition Denol.

Troude-Chastenet P.(1994) *Entretiens avec Jacques Ellul*, La Table Ronde.

_____ (2005a) "Biographie de Jacques Ellul(1912-1994)" in *Jacques Ellul penseur sans frontières*, L'Esprit du Temps.

_____ (2005b) "Jacques Ellul, L'inclassable" in *Jacques Ellul penseur sans frontières*, L'Esprit du Temps.

_____ (2014a) "Pour une approche ellunienne de l'affaire du Médiator" in *Comment peut-on encore être ellunien au 21e siècle?*, La Table Ronde.

_____ (2014b) "Que veut dire être ellunien?" in *Comment*

peut-on (encore) être ellunien au 21e siècle?, La Table Ronde.

Vanderburg W. (1981) *Perspectives on our age, Jacques Ellul speaks on his life and work*, Canadian Broadcasting Corporation.

김재경(역). (2020)『2050 거주불능 지구』, 추수밭.

김치수(역). (2015)『원함과 행함』, 도서출판 대장간.

김치수(역). (2018)『자유의 윤리 1』, 도서출판 대장간.

김치수(역). (2019)『자유의 윤리 2』, 도서출판 대장간.

박건택(역) (2008)『자유의 투쟁』, 도서출판 솔로몬.

박동열(역). (2010)『세상속의 그리스도인』, 도서출판 대장간.

박동열(역). (2021)『새로운 신화에 사로잡힌 사람들』, 도서출판 대장간.

박동열·이상민(역). (2012)『뒤틀려진 기독교』, 도서출판 대장간.

박동열·이상민(역). (2014)『굴욕당한 말』, 도서출판 대장간.

안성헌(역). (2012)『마르크스 사상』, 도서출판 대장간.

안성헌(역). (2019)『혁명에서 반란으로』, 도서출판 대장간.

양상모(역). (2014)『탈성장 사회』, 오래된 생각.

이상민(역). (2009)『잊혀진 소망』, 도서출판 대장간.

이상민(역). (2013)『기술 체계』, 도서출판 대장간.

이상민. (2019a)「자크 엘륄의 기술 사상과 그 사상에 대한 평가」, 『신앙과 학문』제24권 1호(2019. 3).

이상민. (2019b)「자크 엘륄의 인격주의 운동과 혁명적 기독교」, 『기독교철학』, 제27호 (2019 봄).

이상민. (2019c)「자크 엘륄의 신학 사상과 그 사상에 대한 평가」, 『신앙과 학문』제24권 3호(2019. 9).

이상민. (2020)『자크 엘륄, 시대를 앞서간 사상가』, 도서출판 고북이.

이상민. (2021a)「기술 사회에서의 새로운 신화들에 대한 분석 - 자크 엘륄의 기술 사상을 중심으로」, 『신앙과 학문』 제26권 1호(2021. 3).

이상민. (2021b)「자크 엘륄의 사상의 영향과 현시대에서의 적용」, 『기독교 철학』, 제31호 (2021 봄).

진민정(역). (2008)『부자들이 지구를 어떻게 망쳤나』, 에코 리브르.

철학사전편찬위원회 (2009).『철학사전』, 중원문화.

하태환(역). (2011)『정치적 착각』, 도서출판 대장간.

하태환(역). (2012a)『선전』, 도서출판 대장간.

하태환(역). (2012b)『인간을 위한 혁명』, 도서출판 대장간.

하태환(역). (2013)『무의미의 제국』, 도서출판 대장간.

황종대(역). (2013)『혁명의 해부』, 도서출판 대장간.

자크 엘륄 저서 목록

1. 연대별 저서 목록

1936. *Étude sur l'évolution et la nature juridique du Mancipium*(만시피움의 변화와 사법적 성격에 대한 연구), Delmas. *박사학위 논문

1946. *Le fondement théologique du droit*(법의 신학적 토대), Delachaux & Niestlé; Paris, Dalloz-Sirey, 2008(2판) ; 『자연법의 신학적 의미』, 강만원(역), 도서출판 대장간, 2013.

1948. *Présence au monde moderne: Problèmes de la civilisation post-chrétienne*(현대 세상에서의 현존, 후기 기독교 문명의 문제), Roulet ; Paris, Presses Bibliques Universitaires, 1988(2판) ; in *Le défi et le nouveau. Œuvres théologiques, 1948-1991*(도전과 새로움. 1948년부터 1991년까지의 신학 저서), Paris, La Table Ronde, 2007(3판) ; 『세상 속의 그리스도인』, 박동열(역), 도서출판 대장간, 2010.

1952. *Le livre de Jonas*(요나서), Cahiers Bibliques de Foi et Vie ; in *Le défi et le nouveau. Œuvres théologiques, 1948-1991*, Paris, La Table Ronde, 2007(2판) ; 『요나의 심판과 구원』, 신기호(역), 도서출판 대장간, 2010.

1954. *L'homme et l'argent*(인간과 돈), Neuchâtel, Delachaux & Niestlé; Paris, Presses Bibliques Universitaires, 1979(2판) ; in *Le défi et le nouveau.*

Œuvres théologiques, 1948-1991, Paris, La Table Ronde, 2007(3판) ;『하나님이냐 돈이냐』, 양명수(역), 도서출판 대장간, 1991.

1954. *La Technique ou l'Enjeu du siècle*(기술 혹은 시대의 쟁점), Armand Colin ; Paris, Economica, 2008(3판) ;『기술의 역사』, 박광덕(역), 한울, 1996.

1955. *Histoire des institutions, tome 1 & 2 : L'Antiquité*(제도사 1, 2권, 고대), Paris, Presses Universitaires de France ; 2011(마지막 재판).

1956. *Histoire des institutions, tome 3 : Le Moyen Age*(제도사 3권, 중세), Paris, Presses Universitaires de France ; 2006(마지막 재판).

1956. *Histoire des institutions, tome 4 : XVIe siècle-XVIIIe siècle*(제도사 4권, 16세기부터 18세기), Paris, Presses Universitaires de France ; 1999(마지막 재판).

1956. *Histoire des institutions, tome 5 : Le XIXe siècle (1789–1914)*[제도사 5권, 19세기(1789-1914)], Paris, Presses Universitaires de France ; 1999(마지막 재판).

1962. *Propagandes*(선전), Armand Colin ; Paris, Economica, 2008(2판) ;『선전』, 하태환(역), 도서출판 대장간, 2012.

1963. *Fausse présence au monde moderne*(현대 세상에서의 잘못된 현존), Les Bergers et Les Mages.

1964. *Le vouloir et le faire: Recherches éthiques pour les chrétiens*(원함과 행함. 그리스도인을 위한 윤리 연구), Genève, Éditions Labor et Fides ; *Le vouloir et le faire: Une critique théologique de la morale*(원함과 행함. 도덕에 대한 신학적 비판), Genève, Éditions Labor et Fides, 2013(2판) ;『원함과 행함』, 김치수(역), 도서출판 대장간, 2018.

1965. *L'Illusion politique*(정치적 환상), Éditions Robert Laffont ; Paris, La Table Ronde, 2012(4판) ;『정치적 착각』, 하태환(역), 도서출판 대장간, 2011.

1966. *Exégèse des nouveaux lieux communs*(새로운 사회 통념에 대한 주석), Paris, Calmann-Lévy ; Paris, La Table Ronde, 2004(2판).

1966. *Politique de Dieu, politiques de l'homme*(하나님의 정치와 인간의 정치), Éditions Universitaires ; in *Le défi et le nouveau. Œuvres théologiques, 1948-1991*, Paris, La Table Ronde, 2007(2판). ;『하나님의 정치와 인간의 정치』, 김은경(역), 도서출판 대장간, 2012.

1967. *Histoire de la propagande*(선전의 역사), Paris, Presses Universitaires de France ; 1976(2판).

1967. *Métamorphose du bourgeois*(부르주아의 변신), Paris, Calmann-Lévy ; Paris, La Table Ronde, 1998(2판).

1969. *Autopsie de la révolution*(혁명에 대한 분석), Paris, Calmann-Lévy ; Paris, La Table Ronde, 2008(2판) ;『혁명의 해부』, 황종대(역), 도서출판 대장간, 2013.

1971. *L'impossible prière*(불가능한 기도), Paris, Le Centurion ; in *Le défi et le nouveau. Œuvres théologiques, 1948-1991*, Paris, La Table Ronde, 2007(2판) ;『우리의 기도』, 김치수(역), 도서출판 대장간, 2015.

1971. *Jeunesse délinquante: Une expérience en province(avec Yves Charrier)*[비행 청소년. (이브 샤리에와 함께) 지방에서의 경험], Mercure de France ; *Jeunesse délinquante: Des blousons noirs aux hippies*(비행 청소년. 검은 가죽점퍼로부터 히피까지), Nantes, AREFPPI, 1985(2판).

1972. *Contre les violents*(폭력에 맞서), Paris, Le Centurion ; in *Le défi et le nouveau. Œuvres théologiques, 1948-1991*, Paris, La Table Ronde, 2007(2판) ;『폭력에 맞서』, 이창헌(역), 도서출판 대장간, 2012.

1972. *De la Révolution aux Révoltes*(혁명에서 반란으로), Paris, Calmann-Lévy ; Paris, La Table Ronde, 2011(2판) ;『혁명에서 반란으로』, 안성헌(역), 도서출판 대장간, 2019.

1972. *L'espérance oubliée*(잊혀진 소망), Gallimard ; Paris, La Table Ronde,

2004(2판) ; 『잊혀진 소망』, 이상민(역), 도서출판 대장간, 2009.

1973. *Éthique de la liberté, tome I*(자유의 윤리 1권), Genève, Éditions Labor et Fides ; 『자유의 윤리 1』, 김치수(역), 도서출판 대장간, 2018.

1973. *Les nouveaux possédés*(새로운 악령 들린 자들), Arthème Fayard ; Mille et Une Nuits, 2003(2판) ; 『새로운 신화에 사로잡힌 사람들』, 박동열(역), 도서출판 대장간, 2021.

1974. *Éthique de la liberté, tome II*(자유의 윤리, 2권), Genève, Éditions Éditions Labor et Fides ; 『자유의 윤리 2』, 김치수(역), 도서출판 대장간, 2019.

1975. *Sans feu ni lieu: signification biblique de la Grande Ville*(의지할 곳 없이, 대도시의 성서적 의미), Paris, Gallimard ; Paris, La Table Ronde, 2012(3판) ; 『머리 둘 곳 없던 예수』, 황종대(역)도서출판 대장간, 2013.

1975. *L'Apocalypse: Architecture en mouvement*(요한계시록, 움직이는 구조물), Desclée ; Labor & Fides, 2008(2판) ; 『요한계시록 주석』, 유상현(역), 한들, 2000.

1975. *Trahison de l'Occident*(서구의 왜곡), Paris, Calmann-Lévy ; Princi Negue Editor, 2003(2판) ; 『서구의 배반』, 박건택(역), 솔로몬, 2008.

1977. *Le Système technicien*(기술 체계), Paris, Calmann-Lévy ; Paris, Le Cherche-midi, 2012(3판) ; 『기술 체계』, 이상민(역), 도서출판 대장간, 2013.

1979. *L'idéologie marxiste chrétienne: Que fait-on de l'Evangile?*(마르크스 기독교 이데올로기. 사람들은 복음으로 무엇을 만들어 버리는가?), Paris, Le Centurion ; Paris, La Table Ronde, 2006(2판) ; 『기독교와 마르크스주의』, 곽노경(역), 도서출판 대장간, 2012.

1980. *L'empire du non-sens : L'art et la société technicienne*(무의미의 제국. 예술과 기술 사회), Paris, Presses Universitaires de France ; 『무의미의 제국』, 하태

환(역), 도서출판 대장간, 2013.

1980. *La foi au prix du doute*(의심을 거친 참된 신앙), Hachette ; Paris, La Table Ronde, 2006(2판) ;『의심을 거친 믿음』, 임형권(역), 도서출판 대장간, 2013.

1981. *La Parole humiliée*(굴욕당한 말), Paris, Éditions du Seuil ; Paris, La Table Ronde, 2014(2판) ;『굴욕당한 말』, 박동열·이상민(역), 도서출판 대장간, 2014.

1981. *À temps et à contretemps - Entretiens avec Madeleine Garrigou-Lagrange*(기회가 좋든지 나쁘든지 - 가리구 라그랑쥬와의 대화), Paris, Le Centurion ;『쟈크 엘룰의 때를 얻든지 못 얻든지』, 김점옥(역), 솔로몬, 2002.

1982. *Changer de révolution: L'Inéluctable Prolétariat*(혁명의 쇄신, 불가피한 프롤레타리아), Paris, Éditions du Seuil ;『인간을 위한 혁명』, 하태환(역), 도서출판 대장간, 2012.

1984. *Éthique de la Liberté, volume 3 : «Les Combats de la liberté»*(자유의 윤리 3권, "자유의 투쟁"), Genève, Labor et Fides & Centurion ;『자유의 투쟁』, 박건택(역), 솔로몬, 2008.

1984. *La Subversion du christianisme*(기독교의 뒤집힘), Paris, Éditions du Seuil ; Paris, La Table Ronde, 2012(3판) ;『뒤틀려진 기독교』, 박동열·이상민 (역), 도서출판 대장간, 2012.

1985. *Conférence sur l'Apocalypse de Jean*(요한계시록 강연), Nantes, AREFPPI.

1986. *Un chrétien pour Israël*(이스라엘을 위한 그리스도인), Éditions du Rocher ; in *Le défi et le nouveau. Œuvres théologiques, 1948-1991*, Paris, La Table Ronde, 2007(2판).

1987. *Ce que je crois*(내가 믿는 것), Paris, Grasset and Fasquelle ;『개인과 역사와 하나님』, 김치수(역), 도서출판 대장간, 2015.

1987. *La raison d'être: Méditation sur l'Ecclésiaste*(존재의 이유, 전도서 묵상), Paris, Éditions du Seuil ; Paris, La Table Ronde, 2007(3판) ;『존재의 이유』, 김치수 역, 도서출판 대장간, 2016.

1987. *La Genèse aujourd'hui*(창세기와 오늘날), Ligné, AREFPPI.

1988. *Anarchie et Christianisme*(무정부와 기독교), Atelier de Création Libertaire ; Paris, La Table Ronde, 2001(3판) ;『무정부주의와 기독교』, 이창헌(역), 도서출판 대장간, 2011.

1988. *Le bluff technologique*(기술 담론의 허세), Paris, Hachette ; 2004(2판) ; 2012(3판).

1991. *Ce Dieu injuste...? Théologie chrétienne pour le peuple d'Israël*(불의한 하나님? 이스라엘 민족을 위한 기독교 신학), Arléa ; 1999(2판) ;『하나님은 불의한가?』, 이상민(역), 도서출판 대장간, 2010.

1991. *Si tu es le Fils de Dieu: Souffrances et tentations de Jésus*(네가 하나님의 아들이라면. 예수의 고난과 시험), Paris, Le Centurion ; in *Le défi et le nouveau. Œuvres théologiques, 1948-1991*, Paris, La Table Ronde, 2007(2판) ;『네가 하나님의 아들이라면』, 김은경(역), 도서출판 대장간, 2010.

1992. *Déviances et déviants dans notre société intolérante*(너그럽지 못한 우리 사회에서의 일탈과 일탈자들), Toulouse, Érès.

1992. *L'Homme à lui-même, correspondance avec Didier Nordon*(참 모습 그대로의 인간. 디디에 노르동과의 서신 교환), Paris, Félin.

2. 자크 엘륄의 유작

1995. *Silences: Poèmes*(침묵, 시), Bordeaux, Opales.

1996. *Oratorio: Les quatre cavaliers de l'Apocalypse*(오라토리오, 요한계시록의 네 기

사), Bordeaux, Opales.

1998. *Les classes sociales. Cours de Jacques Ellul à l'Institut d'études politiques de Bordeaux, de 1966 à 1967*(사회 계급. 1966년부터 1967년까지 보르도 정치 대학에서의 강연), Institut d'études politiques, 1998 ; Paris, La Table Ronde, 2018.

2003. *La pensée marxiste. Cours professé à l'Institut d'études politiques de Bordeaux de 1947 à 1979*(마르크스 사상. 1947년부터 1979년까지 보르도 정치 대학에서의 강연), Paris, La Table Ronde ; 2012(2판) ;『마르크스 사상』, 안성헌(역), 도서출판 대장간, 2013.

2004. *Islam et judéo-christianisme*(이슬람과 유대·기독교), Paris, Presses Universitaires de France ; 2006(2판) ;『이슬람과 기독교』, 이상민(역), 도서출판 대장간, 2009.

2007. *Les successeurs de Marx. Cours professé à l'Institut d'études politiques de Bordeaux*(마르크스의 계승자들. 보르도 정치 대학에서의 강의), Paris, La Table Ronde ;『마르크스의 후계자』, 안성헌(역), 도서출판 대장간, 2015.

2007. *Penser globalement, agir localement*(총체적으로 생각하고 국지적으로 행동하라), Éditions Pyrémonde. *기고문 모음집

2008. *Ellul par lui-même. Entretiens avec Willem Vanderburg*(그 자체로서 엘륄. 빌렘 반더버그와의 대화), Paris, La Table Ronde.

2008. *Israël, Chance de civilisation*(이스라엘. 문명의 기회), Éditions Première Partie. *이스라엘과 관련된 기고문

2010. *On Freedom, Love and Power*(자유, 사랑, 능력에 관하여), Toronto, University of Toronto Press ; 2015(확장판) ;『자유, 사랑, 능력에 관하여』, 전의우(역), 비아토르, 2017.

2013. *Pour qui, pour quoi travaillons-nous?*(누구를 위해, 무엇을 위해 우리는 일하는가?). Genève, La Table Ronde. *노동과 관련된 글 모음집

2014. *À contre-courant*(시대의 흐름에 역행하여), Paris, La Table Ronde.

2014. *On Being Rich and Poor: Christianity in a Time of Economic Globalization*(부해지는 것과 가난해지는 것에 관하여, 경제 세계화 시대에서의 기독교), Toronto, University of Toronto Press ;『부와 가난에 관하여』, 홍종락·이지혜(역), 비아토르, 2017.

2014. *Théologie et Technique, Pour une éthique de la non-puissance*(신학과 기술, 비무력의 윤리를 위하여), Genève, Éditions Labor et Fides, 2014. *미간행 원고 모음집

2016. *Mort et espérance de la résurrection, Conférences inédites de Jacques Ellul*(죽음과 부활에 대한 소망, 자크 엘륄의 미간행 강연), Lyon, Éditions Oivétan.

2018. *Les sources de l'éthique chrétienne*(기독교 윤리의 원천), Genève, Labor et Fides ;『원함과 행함 2』, 김치수(역), 도서출판 대장간, 2021.

2019. *Vivre et penser la liberté*(자유를 체험하고 생각하기), Genève, Éditions Labor et Fides. *기고문 모음집색인

찾아보기

ㄱ

가속화 51, 84, 90, 91, 202, 338

가족 자본 48

가치 17, 36, 37, 63, 64, 72, 78, 123, 126, 149, 151, 156, 168, 170, 172, 176, 180, 181, 184, 193, 198, 201, 216, 227, 229, 238, 242, 247, 265, 287, 288, 290, 298, 300, 305, 309, 310, 323, 325, 327, 332, 333, 339, 349

감속 91

강제노동수용소 290, 291, 292, 293, 294

개별 기억력 66

개성 55, 231, 288, 315, 335

개인 17, 34, 48, 49, 50, 53, 63, 72, 88, 89, 105, 114, 135, 139, 141, 145, 155, 156, 159, 162, 173, 174, 176, 191, 194, 198, 199, 207, 209, 210, 211, 212, 213, 214, 215, 216, 217, 218, 219, 220, 221, 223, 224, 226, 227, 228, 229, 230, 231, 232, 233, 235, 236, 237, 238, 243, 244, 245, 247, 249, 253, 254, 259, 263, 280, 285, 288, 305, 306, 310, 314, 315, 316, 318, 319, 323, 331, 332, 333, 336, 348, 349, 350, 369

개인 부채 191, 194

개인 자본 48

개인주의 49, 219, 220, 221, 315, 348, 349

개인주의 사회 219, 220, 349

객관적 메커니즘 273

객관적 사실 324

거대 사회 304

거대함 320

거짓 신 328

게임 43, 131, 142, 143, 246, 252

결정기관 252

결정 요인 33, 57, 59, 60, 64, 65, 66, 262

경제 6, 16, 18, 19, 29, 33, 36, 37, 41, 42, 43, 44, 45, 46, 47, 51, 58, 65, 67, 72, 73, 74, 75, 76, 77, 78, 79, 81, 88, 89, 92, 93, 94, 95, 97, 100, 102, 103, 107, 108, 111, 125, 129, 134, 135, 136, 139, 143, 144, 145, 158, 172, 173, 179, 185, 190, 194, 201, 208, 218, 222, 227, 228, 251, 253, 254, 255, 256, 257, 258, 259, 279, 281, 282, 287, 289, 291, 292, 293, 294, 295, 296, 298, 299, 302, 304, 307, 309, 315, 317, 319, 320, 321, 324, 325, 328, 332, 339, 341, 346, 348, 349, 353, 355, 371

경제 구조 309

경제 기술 44, 46, 47, 51

경제 메커니즘 47

경제 발전 289

경제생활 44, 45, 46, 79

경제 성장 65, 77, 97, 251, 293, 294

경제성장률 158

찾아보기 373

경제 위기 143, 190, 320

경제적 민주주의 208, 257, 258, 348, 349

경제적 예측 103

경제적 중앙 집중 47

경제적 혁명 73

경제 지상주의 293

경제 현상 46

경제 활동 258, 349

계급 사회 304

계급투쟁 275, 322

계획경제 44, 172, 281, 298, 315, 321

고용주 287, 288, 290, 291, 321

고전주의 경제학 45

고정관념 214, 218, 221, 231, 232, 243

공공 부채 191, 194, 195

공산주의 155, 184, 241, 242, 280, 289, 290, 291, 292, 293, 294, 340, 353

공산주의 국가 290, 291

공산주의 독재 241

공산주의 세계 293, 294

공산주의 체제 242, 289, 291

공산주의 혁명 289

공해 92, 96, 98, 127, 128, 159, 200, 341, 342

공화적 가치 72

과소비 96, 97

과잉상태 100

과학 37, 39, 42, 44, 50, 54, 61, 73, 74, 75, 76, 77, 90, 98, 110, 119, 133, 136, 142, 145, 149, 152, 153, 161, 197, 210, 211, 214, 261, 273, 292, 305, 311, 314, 317, 320, 339, 355, 356

과학적 조직화 39

과학적 진리 311

관료조직 252

관료주의 250, 280, 302, 304, 307

관료주의 사회 304

관측 위성 132

광고 33, 37, 45, 58, 131, 132, 137, 140, 141, 142, 155, 158, 181, 207, 217, 244, 245, 317, 320

광고회사 320

광우병 200

교육 기술 45, 54

교조적 진리 311

교조주의 311

교환가치 287

교황권 238

교회 8, 24, 208, 220, 238, 239, 240, 311, 328, 350, 389

구경거리 59, 139, 147, 158, 207, 249, 250, 304

구경거리 사회 59, 147, 304

구경거리 세계 147

구매력 288, 295

구약성서 117, 334

국가 14, 17, 18, 19, 36, 45, 47, 48, 49, 50, 51, 64, 65, 73, 76, 79, 85, 92, 93,

찾아보기 375

95, 99, 104, 107, 111, 125, 129, 142, 151, 155, 156, 158, 185, 207, 209, 213, 214, 221, 222, 224, 225, 226, 227, 228, 241, 242, 247, 252, 254, 255, 257, 258, 261, 264, 269, 273, 276, 278, 279, 280, 282, 283, 284, 290, 291, 292, 294, 295, 296, 300, 302, 303, 304, 305, 306, 307, 309, 319, 320, 321, 322, 323, 324, 325, 330, 331, 332, 334, 339, 348, 349

국가 관리주의 302

국가 기구 252

국가 신화 214

국가 자본주의 292

국가화 305

국민국가 49, 339

국민의 뜻 17, 226

국민투표 254

국제무정부주의자 59

국제원자력사고등급 105

군비 경쟁 111, 127

군사적 사용 40

군수산업 320

궁극목적 42, 56, 84, 89, 90, 196, 197, 198, 201, 335, 338

그리스도인 6, 7, 83, 152, 160, 161, 162, 183, 239, 270, 306, 311, 323, 324, 325, 326, 327, 328, 329, 331, 332, 333, 334, 362, 364, 365, 369

근본 신화 214

금융 개혁 321

금융상품 194, 195

금융 수단 194

금융 시장 191, 192, 193, 194

금융위기 19, 31, 146, 191, 194

긍정적 결과 36, 92, 99, 100, 108

긍정적 피드백 73, 74, 75, 76, 77, 79

기계 12, 13, 17, 41, 44, 46, 52, 53, 54, 55, 56, 57, 60, 61, 62, 66, 67, 86, 89, 91, 93, 95, 113, 118, 121, 126, 142, 143, 144, 148, 150, 163, 167, 168, 188, 193, 252, 258, 281, 288, 289, 292, 293, 356

기계 기술 44, 46

기계 사용 57, 86

기계장치 61, 91, 252

기계적 현대 예술 142, 143

기계화 44, 66, 168, 281, 289

기독교 5, 6, 19, 22, 72, 160, 161, 183, 208, 238, 239, 240, 241, 270, 310, 311, 313, 314, 323, 326, 328, 329, 331, 333, 355, 362, 363, 364, 368, 369, 370, 371, 389

기독교 신앙 22, 183, 389

기독교적 가치 72

기독교 진리 311, 331

기상 위성 132

기성 질서 166, 210, 217, 263

기술 1, 2, 3, 4, 5, 6, 7, 8, 10, 11, 12, 13, 14, 15, 16, 17, 18, 19, 20, 22, 23, 27, 29, 30, 31, 32, 33, 34, 35, 36, 37, 38, 39, 40, 41, 42, 43, 44, 45, 46, 47, 48, 49, 50, 51, 52, 53, 54, 55, 56, 57, 58, 59, 60, 61, 62, 63, 64, 65, 66, 67, 68, 69, 70, 71, 72, 73, 74, 75, 76, 77, 78, 79, 80, 81, 82, 83, 84, 85, 86, 87, 88, 89, 90, 91, 92, 93, 94, 95, 96, 99, 100, 101, 102, 103,

107, 108, 109, 110, 111, 112, 113, 114, 115, 116, 117, 118, 119, 120, 122, 123, 124, 125, 126, 128, 129, 131, 132, 133, 134, 135, 136, 137, 138, 140, 141, 142, 143, 144, 145, 146, 147, 148, 149, 150, 151, 153, 154, 155, 156, 157, 158, 159, 160, 161, 162, 163, 164, 165, 166, 167, 168, 169, 170, 171, 172, 173, 174, 175, 176, 177, 178, 179, 180, 184, 185, 186, 187, 188, 189, 190, 191, 192, 193, 194, 195, 196, 197, 198, 199, 200, 201, 202, 203, 205, 207, 208, 209, 210, 211, 212, 215, 216, 224, 225, 227, 228, 229, 233, 242, 245, 246, 247, 248, 249, 250, 251, 253, 254, 255, 256, 261, 262, 263, 264, 265, 267, 269, 270, 272, 274, 277, 278, 279, 280, 281, 282, 283, 284, 285, 289, 290, 291, 292, 293, 294, 296, 297, 298, 300, 301, 302, 303, 304, 305, 306, 307, 308, 309, 314, 317, 319, 320, 321, 323, 324, 329, 330, 331, 332, 333, 334, 335, 336, 337, 338, 339, 340, 341, 345, 346, 355, 356, 362, 363, 365, 367, 368, 369, 371

기술 관료 54, 186, 250

기술 구조 283

기술 국가 65

기술 담론 4, 16, 27, 29, 30, 58, 61, 92, 102, 113, 114, 115, 116, 118, 120, 124, 129, 134, 136, 137, 143, 144, 145, 146, 154, 158, 188, 369

기술들의 연계 33, 35, 338

기술력 88, 99, 129, 133

기술 문명 22, 195, 224, 277, 336, 345

기술 사상 4, 23, 30, 31, 188, 189, 190, 191, 193, 195, 196, 197, 345, 362, 363

기술 사회 4, 5, 10, 18, 23, 29, 30, 33, 41, 57, 59, 60, 95, 109, 111, 113, 114, 115, 122, 125, 138, 141, 142, 143, 145, 147, 149, 150, 151, 153, 154, 155, 156, 157, 158, 159, 161, 162, 163, 165, 166, 168, 169, 170, 171, 172, 173, 174,

175, 176, 177, 178, 179, 184, 185, 186, 187, 190, 201, 202, 205, 207, 208, 227, 228, 229, 233, 242, 245, 250, 254, 263, 265, 267, 269, 270, 274, 277, 278, 281, 283, 284, 285, 289, 297, 298, 300, 302, 304, 305, 306, 307, 309, 319, 320, 330, 332, 335, 336, 338, 340, 363, 368

기술 세계 35, 50, 92, 116, 117, 125, 141, 164, 169

기술의 긍정적 사용 201

기술의 단일성 35, 39, 43, 197, 201

기술의 발명 108

기술의 보편성 35, 40, 42, 264

기술의 부정적 사용 201

기술의 불가분성(不可分性) 303

기술의 비인간성 303

기술의 양면성 197, 198, 201

기술의 인과적 발전 84, 89, 90

기술의 자가 증식 84, 85, 198, 201

기술의 자율성 35, 36, 37, 38, 126, 196, 201, 309, 338

기술의 전체화 35, 42, 43

기술의 중립성 38, 118, 320

기술의 혁신 108

기술의 확산 108

기술자 95, 167, 261, 356

기술적 과정 125, 131, 167, 168, 290

기술적 교육 훈련 80

기술적 기능 65

기술적 대상 34, 68, 70, 72, 80, 82, 118, 136

기술적 매개 282

기술적 문제 40, 55, 64, 94

기술적 발달 35, 46, 47, 49, 65, 88, 174

기술적 발명 85

기술적 발전 37, 45, 46, 47, 48, 56, 85, 88, 108, 136, 194, 305

기술적 방식 40, 209

기술적 방향 설정 87

기술적 보편성 42

기술적 보편주의 338

기술적 분야 40, 44, 49, 68, 69, 90, 248

기술적 사업 225

기술적 선택의 자동성 84, 86, 338

기술적 성장 18, 37, 65, 66, 75, 77, 78, 81, 85, 89, 90, 91, 96, 103, 124, 125, 131, 134, 145, 157, 166, 255, 283, 294

기술적 수단 29, 35, 52, 75, 87, 135, 167, 209, 212, 248, 335

기술적 순환구조 86

기술적 시도 102

기술적 실업 297

기술적 여건 85

기술적 예측 103

기술적 요구 48, 66

기술적 요소 58, 67, 198

기술적 요인 29, 67, 81, 191, 307

기술적 원리 168

기술적 유희 167, 168

기술적 이데올로기 264

기술적 자동성 84, 86, 87, 88

기술적 작업 89, 339

기술적 작용 43, 90, 120

기술적 전문화 43, 68

기술적 조직 65

기술적 중앙 집중 47

기술적 진보 4, 30, 31, 36, 42, 46, 59, 67, 68, 71, 73, 77, 84, 85, 89, 90, 91, 92, 93, 94, 96, 100, 101, 102, 115, 116, 118, 124, 141, 193, 194, 195, 196, 197, 200, 201, 211, 245, 256, 296, 297, 303, 307, 320, 323, 338, 345

기술적 통합체 47, 50, 51, 68, 71

기술적 특성 194, 225

기술적 하부구조 39

기술적 하위체계 69

기술적 혁신 115, 202

기술적 형태 84

기술적 환상 134

기술적 활동 43, 44, 87, 225

기술전문가 17, 36, 50, 55, 58, 73, 79, 88, 90, 100, 111, 136, 149, 154, 170, 179, 184, 185, 186, 187, 247, 248, 249, 250, 253, 262, 265

기술 체계 4, 11, 13, 14, 27, 29, 30, 36, 37, 39, 40, 41, 43, 57, 59, 60, 67, 68, 69, 70, 71, 72, 73, 74, 79, 80, 81, 82, 85, 87, 89, 91, 112, 115, 119, 122, 128, 135, 141, 142, 160, 163, 164, 165, 166, 168, 169, 170, 171, 177, 188, 189, 190, 200, 201, 202, 269, 282, 305, 309, 329, 331, 333, 335, 337, 338, 362, 367

기술 현상 4, 7, 8, 29, 30, 32, 33, 34, 35, 40, 45, 59, 67, 68, 82, 86, 89, 114, 188, 189, 198, 201, 338

기술화 19, 48, 59, 65, 95, 100, 144, 145, 153, 170, 172, 187, 191, 264, 269, 279, 290, 291, 292, 294, 298, 304, 305, 306, 330, 332

기술화된 국가 264, 269, 306, 330, 332

기술화된 사회 59, 100, 144, 153

기술 환경 12, 15, 56, 63, 64, 68, 80, 84, 125, 148, 163, 164, 165, 166, 168, 188, 304, 330

기업 15, 16, 78, 85, 108, 111, 128, 136, 258, 269, 278, 305, 322, 349

기후 분쟁 97

기후 온난화 200

기후 재난 97, 99

긴장 52, 93, 155, 186, 201, 208, 212, 234, 255, 319, 325

ㄴ

남서부 인격주의 운동 그룹 314

낭비 사회 134

내적 구조화 메커니즘 258

냉동 배아 118

노동 43, 44, 52, 54, 57, 58, 66, 72, 78, 79, 93, 95, 99, 100, 116, 147, 173, 174, 175, 176, 177, 184, 186, 214, 223, 227, 228, 233, 234, 277, 287, 288, 290, 291, 292, 293, 294, 295, 296, 297, 299, 308, 316, 318, 321, 322, 331, 348, 349, 356, 371

노동 기술 54

노동력 93, 99, 287, 288, 290, 291, 295, 296

노동 시간 116, 234, 287, 297, 308, 331

노동 시간 단축 297, 308

노동 신화 214, 223

노동의 조직화 44

노동자 52, 66, 78, 79, 93, 95, 147, 173, 175, 184, 233, 234, 277, 287, 288, 290, 291, 297, 321, 349, 356

노동조합 316, 318

노심 용해 106

농업생산 293

농축우라늄 104

뉴 레프트 282

ㄷ

다핵종제거설비 102

단일 경작 재배지 99

담화 113, 114, 148, 149

대기업 278, 322

대도시 300, 320, 367

대량 소비사회 97

대유행 전염병 96, 200

대의 민주주의 18, 251, 252

대중 15, 16, 17, 33, 45, 49, 58, 59, 76, 105, 106, 111, 128, 134, 136, 139, 140, 141, 142, 150, 155, 158, 166, 169, 170, 200, 210, 211, 213, 214, 216, 219, 220, 221, 222, 223, 224, 225, 226, 235, 236, 239, 240, 241, 243, 244,

247, 249, 251, 252, 253, 254, 257, 263, 265, 277, 295, 300, 306, 324, 349, 351

대중교육 210

대중매체 15, 16, 33, 58, 59, 76, 136, 139, 155, 158, 210, 219, 222, 239, 244, 249, 251, 277

대중문화 257, 306

대중사회 219, 221, 349

대중 소통 수단 211, 213

대중 심리 223

대형 공장 320

도덕 36, 37, 40, 72, 119, 127, 175, 179, 183, 185, 190, 231, 281, 298, 299, 310, 323, 339, 352, 353, 365

도덕적 가치 310

도시화 292, 295, 296

도쿄전력 101, 102

돈 6, 49, 63, 78, 90, 109, 137, 142, 150, 151, 155, 156, 180, 190, 247, 263, 288, 311, 320, 321, 324, 365

동물 복제 19, 200

동일성 41, 174

동화력 179, 182

동화(同化)시키는 자 182, 186

ㄹ

라디오 105, 138, 212

러시아 혁명 209, 289, 292

레닌 155, 222

레이저 115, 132

레지스탕스 활동 22, 389

로르드르 누보 315

로마 클럽 98

로봇 공학 158, 336

르페브르 58

리히타 57, 340

■

마르크스 22, 29, 45, 155, 171, 172, 272, 273, 277, 282, 285, 287, 288, 289, 290, 292, 340, 348, 362, 368, 370

마르크스 사상 22, 171, 340, 362, 370

마르크스주의 155, 285, 340, 368

마르크스주의자 340

마약중독자 172

마오쩌둥 155, 222, 280, 292, 293, 294, 352

마오쩌둥 사상 155, 292, 293

마이크로컴퓨터 정보처리기술 74, 115, 307, 309, 331

맘몬 156

매개 29, 34, 43, 46, 55, 62, 63, 138, 139, 142, 144, 155, 170, 185, 226, 247, 282

매개물 34

매개체 55, 62, 63, 138, 139, 142, 155, 247

매클루언 58

맬컴 엑스 281

메디아토르 259, 260, 261, 262

메커니즘 34, 47, 71, 73, 74, 191, 199, 210, 213, 233, 258, 272, 273, 274

목적 7, 23, 24, 32, 36, 38, 42, 44, 45, 48, 56, 72, 84, 89, 90, 95, 98, 113, 114, 115, 116, 120, 124, 127, 135, 138, 140, 142, 145, 154, 173, 188, 193, 194, 196, 197, 198, 200, 201, 213, 218, 254, 264, 273, 281, 283, 284, 313, 320, 321, 324, 335, 336, 338, 341, 348, 355

무급 노동력 291

무니에 314, 316, 317, 355

무분별함 122, 124, 125, 127, 128, 130, 131

무의미 134, 137, 149, 170, 171, 323, 363, 368

무질서 60, 71, 74, 91, 146, 153

문명 붕괴 시나리오 98

문명 혁명 320

문화적 가치 64

문화혁명 279, 280, 281, 294, 318, 352, 353, 354

물가상승 282

물질적 행복 95

민간 사용 40

민족주의 223

민주 사회를 위한 학생 282

민주주의 18, 33, 50, 155, 181, 208, 223, 224, 225, 226, 241, 242, 244, 251, 252, 255, 256, 257, 258, 259, 261, 262, 263, 264, 316, 319, 332, 347, 348, 349

민주주의 원리 241

민중 18, 217, 238, 251, 264, 278, 279, 301, 322

밀실 생명공학 195, 345

ㅂ

반란 5, 7, 8, 18, 29, 146, 171, 217, 269, 270, 272, 273, 275, 276, 278, 279, 283, 284, 285, 338, 340, 362, 367

반(反)문화 282

반(反)인간 172

반(反)테러리스트 189

반(反)파시스트 운동 313

반(反)파시스트주의 313

반(反)혁명 284

방사능 101, 102, 104, 105, 106

방사능 오염수 102

방사선 피폭 한계치 106

방사성 물질 101, 102, 104, 106

벤플루오렉스 259, 260

벨 57, 58

벽보 212

변증법 69, 82, 109, 172, 352

변증법적 모순 172

변증법적 사고 69

보드리야르 58

보상 과정 70, 71

보상 메커니즘 274

보상 작용 166, 171

보상적 정의 311

보조 기술 56

보조물 34

보통선거 18, 253, 264

복음 328, 368

복합 사회 261

볼셰비키 289

부르주아 31, 142, 155, 168, 177, 178, 179, 180, 181, 182, 183, 184, 185, 186, 187, 283, 293, 295, 304, 315, 335, 351, 366

부르주아 계급 142, 168, 177, 178, 179, 181, 182, 183, 184, 185, 186, 187, 351

부르주아 사회 179, 180, 182, 184, 186, 304

부르주아적 행복 185

부영양화(富營養化) 127

부적응 52, 122, 172, 173, 174, 175, 176

부적응자 52, 122, 172

부정적 결과 73, 79, 92, 93, 99, 100, 108, 192

부정적 피드백 73, 74, 75, 77, 79, 80

부조리 124, 125, 228

부차적 기술 56

분자 구조 77

비(非)기술적 수단 87

비(非)기술적 요소 67

비(非)기술적 측면 87

비(非)기술적 활동 87

비무력(非武力) 331

비밀 장벽 111

비(非)순응주의자 314

비일관성 60, 71, 74, 186

비(非)적대적 모순 이론 279, 280

비합리성 34, 120, 122, 130, 199

뿌리 뽑힌 자 220

뿌리 뽑힘 175, 297, 299

ㅅ

사건 110, 111, 137, 138, 139, 140, 162, 193, 195, 196, 197, 198, 215, 227, 228, 249, 259, 260, 261, 262, 274, 289, 313, 325, 326, 340

사랑 43, 72, 300, 310, 311, 317, 328, 371

사법 45, 47, 173, 264, 300, 311, 353, 364

사법 기술 47

사법적 정의 311

사실 6, 7, 12, 14, 16, 17, 18, 19, 34, 37, 40, 44, 45, 55, 56, 58, 59, 63, 67, 69, 72, 77, 78, 79, 81, 86, 88, 95, 100, 106, 108, 111, 112, 122, 127, 138, 142, 145, 161, 164, 165, 170, 173, 180, 193, 194, 195, 210, 215, 216, 222, 225, 228, 233, 234, 235, 236, 240, 241, 242, 243, 244, 248, 249, 250, 251, 252, 253, 254, 260, 263, 264, 265, 273, 274, 279, 282, 283, 290, 296, 302, 304, 310, 320, 321, 324, 325, 332

사유재산 349

사회 계층 41

사회생활 44

사회·심리학 238

사회 운동 240

사회적 민주주의 208, 257, 258, 347, 348, 349

사회적 상징 143

사회적 선전 207, 216, 217

사회적 소수 277

사회적 소외 173, 175, 176

사회적 속박 101

사회적 신기한 물건 132

사회적 신화 214

사회적 집단 전제 214

사회적 통제 134, 148

사회주의 155, 156, 184, 223, 273, 279, 289, 291, 292, 301, 307, 348, 352, 353

사회주의 국가 156, 291, 292

사회학적 분석 270, 306, 335, 336

사회 환경 169, 254

산업 부르주아 295

산업적 기계 사용 57

산업적 단일 경작 296

산업혁명 15, 16, 46, 62, 97, 123, 274, 336

산업화 95, 289, 290, 291, 292, 294, 295

삼중수소 102

상업 부르주아 295

상징 69, 143, 221, 234

상징 작용 69

상품 12, 135, 142, 156, 169, 192, 194, 195, 245, 283, 287, 288, 300

상품 가치 287

상호관계망 71

새로운 신화 30, 153, 155, 157, 158, 159, 160, 161, 162, 335, 362, 363, 367

생각하는 기계 56

생명 윤리 118

생물 다양성 200

생산 7, 12, 14, 15, 17, 32, 33, 34, 44, 45, 46, 50, 57, 58, 62, 65, 66, 70, 71, 76, 78, 91, 92, 96, 100, 104, 109, 110, 111, 117, 128, 129, 131, 135, 152, 158, 175, 180, 185, 196, 201, 233, 258, 282, 288, 289, 291, 293, 295, 296, 297, 306, 307, 308, 317, 321, 322, 323, 324, 341, 342, 347, 356

생산 기술 66

생산력 135, 288, 296, 307

생산물 92, 321, 322

생산물 대체 92

생산성 14, 15, 32, 50, 76, 78, 128, 135, 158, 185, 233, 306, 308, 356

생산 수단 291, 347

생산의 조직화 57

생산제일주의 33

생산 활동 17, 34, 111

샤르보노 313, 314, 315, 316, 317, 318, 319, 320, 355, 356, 357

서구 42, 57, 64, 93, 94, 122, 129, 130, 134, 146, 153, 190, 191, 217, 221, 242,

찾아보기 391

258, 270, 276, 277, 278, 279, 280, 281, 283, 289, 292, 293, 294, 295, 297, 306, 307, 309, 330, 367

서구 문명 217, 221

서구 사회 57, 64, 122, 134, 190, 270, 276, 277, 297, 309, 330

서구 세계 64, 146, 153, 191, 280, 307

서구인 129, 283

서구 자본주의 293

서비스 사회 304

서비스 산업 58

서비스 산업사회 58

석면 공해 200

선견지명 110, 111, 112

선동 선전 216, 217

선전 1, 2, 3, 5, 8, 11, 16, 17, 19, 23, 29, 33, 45, 50, 51, 54, 137, 158, 170, 205, 207, 208, 209, 210, 211, 212, 213, 214, 215, 216, 217, 218, 219, 220, 221, 222, 223, 224, 225, 226, 227, 228, 229, 230, 231, 232, 233, 234, 235, 236, 237, 238, 239, 240, 241, 242, 243, 244, 245, 246, 251, 252, 263, 264, 281, 334, 335, 337, 363, 365, 366

선전 기술 50, 51, 246, 281

선전 메커니즘 213

선전자 17, 207, 210, 211, 212, 214, 215, 218, 224, 232, 242, 245, 263

선진국 6, 94, 99, 129, 130, 289, 296

선택의 축소 180

성공 17, 132, 148, 161, 181, 196, 200, 212, 214, 219, 224, 226, 227, 238, 239, 240, 272, 275, 276, 277, 294, 306, 311, 324, 341, 356

성령 325

성상 파괴 운동 151, 152

성서 8, 25, 116, 117, 161, 310, 334, 367

성서 메시지 310

성육신 162

성장 수준 41

성장지상주의 98

세르비에 259, 260, 261, 351

세속적인 것 162, 163

세속 종교 155, 239

세포질체잡종 197

소망 81, 82, 310, 311, 326, 329, 331, 332, 342, 362, 367, 371

소비 19, 58, 66, 78, 82, 95, 96, 97, 129, 130, 131, 135, 138, 140, 143, 150, 169, 171, 175, 274, 276, 280, 281, 282, 289, 290, 291, 292, 297, 303, 304, 305, 308, 341, 342

소비 사회 58, 274, 276, 303, 304

소비에트 세계 292

소비에트 프롤레타리아 291

소비자 78, 138, 341, 342

소비 조작의 관료사회 58

소셜네트워크서비스 243, 265

소외 33, 81, 122, 155, 173, 174, 175, 176, 203, 230, 231, 232, 233, 242, 278, 288, 297, 305, 309, 315, 318, 331

소외 메커니즘 233

소음 공해 127

찾아보기 393

소음 방지 법규 128

수고의 절약 180

수단 2, 7, 17, 29, 32, 33, 34, 35, 42, 44, 48, 52, 56, 57, 62, 63, 72, 75, 76, 87, 88, 95, 128, 129, 135, 137, 141, 143, 144, 162, 163, 164, 167, 168, 171, 185, 189, 192, 193, 194, 198, 201, 202, 207, 209, 210, 211, 212, 213, 216, 222, 226, 227, 238, 239, 240, 241, 242, 245, 248, 252, 265, 279, 284, 288, 291, 293, 301, 304, 307, 308, 310, 313, 322, 324, 335, 339, 347

수월성 과정 70

수직적 선전 216, 218, 219

수평적 선전 216, 218, 219

순수 과학 77

순응 18, 83, 165, 170, 173, 174, 217, 245, 253, 258, 281, 297, 298, 314, 324, 329, 332, 333, 336

순응 메커니즘 258

순응 행위 18, 170, 253, 297

슈퍼바이러스 195, 196

스포츠 33, 54, 155, 157, 158

시각(視覺) 147, 148, 150

시각적 이미지 251

시간선택제 혁신 308

시간 자율관리 308

시몽동 188

시민 18, 155, 251, 255, 256, 258, 259, 319, 348, 349, 350, 351

시사성 215, 249

시장가격 287, 341

시청각 152

시험관 아기 118

식민지 경영 99

신(神) 158, 344

신문 138, 212, 322, 351

신성 박탈 153, 310

신성불가침의 것 162, 163, 345

신성한 것 153, 154, 155, 159, 311

신성화 72, 81, 82, 114, 118, 153, 155, 162, 193, 202

신성화된 기술 118, 202

신성화된 세계 153, 162, 202

신앙고백 270, 306

신화 30, 114, 121, 126, 152, 153, 155, 156, 157, 158, 159, 160, 161, 162, 179, 214, 223, 247, 335, 347, 362, 363, 367

실업 76, 93, 109, 140, 146, 172, 176, 277, 282, 295, 297

실업자 140, 172, 277, 297

실제 현실 147, 148

심리 기술 47

심리적 조작 209, 213, 281

ㅇ

아롱 57

아리안 로켓 78, 341

안락 8, 56, 80, 180, 181, 257, 306

알고리즘 14, 192, 193

압력집단 216, 252

어음할인은행 321

억압 사회 303, 304

언어 11, 16, 43, 123, 144, 148, 149, 150, 167, 234, 237, 251, 339

언어적 이미지 251

에너지 42, 57, 61, 62, 70, 71, 94, 95, 97, 101, 104, 106, 115, 130, 136, 189, 200, 296, 307

에너지원 61, 62

에너지 위기 94

에스프리 314, 315, 316, 318, 319, 355

에스프리 보르도 그룹 318

엑스 281, 328

여가 33, 72, 180, 186, 227, 257, 258, 288

여론 17, 50, 95, 109, 136, 174, 222, 224, 225, 226, 230, 236, 237, 240, 241, 243, 244, 248, 249, 251, 252, 253, 263, 279, 354

여론의 구체화 236

여론의 조직화 236, 237

여론의 통일화 236, 237

영구 혁명 279, 280

영원한 혁명 328

영적 회심 311

영화 212, 217, 336

예방 기술 70

예방조치 78, 102, 128

예수 그리스도 19, 83, 156, 162, 310, 311, 325, 326, 327, 328, 329, 331, 332, 355

예술 30, 122, 136, 139, 142, 143, 163, 164, 165, 166, 167, 168, 169, 170, 171, 184, 255, 334, 335, 352, 368

예술 비평가 169, 170

예술적 창조물 139

예언자 8, 124, 188, 325, 326

예언적 사명 329, 332

예측 불가능성 102, 103, 104, 105, 107, 108, 109

오락 54, 158, 168

오염 78, 92, 96, 98, 101, 102, 104, 105, 106, 127, 169, 184, 188, 200, 220, 242, 341, 342

온실가스 19, 97, 98

온실가스 배출 98

외부성 78, 92, 341

우상 151, 160, 203, 310

우주 개발 77, 78, 79

우주 기술 114, 115

우주 쓰레기 132

우주탐사 73, 131, 132, 133

우파 251, 314

원격통신 위성 132

원자력 62, 94, 95, 105, 107

원자로 101, 104, 106, 127, 130

원자로 해체 127, 130

위생 기술 65

위험 문명 111, 112

유기적 소집단 219, 220, 221

유용성 72, 164, 170

유전공학 115, 195, 196, 345

유전자 변형 19, 200

유전학 45

유토피아 16, 284

육체노동 293

윤리적 가치 201

융자은행 321

은행 192, 194, 321, 322

응용과학 77

의료 기술 65

의료 정보화 159

의미의 상실 167, 168

이데올로기 30, 32, 33, 42, 94, 114, 115, 122, 130, 134, 153, 166, 169, 174, 179, 180, 181, 182, 185, 209, 217, 220, 222, 223, 228, 235, 236, 239, 240, 259, 264, 269, 282, 294, 305, 317, 328, 353, 355, 368

이론의 우위 167

이미지 30, 138, 139, 140, 144, 147, 148, 149, 150, 151, 152, 157, 158, 165, 181, 223, 227, 251, 252, 263, 335

이미지 사회 138, 139, 147, 150

이미지 세계 148, 251, 252, 263

이상주의 255, 311

이성 120, 124, 126, 152, 213

이스라엘 310, 369, 371

이슬람 130, 370

이웃 사랑 72

이윤 15, 131, 194, 288, 320, 321, 335, 348

이익 73, 78, 108, 194, 241, 260, 265, 291, 295, 296, 308, 342, 349

인간관계 62, 64, 158, 310, 318

인간 기술 45, 51, 54, 55, 264

인간 동물 196, 347

인간쓰레기 100

인간 지능 120, 121, 123

인간 해방 269, 306, 309, 331

인간 해방 혁명 269, 306

인격 5, 19, 33, 136, 137, 138, 152, 176, 180, 242, 244, 269, 270, 311, 313, 314, 315, 316, 317, 318, 319, 331, 332, 355, 357, 363

인격주의 운동 5, 269, 270, 313, 314, 315, 316, 317, 318, 319, 331, 332, 355, 363

인격주의 운동 강령 319

인공 두뇌학 57

인공 수정 118

인공 원료 99, 100

인공위성 78, 132

인공지능 12, 14, 15, 16, 115, 119, 120, 121, 122, 123, 124, 336

인구과잉 96

인민전선 313

인본주의적 가치 72

인본주의적 담론 115, 116, 117, 154

인쇄술 66, 139, 149

인위성 33, 34, 35, 338

인위적 수단 35

인위적인 것 47

인위적 체계 34

인위적 현실 147

인위적 환경 62

인종차별주의 143

일탈 30, 73, 80, 120, 124, 171, 172, 173, 174, 175, 176, 177, 195, 299, 335, 345, 370

일탈자 30, 171, 172, 173, 174, 175, 176, 177, 335, 370

임금 287, 308, 331

임금제도 308, 331

잉여가치 288

ㅈ

자가 양육 193, 194

자기원인 157, 344

자동업무처리 158

자동차 7, 82, 119, 123, 127, 135, 142, 143

자동화 57, 70, 100, 158, 289, 296, 297, 308

자동화 생산 158

자발성 34, 64, 69, 199, 273, 277, 351

자본 32, 48, 99, 108, 155, 156, 279, 287, 288, 289, 290, 291, 292, 293, 294, 314, 323, 348, 353

자본가 288, 290

자본주의 32, 99, 155, 156, 279, 287, 288, 289, 290, 291, 292, 293, 294, 314, 323, 348, 353

자본주의 국가 156, 290, 291

자본주의 체제 99, 156, 287, 292

자본주의화 292, 293, 294

자본화 289

자연계 순환 96

자연 자원 64, 97, 133, 200

자연적인 것 47

자연환경 29, 35, 55, 60, 62, 63, 64, 169

자유 4, 6, 7, 8, 51, 72, 81, 82, 116, 119, 125, 143, 145, 146, 150, 151, 155, 160, 169, 171, 180, 201, 202, 221, 226, 228, 229, 242, 244, 245, 246, 253, 254, 258, 264, 265, 269, 281, 285, 286, 287, 290, 291, 304, 306, 310, 311, 314, 317, 318, 322, 330, 335, 342, 348, 362, 367, 368, 371

자율적 기술 35, 36, 58

작업 속도 66, 109, 126, 299

작업의 합리화 233

재적응 기술 70

저개발 국가 99

저소비 289

저편의 세계 149

적응 과정 70

적응 기술 70

적응 메커니즘 258

찾아보기 401

전면전(全面戰) 323

전문기술관료 체제 65

전문화 43, 50, 65, 68, 80, 100, 261, 277, 293, 297

전술 273

전자 게임 131, 143

전적 타자 162, 187, 270, 311, 331

전체주의적 관료주의 280

전투 위성 132

정당 18, 30, 37, 76, 81, 89, 115, 118, 120, 124, 126, 145, 161, 166, 168, 171, 213, 216, 219, 222, 228, 229, 230, 231, 236, 241, 242, 243, 244, 247, 248, 253, 257, 265, 280, 301, 311, 316, 318, 324, 350

정당화 30, 37, 76, 81, 89, 115, 118, 120, 124, 126, 145, 161, 166, 168, 171, 213, 228, 229, 230, 231, 236, 243, 247, 280, 324

정보 10, 12, 13, 14, 16, 57, 61, 62, 66, 68, 69, 71, 74, 75, 76, 81, 101, 105, 106, 108, 109, 111, 112, 114, 115, 122, 127, 132, 133, 134, 136, 137, 138, 139, 144, 145, 147, 148, 149, 155, 158, 159, 160, 161, 191, 192, 202, 203, 207, 209, 217, 220, 222, 223, 228, 229, 243, 244, 245, 249, 252, 263, 265, 289, 307, 308, 309, 322, 331, 336, 344

정보 과잉 127, 137, 138, 149

정보를 갖춘 개인 228

정보를 갖춘 여론 222

정보 업무 158

정보처리기술 14, 57, 71, 74, 108, 115, 122, 132, 133, 134, 144, 145, 155, 158, 159, 160, 191, 192, 202, 307, 308, 309, 331

정보처리기술 혁명 160, 202

정보화 16, 144, 145, 159, 289, 308

정신노동 293

정신적 가치 37, 201

정의 18, 36, 50, 57, 58, 59, 60, 61, 110, 134, 209, 216, 248, 254, 256, 264, 265, 287, 300, 311

정책 결정 64, 225, 248, 250, 350

정치 1, 2, 3, 5, 8, 11, 16, 17, 18, 19, 23, 29, 33, 36, 37, 38, 39, 41, 43, 47, 50, 64, 65, 73, 74, 75, 76, 77, 79, 81, 94, 95, 102, 108, 109, 111, 128, 134, 136, 137, 139, 155, 156, 158, 166, 179, 182, 194, 195, 201, 205, 207, 208, 209, 210, 211, 215, 216, 217, 218, 222, 224, 225, 227, 228, 230, 231, 233, 236, 238, 242, 244, 247, 248, 249, 250, 251, 252, 253, 254, 255, 256, 257, 258, 259, 261, 262, 263, 264, 265, 266, 276, 279, 280, 281, 282, 283, 284, 291, 293, 302, 304, 309, 313, 314, 316, 317, 319, 320, 323, 325, 326, 327, 328, 332, 334, 335, 338, 339, 341, 347, 348, 352, 363, 366, 370, 389

정치권력 36, 75, 76, 182, 209, 224, 227, 238, 252, 328

정치 기관 252

정치 선전 137, 158

정치적 구경거리 249

정치적 기능 248

정치적 무능 5, 208, 247, 249

정치적 문제 64, 244, 248, 252, 254

정치적 선전 207, 216

정치적인 것 17, 156, 247

정치적 중앙 집중 47

정치적 행동 225

정치적 혁명 73

정치적 환상 5, 18, 29, 208, 247, 250, 251, 252, 253, 254, 255, 319, 366

정치 종교 155

정치체제 38, 39, 41

정치화 155, 247, 281

정치화 현상 155, 247

제1차 산업혁명 62

제1차 세계대전 209

제2차 산업혁명 62

제3세계 18, 79, 92, 93, 95, 127, 128, 129, 130, 140, 146, 277, 278, 279, 290, 294, 295, 296, 300, 301, 307, 330, 331

제3세계 국가 79, 92, 93, 129, 279, 294, 295, 296, 300

제3세계 문제 301, 307, 330

제3차 산업사회 58

제3차 산업혁명 62

제4차 산업혁명 62

제국주의 278, 295

제도 13, 14, 85, 105, 112, 136, 147, 179, 182, 201, 202, 209, 213, 239, 245, 254, 257, 258, 261, 264, 276, 277, 282, 299, 308, 320, 322, 328, 331, 348, 353, 365

조직 기술 45

조직화 39, 44, 49, 55, 57, 87, 168, 209, 236, 237, 256, 276

조합 40, 75, 85, 167, 219, 253, 316, 318, 350

종교 153, 155, 156, 169, 182, 183, 209, 218, 239, 247, 265, 310

종교 권력 182, 209

종교적 가치 310

종교적 신심 156, 247

좌파 183, 251, 314

주 관심사 215, 274

주식시장 194, 321

주식회사 321

주위 환경 72, 88

주형(鑄型) 이론 279, 353

줄기세포 실험 197

줄기세포 연구 152

중앙집권화 75, 172, 209, 280, 298, 317, 318, 320

중앙 집중 47, 219, 280

즉각성 109, 110

지구 생태계 97

지구온난화 96, 97, 99

지렛대 270, 309, 310, 311, 331

지리적 보편성 41

지배계급 185, 296

지배 문화 282

지속성 126, 212

지적 교육 훈련 80

지적 기술 44, 58

지적 진리 311

지적 탐구 163, 345

직업 지도 45, 54

진리 120, 140, 150, 152, 156, 162, 216, 231, 232, 238, 239, 240, 242, 244, 246, 311, 324, 328, 331, 336

진보 4, 13, 30, 31, 36, 39, 42, 46, 57, 58, 59, 67, 68, 69, 71, 72, 73, 77, 84, 85, 89, 90, 91, 92, 93, 94, 96, 100, 101, 102, 103, 115, 116, 118, 124, 125, 126, 139, 141, 155, 157, 161, 171, 172, 181, 189, 193, 194, 195, 196, 197, 200, 201, 211, 214, 223, 227, 245, 256, 258, 265, 274, 275, 279, 296, 297, 298, 303, 307, 314, 317, 320, 323, 338, 339, 345, 353, 355

진보된 산업사회 57

진보 신화 126, 214, 223

진보 이데올로기 181

집단 기억력 66

집단 신화 214

집단적 신기한 물건 132, 133

집단적 표상 221

ㅊ

착취 95, 278, 279, 288, 290, 296, 300, 310, 348, 353

참된 신앙 183, 368

참여하는 군중 237

책임감의 부재 180

척도 56, 116, 117, 120, 216, 220

천연 원료 99

천연자원 33, 96, 98

체르노빌 핵발전소 101, 102, 104, 105, 138

체험된 현실 139

초과 노동 288

초과생산 289

초월자 162

추상화(抽象化) 64

ㅋ

커뮤니케이션 14, 189

컴퓨터 12, 13, 14, 62, 66, 69, 74, 91, 109, 115, 119, 120, 121, 123, 134, 143, 144, 149, 150, 152, 158, 159, 167, 192, 202, 307, 309, 331, 344

코로나19 19, 99, 195, 302

코펜하겐 기후변화 총회 97

키메라 197, 347

ㅌ

탈(脫)정치 207

탈(脫)집중 47

테일러 방식 317, 356

텔레마티크 344

텔레비전 70, 105, 138, 139, 140, 152, 157, 212

토양 정화 기술 65

통신 13, 16, 72, 75, 129, 132, 134, 336, 344

통신 위성 132

통일성 53, 54, 55, 68, 163, 178, 334

통합력 51, 186

통합 선전 207, 216, 217, 218, 221

통합체 39, 47, 50, 51, 56, 61, 63, 67, 68, 71, 72, 85

통화위기 282

트랜잭션처리시스템 193

ㅍ

파리 기후변화 협약 97

파생상품 192, 194

파시스트 241, 313, 314

파트타임 노동 308

팬덤 265, 352

평화 99, 130, 214, 311

평화적 정의 311

포드 방식 317

폭력 140, 168, 197, 282, 284, 348, 366, 367

표상 체계 216

풍요 사회 19, 134, 304, 305

프라숑 260

프랑스 대혁명 183, 272

프로그래머 167

프롤레타리아 5, 95, 171, 172, 173, 217, 269, 270, 276, 277, 287, 288, 289, 290, 291, 292, 293, 294, 295, 296, 297, 298, 299, 300, 311, 312, 330, 348, 352, 368

프롤레타리아 계급 277

프롤레타리아화 290, 294, 295

피드백 71, 72, 73, 74, 75, 76, 77, 79, 80, 91

피선전자 17, 207, 218, 224, 232, 263

필연성 35, 125, 145, 150, 151, 157, 198, 241, 269, 272, 288, 303, 305, 330

필연적인 것 35

필요한 혁명 5, 19, 269, 270, 278, 279, 280, 281, 284, 285, 287, 300, 301, 302, 303, 304, 305, 306, 307, 309, 319, 324, 330, 332

ㅎ

하나님 6, 19, 25, 117, 162, 183, 187, 270, 310, 311, 326, 327, 328, 331, 332, 365, 366, 369

하나님 나라 327, 332

하나님의 계시 310, 328, 331

하위체계 69, 70, 72

학교 6, 10, 12, 15, 33, 144, 158, 159, 172, 207, 217, 233, 245, 389

학교 부적응자 172

합리성 33, 34, 35, 42, 119, 120, 122, 124, 130, 164, 174, 185, 198, 199, 338

합리적 과정 34, 199

해방자 310, 311

해수면 상승 97

해양 생태계 97

핵 14, 16, 19, 23, 30, 40, 57, 58, 60, 73, 94, 95, 99, 101, 102, 104, 105, 106, 107, 108, 115, 127, 128, 130, 131, 132, 133, 138, 146, 169, 200, 201, 236,

240, 283, 292, 317, 335, 354

핵무장 130

핵미사일 132

핵발전 19, 94, 95, 101, 102, 104, 105, 106, 107, 130, 131, 138

핵발전소 19, 94, 95, 101, 102, 104, 105, 106, 107, 130, 131, 138

핵발전 시스템 104

핵발전 프로그램 104, 130, 131

핵분열 99, 108

핵비확산 조약 104

핵에너지 57, 94, 101, 104, 106, 115

핵연료 재처리 130

핵폐기물 73, 104, 107, 127, 130, 169, 200

행동 22, 37, 62, 81, 82, 85, 91, 112, 114, 122, 125, 140, 151, 159, 160, 161, 174, 181, 182, 186, 198, 209, 210, 212, 213, 216, 217, 218, 222, 225, 233, 234, 237, 238, 248, 251, 252, 264, 282, 294, 304, 308, 317, 325, 326, 329, 332, 335, 336, 348, 349, 353, 355, 370

행동의 우위 181

행동하는 군중 237

행복 이데올로기 179, 180, 181, 185

행정 18, 44, 45, 50, 75, 111, 134, 136, 191, 213, 216, 248, 252, 253, 261, 299, 300, 308, 320, 328

행정 결정 50

허위 현실 147

헤겔 272

혁명 1, 2, 3, 5, 7, 8, 11, 15, 16, 18, 19, 23, 29, 45, 46, 62, 73, 97, 123, 134,

410 기술, 선전, 정치, 혁명

160, 183, 202, 209, 217, 267, 269, 270, 272, 273, 274, 275, 276, 277, 278, 279, 280, 281, 282, 283, 284, 285, 286, 287, 289, 290, 292, 293, 294, 300, 301, 302, 303, 304, 305, 306, 307, 308, 309, 313, 314, 315, 316, 317, 318, 319, 320, 322, 323, 324, 325, 326, 327, 328, 329, 330, 331, 332, 333, 334, 335, 336, 338, 348, 351, 352, 353, 354, 355, 362, 363, 366, 367, 368

혁명가 284

혁명 과정 277, 284, 285

혁명 모델 284, 285

혁명 세력 183

혁명 운동 217, 278, 281, 282, 283, 284, 316

혁명의 규격화 272

혁명 의식 284

혁명적 상황 278, 323, 324, 325, 326, 327, 328, 332

혁명적 인격주의 운동 270, 317, 318, 319, 331, 332

혁명 프로그램 269, 331

혁명 활동 316, 318, 331

현대 과학 77

현대 국가 73, 213, 224, 226, 241, 242, 252, 264, 284, 305

현대 기술 4, 5, 10, 13, 14, 17, 18, 23, 29, 30, 32, 44, 51, 57, 108, 109, 115, 122, 125, 138, 141, 142, 143, 145, 147, 149, 150, 151, 153, 154, 155, 156, 157, 158, 159, 161, 162, 163, 165, 166, 168, 169, 170, 171, 172, 173, 174, 175, 176, 177, 178, 179, 184, 185, 186, 187, 201, 202, 205, 207, 208, 210, 227, 228, 229, 233, 242, 245, 254, 263, 265, 267, 269, 270, 274, 277, 278, 283, 284, 285, 298, 300, 302, 304, 306, 307, 309, 319, 320, 330, 331,

332, 335, 336, 338

현대 기술 사회 4, 5, 10, 18, 23, 29, 30, 109, 115, 122, 125, 138, 141, 142, 143, 145, 147, 149, 150, 151, 153, 154, 155, 156, 157, 158, 159, 161, 162, 163, 165, 166, 168, 169, 170, 171, 172, 173, 174, 175, 176, 177, 178, 179, 184, 185, 186, 187, 201, 202, 205, 207, 208, 227, 228, 229, 233, 242, 245, 254, 263, 265, 267, 269, 270, 274, 277, 278, 283, 284, 285, 298, 300, 302, 304, 306, 307, 309, 319, 320, 330, 332, 335, 336

현대 사회 29, 32, 33, 39, 54, 57, 58, 59, 60, 65, 67, 68, 108, 110, 120, 132, 143, 168, 201, 207, 214, 223, 245, 279, 314, 317, 334, 351, 355

현대 세상 32, 122, 177, 240, 245, 335, 364, 365

현대 예술 30, 142, 143, 163, 164, 165, 166, 167, 168, 169, 170, 171, 335

현대 예술가 164, 167, 168, 169

현대인 37, 88, 125, 135, 136, 137, 138, 139, 140, 141, 142, 143, 144, 145, 148, 150, 151, 153, 154, 155, 157, 159, 160, 170, 171, 172, 174, 175, 176, 179, 183, 184, 185, 202, 203, 215, 227, 228, 229, 233, 247, 249, 251, 253, 263, 284, 303, 306

현실 8, 14, 16, 47, 49, 98, 99, 110, 111, 113, 116, 117, 123, 128, 139, 140, 146, 147, 148, 150, 151, 156, 157, 160, 162, 163, 164, 165, 166, 170, 172, 197, 198, 222, 227, 234, 237, 242, 243, 244, 252, 265, 266, 274, 276, 277, 283, 291, 296, 308, 311, 319, 323, 325, 326, 327, 329, 332, 336

현실주의 49, 311

현재의 사건 162

형식적 자유 291

홍보 158

화석연료 99

화학 물질 96, 260

환경 12, 14, 15, 19, 22, 29, 33, 35, 40, 52, 53, 54, 55, 56, 59, 60, 62, 63, 64, 65, 68, 72, 80, 84, 87, 89, 93, 95, 96, 97, 98, 99, 100, 101, 102, 122, 125, 141, 144, 148, 150, 151, 153, 163, 164, 165, 166, 168, 169, 175, 176, 180, 188, 190, 200, 202, 210, 211, 219, 220, 223, 227, 228, 254, 257, 279, 282, 304, 330, 341, 346, 355, 389

환경 문제 96, 97, 101

환경보호 22, 72, 102, 389

환경보호 운동 22

환경 오염 98, 200, 341

환경 위기 97, 190

환경 재난 200

환경 파괴 100, 169, 279

획일화 33, 335, 336

효율성 6, 7, 50, 72, 80, 81, 86, 88, 100, 130, 134, 148, 168, 169, 192, 217, 239, 240, 246, 259, 264, 265, 293, 306, 311, 335, 356

후기 산업사회 57, 58

후쿠시마 핵발전소 사고 101

흑인 민권운동 281

희생양 275

히틀러 313

히피 172, 281, 282, 366

자크 엘륄 연보

1912	프랑스 보르도 Bordeaux 근교 페삭 Pessac 에서 출생.
1930	기독교 신앙으로의 회심.
1936	법학박사 학위 취득.
1937~1938	몽펠리에 Montpellier 대학교 강사.
1938~1940	스트라스부르 Strassbourg 대학교 강사.
1940	비시 Vichy 정권에 대한 비판 연설로 강사직에서 면직.
1943	법학 교수 자격시험 합격.
1940~1944	레지스탕스 활동.
1944~1945	보르도 부시장.
1945~1980	보르도 대학교 법학대학 교수.
1947~1980	보르도 정치대학 IEP 교수.
1956~1970	프랑스 개혁교회 '전국위원회' 위원.
1958~1977	청소년 범죄 예방 활동.
1973~1977	아키텐 Aquitaine 연안 개발 반대 환경보호 투쟁.
1994	페삭에서 82세의 나이로 서거.